社会组织培育与监管研究

柳望春◎主　编
张远凤◎副主编

中国社会出版社
国家一级出版社·全国百佳图书出版单位

图书在版编目（CIP）数据

社会组织培育与监管研究 / 柳望春主编. —北京：中国社会出版社，2019.2
ISBN 978－7－5087－6097－1

Ⅰ.①社…　Ⅱ.①柳…　Ⅲ.①社会组织管理—研究　Ⅳ.①C916.1

中国版本图书馆 CIP 数据核字（2019）第030188号

书　　名：社会组织培育与监管研究
主　　编：柳望春
副 主 编：张远凤

出 版 人：浦善新
终 审 人：李　浩
责任编辑：杨建萍

出版发行：中国社会出版社　**邮政编码：**100032
通联方式：北京市西城区二龙路甲 33 号
电　　话：编辑室：（010）58124822
邮购部：（010）58124848
销售部：（010）58124850
传　真：（010）58124856
网　　址：www. shcbs. com. cn
shcbs. mca. gov. cn
经　　销：各地新华书店

中国社会出版社天猫旗舰店

印刷装订：河北鸿祥信彩印刷有限公司
开　　本：170mm × 240mm　1 / 16
印　　张：25.75
字　　数：360千字
版　　次：2019年7月第1版
印　　次：2019年12月第2次印刷
定　　价：88.00元

中国社会出版社微信公众号

前　言

柳望春

近半个世纪以来，社会组织在全球范围兴起和发展，成为政府在社会治理和公共服务领域的合作伙伴。改革开放以来，随着市场经济体制的建立以及行政管理体制、社会管理体制改革的深化，我国社会组织快速发展，迄今为止已经达到80余万家。就数量而言，我国社会组织的规模现在仅次于美国。然而，就社会组织的贡献以及社会组织制度的完善程度来说，我国与发达国家相比还有较大的差距。党的十八届三中全会提出“推进国家治理体系和治理能力现代化”，并将建立现代社会组织制度纳入到国家治理现代化的进程中。十九大报告中有五处提到社会组织，要求社会组织在社会治理、环境治理和协商民主中发挥作用。因此，推动社会组织发展成为我国现代化建设的一项重要任务。

社会组织的发展受到多种因素的影响。首先是社会因素的影响。社会性是社会组织的根本属性，一个国家的历史文化、慈善传统和志愿精神对社会组织的发展有着深远的影响。其次是市场机制的自我完善。社会组织与市场之间有着天然的联系。市场机制对社会价值的兼容、企业对社会责任的担当以及社会企业家的兴起是社会组织发展的强大推动力。最后是政治因素的影响。作为公民参与公共事务的载体，社会组织具有鲜明的政治属性。社会组织最近几十年在全球范围的崛起在很大程度上得益于国家的认可以及政府的鼓励和支持。

培育和监管是政府促进社会组织发展的两种基本手段。与现代公司制度一样，社会组织制度在我国是一个舶来品。与西方社会非营利组织“自下而上”的历史演进道路不同，改革开放以来中国社会组织的发展更多地依赖于国家“自上而下”的推动。在民间对社会组织的认识尚未普及的情况下，为了推动社会组织的发展，我国政府在培育方面采取了更加主动的策略，在监管方面不断健全完善。

目前，我国已经初步建立了现代社会组织制度的基本框架，包括登记管理制度、年度检查制度、税收优惠制度、财务会计制度、人才制度、购买服务制度、评估制度、信息公开制度等。很多地方政府还设立了社会组织孵化基地直接培育社会组织。此外，我国还建立了具有中国特色的社会组织党建制度，通过党建工作来实现对社会组织的政治引领。上述各项制度都兼具培育和监管的功能。比如，税收优惠制度既是一项培育性制度，同时也具有很强的监管功能。购买服务制度为社会组织提供资金，但政府又可以通过购买服务合同实现对社会组织的精准监管。由于受信息、资源和能力等方面的制约，政府对社会组织的培育和监管总是有限的。政府可以利用其资源优势直接培育社会组织，然而，如此生长出来的社会组织数量兴许可观，但发展能力往往不强。我国社会组织培育和监管应该坚持在党的领导和政府主导下，充分发挥社会和市场的积极性，一起推动社会组织健康有序发展。

进入21世纪以来，我国社会组织实践发展日新月异，对这个领域的研究也与时俱进。把社会组织培育和监管领域的最新实践经验和研究成果编写到书中，为社会组织的实践者、监管者、研究者以及其他关心社会组织发展的读者提供参考，是一件很有意义的事情。本书兼顾理论、制度与实践，对社会组织培育和监管方面的知识进行了系统性的梳理，分为上下两篇，上篇是第一至五章，讨论了社会组织的基本概念和理论，社会组织培育和监管的基本制度，社会组织的党建工作以及社会组织的行政执法。下篇包括第六至十二章。其中第六至十一章分别对教育类、卫生类、社区类、养老类、环保类社会组织以及行业协会商会进行了专门论述，便于读者进一步了解主要领域社会组织培育和监管的具体情况。最后一章论述了社会组织未来发展趋势和面临的挑战。中南财经政法大学张远凤、伍治良、孔凡义、翟桂红、周红云、李云新、魏萍等老师和武汉科技大学李莉教授参与本书的编写工作。中央民族大学李健教授和上海外国语大学俞祖成副教授对本书初稿提出了宝贵意见和建议。中南财经政法大学公共管理学院硕士研究生王迪、叶旎璇、王现普、张慧峰、张文惠、王振兴、谷千乔、黄相前、王庆、杨小龙、程颖、刘晓萌、李雪梅、涂英桥、程威俊等同学参与了资料收集、整理和初稿写作工作。在此一并致谢！

本书涉及内容十分广泛，由于编者水平所限，疏漏和错误之处在所难免，敬请各位专家批评指正。

2018年12月5日

CONTENTS

目录

上篇

第一章 社会组织培育与监管导论

第二章 社会组织培育与监管的基本制度（一）

第三章 社会组织培育与监管的基本制度（二）

第五章 社会组织的行政执法

下篇

第六章 教育类社会组织

第七章 卫生类社会组织

第八章 行业协会商会

第九章 社区社会组织

第十章 养老类社会组织

第十一章 环保类社会组织

上篇

第一章

社会组织培育与监管导论

世界各国的慈善事业和结社活动都有着悠久历史，但直到20世纪50年代，从事这些活动的机构才被统称为非营利组织（nonprofit organization）。[①]20世纪70年代以来，非营利组织在世界各国快速发展。到80年代末，非营利组织已经在很多国家成为政府在公共服务中的伙伴。[②]

改革开放以来，我国各种民间公益组织和社会团体蓬勃发展，成为公共服务领域一支引人注目的新生力量。它们曾一度被称为“中介组织”、“民间组织”或“非营利组织”，现在则普遍被称为“社会组织”。[③]经过四十年的发展，目前我国社会组织已经初具规模。然而，与发达国家相比，我国社会组织的发展还很不充分，不能满足公共服务转型升级的迫切需求。为了促进我国社会组织健康有序发展，既要通过大力培育来促进其成长，也要通过加强监管使之更加规范。

---

① ［美］彼得·F. 德鲁克. 非营利组织管理［M］. 吴振阳译. 北京：机械工业出版社，1999.

② ［美］莱斯特·M. 萨拉蒙. 全球结社革命——非营利部门视界［M］. 贾西津等译. 北京：社会科学文献出版社，2007.

③ 在不同国家，人们还将这类组织称为非政府组织、第三部门、志愿部门、免税组织、慈善组织或草根组织等。本书将根据上下文的具体情况使用“非营利组织”和“社会组织”这两个概念。

第一节 基本概念

下面先介绍“非营利组织”和“社会组织”的概念，再介绍社会组织“培育”和“监管”的概念。

一、非营利组织

由于历史文化和社会制度等方面的差异，各国对“非营利组织”的定义并不完全一致。1993年以来，美国学者萨拉蒙对全球40多个国家的非营利组织进行了比较研究，在归纳各国非营利组织共同特点的基础上，总结出非营利组织的五个基本特征，即组织性、民间性、非营利性、自治性和志愿性。①

组织性指非营利组织是正式组织。所谓正式组织，一般是指在政府部门依法登记的组织。不过，在一些国家，非营利组织不登记不为非法。在这些国家，未登记的非营利组织只要具有健全的组织章程和组织结构，有明确的使命，有成员与非成员的边界，也可以认为是正式组织。

民间性是指非营利组织不是政府机构，在法律地位上独立于政府。民间性只是强调非营利组织不是政府的组成单位，也不行使政府职权，但并不是说它们不能与政府合作，或者接受政府的支持和资助。

非营利性是指非营利组织不以营利为目的，没有设置所有者权益，不得分配利润。非营利组织不以营利为目的，是说它不以私人获利为目的，而

① Lester M. Salamon. *America's Nonprofit Sector*：*A Primer*，3rd ed. ，Foundation Center，2012，pp. 14–16.

是以追求公益为目的。狭义的公益一般是指不特定的公众的利益，广义的公益还包括互益，即组织成员的互惠互利。需要特别指出的是，虽然非营利组织不以营利为目的，但这并不是说它不能有盈余。非营利组织必须通过各种方式获得资源，实现财务上的可持续性。实际上，非营利组织也是市场经济主体，一些非营利组织甚至是资本市场的重要参与者。比如，2004年梅琳达·盖茨基金会就被中国证监会批准成为中国股市的合格境外投资者。①

自治性是指非营利组织拥有自己的章程和治理机构，享有决策自主权，并对自己的行为后果承担责任。

志愿性也称为非强制性。一方面是说非营利组织可以接受捐赠或者使用志愿者；另一方面意味着任何人不应受法律或其他强制力的要求而被迫获得成员资格、实施捐赠或提供志愿服务。

当然，由于各国情况千差万别，即便是用这些最基本的属性来衡量各国的非营利组织也存在不少困难。

在我国，尽管有不少关于非营利组织的文章，但官方文件中只有2004年财政部颁布的《民间非营利组织会计制度》使用了这个概念，其中规定“民间非营利组织包括依照国家法律、行政法规登记的社会团体、基金会、民办非企业单位和寺院、宫观、清真寺、教堂等”。目前，我国的社会组织并不完全具备上述非营利组织的五个特征。

德鲁克说得好，非营利组织的共同特点不在于“非营利性”，也不在于其“非政府性”，而在于其“公益性”。非营利组织是改造人类的机构，其“产品”是一个康复的病人、一个学习能力提高的孩子、一个年轻人成长为自尊自立的成年人，抑或是一个被完全改变的人生。②

二、社会组织

在我国，长期以来人们最熟悉的是社会团体。改革开放之初一度使用

① 葛道顺，商玉生，杨团，马昕. 中国基金会发展解析. 北京：社会科学文献出版社，2009，147.

② ［美］德鲁克. 非营利组织管理. 吴振阳等译. 北京：机械工业出版社，2007，序言.

过“中介组织”的概念，后来称之为“民间组织”，直到近年才统一称其为“社会组织”。“中介组织”的概念在20世纪80年代较为流行，指那些介于政府与市场之间，参与社会管理、提供中介服务的各类社会组织，主要是指社会团体、行业协会等组织。[①]但是，由于这个概念容易与职业、婚姻、家政等中介服务组织相混淆，现在已经很少使用。1987年，民政部成立“民间组织管理局”，“民间组织”一度成为官方和学界普遍使用的概念。2006年党的十六届六中全会正式提出了“社会组织”的概念。此后，党和政府的许多重要文件都使用了“社会组织”这个概念。2016年，民政部“民间组织管理局”更名为“社会组织管理局”。[②]至此，“社会组织”概念成为普遍使用的概念。不过，在具体使用上，不同语境中社会组织概念的内涵和外延并不完全相同。本书讨论的“社会组织”主要是指社会团体（简称社团）、民办非企业单位（简称民非）和基金会这三类在民政部门依法登记的社会组织。[③]

社会团体是会员类组织，主要为会员服务。1998年国务院修订颁布的《社会团体登记管理条例》规定：社会团体是指中国公民自愿组成，为实现会员共同意愿，按照其章程开展活动的非营利性社会组织。主要包括行业性社团（行业协会和商会）、学术性社团、专业性社团、联合性社团等，名称中通常冠以“社”“协会”“商会”“学会”“研究会”“促进会”“联合会”等字样。[④]宗教组织也属于社团。

① 龚禄根. 中国社会中介组织发展研究. 北京：中国经济出版社，2006，4.

② 民政部民间组织管理局更名为社会组织管理局—时政—人民网，http：//politics. people. com. cn/n1/2016/0830/c1001-28678164.html.

③ 除了此处所说的社会组织之外，一些文章也将未登记和免登记的组织纳入社会组织的范畴。按照《社会团体登记管理条例》的规定，机关、团体、企业事业单位内部经本单位批准成立、在本单位内部活动的团体无须登记。比如，全国有近3000所高校，每个高校都有几十个大学生社团，它们在高校共青团和学生会的领导下开展活动，不需要到民政部门登记注册。还有很多社区社会组织只在社区备案，没有正式在民政部门登记注册。免于在民政部门注册登记的有两类组织，一类是参加中国人民政治协商会议的八个人民团体；一类是由国务院机构编制管理机关核定，并经国务院批准免于登记的团体，包括参与全国人民代表大会的十四个社会团体和一些省级免登记组织。本文研究对象不包括这些组织。

④ 崔树义. 社团组织与人口控制. 济南：山东人民出版社，2001，115.

民办非企业单位是服务性机构，主要提供各种社会服务。1998年国务院颁布的《民办非企业单位登记管理暂行条例》规定，民办非企业单位是指企业事业单位、社会团体和其他社会力量以及公民个人利用非国有资产举办的，从事非营利性社会服务活动的社会组织。民办非企业单位主要包括民办学校、民办医院、民办科研院所、民办体育俱乐部、民办福利机构、民办艺术表演团体、民办法律援助中心、民间环保组织和其他民办服务机构等。“民办非企业单位”这个概念不仅十分拗口，而且令人费解。2016年颁布的《中华人民共和国慈善法》用“社会服务机构”代替了“民办非企业单位”的概念。在2017年颁布的《中华人民共和国民法总则》也使用了“社会服务机构”的概念。

基金会是为慈善公益事业筹款的机构。2004年颁布的《基金会管理条例》第二条规定，本条例所称基金会，是指利用自然人、法人或者其他组织捐赠的财产，以开展公益慈善活动为目的，按照本条例的规定成立的非营利性法人。基金会可以分为资助型基金会和运作型基金会，前者的主要功能是筹款和分配资源；后者则运用所筹集的资源直接提供服务。

三、社会组织培育

培育和监管是促进社会组织发展的两种基本手段。一方面，政府逐步放开社会领域，采取多种优惠政策鼓励社会组织发展。另一方面，为了维护社会稳定，政府又对社会组织采取了一系列监督和控制措施。

《现代汉语词典》将“培育”解释为“培养幼小生物，使其发育成长”。可见，“社会组织培育”其实是一个比喻，将社会组织比作“幼小生物”，将支持和促进其产生发展的各种活动称为“培育”。“幼小生物”既可以理解为社会组织个体成长的早期阶段，也可以理解为所有社会组织作为一个整体的初级发展阶段。社会组织的整体“培育”只是一个阶段性的概念，当有利于社会组织成长的环境和氛围已经形成、社会组织发展较为成熟之时，社会组织作为一个整体就脱离培育阶段。不过，即便到这个时候，仍然还有个体意义上的社会组织需要“培育”。

本书对社会组织培育采取广义的概念。所谓培育社会组织，就是在全社会倡导慈善文化与志愿精神，创造有利于社会组织发展的氛围，建立促进社会组织发展的政策和制度，鼓励人们创建社会组织和参与公益事业，为社会组织提供资源和其他帮助，使社会组织数量获得增长，能力得到提升，功能得到发挥，作用得以实现。

四、社会组织监管

“监管”是指特定主体为了使某一事物能够正常运行，在一定规则基础上，对该事物进行调节、监督和控制。社会组织的监管就是监管主体对社会组织及其行为进行调节、监督和控制。当政府和公众将任务委托给社会组织，并为其提供各种资源时，就形成了委托–代理关系。社会组织作为代理人与委托人之间不可避免地存在着目标和利益冲突。因此，社会组织的发展并不能完全依靠自治和自律，必须要接受政府监管和其他利益相关方的监督。

监管（supervision）常常与规制（regulation）在一起使用，被称为“规制与监管”。规制通常是指通过立法来鼓励对社会整体有益的行为并限制对社会整体不利的行为。而监管则是依法进行监督或管理的行为，强调监管行为必须与规则或规制相一致。[①]所谓社会组织监管，就是相关主体通过对社会组织的身份以及活动的监督和管理，确保社会组织的行为与法律和章程等规则相一致。社会组织监管包括监管主体、监管依据、监管对象、监管内容和监管手段。

---

① 沈伯平. 管制、规制与监管：一个文献综述. 公共管理，2015（5）：116–120.

第二节　我国社会组织的兴起与发展

世界各国非营利部门的发展状况千差万别。法、德等国非营利部门的发展要迟缓得多。日本和韩国的非营利部门直到20世纪末才开始快速发展。发展中国家非营利组织的发展大多得益于国际援助的支持，很少建立起成熟的非营利部门。[①]转型国家非营利部门的发展较为滞后。比如俄罗斯，非营利组织在苏联后期开始发育，在苏联解体之后，经历了一段依赖国外资助的时期，近年来本土非营利组织逐渐占据主导地位。[②]

非营利组织在我国的发展与国家的命运紧密相连。进入近代以来，受到西方文明的影响和冲击，非营利组织开始进入我国。中华人民共和国成立之后，非营利组织的发展一度中辍。改革开放以来，我国社会组织逐渐走上具有中国特色的发展之路。

一、我国社会组织发展历史回顾

自19世纪中叶开始，我国结社活动与慈善事业逐渐由传统向现代嬗变。十九世纪中后期，各种慈善机构随着宗教的传播进入到我国。在解放初期，各类社会组织经过社会主义改造，接下来又经历了“文化大革命”时期的十年动乱，直到改革开放以后进入快速发展时期。

① ［美］莱斯特·M. 萨拉蒙. 全球结社革命——非营利部门视界. 贾西津等译. 北京：社会科学文献出版社，2007.

② Lev Jakobson，Sergey Sanovich. “The Changing Models of the Russian Third Sector：Import Substitution Phase，” *Journal of Civil Society*，December 2010，Vol. 6，No. 3，pp. 279–300.

（一）19世纪中后期到中华人民共和国成立之前的慈善与结社状况

19世纪中后期，伴随着西方坚船利炮的军事侵略，大批西方传教士开始在中国境内从事宗教活动。为了传播宗教、吸引信徒，西方教会在中国境内开办了一批学校、医院、孤儿院等慈善机构。这些慈善活动起初受到中国民众尤其是精英阶层的抵制，但后来逐渐被接受，很多社会贤达也投身其中。比如，1912年，清末状元张謇（1853—1926）参观了外国人在上海设立的安老院以后回南通创办了狼山聋哑学校。1904年，剑桥留学生沈敦和（1866—1920）发起成立中、英、美、德、法五国合办的上海万国红十字会。1920年，曾任民国第一任总理的熊希龄（1870—1937）模仿西人模式创办了著名的香山慈幼院。[①]除了慈善与互助组织之外，20世纪初到1949年中华人民共和国成立之前，中国历史舞台上还出现了行业协会商会、学术性组织、政治性组织、文艺性组织以及会党。[②]这些结社组织与慈善组织一起构成了20世纪上半叶中国社会组织的图景。

（二）1949—1978年社会组织的状况

从中华人民共和国成立之初到50年代早期，政府按社会主义原则对民间结社和慈善组织进行了治理整顿。在治理整顿过程中，一大批“封建组织”和“反动会道门组织”被取缔，其中包括一些封建色彩浓厚的互助组织、慈善组织以及宗教组织。一些政治倾向明显的团体被定义为“民主党派”，转变为政党组织。从这个时候起，非政治性成为中国非营利组织的一个重要特征。[③]

社会团体在50年代中期到60年代中期取得了一定的发展。1950年通过了《社会团体登记暂行办法》，结社活动在法律保障之下获得了一段较为宽松的发展时期。1966年开始的“文化大革命”使中国的民主和法制遭到严重破坏，绝大多数社会团体和群团组织被迫停止活动，社会组织的发展进入了一

① 周秋光，曾桂林.中国慈善简史.北京：人民出版社，2006，267.
② 周秋光，曾桂林.中国慈善简史.北京：人民出版社，2006，260.
③ 王名.非营利组织管理概论（修订版）.北京：中国人民大学出版社，2010，48-49.

个长达十年的停滞期。直到1978年改革开放以后，社会组织才真正迎来了发展的春天。

二、改革开放以来我国社会组织的发展状况

改革开放以来我国社会组织的兴起与发展是市场经济体制改革的结果。从计划经济向市场经济的转变，推动了经济体制、行政体制和社会管理体制的改革，使得社会组织在各个领域发展起来。

市场经济体制改革首先促进了政府职能的转变和经济性社团的发展。与此同时，一些新的社会组织也依托体制内的机构衍生出来。比如政府机构内设的各种协会，群团组织中衍生而来的公益慈善基金会，事业单位中出现的各种学会、研究会和教育基金会等。

市场经济的发展同时也推动了社会管理体制改革。在城市，随着单位制的解体和社区的建立，出现了为社区居民服务的社会组织。在农村，随着公社制的解体和家庭联产承包责任制的建立，各种农民合作社和农村专业经济组织迅速建立起来。随着经济的发展以及人口结构的变化，政府在无法完全满足人民群众对教育、医疗、养老等服务需求的情况下，开始允许社会力量进入这些服务领域，创办了一大批社会服务机构。日益严峻的环境问题催生了一大批环保公益组织。同时，随着对外开放的发展，越来越多国际非营利组织也来到我国。[①]这些社会组织既带有计划经济体制遗留的连续性，又具有改革开放带来的新特点；既要依赖于现有的社会秩序，又必然要突破原来的社会规则。[②]

（一）改革开放以来社会组织发展总体状况

改革开放初期，社会组织开始解冻复苏，社团首先得以恢复和发展。民政部门自1988年开始提供社会组织统计数据，2003年开始同时提供社团、民

---

① 王名. 中国民间组织30年. 北京：社会科学文献出版社，2008，2-6.

② 苏力. 规制与发展——第三部门法律环境. 杭州：浙江人民出版社，1999，305.

非和基金会的数据，如图1-1所示。

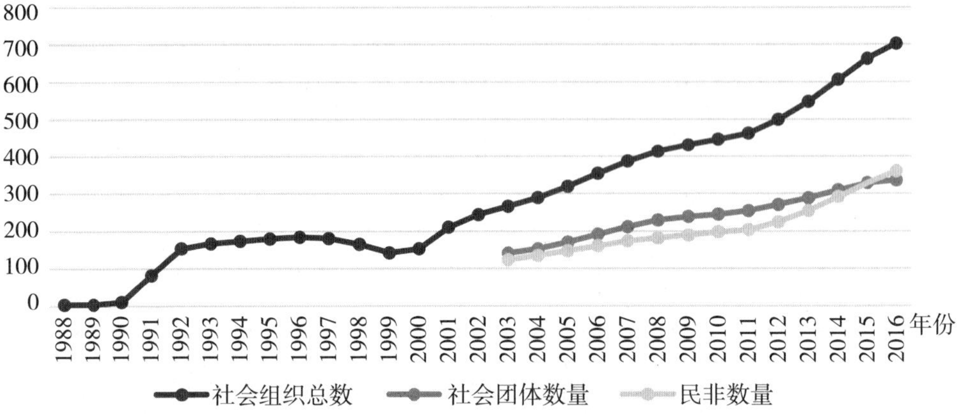

图 1-1　1988—2016 年在民政部门登记的社会组织数量（单位：千家）

数据来源：民政部编. 2016中国民政统计年鉴（中国社会服务统计资料）. 北京：中国统计出版社，2016年版；民政部：2016年中国社会服务发展统计公报.

从上图中社会组织总数曲线的形状可以看出，改革开放以来中国社会组织发展大致可以分为三个阶段，即恢复发展阶段、整顿发展阶段和稳步发展阶段。

（二）恢复发展阶段（1978—1989年）

1978年十一届三中全会以后，经济建设逐渐取代阶级斗争成为党和政府的工作中心。在70年代末到80年代末出现了社会组织发展的三次高潮。[①]1979—1980年迎来了“文化大革命”之后社会组织发展的第一次高潮。1979年和1980年分别成立全国性社团60家和58家。这些社团以学术性团体为主，绝大多数是学会和研究会。第二次高潮是1986年，行业协会的兴起是亮点。这一年新成立全国性社团54家。第三次高潮发生在1989年，基金会开始登上舞台。这一年新成立62家全国性社团，其中包括5家基金会。[②]

1989年也是我国非营利组织制度建设的重要年份，这一年通过了《社会

① 吴东明，董西明. 非营利组织管理. 北京：中国人民大学出版社，2003，102.

② 王名. 中国民间组织30年. 北京：社会科学文献出版社，2008，2-6.

团体登记管理条例》，取代了1950年通过的《社会团体登记暂行办法》。尽管这个条例对社团和基金会还没有作出区分，但仍然不失改革开放之后社会组织法律制度建设的一个里程碑。

（三）整顿发展阶段（1990—1999年）

20世纪80年代社会组织的爆发性增长带来了一些问题。政府在80年代末对社会组织进行了一次清理整顿，在90年代又进行了两次清理整顿，打击取缔了一批未经登记开展活动的“非法组织”，社会组织的增长速度受到一些影响。进入90年代后，随着建设社会主义市场经济制度的确立，社团继续保持发展势头。同时，服务性社会组织大量涌现，非营利组织的概念开始传播。与此同时，政府对社会组织的管理逐渐由行政手段为主向法治化方向迈进。

这个时期还有两件事情也值得一提。第一件是在我国召开的第四届世界妇女大会。1995年，来自各个国家的上千名非政府组织领导人云集北京，给了中国人第一次直接与国际非营利组织接触的机会。这次会议结束后，一些参会者很快创办了自己的社会组织。比如，郭建梅创建了妇女法律援助中心；廖晓义创办了北京地球村。这些体制外生长起来的组织成为社会组织领域的一支新军。它们植根于城乡社区，活跃在扶贫开发、妇女儿童权益保护、生态环境保护、残疾人福利、城市农民工权益保护、艾滋病人救助等领域。第二件事是1998年国务院修订通过了《社会团体登记管理条例》，颁布了《民办非企业单位登记管理暂行条例》，这标志着分级登记、双重管理的社会组织管理体制基本形成。

（四）稳步发展阶段（2000年至今）

进入21世纪以来，我国社会组织总体上进入持续快速发展时期。社会领域法制建设加快步伐，现代社会组织制度建设被纳入国家治理体系与治理能力现代化建设之中，社会组织迎来了前所未有的发展机遇。尽管社团发展较早，但民非的增长速度快于社团，到2015年民非数量已经超过了社团。2004年《基金会管理条例》颁布以来，基金会快速发展，自从1981年7月28日中国儿童少年基金会成立之始，到2017年底，全国基金会总数已经达到6400多家。同时，非公募基金会异军突起，到2011年底数量超过了公募基金会，且发展势头更劲。[①]

2012年，党的十八大报告明确提出了要“加快形成政社分开、权责明确、依法自治的现代社会组织体制”。这一目标的提出对于我国建设现代非营利组织制度具有战略意义，对社会建设的重要性不亚于1994年提出建设现代企业制度之于市场经济制度建设的重要性。2017年，党的十九大报告进一步明确了社会组织在国家治理现代化中的地位与作用。

在这一系列政策和法律的推动之下，我国逐步建立起以分类控制、重点培育为特色的社会组织培育和监管体系，在加大对服务类民生类社会组织的资助和扶持力度的同时，进一步规范和加强对政治类、宗教类和国际类社会组织的监管。

三、我国社会组织的主要活动领域

按照民政部每年发布的《社会服务发展统计公报》的统计，我国社会组织主要集中在教育、医疗、社会服务和工商业服务等领域。教育是社会组织最为关注的领域，一半以上的社会服务机构集中于教育领域，这反映了中国人对教育的高度重视。截至2013年底，民办高校数量占高校总数的将近30%，民办幼儿园占到67%。[②]20世纪80年代以来，在一系列鼓励社会力量办医政策的指引下，民办医院和其他民办医疗机构迅速发展。据卫计委统计，2014年公办、民办非营利、民办营利性医院占医院总数的比例分别是54.2%、15.7%、30.1%。[③]社会服务机构主要是各种民办福利院、养老院等机构。尽管社会服务机构占社会组织总数的14%，但由于社会服务仍然以政府提供为主，民办社会服务机构的服务能力占比要远远低于数量占比。

总体上看，尽管民办非企业单位在教育、医疗和社会服务领域已经占有

---

① 参见基金会中心网. http：//fti. foundationcenter. org. cn/，2018-02-01.

② 卫计委. 2014年中国卫生和计划生育统计年鉴. 北京：中国统计出版社，2014；教育部. 中国教育统计年鉴（2014）. 北京：中国统计出版社，2014.

③ 卫计委. 2014年中国卫生和计划生育统计年鉴. 北京：中国统计出版社，2014.

一席之地，但100多万家事业单位及其3000多万员工仍然是科教文卫体领域的主力军。事业单位在公共服务领域的地位如同国有企业在市场经济领域的地位，而社会组织则好比改革开放初期的乡镇企业，在我国的公共服务体系中处于辅助和补充的地位。

四、我国社会组织的贡献

改革开放40年来，社会组织对我国经济、社会和政治发展都作出了显著贡献。具体说来，社会组织在减贫济困、救灾防灾、安老抚幼、助学助医、困难群体帮扶等方面开展活动，对完善社会保障体系，促进第三次分配起到了补充作用，在助力行政体制改革、参与城乡社会建设、促进社会发展、维护社会公平正义、参与民间外交和全球治理方面都作出了不可忽视的贡献。

（一）对就业和经济增长的贡献

社会组织不仅属于社会部门，而且是一股重要的经济力量。尽管目前我国社会组织对就业和经济增长的贡献还比较有限，但是存在巨大的增长潜力。近年来，我国社会组织就业占经济活动人口的比例一直在增加，但直到2014年也只有0.86%，如表1-1所示。[①]

表1-1　社会组织就业占经济活动人口的比例（2006—2014年）

年份	2006	2007	2008	2009	2010	2011	2012	2013	2014
社会组织就业（百万）	4.25	4.57	4.76	5.45	6.18	5.99	6.13	6.37	6.82
经济活动人口（百万）	763	765	770	775	784	786	789	793	797
社会组织就业占全国经济活动人口的比例（%）	0.55	0.60	0.62	0.70	0.79	0.76	0.78	0.80	0.86

资料来源：全国经济活动人口数据来源于《中国统计年鉴2015》；社会组织就业数据来源于2006—2014年的《中国社会服务发展统计公报》。

---

① 根据我国统计制度，经济活动人口是指所有年龄在16岁及以上，在一定时期内为各种经济生产和服务活动提供劳动力供给的人口，包括就业人口和失业人口。

2013年，志愿服务折算成全职就业人数（Full-time Equivalents，FTE）大约占经济活动人口的0.07%。如果加上志愿者的贡献，2013年我国社会组织总体就业占经济活动人口的比例为0.93%。[①]据估计，2003年我国志愿服务占经济活动人口的比例只有0.02%[②]。可见，我国志愿服务在过去十余年取得了显著增长。2013年，社会组织对GDP的贡献率约为0.7%，接近于对就业的贡献率。[③]十余年来，我国社会组织对GDP贡献的增长速度与GDP的增速基本保持一致。

从就业规模和增加值的绝对数来看，我国社会组织毫无疑问已经是一股庞大的经济力量。但是与其他国家相比，我国社会组织对就业和GDP的贡献率还很低。根据萨拉蒙对43个国家的比较研究，2010年，各个国家非营利部门（包括志愿者）对就业的贡献率平均值达到5.5%，发达国家平均达到8.8%。[④]由此可见，我国社会组织还有很大的发展潜力。

（二）对社会发展的贡献

社会组织对社会发展的贡献主要体现为解决社会问题、提供公共服务、维护公平正义、创造社会资本和促进社会和谐等方面。

社会组织不仅能够敏锐地发现社会问题，并且能够创造性地解决这些问题。比如，青少年基金会在20世纪80年代首先注意到农村失学儿童问题，并通过“希望工程”动员社会力量来应对这个问题。2011年，记者邓飞发现了贫困地区的学生吃不起午饭，发起成立了“免费午餐”计划，筹集社会资源来为他们提供午餐，并且带动了政府介入，最终在全国范围内解决这个问题。

社会组织通过提供公共服务促进了社会公平和正义的实现。目前，我国每年募集善款几百亿元，在减贫济困、救灾防灾、安老抚幼、助学助医、困难群体帮扶等领域开展活动，对完善社会保障体系、促进第三次分配起到了

---

① 张远凤. 从国际比较看中国非营利部门的发展状况. 第三部门研究，2017（2）.

② 邓国胜. 中国非政府部门的价值与比较分析. 中国非营利评论，2007（1）.

③ 吴磊，徐家良. 多中心治理视野下第三部门GDP核算制度研究. 学习与实践，2016，2.

④ 同上。

补充作用。仅以中国青少年发展基金会开展的“希望工程”为例，自1989年以来已经募集善款累计近130亿元，建设希望小学近2万所，为成千上万的贫困孩子提供了上学机会，改善了他们的学习条件。[①]

社会组织还能够创造社会资本，促进社会和谐。社会组织通过捐款、捐物和参与志愿活动等方式可以加强社会成员之间的联系，培养社会成员团结、友爱和互助精神等美德。这些美德通过人们的言行传递给整个社会，加强了社会成员的认同感，提高了社会的凝聚力[②]。

在政府与市场的帮助下，社会组织的社会创新功能还将得到进一步提升，在社会治理中扮演更加重要的角色。

（三）社会组织对政治发展的贡献

从政治角度来看，社会组织积极参与公共事务，提高对于培育公民的民主价值观、推动事业单位改革、支持行政机构改革、巩固政权建设等方面都有重要作用。

社会组织是行政体制改革的减震器。1998年为完善市场经济制度而进行的政府机构改革中，国务院撤销了10个工业管理部门，成立了相关行业协会。原本由政府部门承担的大量行业性工作交由行业组织来承担。党的十八大以来，新一届政府大力推动简政放权，下放审批事项，不少事项都转移给社会组织，使行政机构改革能够减缓阻力、顺利推进。

社会组织参与提供公共服务，优化了公共服务体系，成为政府在公共服务领域的得力助手和可靠伙伴。政府擅长提供标准化、普惠性的服务，不擅长提供针对特定群体的多样化服务。与之相比，社会组织属于民间机构，没有机构编制，决策机制比较灵活，不受行政部门各种繁文缛节的限制。它们贴近社区，能够了解不同社会群体的需求，能够提供多元化的服务，以弥补政府公共服务之不足、促进了公共服务领域的竞争以及公共服务效率和质量的提升。

---

① 中国青少年发展基金会官网. http://www. cydf. org. cn/，2018-03-22.

② 康晓光. 非营利组织管理. 北京：中国人民大学出版社，2013，11.

社会组织是公民参与社会政策过程的重要主体，为开展民间外交和参与全球治理提供了载体和平台。以亚洲博鳌论坛、太湖世界文化论坛为代表，一批对外开展公共外交的民间组织，在传播中华文化、制订国际规则、参与国际事务中，扮演着越来越重要的角色。

社会组织还是党和政府联系人民群众的桥梁和纽带，巩固党和政府执政的社会基础。全国7万多家行业协会商会联系2000多万家企业（含个体工商户）；5万多个学术性社团会聚800多万专家学者；几百万家农村专业经济协会服务于5000多万农户；各类律师、会计师、教师、医师等职业团体连接着上千万各类专业人员。这些社会组织为促进社会和谐稳定、巩固基层政权发挥了“微血管”“调节器”“减压阀”的作用。

总的来说，我国社会组织的作用正在日益显现出来，未来必将在国家治理现代化建设中发挥更大的作用。但是也要看到，我国社会组织在数量、能力和贡献方面与发达国家相比还有不小的距离，大多数社会组织规模小、资源少、能力弱，发展后劲不足；我国公众对社会组织的认知仍然十分有限；现代社会组织制度还不健全；一些社会组织“行政化”色彩浓厚。此外，我国慈善事业还不发达，政府对社会组织的支持力度不够。这些都是社会组织未来发展的阻碍因素。

第三节　社会组织培育与监管的基本原理

2006年，党的十六届六中全会明确提出“坚持培育发展和监督管理并重，完善培育扶持和依法管理社会组织的政策”。目前，我国政府针对社会组织在中国社会的地位，在国家治理现代化的大背景下，对社会组织采取了培育与监管两个基本手段。

一、社会组织在现代社会中的地位

一国对国家与社会关系的认知决定了社会组织的角色和地位。[①]在这种“国家-社会”二分法范式中，市民社会包括国家以外所有经济与社会关系的总和。黑格尔和马克思都持此观点。随着非营利组织的规模和作用越来越大，国家、市场、社会构成的“三部门模式”逐渐成为主流话语。哈贝马斯将社会领域从市民社会中分离出去，成为独立于政治和经济领域之外的“第三域”。[②]

按照三分法范式来分析，我国社会也可以看成由国家、市场和社会组织三个部门构成，参见图1-2。不过，相对国家和市场而言，我国社会组织还十分弱小，很难称得上是一个部门。同时，由于我国是一个从计划经济向市场经济转型的社会主义国家，在三个部门的交界处还存在大量混合型的组织。从图1-2可以看到，在国家和市场交叉地带有国有企业，在国家和社会组织的交界处有事业单位，在市场和社会组织重叠区域是社会企业。

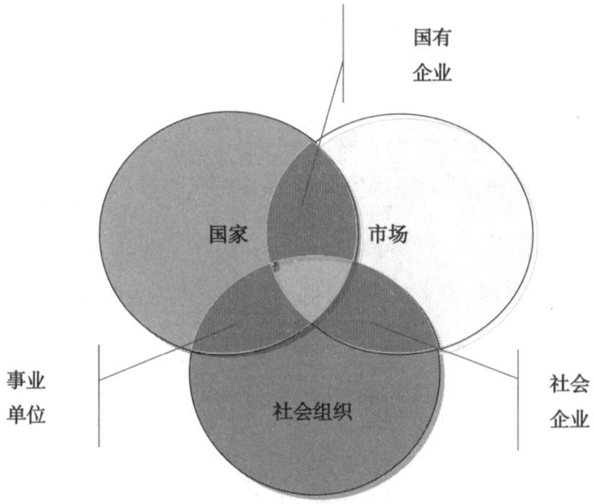

图 1-2　中国社会的三大部门示意图

① Lu Yiyi. *Non-Governmental Organizations in China*. London and New York：Routledge，2009；Ma Qiusha. *Non-Governmental Organizations in Contemporary China*：*Paving the way to civil society?*. New York： Routledge. 2006.

② ［德］哈贝马斯. 在事实与规范之间. 北京：商务印书馆，1983.

如果将政府视为国家的代表，将企业视为市场的微观组织，三个部门在性质及资源获取方式上存在显著区别。从性质来看，政府是提供公共服务的公共组织，企业是追求私利的私人组织，而非营利组织则是以公益为目的的民间组织。[①]就资源获取方式而言，政府主要靠税收获得收入，企业主要靠销售产品或服务获得收入，非营利组织则依靠慈善捐赠、服务收费和政府资助等多种途径获得收入。非营利组织与企业相比，并没有道德上的优越性。德鲁克说，非营利并非美德。任何一项活动，如果能够产生利润却没有盈利，那就是反社会的。[②]在商业上有利可图的事情却采取非营利模式来运作，享受非营利组织的优惠政策，不仅有逃税之嫌，而且对于企业来说是不公平竞争。

二、新治理范式的兴起

第二次世界大战之后至70年代中期，无论是在实行福利国家制度的西方国家，还是实行计划经济的社会主义国家，在福利供给方面都是政府主导型模式占据支配地位。然而到70年代末，西方福利国家普遍出现了政府规模过度膨胀、财政赤字居高不下、经济增长停滞等问题，并最终导致福利国家模式的失败。在此背景下，以撒切尔夫人和里根为首的英美两国政府率先推行民营化改革，大力借助非营利组织来提供公共服务。非营利组织从“沉默的伙伴”变成政府的“得力助手”。与此同时，计划经济国家也普遍遭遇困难，进入结构调整时期，迫切需要采取新思路来解决问题，为非营利组织的兴起创造了空间。

20世纪70年代末以来，公共行政理念逐渐从传统的“统治”理念转向“治理”理念，其间兴起的民营化、新公共管理和公私伙伴关系等理论都主张三大部门的合作关系。[③]目前，最有代表性的理论是新治理范式。该理论认为，公共服务供给机制除了完全由政府提供服务的行政机制和完全由私人部

① 秦晖. 政府与企业以外的现代化——中西公益事业比较研究. 杭州：浙江人民出版社，1999.

② Peter Drucker. Management as a Liberal Art. 现代管理宗师德鲁克文选（英文版）. 北京：机械工业出版社，1999，103.

③ Salamon，Helmut K. Anheier. Social Origins of Civil Society：Explaining the Nonprofit Sector Cross-Nationally，*Voluntas*：*International Journal of Voluntary and Nonprofit Organizations*，Vol. 9，No. 3，1998.

门提供服务的市场机制之外，还存在着公私合作的各种混合形式，政府可以通过税收优惠、拨款、补助、凭单、特许经营、合同外包以及购买服务等方式与企业或非营利组织合作供给公共服务。[①]

在现代社会中，解决日益复杂的公共问题越来越需要三大部门的共同努力。政府、市场和社会组织各有其长处和短板，只有扬长避短、优势互补才能解决问题。各个国家的实践表明，如果没有一个健全的社会部门的支持，市场经济和民主政治都无法有效运转。[②]完全依赖市场导致了社会不平等和福利损失，而福利国家模式又促使大政府的兴起，但过度依赖政府最终导致政府不堪重负和社会失去活力。

在世界各国纷纷从传统公共行政转向新治理范式之时，我国也面临着治理模式转型问题。改革开放以来，经过几十年的高速发展，我国经济社会进入一个新时期，各种社会问题日益突出，传统行政管理模式显得力不从心，迫切要求向现代治理模式转型。

尽管我国的国家治理现代化转型是世界范围治理变革的一部分，但具有不同于西方国家新治理范式的内涵。党的十八届三中全会《中共中央关于全面深化改革若干重大问题的决定》中提出了全面深化改革的总目标是完善和发展中国特色社会主义制度，推进国家治理体系和治理能力现代化。这个决定正式启动了我国国家治理现代化的历史进程。党的十九大报告再次明确全面深化改革总目标是完善和发展中国特色社会主义制度，推进国家治理体系和治理能力现代化。党的十九大报告强调“坚持党的领导、人民当家做主、依法治国有机统一。党的领导是人民当家做主和依法治国的根本保证，人民当家做主是社会主义民主政治的本质特征，依法治国是党领导人民治理国家的基本方式，三者统一于我国社会主义民主政治伟大实践”。这段话阐明了我国的“国家治理现代化”的“治理”是“治国理政”的意思，包含

---

① E. S. Savas. *Privatization and Public-Private Partnership*，Seven Bridges Press，2000；Salamon L. *Tools of Government*：*A Guide to the New Governance*，New York：Oxford University Press，2002.

② 王绍光. 多元与统一——第三部门国际比较研究. 杭州：浙江人民出版社，1999，徐永光所作序言.

三个核心要素，即党的领导、人民当家做主和依法治国。可以看出，我国的治理理念更多地受到国家中心论的影响，国家在与社会组织的关系中居于主导和支配地位，这与上述新治理范式所主张的多中心主义具有显著的不同。

在国家治理现代化理念的指导下，我国社会组织被正式纳入国家治理体系，并被明确赋予了角色和功能。党的十九大报告有五处提到社会组织，要求社会组织在社会治理、环境治理和协商民主中发挥作用。

三、我国政府与社会组织的关系

与西方社会非营利组织“自下而上”的历史演进道路不同，改革开放以来中国社会组织的发展更多地依赖于国家“自上而下”的推动与控制。一方面，国家采取了新的制度安排来促进社会变革；另一方面，国家仍然保持着对社会部门的主导和控制。我国政府按照是否有利于巩固党的执政基础、有利于加强政府的合法性、有利于维护社会和谐稳定的标准，对不同类型社会组织采取了不同的策略，建立了分类控制体系。[①]对于有利于实现上述目的的社会组织，采取支持鼓励和加强监管的策略，对于从事维权、倡导、宗教和政治活动、可能对社会稳定构成潜在威胁的社会组织则采取严格限制乃至坚决禁止的策略。另外，我国政府对本土社会组织和境外非政府组织实行分别监管，本土社会组织由民政部门负责登记管理，境外非政府组织在境内的活动由公安机关负责登记管理。[②]改革开放以来中国政社关系的变迁可以被看成是国家重塑社会控制模式的过程，这一过程具有两个基本特点，一是政府对社会组织的控制以及社会组织对政府的依赖关系；二是政府对不同类型

① 其他学者也提出了“分类控制”的概念，参见：康晓光，韩恒. 分类控制——当前中国大陆国家与社会关系研究. 社会学研究，2005（6）：73—89.

② 印度和俄罗斯等国也有类似做法。比如，俄罗斯在2004年通过了《非政府组织活动法》（即《外国代理人法》），对非营利组织的政治活动和境外资助采取了严格控制政策。参见：Lev Jakobson and Sergey Sanovich，“The Changing Models of the Russian Third Sector：Import Substitution Phase，” *Journal of Civil Society*，Vol. 6，No. 3，pp. 279-300，December 2010.

的社会组织实行区别对待。这两点构成目前我国社会组织培育与监管的基本背景。

学者们在解释中国的国家–社会关系时，经常借鉴斯密特（Philip C. Schmitter）的法团主义概念。斯密特这样描述法团主义：“法团主义是一个利益代表系统，在这个系统中，所有的成员单位被组织进数量有限的不同功能的类别（categories），每个类别都是唯一的、强制性的、非竞争性的和具有等级秩序的。每个类别的代表性组织都是由国家发起的或许可的（如果不是由其建立的话），并赋予其代表各自领域的垄断性地位。作为交换，这些代表性组织接受国家对其领导人选择、需求表达和支持等方面一定程度的控制。”[①] 20世纪80年代以来，瑞典、荷兰和德国是受法团主义影响的典型国家。这些国家中，政府与社会紧密交织在一起，不再区分二者在权力基础或政策制定上的差别，政府与社团都依靠并且服务于同一群公众。[②]换句话说，法团主义描述了国家与利益集团之间的一种平衡与整合的关系。

比如，邓正来和景跃进明确主张市民社会与国家之间的“良性互动说”，认为国家干预市民社会既有其必要性，也应该有合理限度。[③]俞可平等提出构建“社会主义市民社会”，认为市场经济体制对我国社会结构的最大影响是它将导致一个新型的社会主义市民社会的崛起。[④]康晓光等提出了“行政吸纳社会”的概念。[⑤] “行政吸纳社会”并不是一个十分严谨的概念，却是一个很形象生动的概念。“行政”既指“政府”或“国家”，也指“政府”或“国家”的“行为”。“社会”指“法团主义”所说的“社会”或者“非营利部门”。“行政吸纳社会”强调的是国家与社会的融合。在这一国家–社会关

① Schmitter P. C, “Still the Century of Corporatism?,” in F. B. Pike and T. Stritch. eds. *The New Corporatism*: *Social Political Structures in the Iberian World*: Notre Dame: University of Notre Dame University Press, 1974, pp. 93–94.

② Taylor C, “Civil Society in the Western Tradition,” in E. Grofier and M. Paradise, eds. *The Notion of Tolerance and Human Rights*: *Essays in Honor of Raymond Klibansky.* Ottawa: Carleton University Press, 1991, p. 118.

③ 邓正来，景跃进. 建构中国市民社会. 中国社会科学季刊，1992（1）.

④ 俞可平. 社会主义市民社会：一个新的研究课题. 天津社会科学，1993（4）.

⑤ 康晓光等. 行政吸纳社会. 新加坡八方文化创作室，2010.

系模式中，国家处于支配地位，社会处于从属地位，缺乏独立性、自主性和自治性。“行政吸纳社会”的核心机制是政府运用分类控制和功能替代的两手策略来影响社会组织。控制是限制自治性社会组织的发展，防止社会组织挑战政府权威。功能替代是指政府通过“延续”“新建”“收编”“合作”和“无支持”等策略培育出体制内的社会组织，从功能上“替代”自治的社会组织。

我国政府与社会组织之间的相互依赖关系是不对称的，以社会组织对政府的依赖为主，社会组织自治空间的大小取决于政府的意志。①在合法性、决策权和执行过程等各个方面，社会组织都高度依赖于政府。可以说，中国的社会组织是“政府领导下的非政府组织”，社会组织要想更好地开展工作，发挥更大的作用，就必须和政府机构建立良好的关系。②同时，社会组织在政府的庇护下，一定程度上享有自主行动的权力。

四、社会组织培育与监管体系

社会组织培育与监管体系指社会组织培育与监管的主体及其相互之间的关系。社会组织培育和监管的主体并不仅限于政府，社会组织的民间性决定了其培育与监管都必须要依赖社会力量。③因此，社会组织的培育与监管主体不仅包括政府，还包括公众和社会组织自身，如图1-3所示。政府是唯一具有法律权威对社会组织进行培育和监管的主体，社会组织的自治与自律始终处于培育与监管体系的核心，既是外部培育与监管的目的，也是外部培育与监管能够发挥作用的内在条件。

---

① Zhang Yuanfeng，Dependent Interdependence：The Complicated Dance of Government-Nonprofit Relations in China，*VOLUNTAS*：*International Journal of Voluntary and Nonprofit Organizations*，2015，26（6），pp. 2395-2423.

② 丁元竹. 非政府公共部门与公共服务——中国非政府公关部门服务状况研究［M］. 北京：中国经济出版社，2005.

③ 曹昭胜. 社会组织培育与监管问题研究——以四川省为例. 长江论坛，2015（2）：57-63.

图 1-3 社会组织培育与监管体系

(一)政府培育与监管

从西方国家的情况来看，政府与非营利部门在传统上是相互独立的关系，非营利组织属于社会自治的领域，政府并不直接参与非营利组织的培育，对非营利组织的监管也十分有限。在福利国家兴起之后，政府在公共服务领域的功能急剧扩大，挤占了非营利部门的发展空间，非营利部门一度成为“沉默的伙伴”。[①]20世纪70年代以来，在政府主导的福利国家模式遇到危机之后，政府开始大规模与非营利组织合作提供公共服务，政府通过税收优惠和购买服务等手段对非营利部门提供了前所未有的支持。以美国为例，超过七成的非营利组织都是在这种背景下催生出来的。与此同时，西方国家政府与非营利组织的监管力度也大大加强了。政府对非营利组织的监管内容十分广泛，包括对非营利机构的治理机制和决策程序、财产管理和使用、筹款活动、工作场所、从业人员、商业活动、政治活动、利益输送、信息披露等方面。不过，西方国家政府很少直接设立非营利组织，也不会直接干预非营利组织的内部管理。事实上，政府资源的投入只是非营利组织快速发展的外部诱因，民间蓬勃的志愿精神和高涨的社会创业热情才是持久的内在动力。

和现代公司制度一样，非营利组织制度在我国也是一个舶来品，公众对它的认知和接受需要一个较长的过程。为了推动社会组织的发展，在民间积

① 李韬.沉默的伙伴：美国现代慈善基金会研究.北京：中国社会出版社，2008.

极性尚未充分展现的情况下，我国政府在社会组织培育方面采取了更加主动的策略，在监管方面也承担了更多的责任。很多地方政府设立了社会组织孵化基地，通过提供场所、资金、咨询、培训等措施直接培育社会组织。与此同时，政府还通过税收优惠、补贴、购买服务和人才政策等措施间接支持社会组织的发展。尽管我国政府在社会组织培育方面做了很多工作，但政府的主要任务仍然是履行对社会组织的监管职责。

实际上，政府采取的各种手段都兼具培育和监管的功能。比如，税收政策既是一项优惠措施，也同时具有很强的监管功能。再如，购买服务看起来是一个典型的支持和培育手段，实际上，通过购买服务合同，政府可以实现对社会组织的深度监管。[①]从另一方面来看，政府采取各种监管手段也具有培育和促进之功效。从宏观角度来看，政府监管可以营造社会组织发展的良好环境，确保社会组织的守法运行和有序竞争，对于社会组织的整体发展是极其重要的。从微观角度来看，很多监管手段也可以视为培育和支持手段。比如社会组织评估，在提供规范的同时也引导着社会组织的发展。

目前，我国政府已经初步建立了一套覆盖事前、事中、事后的社会组织监管机制，通过登记管理制度实现事前监管，通过党建制度实现政治引领，通过年检制度、会计和财务制度、税收制度、政府购买服务制度、评估制度、信息公开和信用管理制度等实现事中监管，通过行政执法、清理整顿、取缔非法社会组织等措施实现事后监管。

在监管机构的设置上，民政、财政、税务和审计部门在社会组织监管中扮演主要角色。[②]我国政府对于社会组织的管理实行双重管理体制，民政部门作为登记管理机关处于关键地位，几乎所有党政部门和群团组织都担负着社会组织业务主管单位或行业主管的监管职责。财政部门负责财务会

① 张远凤，萨拉蒙，韩多克. 政府工具对美国非营利组织的影响——以MFN，BCC和DCCK为例. 中国非营利评论，2015（1）：200–221.

② 国外非营利部门政府监管机构的设置也各不相同，比如英国设立了慈善委员会对慈善组织实施监管；美国主要由联邦税务局（IRS）实施非营利组织监管。但日本政府没有设立统一的监管机构，对社会组织的监管职能由多个政府部门承担。

计规则制定、财政资金的监督，同时对接受财政补助和承接政府购买服务的社会组织进行监督，确保财政资金有效地运用于公共服务和社会公益事业。税务部门和民政、财政部门一起负责社会组织免税资格认定，税收优惠政策的实施，不定期进行税务抽查，对违反税收政策的社会组织给予相应处罚等。

由于受信息、资源和能力等约束条件的限制，政府对社会组织的培育和监管总是有限的。政府可以利用其优势地位对社会组织进行培育和控制，然而，如此生长出来的社会组织兴许数量可观，但生存能力往往不强。因此，政府的培育和监管是社会组织发展的必要条件，但不是充分条件。从一定意义上说，政府对社会组织的监管责任要大于培育责任，公众在社会组织培育和监管中扮演重要角色。

（二）社会培育与监督

社会组织的贡献不仅在于提供社会服务和解决社会问题，同样重要的贡献还在于创造社会资本，增加社会凝聚力。因此，社会参与不仅是发展社会组织的手段，而且是发展社会组织的目的。中国社会蕴藏着发展社会组织所需的巨大热情和丰富资源，但还远远没有发挥出来。一旦发挥出来，它们可以在社会组织的培育和监督方面作出重大贡献。在社会组织的培育方面，社会公众是创业者、志愿者和捐赠者。

社会组织与企业一样，需要创业者和具有创业精神的人们来推动。这些人有一个响亮的称号，叫作“社会企业家”。在公益领域，社会企业家存在已久，但由于各种原因，他们对社会的贡献一直远未得到充分理解和应有评价。[①]改革开放以来，我国社会组织的蓬勃发展既得益于政府的大力支持，也离不开社会企业家们的努力。很多社会企业家来自体制内，比如中国青少年发展基金会的创建者徐永光、壹基金公益研究院的创始人王振耀、中国乡村规划设计院的创办者李昌平等。更多的社会企业家来自民间，比如“自然

① ［美］戴维·伯恩斯坦. 如何改变世界——社会企业家与新思想的威力. 吴士宏译，北京：新星出版社，2006，109.

之友”的创办者梁从诫、“地球村”的创始人廖晓义、“水环境地图”的创办者马军、“北京绿十字”的创办者孙君、“壹基金”的创建者李连杰等。20世纪90年代以来，哈佛、麻省、牛津、剑桥等世界顶尖大学都开展了社会创业教育，一些成功的社会企业家积极投身于公益性教育，培养了大批社会企业家。

志愿服务和慈善捐赠是社会组织获取资源的重要来源。在西方国家，这两项资源占到非营利部门资源总量的四分之一。志愿精神是所有人类文化中最宝贵的基因，儒家讲“仁者爱人”，佛教讲“普度众生”，基督教讲“爱邻如己”，都是在倡导同样一种友爱互助的精神。德鲁克说，志愿服务的本质和特点，在于改善人类生活、提升生命品质，它使服务者获得新知，使空虚者获得充实，其精神是仁爱的、利他的、公益的。[①]我国港澳台地区志愿服务开展得比较早，内地开展有组织的志愿服务活动始于20世纪80年代。1994年在共青团中央指导下成立了中国青年志愿者协会。[②]目前，全国各地很多地区成立了省级志愿者组织，并在市、区、街道和社区成立了四级志愿者服务网络。捐赠人为了公益目的将自己的资产捐赠给社会组织，资产捐出后捐赠人虽不再拥有所捐赠资产的所有权，但有权指定该资产的用途，监督该资产的使用。[③]以美国为例，非营利部门每年收到的捐赠约占GDP的2%到3%，但是目前慈善捐赠占我国GDP的比例还不到0.2%。

社会监督是社会组织监管体系的重要组成部分。社会监督是一种非正式的监督机制，它的成本低、社会效益好，能够起到政府监管机制难以起到的作用。社会监督主要包括捐赠人和受助者监督、媒体监督以及公众监督。

第一，捐赠人与受助者监督。捐赠人对社会组织进行监督，主要是关心自己的捐赠是否被用于组织所宣称的宗旨或指定的用途，并为自己以后的捐赠决策提供参考。[④]长期以来，受助者作为服务对象往往处于一种不平等的地

① ［美］彼得·F. 德鲁克. 非营利组织管理. 吴振阳译，北京：机械工业出版社，1999.

② 中国青年志愿者官网. http：//www. zgzyz. org. cn/node_54760.htm，2018-03-26.

③ ［美］丽莎·乔丹，［荷兰］彼得·范·图埃尔. 非政府组织问责：政治、原则与创新. 康晓光译. 北京：中国人民大学出版社，2008，110-130.

④ 王兰. 我国非营利组织监督机制研究. 秦皇岛：燕山大学，2008，30.

位，他们被动地接受社会组织提供的服务，只有感恩戴德的义务而没有监督的权利和表达的渠道。这种传统模式日益受到挑战，在新的关系模式中，受助者被赋予了对社会组织监督问责的权利。[①]如果捐赠人能够与受助者合作，建立受助者投诉和反馈渠道，让受助者主动监督社会组织的行为并提供有关信息，将大大提高社会组织监督的有效性。

第二，媒体监督。媒体监督在公众监督中处于十分重要的地位。媒体监督一般是通过新闻事件形成社会舆论，进而对社会组织进行监督与问责。近年来，我国媒体曝光的公益案件有增多的趋势。这些案件经公开后，受到了广泛的关注，并在媒体与公众的评判下形成强大的社会舆论，最终使相关责任人受到处罚。[②]然而，我国媒体对于社会组织的监督还没有发挥出应有功能。[③]

第三，公众监督。社会公众监督能够有效培植社会监督氛围与社会廉洁风尚，群众能够为遏制社会组织的腐败行为提供最为广泛的监督。公众可以通过政府部门、评估机构和社会组织自身设有的投诉热线和网站对社会组织进行监督，为政府监管部门提供社会组织违法与腐败的线索信息。

由于不同监督主体的利益诉求不同，可以通过不同途径与方式对社会组织进行监督，形成协同治理的综合监督模式。

（三）社会组织自治与自律

社会组织是社会自治的重要组织载体。社会组织的自律是社会组织监管的最初也是最后一道防线。自律是行为主体的自我约束；他律是外部力量对行为主体的约束。自律和他律相辅相成，自律是约束社会组织行为的内在力量，但社会组织自律的形成又有赖于他律的完善。当“好的”行为在他律的影响下逐渐成为社会组织普遍的自觉的行为之时，他律就转化为自律。否则，如果社会组织的好的行为不能得到鼓励，坏的行为不会受到惩罚，那么他律和自律都会失灵。社会组织的自治与自律包括各个社会组织内部的自治

---

① 陈赞. 我国NPO问责问题探析——基于产权理论的思考. 管理观察，2010（10）：12–14.

② 王兰. 我国非营利组织监督机制研究. 秦皇岛：燕山大学，2008，35.

③ 李树海，丁渠. 论对社会组织的社会监督. 河北法学，2013（8）：41–48.

与自律以及行业组织对社会组织的约束。

建立完善的法人治理机构是社会组织实现自治与自律的关键因素。其一是要明确社会组织作为公益法人的产权性质，这种产权是一种建立在委托人、受托人、受助者三方分离基础上的公益产权，明确公益产权有利于解决社会组织对谁负责的问题。其二是要依法制定和维护社会组织的章程，严格按照章程办事。其三是按照章程建立健全由董事会、监事会、会员大会等组成的治理结构。在实践中，我国社会组织的治理文化比较薄弱，有的社会组织未设立理事会和监事会；有的社会组织设立的监事会、理事会功能发挥不明显，形同虚设；有的社会组织行政色彩浓厚，行事风格像是政府机关；还有的社会组织家长制色彩浓厚，由组织创办者一人当家。因此，与发达国家政府不直接干预社会组织的内部治理不同，民政部不仅为社会组织制定了章程范本，一些地方民政部门甚至亲临现场指导社会组织理事会建设。

不同类型社会组织的自治程度不同，政府监管也应该有所侧重。从发达国家的经验来看，一般来说，会员型组织应该更多依靠自治，服务型组织政府要加强监管。会员型组织主要是为会员服务，收入来源主要是会员缴纳的会费，对社会公众的影响比较小，而且在治理结构上设有会员大会或会员代表大会可以承担监管之责。服务型组织对公众的影响要更大一些，它们的服务对象是社会公众，收入来源更多依靠社会和政府，因此政府对服务型组织的监管应该更加严格。①

与其他领域有行业组织一样，社会组织也有自己的行业组织，包括行业协会、行业联合会或其他行业性组织。行业组织可以在代表和维护成员组织的利益，激励和约束成员组织的行为方面发挥重要作用。培育和建立一批行业组织，既可以帮助社会组织维护合法权益，向政府反映社会组织的愿望和建议，促进社会组织与政府的合作，又可以体现行业管理性质，促进社会组织自律，帮助政府履行监督之责。通常联合会、全国性协会和行业性社团会制定一个共同遵守的道德标准和行为规范，以维护会员共同的社会形

① 彭军. 完善社会组织监管机制，促进社会治理创新. 中国民政，2015（5）：23–25.

象。[①]社会组织行业自律一般采取行业认可制、行业赞许制和行业规制等几种形式。[②]然而，并不是所有的行业组织都能够切实做到有效自律，在一些缺乏领导力、组织涣散的行业，行业自律难以取得良好效果，有时甚至形同虚设。

【微案例 1-1】

首都慈善公益组织联合会的行业规范[③]

2011年4月26日，首都慈善公益组织联合会发布了《慈善公益组织管理流程指引》，它是目前国内推出的首个针对慈善公益组织规范运作的管理流程，其目的旨在更好地规范慈善公益类组织的运作管理。

《慈善公益组织管理流程指引》主要借鉴商业管理咨询的价值链思维工具，将管理流程分为业务管理流程和辅助管理流程。其中，业务管理流程根据慈善公益组织管理工作的特性，分为四个主要业务模块：募捐流程、资金管理流程、实施流程和信息披露流程；辅助管理流程则从职能保障的角度，分为战略管理流程、品牌管理流程、客户关系管理流程、人力资源管理流程、行政管理流程五大部分。

长期以来，我们把政府与社会组织的关系看成官民关系，甚至看作对立关系。以官民关系视之，则支持与干预不分；以对立关系视之，则是监管与控制不分。未来我国社会组织培育和监管应该在坚持政府主导的前提下，尽量将支持和干预区分开，将监管与控制区分开。在社会组织培育上，坚持社会事业社会办，更多地依靠社会的志愿精神和创业精神，倡导和鼓励社会创业，为社会组织提供必要的优惠和支持。在社会组织监管方面，采取积极

① 张明. 非营利组织的治理机制研究. 广州：暨南大学，2008，42.

② 张远凤，邓汉慧，徐军玲. 非营利组织管理：理论、制度与实务. 北京：北京大学出版社，2016.

③ 首部慈善公益组织管理流程指引在京发布，http：//www. bj. chinanews. com/news/2011/0427/16032.html.

审慎监管原则，由控制型监管转向激励型监管，在加强政府监管的同时，完善社会组织内部治理和行业自律，鼓励社会监督，建立全方位的综合监管机制。[①]政府要尽量避免对社会组织的过度干预，凡是社会组织能够自主决定的，行业组织能够自律管理的，就应当让社会组织和行业组织承担起责任。政府要建立健全有利于社会组织健康有序发展的制度环境，当好的行为在政府规范之下逐渐成为社会组织普遍自觉行为之时，外部监管就能转化为内部自律。

第四节　社会组织法律与政策

"依法治国"是中国共产党领导人民治理国家的基本方略。社会组织培育与监管必须以法律和政策为依据。从广义来讲，法律是公共政策的组成部分，但是法律又具有特殊性，在权威性和强制性方面要高于其他政策。本节所称"法律"是指各级立法主体依据《中华人民共和国立法法》的规定制定的法律、行政法规、地方性法规、自治条例和单行条例、部门规章和地方规章；"政策"指其他规范性文件。

我国目前还没有专门的社会组织法或非营利组织法，社会组织相关法律散见于各类法律文件之中。所谓"相关"是指直接或专门针对所有社会组织、某类社会组织或社会组织的某个方面制定的法律文件，不包括《中华人民共和国民法》《中华人民共和国刑法》《中华人民共和国合同法》《中华人民共和国劳动法》等一般性法律文件。

我国社会组织相关法律文件十分庞杂。从法律位阶来看，包括宪法、法律、行政法规、地方性法规、国务院部门规章和地方政府规章；从适用对

① 彭军. 完善社会组织监管机制，促进社会治理创新. 中国民政，2015（5）：23-25.

象来看，既有对所有社会组织的，也有分别针对社团、民非和基金会的，还有特别针对某类社会组织的（比如慈善组织、境外非政府组织、行业协会商会、民办教育机构、民办医疗机构、民办养老机构等）；从内容来看，涉及社会组织的身份（法人类型、登记注册、年度检查）、性质（产权属性和治理结构）、行为（筹款、倡导、商业活动、信息披露）和管理（财务和会计制度、税收优惠、购买服务）等方面。从目的和作用来看，又可以分为培育扶持类和监督管理类两种类型。下面首先按照法律位阶介绍社会组织法律框架，再介绍与社会组织相关的其他规范性文件。

一、宪法对社会组织的规定

现行的《中华人民共和国宪法》是1982年全国人大第五次全体会议通过的，此后经历五次修订，最近一次修订是2018年3月11日由十三届全国人大一次会议通过的。我国宪法保障公民的权利和自由。《中华人民共和国宪法》第三十五条规定："中华人民共和国公民有言论、出版、集会、结社、游行、示威的自由。"[①] 第十九条规定："国家鼓励集体经济组织、国家企业事业组织和其他社会力量依照法律规定举办各种教育事业。"第四十七条规定："中华人民共和国公民有进行科学研究、文学艺术创作和其他文化活动的自由。国家对于从事教育、科学、技术、文学、艺术和其他文化事业的公民的有益于人民的创造性工作，给以鼓励和帮助。"这些规定为我国公民依法结社和参与公益事业提供了根本的保障。

二、社会组织相关法律

由全国人大及其常委会通过的普通法律是宪法的具体化。目前，我国社会组织相关法律主要包括《中华人民共和国民法总则》（2017）、《中华人民共和国公益事业捐赠法》（1999）、《中华人民共和国民办教育促进法》

① 1998年，我国政府签署了《公民权利和政治权利国际公约》，其中第22条规定，人人有权享受与他人结社的自由，包括组织和参加工会以保护其利益的权利。

（2002）、《中华人民共和国企业所得税法》（2007）、《中华人民共和国个人所得税法》（1980）、《中华人民共和国慈善法》（2016）、《中华人民共和国境外非政府组织境内活动管理法》（2016）等。

2017年颁布的《中华人民共和国民法总则》规定了三类非营利法人，即事业单位法人、社会团体法人和捐助法人。就社会组织而言，社会团体属于社会团体法人，基金会和社会服务机构（即民非）属于捐助法人。《中华人民共和国民法总则》还对非营利法人的法人资格、法人章程、法人治理机构、监督机构和法定代表人等方面做了规定。

1999年通过的《中华人民共和国公益事业捐赠法》是一部规范捐赠和受赠行为的法律，对公益事业的范围、捐赠和受赠主体、捐赠财产的使用和管理、对捐赠人的税收优惠和法律责任等做了规定，对鼓励捐赠，保护捐赠人、受赠人和受益人的合法权益，促进公益事业的发展，具有重要意义。

我国的税法并不是指某一部法律，而是一系列与税收相关的政策。利用税收政策激励和约束非营利组织是各国通行的做法。目前，我国尚未针对社会组织制定专门的税收优惠政策，与社会组织有关的税收政策主要体现在《中华人民共和国企业所得税法》和《中华人民共和国个人所得税法》之中，对社会组织的税收管理、税收执法和纳税救济都与企业相同。社会组织能够享受的减免税待遇包括所得税、流转税、财产税、行为税、耕地占用税、契税、关税等。[①]捐赠人能够享受的税收优惠主要是所得税税前扣除。税法在鼓励捐赠方面尤其具有重要导向作用，使得《中华人民共和国公益事业捐赠法》规定的捐赠减免税政策得以落实。

2002年颁布的《中华人民共和国民办教育促进法》对国家机构以外的社会组织或者个人，利用非国家财政性经费，面向社会举办学校及其他教育机构的活动进行了规范。2016年第二次修正之后的《中华人民共和国民办教育促进法》要求严格区分营利性与非营利性民办教育机构，同时规定了两类机构有差别地享受各项优惠和支持性政策。

2016年颁布的《中华人民共和国慈善法》是专门针对慈善组织及慈善活

① 李玉娟.我国非营利组织税收优惠制度的最新发展及存在的问题.西南政法大学学报，2011（2）.

动的法律，被视为社会组织立法领域的一个里程碑。这里所说的慈善组织并不是一种新的法人类型，而是依据宗旨和业务领域划分出的特定范围的社会组织，慈善组织仍然登记为基金会、社会团体、社会服务机构等法人形式。《中华人民共和国慈善法》跟国际社会的慈善事业发展主流趋势相一致，采取了大慈善的概念，它强调慈善不仅仅是少数人的行为，而是全民性、全社会的共同向善之举，慈善领域不限于扶危济困，还包括教、科、文、卫、体、环保等公益事业。《中华人民共和国慈善法》对慈善组织、慈善募捐、慈善捐赠、慈善信托、慈善财产、慈善服务、信息公开等方面做了规定，还规定了促进措施、监督管理和法律责任，为保护慈善组织、捐赠人、志愿者、受益人等慈善活动参与者的合法权益提供了法律依据。《中华人民共和国慈善法》创新了慈善事业的体制机制，解决了多年来制约慈善事业及慈善组织发展的问题，比如放开公募资格、落实公益信托制度、明确信息公开义务等。[①]

为了落实《中华人民共和国慈善法》，民政部在2016年8月颁布了《中华人民共和国慈善组织认定办法》，对增量型慈善组织和存量型慈善组织的认定问题分别做了规定。[②]不过，由于政策实施初期有一个学习过程，也由于《中华人民共和国慈善法》对慈善组织的监管要求比较高，慈善组织认定工作最初的进展并没有立法者预想的那么顺利。[③]《中华人民共和国慈善法》实施半年多之后，在民政部注册登记的2310个全国性社会组织中获得慈善组织认定的仅有71家，在广东省民政局登记注册的3126家社会组织中，原来登记的社会组织被认定为慈善组织的仅有4家，新登记的社会组织同时登记为慈善组织的只有13家。[④]

---

① 王世强.社会组织法律法规与政策.北京：首都经济贸易大学出版社，2017，9.

② 系统管理组.民政部社会组织管理局负责人就慈善组织登记、认定及管理等问题答记者问.攀枝花市慈善网，http：//www.pzhcsh.cn/csgl/fgxcl/129.shtml，2018年6月11日访问。

③ 俞祖成.慈善组织认定：制度、运作与问题——基于深圳实践的观察.浙江工商大学学报，2017（3）：107-114；李芳.慈善组织认定中的基本法律问题.北京航空航天大学学报（社会科学2016-09-01版），2017（3）：48-54.

④ NGOCN.慈善法都实施半年了，贵组织知道怎么认定慈善组织吗？http：//wemedia.ifeng.com/9931431/wemedia.shtml，2018年6月11日访问。

2016年颁布的《中华人民共和国境外非政府组织境内活动管理法》是我国专门规范境外非政府组织在境内开展活动的法律。该法所称境外非政府组织，是指在境外合法成立的基金会、社会团体、智库机构等非营利、非政府的社会组织。据估计，大约有上万家境外非政府组织在我国境内开展活动。[①]除了1989年颁布的《外国商会登记管理暂行规定》和2004年颁布的《基金会管理条例》之外，我国政府长期以来缺乏对境外非政府组织的统一管理，在实践中基本上采取三不（不鼓励、不禁止、不干涉）政策。《中华人民共和国境外非政府组织境内活动管理办法》从登记和备案、活动规范、便利措施、监督管理和法律责任等方面对境外非政府组织在我国境内的活动作出了规定。《中华人民共和国境外非政府组织境内活动管理法》规定了类似于境内社会组织双重登记管理体制的境外非政府组织登记管理体制，国务院公安部门和省级人民政府公安机关是境外非政府组织在中国境内开展活动的登记管理机关；国务院有关部门和单位、省级人民政府有关部门和单位，是境外非政府组织在中国境内开展活动的相应业务主管单位；县级以上人民政府公安机关和有关部门在各自职责范围内对境外非政府组织在中国境内开展活动依法实施监督管理，提供服务。

除了上述法律之外，一些一般性法律也规定了与社会组织相关的内容。2006年修订的《中华人民共和国审计法》将“国家的事业组织和使用财政资金的其他事业组织的财务收支”以及“其他单位受政府委托管理的社会保证资金、社会捐赠资金以及其他有关基金、资金的财务收支”纳入政府审计监督的范围。这意味着一部分社会组织已经纳入政府审计监督的范围。[②]2014年4月修订的《中华人民共和国环境保护法》赋予公益性环保组织的诉讼主体资格，这是继《中华人民共和国民事诉讼法》后，第二部赋予社会组织公益诉讼主体资格的实体法。2015年公布实施的《政府采购法实施条例》则扩大了政府采购的范围，正式将公共服务纳入政府采购制度之中。

① Deng Guosheng，The Hidden Rules Governing China’s，Unregistered NGOs：Management and Consequences，*The China Review*，Vol. 10，No. 1 ，2010，pp. 183–206.

② 郭葆春. 社会组织财务管理. 北京：中国社会出版社，2016，238.

三、社会组织相关行政法规

行政法规是国务院制定颁布的规范性文件，其法律地位和效力低于法律，但在国家行政机关颁布的规范性文件中享有最高级别。我国社会组织的行政法规中最重要的“三大条例”，即《社会团体登记管理条例》《民办非企业单位登记管理暂行条例》和《基金会管理条例》。由于普通法层面我国至今没有一部针对非营利组织的专门法律，使得这三大条例具有特别重要的地位。[①]

社会团体是社会组织中最为传统的一种形式，我国政府对社团的规制历史最长。1950年，政务院颁布《社会团体登记管理暂行办法》。1989年，国务院颁布《社会团体登记管理条例》，废止了《社会团体登记管理暂行办法》。1998年，国务院修订并颁布《社会团体登记管理条例》。2016年3月1日，国务院对《社会团体登记管理条例》做了修订。《社会团体登记管理条例》界定了社会团体概念，对社会团体的管辖、成立登记、变更登记、注销登记和监管处罚等方面做了规定。

《社会团体登记管理条例》与《社会团体分支机构、代表机构登记办法》（2001）、《社会团体章程示范文本》（1998）、《宗教社会团体登记管理实施办法》（1991）、《外国商会登记管理暂行规定》（1989）等规范性文件一起，构成了我国社会团体的法律体系。

《民办非企业单位登记管理暂行条例》与《社会团体登记管理暂行条例》的基本管理原则一致，对民办非企业单位的管辖权、登记条件和程序、监管以及处罚等做了规定。与民办非企业单位有关的法律法规还包括2000年民政部等部门颁布的《科技类民办非企业单位登记审查与管理暂行办法》《体育类民办非企业单位登记审查与管理暂行办法》等。

《基金会管理条例》对基金会的类型、设立条件和程序、变更和注销、组织机构、财产管理、监督管理和法律责任等方面作出了规定。《基金会管

① 金锦萍，葛云松. 外国非营利组织法译汇. 北京：北京大学出版社，2006，序言.

理条例》将基金会分为公募基金会和非公募基金会。该条例通过以后，非公募基金会发展十分迅速，到2011年非公募基金会的数量已经超过了公募基金会。

“三大条例”的颁布标志着我国以分级登记、双重管理及非竞争原则为主要特征的社会组织管理体制初步形成。所谓“分级登记”就是按照非营利组织开展活动的范围和级别，实行分级登记管理。所谓“双重管理”，是指社会组织要接受登记管理机关和业务主管单位的共同管理。所谓“非竞争原则”就是为了避免非营利组织之间展开竞争，禁止在同一行政区域内设立业务范围相同或相近的社会组织。分级登记、双重管理体制和非竞争原则都受到传统计划经济管理体制的影响，是计划经济思维在社会组织管理中的体现。这种管理体制加强了政府在登记管理方面对社会组织的监督、审查和控制，但是限制了社会组织的成立，直接干预社会组织的内部治理，不利于社会组织的健康发展。我国非营利组织管理体制今天面临的一系列问题都与此有关。[①]

除了“三大条例”之外，国务院2017年颁布的《志愿服务条例》也是近年来社会组织相关立法领域的一大亮点。志愿者是社会组织重要的人力资源。《志愿服务条例》规定，志愿服务组织是指“依法成立，以开展志愿服务为宗旨的非营利性组织”。《志愿服务条例》对志愿者、志愿服务组织、志愿服务活动、促进措施、法律责任做了规定，对志愿服务组织的法律地位、规范管理和活动开展等进行了系统规定。《志愿服务条例》将进一步推动志愿服务制度化、常态化发展，为社会组织的发展提供更多优质人力资源。

四、社会组织相关的地方性法规和行政规章

地方性法规的立法主体包括省、自治区、直辖市的人大和人大常委会，以及省会所在地的市和国务院批准的较大的市的人大及常委会。全国各地依据上位法，根据当地的实际情况制定了社会组织相关的大量地方性法规。地

---

① 王名. 非营利组织管理概论（修订版）. 北京：中国人民大学出版社，2010，60.

方立法在一些领域甚至走在全国性立法的前面。比如，早在1999年广东省就颁布了全国第一部地方性志愿服务法规《广东省青年志愿服务条例》。1999年深圳市出台了全国首部行业协会条例《深圳经济特区行业协会条例》。湖南省在2010年出台了《湖南省募捐条例》。[①]

行政规章指国务院各部委以及各省、自治区、直辖市的人民政府和省、自治区的人民政府所在地的市以及国务院批准的较大的市的人民政府根据宪法、法律和行政法规等制定和发布的规范性文件。国务院组成部门及直属机构制定的规范性文件称为部门规章，地方政府制定的仅在所辖区域内适用的规范性文件称为地方行政规章。

国务院各部委及直属机构制定的部门规章可以分为三类。第一类是民政部制定的规章。民政部是社会组织的主管部门，其制定的规章主要是对“三大条例”的细化。比如《取缔非法民间组织暂行办法》（2000）、《民办非企业单位年度检查办法》（1996）、《基金会年度检查办法》（2005）、《社会组织评估管理办法》（2010）等。第二类是民政部与其他部委联合制定的规章。比如，财政部、民政部与国家工商行政管理总局2014年联合制定的《政府购买服务管理办法（暂行）》。第三类是国务院其他部委及直属机构制定的规章。比如，财政部2004年制定的《民间非营利组织会计制度》。

地方行政规章往往是为了实施和落实上位法或上级政府的政策而制定的，当然也有一些属于政策创新。比如，《深圳市行业协会暂行办法》（2005）、《武汉市志愿服务条例》（2016）等。

五、社会组织相关的其他规范性政策文件

除了上述法律法规之外，还有一些对社会组织具有约束力的非立法性文件。这些文件的制定主体包括党的机关和政府机构。

在必要时，党的机关和政府行政机构联合发布政策。比如，社会组织党建工作相关多个政策文件就是由中共中央与国务院联合发布的。再比如，中

① 王世强. 社会组织法律法规与政策. 北京：首都经济贸易大学出版社，2017，12、65.

共中央办公厅和国务院办公厅联合发布的《关于改革社会组织管理制度 促进社会组织健康有序发展的意见》（中办发〔2016〕46号）是近年来指导社会组织管理制度改革的重要文件。

国务院和国务院办公厅发布了一系列以“意见”“通知”或“方案”等命名的政策文件。比如，2013年，《国务院机构改革和职能转变方案》规定“行业协会商会类、科技类、公益慈善类、城乡社区服务类社会组织直接向民政部门依法申请登记，不再需要业务主管单位审查同意。政治法律类、宗教类等社会组织和境外非政府组织在华代表机构仍需要经业务主管单位审查同意”。2013年9月，《国务院办公厅关于政府向社会力量购买服务的指导意见》规定，社会组织可以成为政府购买公共服务的承接主体。再比如，《关于促进慈善事业健康发展的指导意见》（国发〔2014〕61号）、《国务院关于鼓励社会力量兴办教育促进民办教育健康发展的若干意见》（国发〔2016〕81号）、《国务院关于促进健康服务业发展的若干意见》（国发〔2013〕40号）。国务院办公厅发布的《国务院办公厅关于政府向社会力量购买服务的指导意见》（国办发〔2013〕96号）、《国务院办公厅转发发展改革委卫生部等部门关于进一步鼓励和引导社会资本举办医疗机构意见的通知》（国办发〔2010〕58号）等。

国务院各部委也发布了针对社会组织管理和改革的各项具体工作的文件。作为社会组织的主管机关，民政部发布的政策文件最多。比如，民政部发布的《关于推进行业协会商会诚信自律建设工作的意见》（民发〔2015〕225号）、《关于规范全国性社会组织年度财务审计工作的通知》（民发〔2015〕47号）、《关于探索建立社会组织第三方评估机制的指导意见》（民发〔2015〕89号）、《社会组织登记管理机关行政执法约谈工作规定（试行）》（民发〔2016〕34号）、《关于慈善组织开展慈善活动年度支出和管理费用的规定》的通知（民发〔2016〕189号）、民政部办公厅发布的《民政部办公厅关于全面推进社会组织统一社会信用代码制度建设有关事项的通知》（民办函〔2017〕84号）等。

除了民政部之外，财政部和国家税务总局发布的政策文件也相对较多。比如，财政部和国家税务总局发布的《关于非营利组织企业所得税免税收入问题的通知》（财税〔2009〕122号）、《关于公益股权捐赠企业所得税政策问题的通知》（财税〔2016〕45号）、《关于非营利组织免税资格认定管理有关问题的通知》（财税〔2009〕123号、财税〔2014〕13号）。

地方政府发布的文件主要是为了执行和落实上级党政机关的政策。比如，湖北省人民政府办公厅发布的《关于政府向社会力量购买服务实施意见（试行）》（鄂政办发〔2014〕1号）、湖北省民政厅发布的《关于对四类社会组织实行直接登记的通知》（鄂民政函〔2014〕50号）、《关于进一步推进社会组织党建工作的通知》（鄂民政函〔2016〕516号）等。

这些法律法规和政策文件是本书讨论社会组织培育和监管的依据。

第二章

社会组织培育与监管的基本制度（一）

社会组织培育与监管的基本制度分为两章。第二章介绍相对传统的制度安排，包括登记管理制度、年检制度、税收制度、财务制度和人才制度等。第三章介绍相对较新的制度安排，包括政府购买服务制度、孵化器制度、评估制度和信息公开制度等。从最广泛的意义上来讲，政府对社会组织的所有管理制度都兼具培育与监管的功能。不过，一般来说，传统制度较为注重监管，新型制度更为注重培育。

第一节　社会组织登记管理制度

社会组织登记管理是指国家对社会组织的设立、变更、终止与解散等进行的管理。登记管理制度是我国政府对社会组织进行监管的一项基本制度和常规制度。

社会组织的登记管理制度有两种类型："追惩制"和"预防制"。[①]一些发达国家对非营利组织采取"追惩制"，注重对行为的监管，不注重身份的取得。国家对非营利组织的登记注册采取自愿原则，不登记不为非法，但只有依法登记注册才能获得法人资格。"预防制"是指国家对社会组织的登记注册设置较高的门槛，不符合法律规定的社会组织不得登记注册，而没有登记注册的社会组织就被视为非法组织，其目的是希望通过对社会组织取得合法身份的途径实施控制，预防非法社会组织的产生。我国与大多数发展中国家一样，对社会组织的登记管理采取较为严格的"预防制"，要求申请设立登记的社会组织在注册资金、业务范围、成员数量、成员资格、登记时限等方面符合相关规定，才能通过正式程序，成为独立的具有民事行为能力的法人实体。

一、现行登记管理制度的基本内容

我国政府分别设置了针对本土社会组织与境外非政府组织境内活动的登记管理制度。本土社会组织登记管理主要依据1989年通过的《社会团体登记

① 王名，刘培峰. 民间组织通论. 北京：时事出版社，2004，67.

管理条例》（1998年修订）、1998年通过的《民办非企业单位登记管理暂行条例》和2004年通过的《基金会管理条例》。2018年8月，民政部推出了《社会组织登记管理条例（征求意见稿）》向社会征求意见。[①]境外非政府组织在中国境内活动的登记管理依据2016年通过的《中华人民共和国境外非政府组织境内活动管理法》。

这两套登记管理系统都遵循“分级登记、双重管理”的基本原则。所谓“分级登记”是指各级人民政府的登记管理部门分别负责本级社会组织的登记管理工作，同时上级登记管理部门还负责指导下级部门的社会组织登记管理工作。所谓“双重管理”是指社会组织同时接受登记管理机关和业务主管单位的管理。

以民政部门负责的社会团体登记管理为例，根据《社会团体登记管理条例》的规定，国务院民政部门和县级以上地方各级人民政府民政部门是本级人民政府的社会团体登记管理机关；国务院有关部门和县级以上地方各级人民政府有关部门、国务院或者县级以上地方各级人民政府授权的组织，是有关行业、学科或者业务范围内社会团体的业务主管机关。业务主管单位负责组织筹备申请、成立登记、变更登记和注销登记前的审查，监督指导社会组织遵守法律法规和国家政策，依据章程开展行动，负责社会组织年检的初审，协助登记管理机关及其他部门查处社会组织的违法行为，会同有关部门指导非营利组织的清算事宜。业务主管单位还负责指导社会组织的思想政治工作、党的建设、财务和人事管理、研讨活动、对外交往、接受捐赠和资助情况。成立社会团体需要得到业务主管单位的审查同意，然后才能向登记管理机关申请登记，成立后同时接受登记管理机关和业务主管单位的双重管理。在双重管理体制中，登记管理机关处于主导地位，业务主管单位处于辅助地位。

民办非企业单位的登记管理制度与社会团体登记管理制度基本相同。基金会的登记管理制度与两者很相似但略有不同。《基金会管理条例》规定只

① 民政部关于《社会组织登记管理条例（草案征求意见稿）》公开征求意见的通知，http://www.mca.gov.cn/article/xw/tzgg/201808/20180800010466.shtml.

有民政部和省级登记管理机关具有基金会的登记管理权限。同时，《基金会管理条例》还规定了基金会的治理机构和议事程序，基金会及其捐赠人、受益人依照法律、行政法规的规定享受税收优惠。

在分级登记管理体制下，各级民政部门登记的社会组织数量分布呈金字塔状结构。以社会团体为例，2016年全国共有社会团体335932家，其中民政部登记1985家，省级登记30493家，地市级登记82554家，县级登记220900家。①

就境外非政府组织境内活动的登记管理而言，根据《中华人民共和国境外非政府组织境内活动管理法》的规定，境外非政府组织是指在境外合法成立的基金会、社会团体、智库机构等非营利性、非政府的社会组织。国务院公安部门和省级人民政府公安机关是境外非政府组织在中国境内开展活动的登记管理机关。国务院有关部门和单位、省级人民政府有关部门和单位，是境外非政府组织在中国境内开展活动的相应业务主管单位。

二、登记管理制度的作用及存在的问题

我国政府通过双重管理体制全面加强了对社会组织的监督管理，是对社会组织发展影响最大的一项制度安排。这一管理体制的直接作用是加强了政府对社会组织的监督、审查和控制。一方面，它以行政法规取代了改革开放初期党政机关和领导个人对社会组织的庇护，将社会组织登记管理纳入法制化轨道，通过法律程序赋予社会组织合法身份，为社会组织此后的快速发展创建了法律环境，是我国社会组织管理体制的一个显著进步。另一方面，国家以双重管理体制和行政分隔为主要手段，在社会领域建立了一种新型的“条块管理体制”，对社会组织形成了以业务主管单位为基础的行政控制体制。这种体制实现了政府对社会组织的有效管理和监督，对社会组织早期发展起到了规范作用，防止了社会组织的无序生长。

---

① 民政部. 2017中国民政统计年鉴——中国社会服务统计资料. 北京：中国统计出版社，2017，117.

然而，双重管理体制提高了社会组织的登记门槛，带来了监管上的“悖论”：原本为强化政府监管的措施却反而将大量监管对象排除在外，导致大量社会组织由于无法注册而脱离监管。双重登记管理制度的最大问题是难找“婆家”，即大量社会组织因为找不到业务主管部门而达不到注册登记的条件。在双重许可制度下，一个社会组织即使具备活动场所、人员规模、办公经费等条件，如果不能获得业务主管单位的前置性审批，就不能向登记管理机关申请登记。这种制度设计的初衷是减轻社会组织潜在的政治风险，但也使得很多社会组织由于找不到“婆家”而无法登记，被迫游离于政府监管之外。①

造成这种情况的原因，既有业务主管单位卸责的主观因素，也有一些客观因素。从主观方面来讲，具备资格的政府部门对担任业务主管单位这个角色的态度不积极。这是因为对于大多数政府机构来说，担任社会组织的业务主管单位只会增加责任而不能带来相应的利益，于是抱着“多一事不如少一事”的心态，对社会组织的申请能推则推。②从客观方面来看，社会组织本身就是社会创新的产物，一些社会组织找不到与其业务范围相匹配的政府职能部门来担任其业务主管单位。即便同意担任业务主管单位，业务主管单位往往将社会组织视为附属或下级单位，为规避社会组织的活动可能带来的风险，业务主管单位往往直接干预社会组织的业务决策和日常运作，使得社会组织缺少独立性，甚至成为“二政府”。

由于社会组织对政府部门的依赖程度不同，以及各个政府部门掌握的权力和资源的差异，形成了社会组织与政府关系的“差序格局”。最靠近政府的社会组织被称为“官办社会组织”，它们对政府的依赖程度最高；③距离政府最远的社会组织被称为“草根社会组织”，它们对政府的依赖程度最低。由于与政府关系的远近在很大程度上影响到公共资源的分配，再加上社会组

---

① 孙发锋. 我国社会组织登记管理制度改革——基于地方创新的视角. 行政论坛，2013（1）：70–74.

② 乜琪. 民间组织“双重管理”体制的运行效用及问题分析. 北京行政学院学报，2012（5）：53–57.

③ 国际上将政府背景的社会组织称为Government–Organized Non–Governmental Organization，简称GONGO。

织设立的垄断性规定，使得社会组织领域很难形成公平竞争、优胜劣汰的格局。[①]

随着市场经济体制改革的深化和社会组织的快速发展，双重管理体制的局限性越来越突出，束缚了社会组织的进一步发展，迫切需要改革。

三、完善社会组织登记管理制度

进入21世纪以来，各地民政部门一直在探索登记管理制度改革和创新。通过允许特定类型社会组织直接登记、下放社会组织登记管理权限、放开特定类型社会组织竞争限制等措施，在降低登记管理门槛、简化登记管理程序、优化登记管理服务方面都取得了显著进展。

（一）特定类型社会组织直接登记及其监管

双重管理体制的突破始于行业协会，后来逐步扩展到科技类、公益慈善类、城乡社区服务类社会组织。社会组织登记管理制度改革之所以从行业协会商会破题，重要原因在于它们对于经济发展的重要意义。行业协会商会被誉为“经济发展的第三推动力”，改革行业协会登记管理制度的预期收益最为明显。[②]从2002年开始，浙江温州、辽宁鞍山、上海三地开始尝试行业协会登记制度改革。2008年，武汉市放宽了行业协会的登记条件，对于凡是业务范围明确而又无法确定业务主管单位的行业协会，一律由登记管理机关实行直接登记管理。广东从2006年开始对行业协会实行直接登记制度。2012年，广东把双重管理体制的改革范围扩展到了其他类型的社会组织。北京市在2011年出台新规，规定对于工商经济类、公益慈善类、社会福利类、社会服务类社会组织，由民政部门出面与其他政府组织沟通联络，帮其寻找合适的

① 《社会团体登记管理条例》规定在同一行政区域内已有业务范围相同或者相似的社会团体，没有必要成立的社会团体，登记管理机关不予登记。《民办非企业单位登记管理暂行条例》也有类似规定。

② 孙发锋. 我国社会组织登记管理制度改革——基于地方创新的视角. 行政论坛，2013（1）：70-74.

业务主管部门。[①]

2013年，《国务院机构改革和职能转变方案》正式确定了行业协会商会类、科技类、公益慈善类、社区服务类四类社会组织直接向民政部门依法申请登记，不再需要业务主管单位审查同意。2016年，中共中央办公厅、国务院办公厅印发《关于改革社会组织管理制度促进社会组织健康有序发展的意见》（中办发〔2016〕46号）再次强调上述四类社会组织直接登记工作推进的重要性，明确规定科技类社会组织是指自然科学领域的社会组织，公益慈善类社会组织是指扶贫济困、赈灾助残、助医助学、福利救助等领域的社会组织。至此，特定类型社会组织直接登记管理制度得到正式确立，部分终止了双重登记管理制度。直接登记的社会组织在注册登记、变更登记、注销登记、年检等环节不再需要业务主管单位许可，直接向登记管理机关申请办理。当然，直接登记的社会组织在业务上仍然要接受职能部门的监管。

在四类社会组织直接登记之后，谁来承担业务主管单位职责又成为一个新问题，由“枢纽型”社会组织履行业务主管单位职责就是一种尝试。2008年9月，北京市首先提出“建立枢纽型社会组织，以社管社”思路，由群团组织承担业务主管单位职能。[②]到2012年，北京市分三批认定了27家市级“枢纽型”社会组织，由它们承担2.4万多家社会组织的业务主管职能。2011年，湖北省宜昌市政府认定10个人民团体为“枢纽型”社会组织，承担政治领导责任和业务主管单位责任，为社会组织提供业务指导和管理服务。[③]不过，由“枢纽型”社会组织履行业务主管单位职责也引发了一些争议。有人认为，严格意义上来讲群团组织既不属于政府行政机关，也不属于社会组织。按照“三大条例”的规定，社会组织监管是政府的职责，由群团组织代行监管职责缺乏法律依据。群团组织本身也有各自领域的服务功能，由其充当“枢纽

① 孙发锋. 我国社会组织登记管理制度改革——基于地方创新的视角. 行政论坛，2013（1）：70–74.

② 尽管多数人民团体早在20世纪80年代开始就已经由政府授权，担任有关行业和领域内的业务主管单位，但“枢纽型社会组织”角色大大扩展了其职责范围。

③ 蒋旭. 宜昌市构建“枢纽型”社会组织工作体系初探. 湖北省民政厅办公室. 2011年全省民政政策理论研究论文汇编.

型”社会组织还可能导致行业垄断和抑制竞争。[①]实际上，一些群团组织本身也并不乐意担任监管角色，只是碍于上级政府的任命才不得不接受任务。[②]

（二）社会组织登记与备案双轨制

为了将社会组织尽可能纳入政府监管体系，但是一时又难以从根本上解决登记门槛较高的难题，一些地方创造性地提出了备案制。所谓备案制，是指对于在活动经费、人员数量、办公场所等方面达不到登记注册条件的社会组织，以非常简单的程序、极少或者不要求一定数量注册资金为基层大量社会组织进行备案登记，以利于跟踪培育和监管。备案管理的对象主要是基层社区社会组织、农村专业经济组织等。[③]

备案制有利于将更多的社会组织纳入政府有效管理范围内，在一定程度上改变了因登记注册门槛过高所造成的众多社会组织游离于政府监管之外的现象。2012年，江苏省就开始推行“登记备案双轨制”，对尚未达到登记条件，但是社会发展又迫切需要的社会组织实行放宽准入、降低门槛的备案制度。[④]

（三）下放社会组织登记管理权限

下放社会组织登记管理权限涉及社会组织及其分支机构、代表机构的登记管理权限。根据现行规定，民政部和省、地、县级民政部门分别负责本级社会团体和民办非企业单位的登记管理工作，但基金会的登记管理权限集中于民政部和省级民政部门。近年来，全国各地省级民政部门都在探索下放基金会的登记管理权限。比如，湖北省民政厅在武汉市、宜昌市、荆州市开展试点工作，将非公募基金会登记管理权限下放到市州级民政部门。在试点取

---

① 锋宇. 明确赋予人民团体社会管理具体职能. 法制日报，2014-08-29（3）.

② 李璐. 分类负责模式：社会组织管理体制的创新探索——以北京市“枢纽型”社会组织管理为例. 北京社会科学，2012（3）：47-51.

③ 孙发锋. 我国社会组织登记管理制度改革——基于地方创新的视角. 行政论坛，2013（1）：70-74.

④ 张宝娟. 公益性社会组织培育发展研究——基于江苏省的实证分析. 社团管理研究，2012（3）：18-22.

得经验的基础上，又在全省范围内将非公募基金会登记管理权限进一步下放到县级民政部门。

根据民政部2001年颁布的《社会团体分支机构、代表机构登记办法》，社会团体分支机构、代表机构的设立和变更都必须到登记管理机关依法办理登记。各地民政部门在登记管理制度改革探索过程中，逐步放松了对社会团体设立分支机构和代表机构的限制。比如，根据湖北省的政策，在符合相关管理规定的前提下，社团分支（代表）机构的设立、变更、注销由社团根据自身业务发展需要自主确定。

（四）打破社会组织的垄断地位

“三大条例”规定了三类社会组织在各自领域一定范围内的垄断地位。《社会团体登记管理条例》第十三条规定，在同一行政区域内已有业务范围相同或者相似的社会团体，没有必要成立的，登记管理机关不予批准筹备。《民办非企业单位登记管理暂行条例》第十一条规定，在同一行政区域内已有业务范围相同或者相似的民办非企业单位，没有必要成立的，登记管理机关不予登记。《基金会管理条例》则规定了只有公募基金会享有公募权。近年来，三类社会组织的垄断地位开始被打破。

行业协会商会率先打破了非竞争性原则，允许“一业多会”，即一个地方一个行业成立多个行业协会、商会。2013年，《国务院机构改革和职能转变方案》提出“要引入竞争机制，探索一业多会”。湖北省结合实际，在经济领域首先打破“一业一会”限制，通过按行业小类划分或按生产经营环节组建行业协会来实现“一业多会”。目前，湖北省已在珠宝、服装、钢铁、汽车、经贸等行业实行了“一业多会”。比如，湖北省软件行业就有两个省级协会——湖北省软件行业协会和湖北省软件企业协会。尽管软件企业协会成立在先，可是由于开展工作不力，近年来渐渐沉寂。而软件行业协会则后来居上，各项服务和活动开展得有声有色。这个例子很好地体现了“一业多会”竞争机制的作用。又比如，湖北省的异地商会，浙江商会之外又形成了宁波商会和温州商会等。这些更小范围的商会往往愿意成为独立机构，而不愿意作为更大范围商会的分支机构。但这些商会规模小，服务能力弱，几乎就是老乡会。

基金会的公募权垄断也在被打破。2012年5月，广州市正式实施新的募捐条例，首次放开了慈善公益组织的公募权，规定公益性社会团体、民办非企业单位和非营利事业单位均可在许可的地域范围和时限内开展募捐活动。[①]2016年颁布的《中华人民共和国慈善法》第二十二条规定，慈善组织开展公开募捐，应当取得公开募捐资格。依法登记满两年的慈善组织，可以向其登记的民政部门申请公开募捐资格，这意味着在法律层面上开放了公募权。

民办非企业单位的非竞争性原则似乎从来就没有严格实施过，限定同一行政区域内只能设立一个幼儿园、一个养老院或一所民办大学，本来就是很荒谬的事情。

总的来看，我国政府对社会组织的登记管理有放松规制的趋势。但是宽进容易严管难，登记管理环节的放松对其他监管环节提出了更高要求，需要配套综合改革的跟进。以广州为例，为了配合登记管理体制改革，出台了综合监管“1+4”文件体系。主文件《关于加强和完善社会组织综合监管工作的意见》，搭配环环相扣的4个配套文件《广州市社会组织信息公示办法》《广州市社会组织抽查监督办法》《广州市社会组织登记管理机关行政处罚工作规程》《广州市取缔非法社会组织工作规程》。[②]

第二节　社会组织年检制度

尽管非营利组织监管制度各不相同，发达国家都采取了某种形式的年度

① 田凯. 发展与控制之间：中国政府部门管理社会组织的策略变革. 河北学刊，2016（3）：168–174.

② 王福军. 以法治建设规范监管、以信息公示创新监管、以联动协作加强监管，广州市构建公开透明的社会组织监管体系. 中国社会组织，2016（1）：20.

报告（以下简称年报）制度。为了规范社会组织的发展，我国自1996年以来逐步建立起社会组织年度检查（以下简称年检）制度。目前，年检制度已经成为我国政府对社会组织进行监管的主要方式。[①]比较而言，发达国家的年报制度大多采取了分类监管的思路，将非营利组织按照资产和收入规模进行分类，集中有限资源重点监管规模较大的组织。我国的社会组织年检制度则是采取全覆盖、“一刀切”的监管思路，所有社会组织不论规模大小，都必须按照其所属类型接受统一的年检。

一、现行社会组织年检制度的内容与程序

社会组织年检本质上是监管部门依法实施的行政许可行为，年检制度本质上是一种行政许可监督检查制度。[②]我国的社会组织年检是登记管理机关按年度对社会组织依照法律法规和章程开展活动情况进行的监督检查，通过对社会组织的登记事项、内部治理活动和非营利性进行审查，确保社会组织合规运行，保护社会组织合法权益，同时维护公共利益。

民政部于1996年、2004年和2006年分别颁布了《社会团体年度检查暂行办法》《民办非企业单位年度检查办法》和《基金会年度检查办法》。这三大《办法》分别对社会团体（以下简称社团）、民办非企业单位（以下简称民非）和基金会等三类社会组织的年检目的、年检主体、年检对象、年检内容、年检程序、年检结论等做了规定，是社会组织年检工作的基本法律依据。按照规定，我国政府对社会组织采取“分级登记、双重管理”的模式，在年检制度上体现为登记管理机关负责社会组织年检工作，业务主管部门负责年检报告的初审。

登记管理机关依据三个《办法》的规定分别设计了社团、民非和基金会的年检报告书。尽管三类社会组织年检报告书的格式和内容略有不同，但主要是基本信息、登记变更事项、内部建设情况、财务报告、业务活动和公益

① 游祥斌，刘江.从双重管理到规范发展——中国社会组织发展的制度环境分析.北京行政学院学报，2013（4）：40-46.
② 安杨，戴传利.民办非企业单位监管体制的问题与完善.理论建设，2015（4）：44-48.

活动情况等方面的信息，参见表2-1。

表2-1　社团、民非、基金会年检内容一览表

民办非企业单位	社会团体	基金会
1.基本情况 2.内设机构（登记、备案事项变更、理事会、党建） 3.本年度变更登记事项 4.本年度经济状况（资产和收支状况） 5.本年度收费情况 6.领导成员情况 7.本年度公益活动情况 8.本年度接受捐赠资助和使用情况 9.工作报告 10.接受监督管理和受到表彰情况 11.对民非登记管理和培育发展的建议	1.基本信息 2.内部建设（登记、备案事项变更、理事会、党建） 3.财务会计报告（资产负债表、业务活动表、现金流量表） 4.分支机构、代表机构、办事机构和经营实体基本情况 5.业务活动情况（工作计划、举办活动、接受捐赠资助、国际交流等） 6.其他需说明的情况 7.补充材料	1.基本信息 2.人员、机构变动情况和会务情况 3.公益活动情况（开展募捐、接受捐赠、提供资助等活动的情况） 4.财务会计报告（资产负债表、业务活动表、现金流量表） 5.注册会计师审计报告 6.监事意见 7.其他有关情况

资料来源：根据《民办非企业单位年检报告书格式文本》《社会团体年检报告书格式文本》和《基金会年度工作报告格式文本》整理。

按照三大《办法》的规定，社会组织年检的基本程序是：每年3—6月开展社会组织年检工作，各类社会组织在网上填报《年检报告书》和《财务审计报告书》，并提交规定的其他材料，登记管理机关在网上审查和实地抽查之后为每个社会组织出具年检结论。年检工作结束之后，登记管理机关对年检结果进行公示。登记管理机关对年检“基本合格”与“不合格”的社会组织责令限期整改，对不接受年检或有其他违法违纪行为的社会组织进行处罚。但这些规定比较粗略，各地登记管理机关在具体执法中做法不完全相同。

社会组织年检制度建立以来，每年一度的年检对于确保社会组织的合法性和规范性、提升社会组织的公信力都发挥了重要作用。[①]然而，近年来随着

① 刘春湘. 当前我国社会组织公信力危机及重构. 湘潭大学学报（哲学社会科学版），2016（4）：43-46.

我国社会组织的快速发展，这种年检模式面临的压力越来越大。1996年，我国社会组织总数不到20万，2004年突破30万，到2016年底已经达到70.2万。[①]近年来，年检制度改革的主要着眼点是用年报制度取代年检制度，却忽视了从分类监管的角度来优化年检制度。事实上，年检改年报涉及社会组织监管制度的系统性变革，需要具备多种条件、花费较长时间才能完成。而分类监管作为一项管理原则，既适用于年检制度，也适用于年报制度。分类监管可以从管理层面优化年检制度，在短期内就能降低监管成本、提高监管有效性，而且这种管理优化对未来实施年报制度也是有益的。

二、年检制度存在的问题及原因

由于年检制度设计的缺陷以及实施中的各种问题，比如年检制度定位过于狭隘，年检过程流于形式，社会组织不重视年检，登记管理机关人手不够等，年检制度未能充分实现对社会组织的有效监管。[②]

我们对M省本级登记的近千家社团和民非2012—2014年的年度报告进行了分析，发现年检工作目前面临着社会组织年检参检率呈现下降趋势、年检报告书填写质量不高、年检不合格率偏低、年检信息未得到充分利用等问题。[③]M省社会组织发展程度在全国处于中上水平。截至2014年底，M省正式登记的社会组织大约有2.6万家，省本级登记社会组织约1400家，其中社团约占七成，民非约占两成，基金会约占一成，与全国省级民政部门登记的社会组织类型分布基本一致。[④]因此，M省本级登记社会组织的年检情况具有一定的代表性。

总的来看，社会组织年检工作面临着两个突出矛盾：一是社会组织规模差异悬殊与“一刀切”年检制度之间的矛盾；二是社会组织年检工作量大幅

---

① 民政部. 2016年社会服务发展统计公报，http：//www. gov. cn/xinwen/2017-08/03/content_5215805.htm，2017-08-03.

② 徐晓明. 社会组织监管信息公开中的政府供给机制问题研究. 法治研究，2013（8）：31-40；王先明. 从财务的角度浅谈社会组织年检. 社团管理研究. 2011（10）：51-53.

③ 张远凤，张慧峰. 分类监管视角下社会组织年检制度优化研究. 中国行政管理，2018（10）.

④ 民政部. 中国民政统计年鉴2017.北京：中国统计出版社，2017：101-110.

增加和登记管理机关有限的监管资源之间的矛盾。我国实行社会组织分级登记管理模式，社会组织的数量和规模分布状况很不均衡。总体上来讲，民政部登记的社会组织的数量最少，但平均规模最大。省级登记的社会组织数量较多、平均规模较小。市县登记的社会组织数量最多、平均规模最小。M省本级登记社会组织的规模分布状况对社会组织总体情况具有一定的代表性。很多社会组织之所以不参加年检，主要是它们没有资源和能力提供规范的年检报告书。同时，年检报告书设计不合理也是导致参检率下降的一个重要原因。同一类社会组织不论规模大小，使用统一的年检申报书，遵循同样的年检程序，这对于小型社会组织来说过于复杂，而对于大型社会组织而言信息披露又不充分。登记管理机关有限的监管资源也没有得到最有效的利用，有限的年检资源被大量的小型社会组织年检工作所占用，难以集中力量对大型社会组织加强监管。

这些矛盾不是将年检制度改为年报制度就可以解决的。年检是登记管理机关全面了解和掌握社会组织动态和活动情况的重要途径，是对社会组织的一次全面“体检”，若取消年检，登记管理机关将失去重要的监管抓手。另外，由于年检结论与社会组织承接政府职能转移、接受政府购买服务、申请税收优惠等相关活动挂钩，若取消年检后，其他相应政策制度都须进行相应调整，工作难度较大。目前部分地方政府已将社会组织登记职能从登记管理机关剥离，如再取消年检，大多数地方担心登记管理机关的职能会更加弱化，进而影响机构、编制、经费等。可以预料，不参加年检的社会组织也不会主动提交年报。更有效的办法是尊重监管对象的差异，合理利用监管资源，按照分类监管原则优化改进现行年检制度。

三、年检制度改年报制度的探索实践

目前，在社会组织年检制度改革方面占主导地位的观点是借鉴英、美等发达国家的经验，用年报制度代替年检制度。在年报制度的推崇者看来，年检是一种强制检查制度，年报是一种主动报告制度。一方面，社会组织主动提交年度报告，并且自己承担信息及时性完整性准确性之责；另一方面，登记管理机关不再承担年度报告审查之责，也不再为年检结论背书。社会组织监管不再是登记管理机关一家之责，而是所有相关政府部门以及媒体和公众的责任。年报代替年检不仅能够促进社会组织的自治与自律，体现政府监管理念的进步，还有利于使我国社会组织监管与国际接轨，提升我国的国际形象。[①]

在此背景下，2016年8月21日，中共中央办公厅、国务院办公厅发布的《关于改革社会组织管理制度　促进社会组织健康有序发展的意见》明确提出“探索建立社会组织年报制度”。《中华人民共和国慈善法》第十三条规定：慈善组织应当每年向其登记的民政部门报送年度工作报告和财务会计报告。报告应当包括年度开展募捐和接受捐赠情况、慈善财产的管理使用情况、慈善项目实施情况以及慈善组织工作人员的工资福利情况。根据实施范围不同，目前年检制度改为年报制度形成了三种思路：一是所有社会组织年检全部改为年报；二是双重登记的社会组织继续实行年检，直接登记的社会组织实行年报；三是慈善组织实施年报，其他社会组织继续实行年检。[②]

目前，海南、黑龙江和深圳等地已取消或部分取消了年检制度。海南在取消年检制度后实行了年报制度，但年度报告的程序和内容与原来的年检制度基本相同。深圳对行业协会实行了年报制度，社会组织通过“深圳民政在线”网站公布年度报告，登记管理机关不再审核报告内容，同时建立了年度报告抽查制度和活动异常名录。黑龙江完全取消了年检制度，但未实行年报制度。目前主要运用评估、抽查等手段发现违法违规行为，加强事中事后监管。[③]

然而，深圳、海南等地的改革实践表明，在社会组织普遍缺乏自治和自律、社会监督软弱无力的情况下，将年检制度转变为年报制度，由强制报告变为主动报告，将年报的责任主体由登记管理机关转移到社会组织，并不能真正地提高监管效能。事实上，发达国家的年报制度也并非完全是放任的，

---

① 马红军. 关于探索建立社会组织年报制度的思考. 中国社会组织，2017（4）：40-41.

② 同上。

③ 陈天祥，郑佳斯，贾晶晶. 形塑社会：改革开放以来国家与社会关系的变迁逻辑——基于广东经验的考察. 学术研究，2017（9）：68-77.

也有相应的激励和约束机制，甚至强制措施。如前所述，英国年收入1000英镑以上的慈善组织必须每年向监管部门提交报告。美国非营利组织提交给IRS的年度报告其实是退税申报表，通过免税资格来激励（某种意义上也是强制）非营利组织提交报告。

四、按照分类监管原则优化年检制度的思路

年报制度要想真正克服年检制度的弊端，提高监管效率和有效性，不仅需要更新监管理念和制度，还要同步优化技术手段，如果继续沿用粗放式“一刀切”的做法，即便改行年报制度也难以实现目标。

年报制度不是关键，分类监管才是核心。比如，英国将慈善组织与互益型组织区分开，由独立于政府的慈善委员会监管近20万家慈善组织。年收入在1000英镑以下的小型组织，不予注册，没有年度审查；年收入在1000至10000英镑之间的中型组织，应当注册登记，每年提交年度报告；年收入在10000英镑以上的慈善组织是慈善委员会重点监督对象，不仅登记注册，提交详细年度报告，慈善委员会还可能随时进行现场检查。[①]又比如，美国联邦税务局（IRS）将非营利组织按资产和年收入规模分为大、中、小三类。[②]不同规模的非营利组织填写不同的退税申报表，小型组织只需提供基本信息；中型组织提供较多信息；大型组织必须提供详尽信息；基金会填写单独的表格。[③]美国联邦税务局（IRS）由于人手和资源限制，只能抽查少数退税申报表。[④]根据美国政府问责办公室2014年12月发布的专题研究报告显示，2014年美国联邦税法501（c）（3）项下的免税组织共有108万家，IRS收到的退税申报表共有76.3万份。IRS只审查了占总数0.71%的退税申报表，其中31%的非营利组织经检查受到罚款、取消或终止免税资格的处罚。[⑤]可见，IRS的监管很

① 王名，李勇，黄浩明. 英国非营利组织. 北京：社会科学文献出版社，2009，82.
② 褚鎏. 美国公共慈善组织法律规则. 北京：知识产权出版社，2015，177.
③ IRS，*Instructions for Form 990 Return of Organization Exempt From Income Tax*（2017），https：//www. irs. gov/instructions/i990#d0e26，2017-12-20.
④ 李政辉. 慈善组织监管机构的国际比较与启示. 北京行政学院学报，2016（1）：45-53.
⑤ Rich Lord，Pittsburgh's powerful Nonprofits，*Pittsburgh Post-Gazette*，2017-11-12.

有针对性，既准又狠。

分类监管原则的基本思想是根据社会组织的规模大小来合理承担年检成本和配置年检资源，提高年检效率和有效性。按照分类监管原则优化社会组织年报制度的基本思路是：在按公益性和互益性分类的基础上，按照资产和年收入规模将社会组织分类；针对规模类别的社会组织，分别设计报告内容和监管程序；公开社会组织年检信息，为其他主体分担社会组织的监管责任创造条件。

（一）按资产和年收入规模对社会组织分类

由于不同层级、不同地方的社会组织规模分布不一致，采取全国统一的分类标准可能并不是最好的办法，可以由各省来确定本省范围内社会组织规模分类标准。下面以M省本级社会组织的数据为例来分析其规模分布。2014年，M省本级参加年检的社团和民非一共是916个，由于数据极差太大（从零到几十亿元），本书对这些数据取对数处理。由于一些社会组织的资产和年收入为零，无法取对数，本书将其赋值为0。这样就得到了916个社会组织的资产和年收入规模分曲线，见图2-1，纵坐标代表资产和年收入的对数值，横坐标代表资产和年收入小于某一数值的社会组织数量占总数的比例，可以看出两条曲线在10万元以上的部分比较接近。

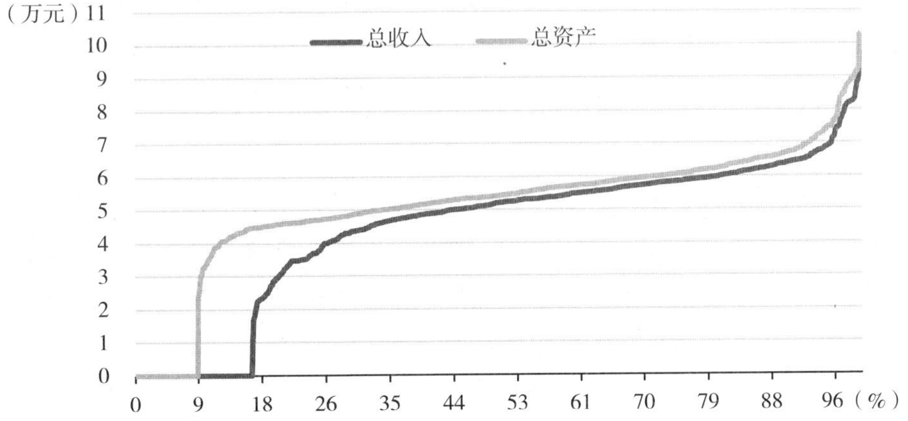

图2-1　2014年M省本级社会组织总资产与总收入对数曲线图

数据来源：根据2014年M省本级民非组织年检报告数据整理。

从资产规模分布来看，总资产为0的社会组织约占9%；在1万元以下的社会组织占将近12%；介于1万元至10万元之间的约占22%；介于10万元到100万元之间的约占39%；介于100万元到1000万元之间的约占20%；总资产在1000万元以上的约占7%。再来看年收入分布情况。年收入为0的社会组织约占18%，在1万元以下的社会组织约占26%；介于1万元至10万元之间的约占18%；介于10万元到100万元之间的约占37%，介于100万元到1000万元之间的约占15%；年收入在1000万元以上的约占4%。总体而言，民非的资产和年收入规模比社团要大。比如，总资产过千万元的社会组织一共有63家，其中民非40家、社团23家，主要是民办学校、民办医院和行业协会。

我们可以借鉴发达国家做法，按照总资产和年收入规模对M省本级社会组织进行如下分类：总资产和年收入在10万元以下的为小微型社会组织（约占三成）；总资产和年收入在10万至100万元之间的为中型社会组织（约占四成）；总资产和年收入在100万元以上的为大型社会组织（约占三成）。在此基础上，针对大、中、小型三类社会组织分别设计年度报告书。

（二）分类设计年检报告内容和程序

社会组织相关信息涉及方方面面，为了科学合理设计年报书，必须对社会组织的各种信息进行分类。分类方法可以参考美国联邦税收局的做法。由于美国税收机关与社会组织登记机关（一般是州务卿办公室）采用同一报告书，因此不妨加以借鉴。美国联邦税收局对非营利组织的免税检验分为三个方面：组织检验、运营检验、禁止分红检验以及对私人受益的限制，每种检验需要提供不同的信息。[①]组织检验主要是对组织治理文件（比如章程）相关内容的检验。运营检验是检查组织的运营活动是否满足免税条件，其活动是否是为了实现税法规定的免税目的。禁止分红检验以及对私人受益的限制是对其收入和盈余不得分配给理事会成员、管理人员和员工的检验和对利益冲突的检验。上文所说的各类年报书基本上就是按照这三个方面来设计的。小

① ［美］玛丽恩·R. 弗莱蒙特–史密斯. 非营利组织的治理. 金锦萍译，北京：社会科学文献出版社，2016，231–235.

型组织着重于组织检验，只需提供组织基本信息，大中型组织要接受三大检验，但中型组织只须提供主要信息，大型组织则必须全面提供详细信息。

借鉴这个做法，我们可以对不同规模的社会组织分别设计年报书表格。年报书设计的基本原则是：组织规模越小，要求提供的信息越简略；组织规模越大，提供的信息越全面越详细。具体来说，小微型社会组织只需提供基本信息，比如组织名称和地址、负责人姓名、联系方式、网址和收入状况等。中型组织要提供组织治理、运营状况和分配受益情况的全面信息。大型组织必须提供更加详尽的信息。比如，组织治理方面的信息包括组织章程、组织政策、理事会、监事会和高管人员信息；运营活动信息包括财务制度、财务报告、与宗旨相关和无关的业务活动、捐赠、合同、承包商信息等；分配与受益方面的信息包括理事、监事和高管人员的薪酬、利益冲突等信息。

监管部门把主要资源放到大型社会组织监管工作中，年检程序遵循越小越简的原则，比如，小型组织按时提交报告即可，中型组织辅以抽查，大型组织提高抽查比例，必要时可以现场调查。

（三）信息公开与利用

我国社会组织年检信息公开刚刚起步，信息利用有待进一步开发。信息利用分为消极利用和积极利用两个方面。消极利用主要是作为惩戒或处罚依据，积极利用可以用于对社会组织本身的激励以及促进行业的发展。2018年1月12日民政部发布了《社会组织信用信息管理办法》，这个办法规定了年报信息公示制度、活动异常名录和严重违法失信名单制度以及相应的惩戒措施；也规定了对信用良好的社会组织的激励措施，比如用于税收优惠和购买服务等。

社会组织年检信息的积极利用有着十分广阔的前景。学界利用这些信息为政府制定社会组织相关法律和政策提供依据；行业组织可以利用这些信息为本行业的自律和发展提供决策依据；捐赠人可以根据这些信息作出更加合理的捐赠决策；媒体和公众可以基于这些信息参与对社会组织的监督。未来社会组织年检信息若能与登记管理信息、评估信息和购买服务信息等整合起来建立社会组织信息云平台，必将可以发挥更大的监管威力。

实际上，只有通过信息公开和开发利用，才能让其他部门和公众参与到社会组织的监管之中，分担登记管理机关的监管责任。

总的来看，社会组织年检制度未能充分实现有效监管的主要原因除了制度问题之外，更重要的是管理粗放的问题。深化改革既要重视制度改革，也要重视管理优化，如果不优化管理，只是简单地用年报制度取代年检制度，就有可能使社会组织监管失去重要抓手，而不能真正实现有效监管的目的。

第三节　社会组织税收优惠制度

税收制度是一个国家或地区在一定时期内各种税收政策的总称，是由国家或地区制定的有关税收活动的行为准则，具有激励与监管的双重功能。社会组织税收制度的最大特点是各种税收优惠政策。税收优惠制度是一个国家或地区鼓励和支持社会组织发展的最重要的制度。对社会组织的税收优惠主要包括两个方面：一是对社会组织自身的税收减免；二是对社会组织公益性捐赠的税前扣除。

为非营利组织提供税收优惠、减免部分纳税义务已经成为各国的共识，其背后既有价值依据，也有现实考虑。一方面，税收优惠实质上是隐性的政府转移支付，政府通过税收优惠将原本由政府支配的部分税收资源交由民间非营利组织来使用。这是因为非营利组织提供的公共服务在一定程度上可以弥补市场失灵与政府失灵，发挥“第三次分配”功能，促进社会的公平正义。依据公共产品补偿说，非营利组织作为公共产品的提供者，可以从政府的税收收入中分享适当份额。[①]另一方面，税收优惠是政府对非营利组织提供

① 安体富，王海勇. 非营利组织税收制度：国际比较与改革取向. 地方财政研究，2005（12）：4-10.

资助的一种间接方式。与政府补贴和拨款等直接资助方式相比较，税收优惠政策不会直接控制和干预社会组织的运作，能够在保持社会组织相对独立性的同时，发挥税收的杠杆效应，撬动民间资源，使税收优惠发挥更大的激励作用。[①]

当然，社会组织税收制度也通过免税资格认定、收入类型区分和征收管理过程发挥着监管作用，一方面体现国家对社会组织发展的政策导向作用；另一方面也防止税收优惠政策被滥用。

一、各国非营利组织税收优惠制度[②]

尽管各国采用的税收体系各不相同，但为非营利组织提供税收优惠是一种普遍做法。[③]“免税组织”常被用作非营利组织的同义词。因为免税涉及方方面面的关系和利益，各国政府对免税政策都采取十分慎重的态度，免税规定往往非常复杂。总体来看，发达国家对非营利组织的税收优惠政策具有四个方面的基本特征。

第一，对营利组织进行分类，并制定不同的税收优惠政策。

发达国家针对非营利组织的特征对其进行细分，并制定不同的税收优惠政策。比如英国、澳大利亚将慈善组织和非营利组织加以区分；在美国，分类更为细化，比如分为慈善组织、教会组织、非营利组织、政治组织、私人基金会等。

第二，非营利组织需要经过认定才能享受税收优惠。

首先是认定程序。各国对非营利组织免税资格认定方面的规定有所不同。在一些国家，非营利组织注册登记获得法人资格时免税待遇自动生效。比如，在日本和韩国，非营利组织完成法人登记后自动获得免税待遇。有一些国家，非营利组织法人登记与免税资格分开管理，必须向税务部门提出申

① 孟庆瑜，师璇. 慈善捐赠中的税收立法问题研究. 河北学刊，2008（6）：168–172.
② 本部分内容，若无特别说明，引用至以下文献：冯崇微，曹波，发达国家对非营利组织的税收优惠，中国社会组织，2014（15）：22–23.
③ 娄成武，郑文范. 公共事业管理学. 北京：高等教育出版社，2002：77–81.

请，才能享受税收优惠。比如，在美国，州务卿负责非营利组织法人登记，联邦国内税务署负责审定非营利组织是否享有联邦所得税免税资格，各州税务局审定是否享有本州的免税资格。在菲律宾、泰国和澳大利亚，非营利组织必须向税务部门申请才能享受免税优惠。还有一些国家采用混合制度。比如，新加坡就两种制度并用，属于税法列名的非营利组织一经登记就自动获得免税优惠，而多数慈善和互益型组织每年都必须申请免税。

其次是认定条件。在认定条件方面，发达国家税务局对慈善组织、非营利组织免税资格认定考虑以下因素：（1）组织目的测试，包括组织宗旨与业务范围；组织机构和治理结构符合法定要求、理事的构成限制、相关人员的兼职禁止等。（2）非营利性测试，包括组织财产的独立性；禁止利润分配；组织终止时财产的归属；合理的薪酬和福利水平；关联交易规范；禁止利益冲突规则；强制性年度公益支出等。（3）信息披露和报告义务。

第三，非营利组织符合条件的收入可以享受税收优惠。

对于符合条件的收入，主要有收入来源和收入用途两个判断标准。一是从收入来源角度来看。以美国为例，与慈善或者非营利组织的业务活动相关的收入，比如捐赠收入、政府拨款、会员费等是符合条件的收入。二是从收入用途角度来看。以英国为例，一般用于慈善或者非营利组织的业务活动的收入，就是符合条件的收入。在这种情况下，非营利组织很多类型的收入都可以免税，如捐赠收入、投资收入、财产租赁收入、资本利得收入等。而且，对于货物销售和服务收入，英国允许慈善组织设立子公司来从事这些业务，这些子公司跟正常的企业一样缴纳各种税款，当这些企业把利润捐赠给作为母公司的慈善组织后，子公司可以申请企业所得税退税。并且，只要慈善组织把这些捐赠用于慈善事业，慈善组织本身也不需要缴纳税款。

首先，对符合条件的收入不需要缴纳企业所得税，不符合条件的收入需要缴纳企业所得税。另外对不符合条件的收入，可以按照优惠税率缴纳企业所得税。其次是增值税。一般涉及销售或者提供服务产生的销项税和采购时产生的进项税。以澳大利亚为例，慈善组织经过申请可以免于征收销项税。在进项税方面，很多国家都可以免于征收，如美国，在采购时出具慈善组织的认定证明，就可以不支付与采购相关的增值税，在英国，对特定的商品采购也有类似规定。最后，对其他税种，比如印花税、房产税等，都有相应的减免税处理。

第四，向符合条件的非营利组织捐款的公司和个人可享受税收优惠。

这里所说的税收优惠就是可以减免公司和个人缴纳的所得税。各国的做法有所不同，英国的企业全额扣除；日本的企业限额扣除；美国的企业限额扣除加向后递延；新加坡的企业2倍甚至2.5倍扣除。另外，在扣除方式上不尽相同，对企业一般是在计算应纳税额时直接扣除，对个人除直接扣除外，还有先不扣除然后申请退税的情况。另外，还有一些国家，如英国将个人捐赠产生的税款分为两部分，一部分作为慈善机构的退税，另一部分作为个人的退税。

【微案例2-1】

扎克伯格的捐款承诺是个坏榜样吗？[①]

2015年，马克·扎克伯格在喜得千金的幸福时刻，承诺将捐出Facebook公司99%的股权（约合450亿美元），设立以他们夫妇命名的基金会“陈·扎克伯格基金会”（Chan Zuckerberg Foundation）。美国人对此举大加褒奖。

然而，一位德国富翁却在《华盛顿邮报》撰文批评说，“扎克伯格的捐款承诺实在是个坏榜样”。他说，美国富人的捐赠可以得到巨额的税收减免，因此，捐赠一方面获得了税收优惠；另一方面等量减少了政府的税收收入，这就相当于这笔资金的支配权从政府转移到私人手中，私人捐赠者取代政府获得了这笔资源的配置权力。众所周知，政府是按照民主程序分配资源的，目的是确保公共资源用于公益目的。现在，通过捐赠就将如此巨大的公共支配资源权力交给少数富豪手中，由他们来支配，他们凭什么拥有如此大的权力？

① 本案例根据以下文章改写：Jeff Guo，*Why a German billionaire says that pledges like Mark Zuckerberg's are really bad*，The Washington Post，2015.

历史上各个时期民间慈善的作用都受到政府社会政策的重要影响，尤其是税收政策的影响。当政府推行私有化、减税和削减福利等政策时，就为慈善家们提供了更大的活动空间。然而，慈善家们努力解决的许多问题最终都由政府介入才得到普遍解决。在20世纪的每个慈善黄金时期，都以政府在社会中的作用扩大、挤出一些慈善家而告终。[①]

二、我国现行社会组织税收优惠制度

我国没有设立一套专门适用于社会组织的税收法律制度，相关规定散布在《中华人民共和国企业所得税法》《中华人民共和国个人所得税法》《中华人民共和国公益事业捐赠法》《中华人民共和国慈善法》等法律和国务院颁布的《中华人民共和国企业所得税法实施条例》等条例以及《财政部、国家税务总局、民政部门关于公益性捐赠税前扣除有关问题的通知》等部门规范性文件当中。下面按照税收优惠政策的对象，从社会组织本身和公益捐赠人两个方面来分析我国的社会组织税收优惠政策，即针对社会组织本身的税收优惠政策和针对提供公益性捐赠的企业和个人的税收优惠政策。

（一）针对社会组织本身的税收优惠政策

针对社会组织本身的税收优惠政策主要来源于《中华人民共和国企业所得税法》及其实施条例，另外还有《增值税暂行条例》《耕地占用税暂行条例》《契税暂行条例》《科学研究和教学用品免征进口税收规定》等。这些规范性文件规定了非营利组织免税资格和免税收入的认定条件，以及符合条件的社会组织可以享受的税收优惠。

1. 免税资格和免税收入的认定条件

并非所有的非营利组织都具有免税资格，也并不是非营利组织的所有收入都是免税收入。只有经过认定获得免税资格的非营利组织的符合条件收入

① ［美］马修·比索普，［美］迈克尔·格林. 慈善资本主义——富人如何拯救世界. 丁开杰译，北京：社会科学文献出版社，2011，30.

才能享受税收优惠。

非营利组织的免税资格由民政部门和财税部门联合认定。《财政部　国家税务总局关于非营利组织免税资格认定管理有关问题的通知》（财税〔2014〕13号）规定，《中华人民共和国企业所得税法实施条例》第八十四条和《中华人民共和国企业所得税法》第二十六条第（四）项所称“符合条件的非营利组织”，是指同时符合9个条件的组织。这些条件可以归纳为几个方面：第一，必须依法登记，这是对组织属性的要求；第二，从事公益性或非营利性活动，这是对活动宗旨和业务范围的界定；第三，投入人对组织不享有财产性权力，无论是投入之时、存续期间还是终止之后，都不能够进行财产分配，这是对组织非营利性的要求；第四，年检合格；第五，应纳税收入与免税收入要分别核算。[①]

这个文件出台的同时，废止了《财政部　国家税务总局关于非营利组织免税资格认定管理有关问题的通知》（财税〔2009〕123号）文件，取消了免税资格认定条件中对非营利组织“活动范围主要在中国境内”的限制，一定程度上扩大了可获取免税资格的非营利组织范围，使得一些主要致力于在国外开展公益慈善项目的组织也可以享受税收优惠待遇。

我国法律对非营利组织的免税收入也做了界定。2007年12月颁布的《中华人民共和国企业所得税法》第二十六条规定：“企业的下列收入为免税收入……（四）符合条件的非营利组织的收入。”随后颁布的《中华人民共和国企业所得税法实施条例》对上述条文进行了细化，规定非营利组织享受税收优惠的收入范围包括捐赠收入、财政拨款、会费收入以及其他另有规定的收入，但不包括从事营利性活动所获的收益。不过，经营性收入也并非完全被税收优惠拒之门外。财政部、国家税务总局2001年出台的《财政部　国家税务总局关于非营利性科研机构税收政策的通知》规定：“非营利性科研机构从事技术开发、技术转让业务和与之相关的技术咨询、技术服务所得的收入，按有关规定免征营业税和企业所得税。”

---

① 金锦萍. 对非营利组织进行分类甄别是税收优惠制度的前提. 中国社会组织，2014（15）：12–13.

2. 税收优惠的内容

现阶段，我国税法对于非营利组织的税收优惠主要体现在所得税、商品税、财产税等方面，具体包括所得税、流转税、财产税、行为税、耕地占用税、契税、关税等，基本上涵盖了政府向社会组织征收的各个税种。[①]

（1）所得税方面

我国非营利组织所得税税收优惠的相关规定主要体现在《中华人民共和国企业所得税法》及其实施条例的规定中，上文所说的具有免税资格的非营利组织的符合条件的收入可以免征所得税。《中华人民共和国企业所得税法》第七条对免征企业所得税的不征税收入做了规定："各级人民政府对纳入预算管理的事业单位、社会团体等组织拨付的财政资金即财政拨款，依法收取并纳入财政管理的行政事业性收费、政府性基金；国务院规定的其他不征税收入。"

其他有关非营利组织所得税的税收优惠规定还包括国家税务总局于1999年颁布的《关于基金会应税收入问题的通知》，该通知将公益性质的非营利基金会的基金存款利息收入定为公益性非营利基金的非应税收入，暂免交所得税。为鼓励企业和各个非营利组织实施科研开发和引进先进技术，1997年国家税务总局出台了《关于企业所得税若干业务问题的通知》，对企业或其他非营利组织实施技术引进、科研开发给予了相应的税收减免政策。[②]

（2）商品税方面

商品税又称流转税，是对商品流转额和非商品流转额课征的税种的统称。主要包括增值税、消费税、营业税和关税等。

在增值税方面，根据《中华人民共和国增值税暂行条例》及其实施细则的规定，对直接用于科学研究、科学实验和教学的进口仪器、设备以及由残疾人组织直接进口供残疾人专用的物品免收增值税。另外，该《条例》第十六条规定，对农民专业合作社销售本社成员生产的农业产品，视同农业生产者销售自产农业产品免征增值税。

---

① 李玉娟. 我国非营利组织税收优惠制度的最新发展及存在的问题. 西南政法大学学报，2011（2）：10–16.

② 黄冠豪. 略论我国非营利组织的税收制度改进. 税务与经济，2013（4）：92–97.

在营业税方面，国务院2008年颁布的《中华人民共和国营业税暂行条例》第八条及其实施细则第二十二条对非营利组织营业税的税收优惠作出了具体规定。另外，为鼓励非营利组织参与农村公共服务，提高其参与的积极性，1994年税改后在营业税的免税项目中规定：由国家社团主管部门批准成立的非营利社会团体按规定标准收取的会费等可免征营业税。

在关税方面，根据我国《中华人民共和国海关法》和《中华人民共和国进出口关税条例》的有关规定，外国政府、国际组织无偿赠送的物资享受关税减免。根据《科学研究和教学用品免征进口税收规定》的规定，科学研究机构和学校，以科学研究和教学为目的，在合理数量范围内进口国内不能生产或者性能不能满足需要的科学研究和教学用品，免征进口关税。

（3）财产税方面

我国税法对于有关非营利组织的财产税方面的优惠主要包括房产税、土地使用税和契税等。[①]

房产税方面，我国1986 年颁布的《中华人民共和国房产税暂行条例》第五条对部分非营利组织的房产免征房产税。该条例的实施细则进一步规定：企业办的各类学校、医院、托儿所、幼儿园自用的房产属于免征房产税的范围。根据《中华人民共和国城镇土地使用税暂行条例》和《中华人民共和国房产税暂行条例》的规定，由国家财政部门拨付事业单位使用自用的土地和房产，以及宗教、寺庙、公园、名胜古迹自用的土地和房产免征城镇土地使用税和房产税。对老年服务机构自用的房产免征房产税。根据财政部、国家税务总局《关于对老年服务机构有关税收政策问题的通知》和《关于医疗卫生机构有关税收政策的通知》的规定，对政府部门和企事业单位、社会团体以及个人等社会力量投资兴办的福利性、非营利性的老年服务机构，暂免征收企业所得税，以及老年服务机构自用房产、土地、车船的房产税、城镇土地使用税、车船税；对非营利性医疗机构自用的房产、土地、车船，免征房产税、城镇土地使用税和车船税。

其他如耕地占用税、城镇土地使用税、土地增值税、契税等，我国相关

① 黄冠豪.略论我国非营利组织的税收制度改进.税务与经济，2013（4）：92-97.

税收法律法规都给了一定的优惠政策。根据《中华人民共和国耕地占用税暂行条例》的规定，学校、幼儿园、敬老院、医院经批准征用的耕地，免征耕地占用税。根据《中华人民共和国契税暂行条例》的规定，事业单位、社会团体的土地、房屋用于办公、教学、医疗、科研的免征契税。

然而，对于非营利组织经常涉及的车船使用税，在我国2011年颁布的《中华人民共和国车船税法》及其实施细则中却没有明确给予税收优惠。

（二）针对公益捐赠人的税收优惠政策

除了政府资助和经营性收入之外，公益捐赠是非营利组织的另一个重要收入来源。为了鼓励人们对公益慈善事业的捐赠，扩大非营利组织的收入来源，税法规定了对公益捐赠企业和个人的税收优惠政策。

1. 公益捐赠人享受税收优惠的条件

对于捐赠人来说，要享受税收优惠必须符合两个条件。首先，根据我国法律规定，捐赠对象必须是公益性社会团体或国家机关。其次，捐赠的用途必须是用于公益事业。《中华人民共和国公益事业捐赠法》第三条规定："本法所称公益事业是指非营利的下列事项：救助灾害、救济贫困、扶助残疾人等困难的社会群体和个人的活动；教育、科学、文化、卫生、体育事业；保护环境、社会公共设施建设；促进社会发展和进步的其他社会公共和福利事业。"《关于公益性捐赠税前扣除有关问题的通知》（财税〔2008〕160号）和《财政部　国家税务总局　民政部关于有关问题的补充通知》（财税〔2010〕45号）规定"公益性社会团体……指依据国务院发布的《基金会管理条例》和《社会团体登记管理条例》的规定，经民政部门依法登记、符合以下条件的基金会、慈善组织等公益性社会团体。"也就是说，只有符合条件的基金会和社会团体（不包括民非）才具有公益性捐赠税前扣除资格，捐赠人只有向这些具有税前抵扣资格的非营利组织捐赠才能获得捐赠票据，捐赠款项才能获得税前抵扣。

捐赠人可以根据民政和财税部门联合公示的具有公益性捐赠税前扣除资格的公益性社会团体名单选择捐赠对象。《中华人民共和国企业所得税法实施条例》第五十一条和第五十二条规定，接受公益性捐赠由税前扣除资格的公益性社会团体实行名单公示。财税〔2010〕45号文和财税〔2015〕141号文对此做了详细规定。

2. 捐赠人享受税收优惠的方式与范围

根据税收优惠的形式，人们通常把税收优惠的种类分为“税收减免”“延期纳税”“退税”“税收豁免”等多种类型，其中税收减免制度具有简便易行的特点，且十分适用于以我国为代表的累进税率结构国家，因我国对捐赠人的税收优惠方式是税收减免。具体而言，根据捐赠主体不同又可以把税收减免细分为对企业纳税人的减免与对自然人纳税人的减免两种情形。

为了鼓励企业履行社会责任，《中华人民共和国企业所得税法》第二章第九条规定，“企业发生的公益性捐赠支出，在年度利润总额12%以内的部分，准予在计算应纳税所得额时扣除。”2017年2月第十二届全国人民代表大会常务委员会第二十六次会议决定对《中华人民共和国企业所得税法》第九条做修改，准予企业将当年发生的公益性捐赠超过年度利润总额12%的部分，结转以后三年内在计算应纳税所得额时扣除。此外，房产所有人、土地使用权人将房屋产权、土地使用权赠与公益性社会团体可以享受免税待遇。

为了鼓励个人对公益事业的捐赠，根据《中华人民共和国个人所得税法》及其实施条例的规定，个人通过中国境内的社会团体、国家机关向教育和其他社会公益事业以及遭受严重自然灾害地区、贫困地区进行捐赠，捐赠额未超过纳税义务人申报的应纳税所得额30%的部分，可以从其应纳税所得额中扣除。个人向红十字事业进行的捐赠，可以全额扣除。个人向农村义务教育进行的捐赠，可以全额扣除。对青少年活动场所进行的捐赠，可以全额扣除。

大多数情况下，捐赠人都是捐赠货币性资产，但也有捐赠实物乃至股权的情况。货币性资产按照实际捐赠金额计算，非货币性资产以其公允价值计算。捐赠人在捐赠非货币性资产时应当提供相关证明，注明公允价值，否则将不能取得公益性捐赠票据，税前扣除将没有合法依据。2015年曹德旺捐赠股权的举动推动了股权捐赠规范性文件的出台。《财政部、国家税务总局关于公益股权捐赠企业所得税政策问题的通知》（财税〔2016〕45号）对股权捐赠专门做了规定。企业向公益性社会团体实施的股权捐赠，应按规定视同转让股权，股权转让收入额以企业所捐赠股权取得时的历史成本确定。企业实施股权捐赠后，以其股权历史成本为依据确定捐赠额，并按照《中华人民共和国企业所得税法》有关规定在所得税前予以扣除。公益性社会团体接受股权捐赠后，应按照捐赠企业提供的股权历史成本开具捐赠票据。

三、完善我国社会组织税收制度

从上面的介绍可以看出，近年来我国在非营利组织税收立法方面获得了很大的突破，社会组织税收法制建设逐渐完善。社会组织的整体税收负担并不太重，在全部财政收入中的占比也十分有限。比如，一家民办非营利性医院，年营业额超过5亿元，年纳税仅10万元左右。[①]但是，我国尚未建立专门针对非营利组织的系统的税收法律制度。与非营利组织税收制度比较完善的国家相比，我国税制在非营利组织概念与分类的界定、优惠政策区别对待、受赠资格认定、对捐赠者的税收激励与对非营利组织监管方面存在空白与不足。为了进一步完善我国社会组织税收制度，未来应建立统一的非营利组织税法体系。在区分公益性与互益性组织的基础上，以收入来源标准为主兼顾收入用途标准，调整对非营利组织经营性收入的税收政策。同时，统一非营利组织税收管理权，强化非营利组织的信息披露义务，加强非营利组织税收监管。[②]

（一）完善非营利组织税收优惠政策体系

我国非营利组织税收优惠政策在形式方面存在两个突出问题，一是立法系统性较差；二是立法层级较低。首先，从立法的系统性来看，我国缺少统一的立法，相关规定散见于行政法规、规章中，重复立法和立法冲突的现象时有发生。有些优惠政策只针对某一类非营利组织，比如国家税务总局出台的《关于基金会应税收入问题的通知》等；有些优惠政策只针对特定税种，

① 袁文艺，刘宏宇. 促进社会组织健康发展的税收政策——基于湖北省若干社会组织及政府部门的调研. 湖北经济学院学报，2017（6）：68-74.

② 黄冠豪. 略论我国非营利组织的税收制度改进. 税务与经济，2013（4）：92-97.

如《国税总局关于企业所得税若干优惠政策的通知》等。由于各种法规的衔接问题及部门之间的协调问题，易于出现征管漏洞。不同规范性文件之间相互冲突也不少见。比如，在《中华人民共和国企业所得税实施条例》中并不禁止非营利组织从事营利性活动，只是这类活动取得的收入并不享有税收减免优惠。《关于非营利性科研机构税收政策的通知》规定无论收入来源如何，只要其与公益宗旨相关，便可以享受免税政策。在《民政部、工商行政管理局关于社会团体开展经营活动有关问题通知》中规定，除基金会外可以开展经营活动……但不得以社会团体自身的名义进行经营活动。但《社会团体登记管理条例》却规定社会团体不得从事营利性活动。①

其次，从立法层级来看，在非营利组织税收政策方面，除了《中华人民共和国企业所得税法》和《中华人民共和国个人所得税法》等几部法律和行政法规中的部分条文以外，还有许多地方性法规和部门规章，甚至还有大量的“通知”“批复”在实践中规范着非营利组织的税收相关问题。这些非正式法律渊源充斥着非营利组织税收优惠法律制度，这就使得这个领域的立法显得政策性有余而法律性不足。②归根到底，是因为在普通法层面我国至今没有一部社会组织的专门法律。这使得社会组织的基本权利义务、财产关系、组织机构、其与政府的关系等本该由法律予以明确规定的问题，要么成为法律上的漏洞，要么由行政法规越俎代庖，导致无法界定社会组织的活动界限和活动准则。③

完善社会组织税收的法规体系，提高其立法层次，目前有三种思路。④第一，将目前分散的税收法律统一为《中华人民共和国税收基本法》，明确社会组织享有独立的税法主体地位。第二，整合与社会组织相关的各种税收政策，制定《中华人民共和国社会组织税收管理条例》。第三，整合社会组织的相关法律法规，进行社会组织的统一立法。在社会组织的基本法中，明确

① 辛昕，黎江虹．非营利组织营利性行为的税法规制．天津法学，2018（1）：41-46.

② 欧阳天健．非营利组织所得税优惠法律制度研究．河北科技师范学院学报（社会科学版），2014（2）：70-74.

③ 金锦萍，葛云松．外国非营利组织法译汇．北京：北京大学出版社，2006，序言.

④ 袁文艺，刘宏宇．促进社会组织健康发展的税收政策——基于湖北省若干社会组织及政府部门的调研．湖北经济学院学报，2017（6）：68-74.

社会组织税收优惠制度。

（二）根据社会组织类型采取差异化的税收优惠政策

根据社会组织类型与收入来源的性质采取差异化税收优惠政策是发达国家的普遍做法。我国政府也应该区分社会组织的类型和收入来源的性质分别设计税收优惠政策。

目前，社会组织税收政策的混乱在很大程度上归结于对社会组织的分类不合理。按照民政部门登记管理的要求，社会组织分为社会团体、基金会和民办非企业单位三类。现行的税收政策主要是按照这个分类法来设计的。在税收管理中，三者都可以申请所得税免税资格。民非可以享有流转税免税资格。社会团体和基金会能申请公益捐赠税前扣除资格，民非则不能。[①]

社会组织更为科学的分类方法，是按照组织的公益性程度划分为互益性组织和公益性组织。互益性组织的宗旨主要是为其成员提供服务，而不是向不特定的公众提供公共服务。公益性组织主要是提供公共服务，可以减轻政府的公共服务责任和财政负担。可见，公益性组织的公共性一般情况下要高于互益性组织。因此，设计税收政策的基本原则应该是，公益性越强的组织，享受的税收优惠越多、力度越大。公益性组织享受的税收优惠应该高于互益性组织，为最困难群体服务的公益性组织应该享受最多的税收优惠。

特别需要注意的是，互益性组织一般采取社团形式，但是很多社团尤其是一些志愿者协会采取了会员制形式来从事公益服务。因此，互益性和公益性并不完全取决于组织形式，而是取决于其宗旨和使命。税务机关在制定相关政策时使用的“公益性社会团体”概念，更为准确的表达应该是“公益法人”，包括公益社团法人和公益财团法人。[②]公益社团法人主要是公益性的社会团体；公益财团法人则包含了基金会以及以公益为目的的民办非企业单位。享受公益捐赠税前扣除资格的应为公益法人。符合条件的非营利组织，它可以获得自身收入免税的资格，再往上是获得公益捐赠税前扣除资格的非

① 辛昕，黎江虹. 非营利组织营利性行为的税法规制. 天津法学，2018（1）：41–46.

② 金锦萍. 对非营利组织进行分类甄别是税收优惠制度的前提. 中国社会组织，2014（15）：12–13.

营利组织，它不光自己收入可以免税，而且向它捐赠的企业、个人及其他主体也可以享受所得税税前抵扣资格。

（三）根据收入来源的不同性质采取差异化的税收政策

非营利组织的收入来源主要有三个渠道：捐赠收入、政府资助和经营性收入（也被称作商业收入）。萨拉蒙教授领导的团队对40多个国家的非营利部门所作的比较研究发现，在非营利部门的总收入中，捐赠收入只占12%，加上志愿服务，慈善资源一共约占20%，余下部分政府资助和经营性收入大约各占一半。由于慈善和政府资助增长空间十分有限，近年来非营利部门的增长主要来自经营性收入和资本市场创新。[①]可以说，在市场经济时代，极少社会组织是纯粹慈善性的，慈善目的之达成需要商业性收入的支撑。[②]在我国慈善事业还不发达、政府资助十分有限的情况下，社会组织的资金来源高度依赖经营性收入。[③]这个问题需要引起政府重视，并且进行有效监管。

目前，我国社会组织的经营性收入并不享受税收减免优惠，税收政策缺乏对这部分收入的有效规制。根据新《中华人民共和国企业所得税法》第二十六条第四款的规定，符合法定条件的非营利组织的收入属于免税收入，但该法并未将非营利组织营利活动取得的收入纳入非营利组织的免税收入范围。这种状况带来两个方面的问题，一方面，很多社会组织用经营性收入补贴公益活动支出，没有得到税收政策的鼓励；另一方面，一些社会组织违背公益宗旨从事商业活动，并且非法分配利润，在组织内部滋生腐败，造成市场不公平竞争，并且导致政府税款流失。

为了避免这两种情况，各国普遍采取了对非营利组织的经营性收入进行分类规制的办法，对不同性质的经营性收入适用不同的税收政策。对经营性收入的分类一般采用来源与用途两种标准进行区分。[④]一是看收入来源，即

---

① ［美］莱斯特·M. 萨拉蒙. 撬动公益——慈善与社会影响力投资新前沿导论. 叶托，张远凤译. 北京：社会科学文献出版社，2017，中文版序言第2页。

② 辛昕，黎江虹. 非营利组织营利性行为的税法规制. 天津法学，2018（1）：41-46.

③ 徐永光. 公益向右　商业向左. 北京：中信出版社，2017，18-38.

④ 徐宇珊，刘华电. 国外非营利组织税收制度介绍. 涉外税务，2007（11）：46-49.

看经营性收入是由相关商业活动产生的，还是由无关商业活动产生的。所谓“相关”或“无关”是指产生一项收入的活动是否与该组织的非营利性宗旨相关。按照这个标准，源于相关商业活动的收入可以享受税收优惠政策；源于无关商业活动的收入则遵循企业税收制度进行纳税。二是看收入的用途。如果这项收入用于非营利宗旨相关的活动，则享受税收优惠待遇；如果这项收入运用于与宗旨无关的活动，则按照企业纳税制度进行纳税。①

【微案例2-2】

日本对非营利组织商业活动的税收政策②

日本在《特别非营利活动促进法》第五条中规定，非营利性活动法人可以从事营利性活动，但营利性活动的账簿与非营利性活动的账簿相互独立。依据《法人税法》，非营利性组织从事营利性活动的收入需要缴纳公司所得税，但是根据营利性活动收入不同适用不同税率，超过800万日元的税率为30%，少于800万日元为22%。此外《团体税法实施条例》允许非营利性组织在33个行业从事营利活动，税率为27%，低于一般企业的37.5%。

（四）优化免税资格和公益捐赠税前扣除资格的认定

良好的税收政策是基于税收公平和正义的理性选择，对于社会组织和公益捐赠的税收优惠也不例外。③政府对社会组织免税资格和公益捐赠税前扣除资格的认定，不仅事关社会组织是否可以通过税收优惠享受政府资助，还将影响到公众对慈善捐赠对象的选择，影响慈善资源的配置。

---

① 张怡，杨颖. 论税法的惩罚性规则. 西南政法大学学报，2013（1）：71-79.

② 张思强，卞继红. 营利性行为界定与完善非营利组织所得税制标准. 税务与经济，2011（5）：88-92.

③ 金锦萍. 对非营利组织进行分类甄别是税收优惠制度的前提. 中国社会组织，2014（15）：12-13.

每年各省市民政、财政、税务部门联合对社会组织进行免税资格认定以及年审。在实践中，我国对社会组织免税资格的认定十分严格。比如，对公益性支出的界定过于严苛，所得税免税资格条件要求社会组织工作人员的工资不得超过当地平均工资的两倍。烦琐的程序和严苛的条件使得税收优惠政策的惠及面很有限，只有少数社会组织享有免税资格。以上海市为例，2012年享有免税资格的社会组织共651家，仅占全市社会组织总数的6%。[①]社会组织较为发达、监管水平在全国属于先进的上海市尚且如此，其他地方社会组织免税政策的覆盖面就更不用说了。

我国对公益性捐赠税前扣除资格的认定更为苛刻，并且存在明显不合理之处。《关于公益性捐赠税前扣除有关问题的通知》（财税〔2008〕160号）第四条规定具有公益性捐赠税前扣除资格的公益性社会团体只包括社会团体和基金会，把民非排除在外。在实践中，税务部门也认为民非是经营性单位，不应享受此项税收优惠政策。[②]这个问题应该历史地来看。在发展初期，确实有不少民非尽管注册为非营利性组织，但实际上按照营利性模式在运作。以民办教育机构为例，2002年通过的《中华人民共和国民办教育促进法》允许"投资人获得合理回报"，因此民非类教育机构按商业模式运作并不违法，如果赋予这些机构免税资格当然不合理。但是，2017年修订的《中华人民共和国民办教育促进法》已经对此做了修改，规定"民办学校的举办者可以自主选择设立非营利性或者营利性民办学校……非营利性民办学校的举办者不得取得办学收益，学校的办学结余全部用于办学。"由此可见，随着立法的进步，民非"挂羊头卖狗肉"的现象将会被禁止。一旦民非回归到非营利性轨道，就不再有理由将它们排除在公益捐赠税前扣除资格认定范围之外。

一些学者认为，与发达国家相比，我国法律规定的企业12%和个人30%的公益捐赠税前扣除标准偏低，建议适当提高企业和个人的公益捐赠税前扣除

---

① 上海市发展改革研究院课题组，沈杰，赵宇刚. 上海社会组织发展机制和体制改革研究. 科学发展，2014（6）：78-88.

② 袁文艺，刘宏宇. 促进社会组织健康发展的税收政策——基于湖北省若干社会组织及政府部门的调研. 湖北经济学院学报，2017（6）：68-74.

额。[1]这个问题要慎重考虑。以美国为例，由于非营利部门规模庞大，免税政策又过于慷慨，已经侵蚀了政府的税基，改革非营利组织税收政策的呼声日益高涨。以我国目前的情况来看，比加大税收优惠力度更重要的是扩大政策的覆盖面，提高政策有效性和公平性。

（五）加强社会组织税收监管

加强对社会组织的税收监管非常重要，如果没有有效的监管机制和监管措施，就无法避免免税成为逃税的途径，从而破坏市场竞争秩序，侵蚀政府的税基，损害社会组织的公信力。针对目前我国社会组织税收监管的实际情况，应该建立相关政府部门之间的监管协同机制，扩大监管覆盖面，优化管理流程，升级管理技术，建立有效的激励约束机制，充分发挥税收政策的激励功能和监管职能。

首先，建立税收管理协同机制。我国的社会组织监管体系比较复杂，社会组织的登记、业务管理和税收征管分别由民政、业务主管单位和财政部门负责，社会组织的免税资格和公益性捐赠税前扣除资格认定和年审工作由民政、财政和税务（国税和地税）三个部门共同负责，税收征管工作由税务部门负责。[2]民政部门和财税部门应该建立监管协作和沟通机制，通过电子政务平台进行资源和信息共享。民政部门和财税部门可以探索建立联合工作机制，将社会组织注册登记与免税资格和公益捐赠税前扣除资格确认整合起来，将社会组织的登记年检与免税资格审查和公益捐赠税前扣除资格审查整合起来。

其次，应该普遍实行社会组织税务登记，将符合条件的社会组织都纳入税务部门监管范畴。《税收征收管理法实施细则》（2012）第十二条规定，

---

① 袁文艺，刘宏宇. 促进社会组织健康发展的税收政策——基于湖北省若干社会组织及政府部门的调研. 湖北经济学院学报，2017（6）：68-74.

② 《财政部、国家税务总局、民政部关于公益性捐赠税前扣除资格确认审批有关调整事项的通知》（财税〔2015〕141号）规定，“公益性捐赠税前扣除资格确认”作为非行政许可审批事项予以取消，即（财税〔2008〕160号）第六条、第七条停止执行，改由财政、税务、民政等部门结合社会组织登记注册、公益活动情况联合确认公益性捐赠税前扣除资格，并以公告形式发布名单。

非营利组织发生纳税义务后三十日到税务机关办理税务登记。但是该细则第三十二条又规定，纳税人在纳税期内没有应纳税款的，也应当按照规定办理纳税申报。这两个规定之间存在矛盾。在实施过程中，大批社会组织没有进行税务登记，税务部门无从进行监管。建议社会组织在民政部门登记后，符合条件的社会组织必须进行税务登记，以便接受税务部门的监管。无论是否享受税收优惠，社会组织都应进行纳税申报，由税务机关判定其收入是否属于纳税范围，审核是否给予免税待遇。

再次，优化税收管理流程。社会组织享受税收优惠政策需要经过资格认定、备案、给予优惠和后续管理等一系列的程序。民政和财税部门应当尽量按照科学管理的原则，简化手续、节约成本、提高效率。比如，建立科学统一的社会组织专用票据体系，以完善税收征管。

最后，要建立激励约束机制。既要保障社会组织依法享受各项税收优惠政策的权利，又要鼓励社会组织依法纳税，预防和打击非法逃税骗税行为。《关于非营利组织免税资格认定管理有关问题的通知》（财税〔2018〕13号）第六条规定了取消非营利组织免税资格的六种情形：（一）登记管理机关在后续管理中发现非营利组织不符合相关法律法规和国家政策的；（二）在申请认定过程中提供虚假信息的；（三）纳税信用等级为税务部门评定C级或D级的；（四）通过关联交易或非关联交易和服务活动，变相转移、隐匿、分配该组织财产的；（五）被登记管理机关列入严重违法失信名单的；（六）从事非法政治活动的。

总之，税收优惠政策是一项支持社会组织发展的有力措施，但一定要同时做好监管工作，确保它发挥出最大作用。

第四节　社会组织财务监管制度

财务监管是最重要的监管手段之一，对社会组织的监管必须要把好社会组织的“钱关”。本书讨论的社会组织财务监管是广义概念，是指根据国家有关方针政策和财务制度的规定，对社会组织的财务活动和其他有关的经济活动所进行的监督管理，包括政府监管以及社会组织内部和外部的财务监督。加强社会组织财务监管有利于规范社会组织的财务管理，确保社会组织的非营利性，保障公共利益和社会组织的合法权益，提高社会组织的公信力，在制度层面有效遏制腐败的滋生，为组织的可持续发展打下良好基础。

一、社会组织财务监管政策与制度

自20世纪90年代中期以来，我国各级政府颁布了一系列与社会组织财务监管相关的法律法规，逐步建立起了社会组织财务监管制度体系。

（一）社会组织财务监管相关法律法规

社会组织财务监管相关的法律法规首先是规范社会组织会计行为的相关法律法规，主要包括《中华人民共和国会计法》《民间非营利组织会计制度》《会计基础工作规范》《会计档案管理办法》等。《中华人民共和国会计法》及相关会计规范适用于规范所有单位的会计行为，当然也包括社会组织的会计行为。《民间非营利组织会计制度》是依据《中华人民共和国会计法》以及相关法律法规，针对非营利组织的性质和特点专门制定的，适用于规范社团、民非、基金会和宗教组织的会计核算。

其次，一系列相关法律法规和规范性文件规定了社会组织在财务管理方面必须遵守的规范以及相关主体在社会组织财务监管和问责方面的职责，其中主要包括《中华人民共和国税法》《中华人民共和国慈善法》《中华人民共和国公益事业捐赠法》《中华人民共和国民办教育促进法》，以及《社会团体登记管理条例》《民办非企业单位登记管理暂行条例》和《基金会管理条例》等。

同时，很多地方政府都制定了指导社会组织财务行为的规范性文件，比如《广州市社会组织财务管理工作指引》（穗民〔2015〕283号）和《湖北省社会组织财务管理工作指引》（鄂民政发〔2016〕37号）。此外，各级政府和各个部门发布了大量针对某种类型或某个领域的社会组织的监管文件，其中不少都包含了财务监管方面的内容。比如，民政、发改、物价等13个部门联合发布的《行业协会商会综合监管办法》（发改经体〔2016〕2657号）中就包含了对行业协会商会资产管理、使用、处置、收益情况依法依规进行监督以及加强纳税和收费监管的内容。

【微案例2-3】

福建省民政厅出台《福建省社会组织财务管理工作指引》[①]

为进一步规范社会组织财务行为，加强社会组织财务管理，促进社会组织健康有序发展，福建省民政厅根据《中华人民共和国会计法》《民间非营利组织会计制度》等有关法规政策，于日前出台《福建省社会组织财务管理工作指引》。该指引共10章41条，明确了会计机构与会计人员、会计核算、收入管理、支出管理、资产管理、票据管理、财务档案管理、财务监督等内容，为全省各级民政部门依法登记的社会组织财务管理提供了遵循。

① 福建省民政厅社会组织管理局、福建省民政厅出台《福建省社会组织财务管理工作指引》，http://www.chinanpo.gov.cn/3501/109078/index.html，2018-02-11.

（二）社会组织会计制度的基本特点

社会组织会计制度与企业有很多共同之处，但又有显著区别。社会组织财务制度的独特性是由其非营利性所决定的。

社会组织会计制度与企业会计制度的基本原理不一样。企业会计制度基于资产等于负债加所有者权益的会计恒等式，由于非营利组织只有法人财产权，没有所有者，也不存在所有者权益，因此非营利组织会计制度所依据的会计恒等式是资产等于负债加净资产。两种制度基本原理不同决定了两者核算账户设置的差异。非营利组织会计制度中没有所有者权益和利润分类的核算，这是确保社会组织非营利性的最为根本性的制度设计，所有对社会组织非营利性的监管都必须以此为依据。

相应地，两种会计制度要求的会计报表也不一样。企业的三大会计报表是资产负债表、利润表和现金流量表；社会组织的三大会计报表由资产负债表、业务活动表和现金流量表三种报表构成。企业的资产负债表以会计恒等式“资产＝负债+所有者权益”为基础，而社会组织的资产负债表以会计恒等式“资产＝负债+净资产”为基础；企业使用的“利润表”到社会组织中变成了“业务活动表”，余额显示的不是“损益”而是“净资产变动”。

围绕非营利性建立的会计核算和会计报告制度为社会组织按照非营利模式开展组织管理提供了保障，按照这个制度产生和记录的信息为社会组织监管提供了最基本的依据。

（三）社会组织财务监管制度

社会组织财务监管由内部监控和外部监管两大部分构成，也就是人们常说的自律与他律。完善的内部监控体系是有效财务监管的基础，合理的外部监管是有力的保障。

社会组织应该依托治理结构和管理构架建立内部财务监控体系。社会组织的内部治理结构是内部财务监督机制的基础。[①]社会组织以治理结构为基

① 郭葆春. 社会组织财务管理. 北京：中国社会出版社，2016，241-247.

础，建立以理事会为核心的财务监督框架，分别确定理事会、行政负责人[①]、监事会、管理层和员工的财务监督职责。理事会是社会组织的决策机构，它的财务监督目标是保证组织资金筹集、管理、使用以及财务收支预决算合法合规，并且合乎组织章程。具备条件的社会组织可以在理事会下设财务监督委员会。理事会还享有任命与监督社会组织行政负责人的权力。行政负责人的财务监督职责是有效执行理事会的决策，建立健全内部财务管理制度，负责组织日常财务管理，确保相关法律法规、组织章程和内部规章制度的贯彻执行。

社会组织可以建立内部审计机构，为决策和管理部门服务。监事会作为专门的监督机构，其职责是对组织财务决策和日常财务管理活动进行监督，确保理事会和管理层遵守法律和章程。比如《基金会管理条例》第二十二条规定："基金会监事依照章程规定的程序检查基金会财务和会计资料，监督理事会遵守法律和章程的情况。监事列席理事会会议，有权向理事会提出质询和建议，并应当向登记管理机关、业务主管单位以及税务、会计主管部门反映情况。"其他管理人员和员工的职责是接受行政负责人的领导和监督，在日常运作中遵守法律法规、章程和内部规章制度，同时也应该享有互相监督以及监督上级管理人员的权力。

然而，现行政策对社会组织财务监督的规制主要集中在对会计行为的监管，责任主体主要集中在法定代表人和会计人员方面。除了《基金会管理条例》对理事会作为治理机构的财务监管责任做了规定之外，法律尚未对其他社会组织的内部监督体系作出明确规定。

外部财务监管包括政府监管和社会监督。政府监管主体主要包括登记管理部门、财政部门、税务部门和审计部门。社会监督的主体涉及社会组织的各种利益相关方，包括金融机构、资助方、捐赠人、受益人或服务对象、媒体和社会公众的监督。《社会组织财务管理办法》规定，社会组织应当实行财务公开，定期向会员（会员代表）大会或理事会报告财务工作，公布年度财务状况，接受会员（会员代表）或理事、监事的监督。社会组织换届或者

---

① 非营利组织的行政负责人在英美等国统称为首席执行官（CEO）。在我国，不同类型的社会组织采用不同的称呼，社团和基金会一般称之为秘书长，民非则根据具体情况称之为校长、院长、主任等。

更换法定代表人、办理注销清算之前应通过有资质的会计师事务所进行财务审计（财务清算）。下面主要讨论政府对社会组织的财务监管。

二、政府对社会组织的财务监管

（一）政府对社会组织财务监管的内容

社会组织的财务监管包括对收入、支出、财产物资和资金的监管等。预算监督包括对单位预算编制的监督和对预算执行过程的监督。

对收入方面的监管主要包括：各项收费是否按照国家规定的范围和标准收取；应缴预算款和应缴财政专户是否按照规定及时足额收缴；是否按照国家规定划清各项收入的界限，并按规定进行管理和核算；各项应纳入单位预算的收入是否都纳入了单位预算；本单位正常的行政事业经费是否有用于基本建设项目的情况。

对支出方面的监管主要包括：各项支出是否符合国家有关方针、政策和财务制度的规定，支出原始凭证是否真实合法；是否按照预算规定的范围、内容和开支标准办理各项开支；是否按照政策规定划清各项开支的界限；对于大宗商品的采购，是否按照采购管理办法具体实施和操作；对于资产的支出和存货的支出是否严格区分、管理，有无违章购买的现象。

对财产物资方面的监督主要包括：固定资产的购置、验收、进出库、保管、使用、清查盘点、报废、报损、转让是否符合国家规定；存货或库存材料的采购有无计划；库存是否合理、有无超储备积压；财产物资的领用出库是否符合财务制度的规定；材料的管理制度是否健全；无形资产的取得与转让是否符合国家规定；无形资产评估价值与开发成本是否得到真实完整的确认与计量等。

对资金方面的监督主要内容包括：现金管理是否符合国家规定；各种存款是否按照国家规定开立账户，办理有关存款、取款和转账结算等业务是否手续完备、数字准确等。

（二）对社会组织收入的监管

社会组织的财务收支项目体现着其活动是否符合组织的宗旨。任何组织为了生存和发展都必须具有财务上的可持续性，需要源源不断地获取资源以维持再生产或扩大再生产。政府靠征税，企业靠投资和销售，非营利组织靠什么获得收入呢？从世界范围来看，非营利组织的收入有四大来源渠道：捐赠收入、政府资助、服务收费和商业活动收入。

传统上，非营利部门往往与慈善事业联系在一起，主要依靠捐赠获得收入。时至今日，慈善捐赠早已不是非营利部门的主要资金来源。第一章已经谈到，即便在美国，捐赠收入和志愿活动折算的收入一起只占到非营利部门总收入的四分之一左右，其余部分来自政府资助、服务收费、投资理财以及商业性活动的收入。在市场经济体制下，社会组织和企业的根本区别不在于收入来源的不同，而在于其所追求的目的不同。除了捐赠收入和政府税收优惠等非营利组织特有的收入来源之外，非营利组织还可以和企业一样利用市场机制获取资源，比如服务收费、政府合同、商业活动、银行借款、发行债券等，唯一的区别是非营利组织不能发行股票。

政府可以对社会组织的各种收入形式进行规制和监管。近年来，随着非营利部门商业化趋势的蔓延，英美等国政府加强了非营利部门商业活动收入尤其是无关商业活动收入的规制和监管，主要手段是通过税收政策进行调节，我国政府目前尚不允许社会组织开展商业活动。

【微案例2-4】

非营利组织的商业活动收入

在美国，非营利组织在捐赠收入和政府资助增长潜力有限的情况下，出现了商业化趋势，一些非营利组织依靠销售产品和服务获得大部分乃至全部收入。[①]比如剧院和交响乐团出售门票，医院出售药品和诊疗服务，

① ［美］菲利普·科特勒，［美］艾伦·安德里亚森. 非营利组织战略营销. 孟延春等译，北京：中国人民大学出版社，2003，18-19.

学校出售教育服务。还有一些非营利组织将出售产品和服务视为辅助性业务，其目的是完成更多的基本社会使命。比如，女童子军（Girl Scout）出售饼干，山岳俱乐部（Sierra Club）出售日历，美国红十字会出售急救包，博物馆出售各种各样的纪念品、复制品、食物和饮料等。这些生意并不仅仅是无足轻重的小生意。比如，女童子军出售的饼干占美国全部饼干销售的10%，纽约大都会艺术博物馆出售商品及版税收入占博物馆营运收入的14%。

非营利组织还可以通过与商业企业合作获得收入。比如，1997年美国医学学会（American Medical Association，AMA）授权阳光公司（Sunbeam）在其加湿器、血压监测仪和其他特定设备上使用其认证标志，作为交换，阳光公司在5年内付给美国医学学会100万美元的特许权使用费。①

我国社会组织的收入来源包括会费收入、提供服务收入、捐赠收入、政府补助收入以及其他合法收入。总体来看，我国社会组织的收入来源中约八成是会费收入，政府资助和慈善来源各占约一成。②与其他国家非营利部门收入结构相比，我国社会组织收费收入的占比较高。有限的政府资助主要是流向了政府背景的社会团体和基金会。服务收费是非营利性民办医院和学校等社会组织的主要收入来源，占到其总收入的90%以上。尽管很多社会组织通过服务收费来获得收入，但我国仅有极少数组织（3.7%）提供完全有偿的服务，另有39.5%的组织提供具有一定补偿的服务，其余大多数的社会组织基本上是无偿提供服务。③

我国政府也对社会组织的收入来源进行规制和监管。会费是社会团体的主要收入来源，社会团体会费收入尤其是行业协会商会的会费收入一直是政

① ［美］布鲁克斯. 社会创业. 李华晶译，北京：机械工业出版社，2010，99-100.
② 张远凤，张慧峰. 从国际比较看中国非营利部门的发展状况. 第三部门研究，2017（2）.
③ 丁元竹. 非政府公共部门与公共服务——中国非政府公关部门服务状况研究. 北京：中国经济出版社，2005，21.

府监管的一个重点领域。比如，2005年《湖北省发展和规范行业协会暂行办法》（湖北省人民政府令第284号）就对会费标准及程序做了明确规定。民政、财政部门联合颁布的《社会组织财务管理规定》对社会组织服务收入做了规定。社会组织提供有偿服务，须与服务对象签订有偿服务协议，经物价部门审批后，报民政、财政、税务、审计部门备案。从事有偿服务性活动，必须使用税务发票。

捐赠不仅是社会组织的重要收入来源，而且也是志愿精神的最好表达方式，最能反映社会组织的公益性和社会性。政府对捐赠的监管包括两个方面的内容，一是对募捐行为的监管；二是捐赠税收政策。[①]税收政策在前文已经讨论过了，此处主要讨论对募捐行为的监管。

发达国家对筹款行为的监管十分严格。在美国，马萨诸塞州的法律就对此做了严格规定。第一，慈善组织募款前需要先申请募款许可，在申请中需要提供组织名称、宗旨、地址、成立时间和地点、联邦税收减免情况、工作人员姓名和住址等情况；第二，组织要与一家专门的募款机构签订募款合同，合同要表明募款的慈善用途和筹集到的善款中用于此慈善目的的最小比例；第三，筹款过程中需要向公众公开以下信息：慈善组织的名称、地址、电话、善款用途等；第四，筹款结束后，组织需要将募款的许可、申请、报告、合同以及其他相关文件存档，送交检查机构审查，同时供公众查阅。[②]

我国《中华人民共和国公益事业捐赠法》《中华人民共和国慈善法》和《社会组织财务管理规定》等对捐赠行为做了规定。比如，《社会组织财务管理规定》要求社会组织接受社会捐赠要经有关部门备案，应坚持自愿和无偿的原则，不得强行或者变相摊派。接受捐赠收入，必须使用公益事业捐赠票据。

近年来，随着“互联网+公益”的兴起，公益众筹网络平台成为社会组织筹款的新渠道。大病众筹是公益众筹的一种，由需要帮助的个人通过公益众筹平台向公众发起求助，最知名的大病众筹平台有水滴筹、轻松筹等。这

① 褚蓥.社会组织募捐管理.北京：中国社会出版社，2016，219.
② 郑琦.美国政府如何监管社会组织.新重庆，2013（8）：46.

些公益众筹平台主要以QQ、微信、微博等社交媒体进行传播，传播及时且范围广，社会影响力越来越大，正在成为医疗保障制度的重要补充。与传统的公益筹款模式相比，公益众筹参与门槛低、信息透明度高，公众监督较为容易。然而，最近发生的一些公益众筹事件表明，对公益众筹监管才刚刚开始。

另外，《中华人民共和国慈善法》《中华人民共和国税法》《社会组织财务管理办法》等对社会组织的投资方式和投资收益也做了规定。政府对购买服务的规制参见第三章相关内容。

【微案例2-5】

公益众筹的监管难题：王凤雅事件中的水滴筹①

2016年4月，美团第10号员工沈鹏辞职，创立水滴公司。同年7月，水滴公司旗下免费大病筹款工具“水滴筹”上线。2018年夏天的“王凤雅事件”将水滴筹推上了风口浪尖。

2018年5月4日，河南3岁女童王凤雅因视网膜母细胞瘤恶化，不治身亡。在她生命的最后一个月，关于其母亲杨美芹利用水滴筹平台诈捐、重男轻女放弃治疗等传闻甚嚣尘上。而随着调查的深入，真相逐渐浮出水面：女童母亲并未挪用善款用于治疗儿子的唇腭裂，并捐出了剩余善款。曾对王凤雅家属恶语相向的网友开始纷纷道歉，舆论又开始讨伐志愿者、自媒体及造谣者。这个事件表明，加强对公益众筹网络平台的政府监管已经迫在眉睫，体量越来越大的网络众筹平台若是缺少约束，或许会成为公益事业领域一只巨大的“灰犀牛”。

最后必须要指出的是，上述收入都是运作收入，主要用于维持社会组织的日常运转。但是，社会组织若想实现可持续发展，还需要建立类似企业资

---

① 百家号. 王凤雅事件中的水滴筹：以公益之名卖保险，监管成难题. 中国经营报，2018-06-05；王宇，徐佳鸣. 眼癌女童王凤雅之死　没有赢家的“爱心”撕扯. 南方周末，2018-05-31.

本金的发展基金（endowment），用于购置固定资产和能力建设等方面。[①]否则，社会组织就如同“离离原上草，一岁一枯荣”，永远不可能长成大树和森林。我国政府已经注意到了这个问题，并且开始在相关法律法规中对此做了规定。比如在2004年颁布的《中华人民共和国民办教育促进法实施条例》第三十七条规定：“在每个会计年度结束时，捐资举办的民办学校和出资人不要求取得合理回报的民办学校应当从年度净资产增加额中、出资人要求取得合理回报的民办学校应当从年度净收益中，按不低于年度净资产增加额或者净收益的25%的比例提取发展基金，用于学校的建设、维护和教学设备的添置、更新等。”

发达国家的非营利部门在建立和管理发展基金方面积累了很多经验。近年来，资本市场也通过社会影响力投资等金融创新非常积极地投入这个领域。资本市场与非营利部门的深度融合，给公益事业的发展带来了源源不断的资源，同时也给非营利部门和监管部门带来了新的挑战。[②]

（三）对社会组织支出的监管

社会组织的各项收入除用于自身运行管理成本和其他合理开支外，应全部用于章程规定的公益事业，盈余不得进行分配。非营利组织的支出主要包括项目支出、日常办公支出、工作人员的工资福利以及基本建设支出等。一般来说，非营利组织的支出管理要做到四个坚持：坚持按照批准的预算和计划办理；坚持按照规定的定额和开支标准办理；坚持按照合法的原始凭证办理；坚持按照规定的资金渠道办理。[③]社会组织在开展业务活动和行政管理过程中发生的费用支出，要严格遵守中央八项规定以及地方政府的相关规定。

非营利组织的支出应当按照用途分为项目与活动支出以及行政支出，并且分别进行管理。项目与活动支出是非营利组织为了实现其使命直接发生的

① ［美］德鲁克. 非营利组织管理. 吴振阳等译. 北京：机械工业出版社，2009，78-85.

② ［美］萨拉蒙. 撬动公益——慈善与社会影响力投资新前沿. 叶托，张远凤译，北京：中国社会科学文献出版社，2017，67-72.

③ 北京志愿者协会主编. 志愿组织建设与管理. 北京：中国国际广播出版社，2006，118.

支出。项目与活动支出的管理应当从社会效益出发，通过规划与监督，保障最大限度地实现组织的使命。行政支出是非营利组织为了自身的存在和发展而发生的支出。行政支出的管理应当厉行节约，尽可能控制行政支出占总支出的比重。不过，行政支出并非越低越好，行政支出太低难以保证工作人员得到合理的报酬，使得组织缺乏能力建设投入。长此以往，不仅难以留住人才，而且组织的服务水平和服务质量难以得到保证。

《社会组织财务管理办法》规定，社会组织支出实行事前审批制度，各项支出必须真实合法，入账的票据须具有税务、财政部门监制字样的专用章和出具单位的财务专用章，商品名称、单位、金额、开票时间、开票人须具体、翔实，报销的必须按照规定附上相关审核、审批、方案、通知等明细附件。社会组织专职工作人员的工资、生活补贴和福利待遇以及退休后的工资福利待遇，参照国家对事业单位的有关规定执行或由理事会决定。会员单位派驻社会组织工作人员的工资福利待遇由原单位解决。党政机关现职干部、离退休干部、国有企事业单位离退休干部在社会团体兼任职务（包括领导职务、名誉职务、理事、常务理事等），不得领取薪酬、奖金、津贴等报酬和获取其他额外利益，也不得领取各种名目的补贴。

各国相关法律对非营利组织财产管理和使用方面做了规定。一些国家为了激励公益组织在公共服务方面多投入，就采取规定最低年度支出（Minimize Annual Expense，MAE）比例的方式，即要求慈善或其他公益性组织，每年的收入使用或分配达到总收入的一定比例才能取得免税资格。比如澳大利亚税收部门要求慈善机构每年至少支出其所得的85%；新加坡要求达到80%。[①]我国的《基金会管理条例》第二十九条对基金会的支出做了规定：公募基金会每年用于从事章程规定的公益事业支出，不得低于上一年总收入的70%；非公募基金会每年用于从事章程规定的公益事业支出，不得低于上一年基金余额的8%。基金会工作人员工资福利和行政办公支出不得超过当年总支出的10%。

---

① 高一飞，徐亚文. 慈善财产监管中的比例限制. 河南财经政法大学学报，2017（3）：52-61.

三、完善对社会组织的财务监管

从目前的实际情况来看，我国应该从法制建设及实施两个方面完善对社会组织的财务监管。

如上所述，我国已经初步建立起社会组织财务监管法律和政策体系。然而，这个政策体系还需要进一步完善。相关内容十分庞杂，分散在各类法律法规和政策性文件之中，有的针对所有社会组织，有的针对慈善组织，有的针对某一类社会组织（比如针对基金会、社团或民非），有的针对某个领域的某一类社会组织（比如行业协会商会），各种政策之间还存在着冲突和矛盾之处。应该对所有政策进行梳理，在基本原则指导下形成统一的政策。在此基础上，对于相关政府部门的监管职责及流程、社会组织内部财务监控制度、财务信息披露制度等作出更详尽的规定。

加强对社会组织负责人（包括理事会和行政负责人）的监管和问责也非常重要。20世纪90年代，住房公积金制度建设初期，贪污、挪用、套取住房公积金等违法行为一度很严重。2002年《住房公积金管理条例》修订之后，住房公积金相关人员违法入刑的规定使违法行为很快得到有效控制。[①]在安然、世界通信公司丑闻之后，美国国会在2002年通过了《萨班斯·奥克斯利法案》（SOX），加强了对上市公司信息披露的要求和对董事的问责。该法案也适用于非营利部门，有效地抑制了非营利领域从业人员的违法动机。

社会组织财务监管制度也有可以完善之处。登记管理机关可以在社会组织年检中加强财务审计，政府审计部门和第三方审计机构对社会组织的审计工作也可加强。审计报告要依照法律和章程的规定适度公开，同时加强对审计结果的利用。监管部门应该针对财务审计所发现的问题严重性的差异，采取督促整改、开展约谈、立案查处等不同处理方式，并将审计结果纳入信用评价、等级评估、承接购买服务的资格条件以及年检重点审查范围。通过对

① 刘彬. 住房公积金管理风险防控对策. 住房公积金研究，2013（1）：13-17.

审计结果的利用，倒逼社会组织重视财务管理。①

【微案例2-6】

武昌区民政局通过评估帮助社会组织规范财务管理②

武昌区民政局在社会组织孵化和公益创投过程中都有专业的财务评估，在对社会组织进行财务评估的同时，也针对发现的问题现场对社会组织的负责人和财务人员提供指导。评估发现，这些新创立的社会组织遇到的财务问题基本上都是鸡毛蒜皮的问题。比如，项目支出预算中的几千元的培训专家费用被用于发放员工津贴；小额转账不通过银行和单位账户，而通过个人账户用微信支付；一笔1月份记的账，发票却是同一年3月份的；广告费的发票是文具店开具的等。经过评估和指导，这些社会组织的财务规范性显著提高。

最后，要督促社会组织重视和加强内部财务管控。很多社会组织，尤其是小微组织和新成立的组织，往往对《民间非营利组织会计制度》还不够理解、不够熟悉，会计基础工作薄弱，缺少财务专业人员，内部财务管理制度不健全，没有建立专门的财务账目，账簿和票据管理混乱。应该按照监管和教育两手并重的原则来解决这个问题。除了上面的监管措施之外，政府可以采取购买服务等方式，支持社会主体建立专业的社会组织财务管理服务公司，为规模小的社会组织提供财务管理服务。

① 曾小聪，潘珊珊. 厦门：以财务审计为突破口 加强社会组织监督管理. 中国社会组织，2017（7）：31.

② 根据作者对武昌区民政局的调研报告整理，调研时间是2018年5月20日。

第三章

社会组织培育与监管的基本制度（二）

第一节　政府向社会组织购买服务制度

除了税收优惠这种间接资助制度之外，政府还可以采取拨款、补贴、购买服务等方式向社会组织提供资助。党的十八大及十八届三中全会提出，要加强和创新社会管理，改进政府提供公共服务方式，推广政府购买服务。2013年以来，国务院及相关部委先后发布了一系列相关文件。在这些文件的引导、推动和规范之下，政府向社会组织购买服务成为全国各地改革创新的一大热点领域，很多地方采用了公益创投的方式来实施政府购买服务。

一、福利国家模式的失败和政府购买服务的兴起

政府购买服务是世界各国政府在提供公共服务时普遍采取的一种方式。政府购买服务在我国的兴起既是我国公共服务体系改革的现实需要，也受到了发达国家政府购买服务潮流的影响。

政府购买服务并不是什么新鲜事，美国政府购买服务的传统可以追溯到殖民地时代。但各国政府大规模、制度化地向私人部门尤其是非营利部门购买公共服务不过是20世纪60年代中期以来的事情。“第二次世界大战”之后，欧洲国家普遍建立了政府主导的社会福利制度。美国在“向贫困宣战”和“伟大社会”等政策指导之下，联邦政府开始全面介入社会服务领域。到20世纪70年代末，欧美各国出现经济滞胀、财政困难，欧洲福利国家模式难以为继，美国联邦政府也开始削减福利支出。在这种情况下，撒切尔夫人和里根总统大力倡导民营化改革，通过政府资助、非营利部门生产的方式合作提供公共服务。到2007年，政府资助占到美国非营利部门的总收入

的38%。[①]

这种政府与非营利部门合作提供公共服务的改革思路得到了很多国家的响应，引起了一场所谓“全球结社革命”，对两个部门都产生了极其深远的影响。一方面，对政府而言，公私合作治理范式代替了传统的公共行政范式，到20世纪90年代末，政府购买服务已经成为发达国家最常用的一种政府工具。[②]另一方面，发达国家非营利部门在政府资助下快速发展，成为政府在公共服务中的伙伴。

依靠非营利组织来提供公共服务并不意味着政府角色的弱化。[③]恰恰相反，这意味着政府对非营利部门的深度嵌入，从治理结构、独立性、绩效管理到社会创新功能等方面对非营利组织的影响越来越大。因为不论政府资金占多大比例，整个非营利组织都必须要遵守政府的要求与规制。通过这种方式，美国传统上独立于政府的社会服务机构如家庭与儿童服务机构如今都纳入了政府规制的范畴。

当然，发达国家的政府购买服务也存在不少问题。首先，政府购买服务意味着政府对非营利组织控制和影响力的加强，非营利部门对政府的依赖性增加、独立性减弱，甚至有沦为利益集团的危险。其次是服务不平等，最穷的人得到的服务最少。此外，合同管理方面也存在监管成本过高、合同费用不能覆盖全部成本等问题。[④]

二、我国政府向社会组织购买服务的兴起

改革开放以来，我国的经济建设取得了举世瞩目的成就，但是公共服务

---

① Lester M. Salamon，*The State of Nonprofit America*（2nd Ed.），Washington D. C.：Brookings Institution Press，2012.

② ［美］莱斯特·M. 萨拉蒙. 政府工具. 肖娜等译，北京：北京大学出版社，2016.

③ 张远凤，Lester Salamon，Megan Haddock. 政府工具对美国非营利组织的影响——以MFN，BCC和DCCK为例. 中国非营利评论，2015（1）：200–221.

④ E. T. Boris，E. de Leon，etc. *Human Service Nonprofits and Government Collaboration Findings from the 2010 National Survey of Nonprofit Government Contracting and Grants, Center on Nonprofits and Philanthropy*，2011.

供给却相对滞后，在事业单位体制改革和社会组织快速发展的背景下启动了政府购买公共服务。

20世纪50年代初期，我国在学习借鉴苏联经验的基础上建立了事业单位制度。经过半个多世纪的发展演变，事业单位已经形成了一个内容极其庞杂的体系，其业务活动涉及从生产经营、公共服务到行政事务的广泛领域。2010年，我国共有事业单位约130万家，从业人员约3000万。[①]然而，事业单位的服务覆盖面窄、供给不足，城乡之间、地区之间与单位之间存在显著不均等，越来越难以满足公众对公共服务的需求。

20世纪90年代初，我国开始了公共服务社会化和市场化改革。一方面，医院和学校等事业单位开始实行服务收费，事业单位的公益性逐渐弱化。另一方面，医疗、教育、文化、社会服务等领域逐步向社会力量开放，社会组织发展成为供给公共服务的一支新军。然而，在政府投入和慈善捐赠不足，社会组织非营利性动机不强的情况下，社会组织的公益性与公平性也没有保障。近年来，要求政府承担更多责任、让公共服务回归公益的呼声日益高涨。在这样的背景下，政府购买服务制度走上台前。

1994年，深圳罗湖区借鉴香港经验，引入了政府向社会组织购买服务机制。1996年，上海市浦东区社会发展局通过外包方式，委托上海基督教青年会管理罗山市民会馆。[②]此后，全国多地都开始尝试政府向社会组织购买服务。到2012年，广东、上海等地初步建立了政府向社会组织购买服务的制度。这些经验引起了政策制定者的高度关注。2013年，国务院发布的《关于政府向社会力量购买服务的指导意见》（国办发〔2013〕96号）提出，通过建立政府购买服务制度优化公共服务体系、推动事业单位改革和促进社会组织培育发展。这是现阶段指导政府购买服务的纲领性文件。在这个文件的指导下，政府购买服务开始在全国推开。

---

① 李强. 地方事业单位分类改革：缘起、方向和路径. 南京：江苏人民出版社，2017.

② 杨团. 社区公共服务设施托管的新模式——以罗山市民会馆为例. 社会学研究，2001（3）：77–86.

三、我国政府向社会组织购买服务的现状

政府向社会组织购买服务是对传统公共服务供给模式的一场革命。传统上，政府要增加一项服务，就会增加一项职能，增设一批机构和编制（国有企业或事业单位），安排一套人员。国有企业和事业单位都是行政体制内设机构，政府可以通过行政体系对企事业单位实施控制。

政府购买公共服务的逻辑与此迥然不同，政府想要增加或扩大一项公共服务，不必增设机构增加编制，而是通过订立购买服务合同，委托服务机构（企业或社会组织）来提供。这些服务机构与政府之间不再是上下级关系，契约关系取代了等级关系，市场机制代替了行政机制，这对作为服务购买者和提供者的合同双方都是全新的课题。

（一）政府购买公共服务的基本政策

自2013年《国务院办公厅关于政府向社会力量购买服务的指导意见》（以下简称《指导意见》）发布以来，党和政府的多项重要文件都强调了其重要性，从中央到地方发布了数以百计的规范性文件。其中，《指导意见》是最基础性的文件，国务院各部委和地方政府发布的其他规范性文件主要是为了落实这个文件而制定的。

《指导意见》规定了政府向社会力量购买服务的重要性和总体方向，规定了购买主体、承接主体、购买内容和购买机制，规定了资金管理和绩效管理要求，提出从组织领导、工作机制、监督管理和宣传引导等方面推进政府购买服务。《指导意见》规定政府向社会力量购买服务的主体是各级行政机关和参照公务员法管理、具有行政管理职能的事业单位，以及纳入行政编制管理且经费由财政负担的群团组织。承接政府购买服务的主体包括社会组织、企业、机构等社会力量。《指导意见》规定了购买内容和购买服务指导性目录的内容。《指导意见》还依据《中华人民共和国预算法》《中华人民共和国政府采购法》和《中华人民共和国招投标法》对购买机制和资金管理做了规定，要求建立健全项目申报、预算编报、组织采购、项目监管、绩效

评价的规范化流程。

（二）政府购买服务政策的实施状况

全国各地政府购买服务政策实施情况有较大差异，一线城市和沿海发达地区走在前面。总体来看，各地政府购买服务支出规模尽管增长很快，但是占财政总支出的比例还很小，尚未成为公共服务供给的主要方式。从体制机制来看，各地在推进政府购买服务工作中，基本上都建立了领导体制和工作机制，明确了购买主体和承接主体，逐步规范购买服务流程，监管机制开始发挥作用，政府购买服务制度建设已经取得了初步成效。

以作者2017年在中部省份N省调研所获得的信息来看，各市县政府购买公共服务支出占本级财政预算支出的比例平均不到1%。一些市县购买服务支出主要来自上级转移支付。N省各市县领导对购买服务工作重视程度存在明显差异，这是各市县政府购买服务工作推进程度不同的主要原因，领导重视的市县购买服务工作就做得比较好。这些市县一般都成立了政府购买服务改革工作领导小组，由市委常委、副市长任组长，财政局和编办作为牵头单位，负责统筹协调购买服务工作，指导各相关职能部门编制购买服务清单，推动购买社会组织服务工作制度化和规范化。从购买主体来看，民政部门、妇联、残联、共青团等是主要购买主体。从供给主体来看，通过政府购买服务确实培育扶持了一大批新兴社会组织，尤其是社工机构。从购买内容来看，涉及养老、助残、健康、扶贫、就业、青少年、流动人口服务以及妇女、儿童和家庭服务。

从各地的实践来看，政府购买服务首先要了解居民的服务需求。了解服务需求仅靠参考上级指导目录和听取专家意见是不够的，要深入基层、深入社区，采取实地走访、问卷调查、网上征集等多种方式充分了解服务对象的需求。在充分了解服务需求和供给能力的基础上，制定和调整政府购买服务指导目录。各地基本上都是以财政部门作为牵头单位来制定政府购买服务的政策和目录。大多数地方只是做了上级政府购买服务目录的“搬运工”，只有少数地方政府根据本地具体需求制定和调整购买服务目录。

【微案例3-1】

湖北省政府向社会组织购买服务状况[1]

根据国务院办公厅《关于政府向社会力量购买服务的指导意见》的精神，为促进政府向社会力量购买服务，湖北省出台了《关于积极引导社会力量购买社会服务的指导意见》，推动全省各级政府形成统一的向社会力量购买服务的平台和工作机制。初步统计，全省各级政府购买和委托社会组织服务项目达1600多个，资金达6335万元。其中，省本级社会组织中，政府购买和委托社会组织服务项目230余个，资金达700万元。

各地在承接主体的选择上，根据各种服务市场的发育程度，分别采取竞争性与非竞争性的购买方式。按照《政府采购货物和服务招标投标管理办法》（财政部令第18号）的规定，单项购买服务达到20万元以上的项目应当采用公开招标的方式进行采购；未达到20万元的服务项目以及经批准采用非招标方式采购的项目，应按照《政府采购非招标采购方式管理办法》（财政部令第74号）等规定执行；对于不适宜或暂时不具备竞争性条件的项目，经市财政部门批准后，由各采购主体分散组织采购，可通过委托、承包等方式选择承接主体。实际上，大多数政府向社会组织购买的服务项目并没有成为普遍的公共服务，项目金额一般不到20万元，因此并不需要采用公开招标采购的流程，而是采取了公益创投等方式。

在确定了承接主体之后就进入到合同管理环节。合同管理过程包括设计与签订合同、合同执行过程管理、项目评估与资金支付等环节。

确定成本和价格是合同设计的关键环节。地方政府一般采取两种定价方式，一是购买服务岗位，二是购买服务项目。购买服务岗位是指根据服务对象或用人单位的需求确定岗位数量，然后按照该岗位的薪酬指导价标准来测算价格。一般而言，各类岗位薪酬的市场价格水平是比较容易了解到的，而确定工作量和岗位数的标准往往不易明确。购买服务岗位常见于购买社工服

① 本书作者根据调研信息整理。

务和社区卫生服务等，基本上是在参考当地同类岗位平均工资的基础上确定购买岗位的价格。购买服务项目往往需要根据服务对象数量以及服务过程各项活动开支成本来确定价格。购买项目尤其是以人为对象的“软性”服务项目，定价的最大困难在于服务的差异化程度过大，标准化程度太低，难以明确每一项服务的成本构成以及每个成本要素的价格标准。

合同实施过程中，购买主体会安排人员或委托第三方持续跟进项目的进展情况，一般还会进行期中和期末绩效评估，跟进评估结构确定合同资金的支付。资金支付是购买服务的一个重要环节，合理的支付方式不仅可以鼓励合同双方履行规定的义务，而且对承接主体可以起到激励和约束的作用。将经费支付和项目进度与绩效挂钩是最常见的方式。按照考核的时机和频率，有分两期、分三期、按季或按月等几种情况。支付方式的一个重要考虑因素就是支付给服务生产者（供方）还是服务对象（需方）。大多数购买主体都是直接向社会组织支付合同款项，也有一些购买主体尝试采取直接补贴服务对象或发放服务券（也称消费券、福利券）的方式，通过服务对象向生产者支付服务费用。武汉市和宜昌市在购买居家养老服务项目时就使用了服务券。服务券是一种补贴服务对象的有价票券，购买主体将服务券发放给服务对象，服务对象在购买服务时将服务券支付给生产者，生产者再向购买主体兑付货币。一般来说，服务券赋予服务对象更大选择权，因而被视为一种市场化程度较高的政策工具。

公共服务项目绩效评估是一个难题，评估以人为对象的服务项目绩效又比评估比以物为对象的服务项目绩效更为困难。各地政府购买主体一般都制定了项目绩效评估办法，采取自行评估或第三方评估，或者二者结合的评估方式，努力将购买主体对承接主体的绩效评估与承接主体内部绩效考核统一起来，确保合同绩效目标的实现。

政府通过购买服务将公共服务的供给外包给了社会组织，但是并不能做甩手掌柜，而是在服务供给的整个流程中都要与社会组织密切合作。比如，武汉市从2014年起试点开展政府购买社区社会工作服务，区民政局是购买主体，社工机构是承接主体，社会工作者被派驻到街道和社区开展服务，通过“三社联动”（即社区、社工和社会组织联合采取行动）在社区层面整合资源，提供各项服务。

在事业单位管理体制下，政府通过行政手段来实现对事业单位的激励与约束。政府购买服务过程中，政府作为购买主体主要通过经济和法律手段来激励和约束承接主体。目前，购买主体采取的主要方式是将经费支付与绩效挂钩，还有的建立信用档案或引入其他主体共同监督承接主体的行为与绩效。

（三）完善政府向社会组织购买服务机制

目前，政府向社会组织购买服务面临着不少困难和问题，需要从提高地方政府对购买服务的动力、明确服务需求、改进合同管理以及监管问责等几个方面进一步完善政府购买服务机制。

第一，地方政府对购买服务普遍存在投入不够、动力不足的问题。地方政府对购买服务推进乏力的背后既有GDP压力和地方财力有限的客观原因，也有理论和政策尚不完善导致的认识不足问题。

大多数地方政府用于购买公共服务的资金十分有限，这些有限的资金大多用于购买环卫服务等项目，用于向社会组织购买服务的预算微乎其微，其中相当一部分是来自福利彩票公益金。

尽管相关政策文件对“政府购买服务”做了规定，然而，无论是在政策文本中还是在学术文献中，尚未形成对“政府购买服务”相关概念的统一认识，“政府购买服务”“政府购买公共服务”和“政府购买社会服务”等概念存在混用现象。[①]地方政府对“政府购买服务”的统计口径很不一致，有的地方甚至把“棚改”都放到“政府购买服务”统计数据中。因此，既要在理论上澄清“公共服务”的概念，在政策上明确定义“公共服务”的特征和范围，以便在全社会形成对公共服务的共识，又要明确政府在公共服务供给方面的责任，在财政预算中提高政府购买服务支出的比例，保障政府购买服务的资金来源。

第二，明确公众对公共服务的需求。目前，尽管已经出台了省级市级政

① 句华.政府购买服务相关术语的混用现象及其辨析.中国行政管理，2017（1）：67-71.

府购买服务指导目录，很多地方政府部门不清楚具体可以够买哪些服务，要求上级部门出台更加详细的购买服务目录。同时，政府购买服务还存在社区和公民参与不足的问题，购买主体没有充分了解服务对象的需求，购买服务过程的行政化现象比较严重，造成供需错位、越俎代庖的情况。

第三，改进政府购买服务流程。目前，政府购买服务项目的招标文件基本沿用了政府采购项目招标文件的格式和内容，没有充分考虑公共服务项目的特点。购买服务招标信息发布也缺乏统一的渠道和平台，不方便承接主体及时获取相关信息。购买服务项目定价缺乏统一的服务成本与价格标准，议价机制不够完善。价格标准的缺失对预算安排和绩效评价也造成了困难。这些都需要进一步优化和完善。

第四，加强对政府购买服务项目的监管与问责。信息披露和绩效评价是实现有效监管的基础。法律规定了政府有关部门、购买主体、承接主体和业务主管单位在购买服务方面的信息披露责任，但由于多种因素的阻碍，尚未得到有效实行，既不利于公共服务市场竞争机制的形成，也不利于公众和媒体参与监督。以人为对象的服务项目绩效评价是一个普遍性的难题，一些地方和部门已经初步建立了一套项目评审和绩效评价体系，还在继续摸索完善之中。

总之，建立政府购买服务制度会从多个方面深层次触及政府行政体系的运转方式，影响政府与社会组织的关系。这个过程的进展状况取决于政府深化改革的程度以及社会组织发展的进度。

四、政府主导型公益创投

我国政府对社会组织的资助力度虽不及发达国家，但采取的手段要多得多，很多方式都颇具中国特色，公益创投（venture philanthropy）就是一个典型例子。

公益创投也称慈善创投，是由洛克菲勒三世于20世纪70年代开启的一种社会创新，其基本思路是将商业领域风险投资的理念和方法用于公益慈善领域。[1]公益创投在西方国家主要是基金会和慈善家等民间力量在做，进入我国之后，成为很多地方政府青睐的一个手段，将政府购买服务与社会组织培育相结合，其运作方式也与西方国家大异其趣。

2008年前后，伴随着社会创新思潮的涌入，公益创投理念开始进入我国，首先是得到公益慈善行业的青睐，出现了像“联想公益创投计划”和“中国公益慈善项目大赛”这样以大赛形式举办的活动，在全国形成了一定的影响力。

地方政府很快也接受了公益创投的概念，并将其视为政府购买服务的一种创新形式，由沿海城市逐步蔓延到中南、西南、西北等内陆城市。2009年，最早的省级公益创投政策出现在上海，2013年扩散到江西，2014年扩散到湖北和重庆，2015年继续扩散到浙江、广东、河南以及陕西等地。2012年以来，政府主导型公益创投进入快速扩散阶段。[2]

近年来，各地民政部门以及妇联、残联、共青团等群团组织越来越多地运用公益创投模式来向社会组织购买服务，服务项目主要集中在老年服务、青少年服务、妇女儿童和家庭服务、就业服务、助残服务和社会救助服务等社会服务领域。一些地方称之为扶持引导资金的项目，实际上也采取了类似公益创投的操作方式。实际上，就社会服务而言，公益创投已经成为政府向社会组织购买服务的一种主要方式。

为什么会越来越多的地方政府垂青于公益创投大赛呢？第一，公益创投项目通过利用多种渠道获得资金，比如妇联可以通过妇女儿童基金会筹款，民政部门可以通过慈善总会筹款，一定程度上弥补了财政资金的不足。第二，由于每个项目的金额往往低于20万元，公益创投项目不必按照政府采购程序来选择承接主体。政府采购项目一般先有标的再公开招标，然后从多个竞标者中选出中标者。公益创投往往事先并没有确定的购买标的，只是限定了项目数量、资助金额和服务领域，由竞标者自己选择服务对象、设计服务

① ［美］萨拉蒙. 撬动公益——慈善和社会影响力投资新前沿导论. 叶托，张远凤译，北京：中国社会科学文献出版社，2017.

② 李健. 公益创投政策扩散的制度逻辑与行动策略——基于我国地方政府政策文本的分析. 南京社会科学，2017（2）：91-97.

内容，可以说每个项目都不一样。资助方主要考虑公平原则，在服务区域和服务对象相对平衡的基础上，从竞标者中选择既定数量的中标项目。项目申报和实施过程中还可以孵化和培育一批社会组织。第三，公益创投项目评审往往采取路演等生动新颖的形式，吸引媒体宣传，花少量的资金就可以引起广泛的关注，产生较大的社会影响。

【微案例3-2】

武昌区第四届公益创投大赛的项目类型和服务领域①

2017年武昌区第四届公益创投大赛由武昌区民政委、武汉融侨置业有限公司、武昌慈善总会主办，乐仁乐助公益发展与社会创新中心承办。此次创投活动资助范围主要包括以下五类（参考）：1. 为老服务类别。服务对象为空巢、独居、高龄、失能、失独等类型的老人。2. 助残服务类别。3. 济困服务类别。4.青少年服务类别。5. 其他公益类，主要包括为环境保护、文化、体育、科技、卫生、劳动事业提供资助和公益性服务，支持公益组织或公益青年团队能力发展，以及解决居民实际所需、有助于宣扬公益理念、促进社区治理的其他类公益服务项目均可。

政府主导型公益创投在实践中也面临着不少问题。比如，东莞就发现公益创投项目内生能力不足，主办单位盲目跟风，承办单位能力有限，资助对象覆盖面窄，经费来源单一封闭，监管评估不完善，等等。②政府在推广公益创投的同时，也在加强规范。财政部和民政部发布的《关于通过政府购买服务支持社会组织培育发展的指导意见》（财综〔2016〕54号）提出，加强社会组织承接政府购买服务培训和示范平台建设，采取孵化培育、人员培训、项目指导、公益创投等多种途径和方式，进一步支持社会组织培育发展。

① 乐仁乐助武汉．“融侨万家 益动武昌”武昌区第四届公益创投大赛启动啦．搜狐网，https：//www. sohu. com/a/161462501_99934606，2018-05-21.

② 赵宇新．公益创投：政府模式东莞实践的思考．中国社会组织，2016（18）：41-42.

从本质上来讲，政府主导的公益创投与民间公益创投一样，是一种社会创新的途径，它的主要功能在于培育新的社会组织，发现新的社会需求或以创新的方式满足社会需求。但是，它并不是大规模提供普惠型公共服务的主要方式。公益创投之所以受到热捧，正是因为社会服务还处于创新探索阶段，尚未成为标准化大众化的基本公共服务。一旦这些服务真正成为基本公共服务，必然会采取政府购买服务的规范程序。

五、政府对社会组织的其他资助方式

除了购买服务以外，我国政府还采取拨款、补贴和服务券等形式为社会组织提供资助。政府补助方式是灵活多样的。比如，全国各地都开展了各种层次的优秀社会组织评选活动，通过表彰奖励推动社会组织健康发展。湖北省采取“以奖代补”的形式给予社会组织资金扶持，将评估等级与享受优惠政策相挂钩。服务券也是一种创新形式，是政府支付给个人的转移收入，用于购买指定的产品或服务，它更多地运用市场机制来分配资源。服务券在儿童照顾、就业培训和住房保障等服务中得到广泛应用。如果说拨款和合同是“生产方补贴”，那么服务券就是“需求方补贴”或“消费者补贴”。[①]地方政府常常综合使用多种方式为社会组织提供资助。比如江苏省委省政府就鼓励各地采取土地划拨、规费减免、贷款贴息、床位建设补贴、床位运营补贴、以奖代补、购买服务等方式，吸引和鼓励社会资本投资兴办各种养老服务设施，并在土地使用上优先安排。[②]

在改革过程中，考虑到实际情况，为了减少改革阻力，有时在特殊情况下使用特别的奖励政策。比如，在改革开放初期为了吸引社会资本投入教育、养老等行业，政策允许这些领域的民办非企业单位的投资者获得合理回报。然而，这种政策显然违背了民办非企业单位作为非营利组织的基本原

---

① Williams Gibelman，Harold W. Demone，*The privatization of Human Services–Case Study in the Purchase of Services,* Berlin：Springer Publishing Company，1998.

② 黄健元，谭珊珊. 江苏省民办养老机构发展现状、困境及出路. 西北人口，2011（6）：55–58+63.

则。在新一轮分类改革中，要求这些机构在营利性和非营利性组织形式上作出选择。考虑到新旧政策的衔接，一些地方为民非的举办人设计了以奖励形式替代回报的政策。比如《关于鼓励民间资本参与养老服务业发展的实施意见》（民发〔2015〕33号）规定，“民办非营利性养老机构停办后，应当依法进行清算，其剩余资产由民政部门负责统筹，以捐赠形式纳入当地政府养老发展专项基金。原始捐资有增值的，经养老决策机构同意并经审计符合规定的，可对捐资人（举办者）给予一次性奖励。”此外，目前我国一些省份陆续建立了民办教育发展基金，给予民办院校以适当的补助。

我国政府有时还对社会组织提供土地使用优惠、办公场所以及协助筹款等方面的支持。其中，土地使用优惠政策是由我国特有的土地所有权结构决定的。《中华人民共和国土地法》第五十四条规定，经县级以上人民政府依法批准，以划拨方式取得土地的各种情况，其中包括公益事业用地。政府业务主管单位向社会组织尤其是社会团体共享人力资源，提供办公场所和设施的情况曾经很普遍。但随着行业协会、商会与政府“脱钩”政策的全面实施，近年来这种情况大大减少了。

无论是从公众对服务的需求还是从国际比较的角度来看，我国政府对社会组织的资助力度都是偏低的。[①]然而，我国政府资助占社会组织总收入的比例大约只有10%。[②]中国社会科学院对我国东部某发达地区的调研结果显示，社团的收入来源主要为会费，政府资助和社会捐赠各占20%；民办非企业单位的收入则主要是来自其服务性收费，政府资助占比仅为3%。[③]基金会中心网的数据显示，基金会的主要收入来源是社会捐赠，政府补助大约占基金会全部收入的10%，其中有七八成是流入了具有官方背景的公募基金会。[④]

---

① 张远凤，张慧峰. 从国际比较看中国社会组织发展状况. 第三部门研究，2017（2）.

② 邓国胜. 政府以及相关群体在慈善事业中的角色与责任. 国家行政学院学报，2010（5）：27–30.

③ 黄晓勇. 民间组织蓝皮书——中国民间组织报告2013.北京：社会科学文献出版社，2013.

④ 基金会中心网. 基金会绿皮书——中国基金发展独立研究报告（2014）. 北京：社会科学文献出版社，2014.

第二节　社会组织孵化器

社会组织孵化器用创新的思路为社会组织开辟了新的发展空间，是近年来公益领域的重要制度创新。[①]社会组织孵化器也称为社会组织孵化中心或公益孵化器，是借鉴企业孵化器理念而设立的支持性平台机构，通过广泛整合来自不同领域的资源，提供特定的场所和空间，提供资金支撑、咨询服务和能力建设等多种方式培育和扶持初创期的社会组织，降低社会组织的创业风险和运作成本，提高其成活率和成功率。

一、社会组织孵化器的兴起与发展

20世纪八九十年代，一些发达国家就开始引入“公益组织孵化器”概念，比如美国的“基金会孵化器”和日本的“NPO支援中心”都以培育公益组织为使命。[②]这个理念在90年代传入到中国港台地区，比如台湾地区的“NGO育成中心”每年举办NGO国际事务人才培训班，并选送学员到国外学习，以提升NGO的领导管理能力。

20世纪90年代以来，社会组织孵化器从理念传播到实践扩展在我国内地大致经历了三个发展阶段。[③]

第一阶段是孕育阶段。从20世纪90年代中期到21世纪最初几年，我国

① 李长文. 我国非营利组织能力建设发展的历史回顾与思考. 宁夏社会科学，2013（4）：20–29.

② 刘新玲，陈锦萍. 国外及港台地区志愿者队伍建设机制研究. 当代青年研究，2015（1）：123–127.

③ 吴津，毛力熊. 公益组织培育新机制——公益组织孵化器研究. 兰州学刊，2011（6）：46–53.

的社会组织开始出现功能分化，除在直接提供服务的运作型机构之外，出现了专门帮助这些机构进行能力建设的支持型社会组织。这个阶段以恩玖信息咨询中心系统引进和开发系列培训课程为标志。20世纪90年代中期，一些扶贫机构开始在国际发展机构的资助下开展能力建设。2001年，第一家专门从事社会组织能力建设的支持型机构——“恩玖信息咨询中心”成立，对草根组织的培育和发展产生了广泛的影响。不过，恩玖当时还只是培训和咨询机构，算不上真正的孵化器。

第二阶段是初创阶段，以2006年我国内地第一家社会组织孵化器——恩派公益组织发展中心（Non-Profit Incubator，NPI）在上海的成立为标志。恩派的孵化器项目融合了政府支持和企业公益创投的思路，在上海首战告捷，并且很快在其他城市得到复制和推广。

【微案例3-3】

中国公益孵化器的先行者恩派（NPI）①

2006年1月，社会企业家吕朝看到公益行业缺乏链接资源与机构的支持体系，便创立了恩派公益组织发展中心（NPI），成为中国首家公益组织孵化器。恩派的资金来源主要由三部分组成。一是地方政府的支持，包括免费提供场地和购买服务。二是南都基金会、福特基金会和世界银行等机构的资助。三是与企业合作（如联想集团）开展公益项目。恩派已孵化超过600家社会组织及社会企业，资助及支持了超过3000家公益机构，培训公益人才数万人。

第三阶段是扩散阶段。自2009年开始，上海恩派的公益组织孵化模式获得了政府、公益界、媒体和学界的高度关注和肯定，成为具有全国示范性的创新模式，逐步扩散到北京、深圳、广州、南京、武汉、成都等30多个主要城市，这些城市在地方政府和群团组织的主导下先后建立了社会组织孵化基

① 王发财. 恩派（NPI）：公益组织孵化器在中国. 新青年，2012（12）：28-30.

地或孵化中心。[①]比如，2009年10月，南京市民政局、建邺区政府和爱德基金会合作成立了“南京爱德公益组织培育中心”，采取政府与社会组织联合运营的模式。[②]2014年，湖北省妇联和武昌区民政局合作创办湖北省第一家社会组织孵化中心。到今天，武汉市各个主城区都建立了社会组织孵化中心，甚至有的街道也创办了自己的孵化器，比如武昌区南湖街道就创办了以培育社会企业为宗旨的社会创新中心，到2018年初已有50余家社会企业入驻。[③]

【微案例3-4】

湖北省妇联与武昌区民政局联合设立社会组织孵化基地[④]

2014年2月，湖北省妇联和武昌区民政局联合设立了社会组织孵化中心，湖北省妇联的“湖北省妇女儿童社会组织孵化中心”与武昌区民政局的“武昌区社会组织孵化中心”采取独立运作的模式，但共享场地空间和专业资源。2014年至2016年，湖北省妇联通过“公益木兰”这个公益品牌开展妇女儿童服务项目创意大赛和公益创投等活动，共向社会征集妇女儿童公益服务项目964个，先后实施项目96个，投入资金587万元，带动市县妇联引导、服务社会组织200多家。2014年以来，武昌区民政局的社会组织孵化中心已经有两批近50家社会组织成功孵化出壳。同时，孵化中心还承办了四届“融侨万家、益动武昌”公益创投大赛，资助扶持社会组织100多家。

---

① 田园.孵化器的演进——社会组织如何向科技企业学习孵化.中国社会组织，2016（15）：45-46.

② 高艳东等.新型社会组织的现状分析与功能展望——基于管理政策的视角.中国社会组织网，http：//www.chinanpo.gov.cn/700101/92582/index.html，2018-05-20.

③ 千帆.南湖街打造湖北首家社会创新中心.湖北日报，2017-07-18（8）.

④ 申军青.我们的路——省妇联激发社会力量推动改革创新的探索与实践.湖北省妇联市州县妇联主席社会工作能力专题培训班讲话，2016-09-09.

二、社会组织孵化器的功能与模式

经过10余年的发展，各地的社会组织孵化器在入壳组织的挑选、入壳之后的孵化服务以及完成孵化之后出壳管理等整个孵化流程的各个环节基本形成了一些普遍的做法，在孵化器的功能设置和运作模式上都积累了不少经验。

（一）社会组织孵化器的功能

社会组织孵化器是以培育扶持初创期公益组织为核心的多功能服务系统，其孵化功能归纳起来主要有平台搭建、资源链接和能力提升等几个方面。[①]

第一，社会组织孵化中心建立了一个联结多方的合作平台，这个平台是链接资源和能力建设的基础设施。社会组织孵化中心将社会组织与政府、社区和企业等利益相关方联系起来，形成一个全方位的支持系统。首先，孵化中心在社会组织与政府之间建立了正式的沟通渠道，帮助社会组织及时了解和利用各项政策信息，把握住更多的机会，获得政府的认可。其次，地方政府在孵化中心的协助下，支持社会组织与社区基层组织和服务对象建立联系。社会组织在社区基层组织的帮助下，可以深入社区了解居民的服务需求，赢得居民的信任，提供具有针对性的服务。同时，社区基层组织可以为社会组织提供各种资源和便利，比如提供服务场所、联系居民、动员志愿者等。可以说，没有社区的信任和支持，社会组织很难深入社区，更不用说服务社区。最后，孵化中心可以帮助社会组织和企业、媒体、公众以及其他公益组织建立协作关系，获取资金支持和媒体关注，扩展自身的服务范围，提升自身认知度与公信力，并且有利于社会组织接受媒体和公众监督。

第二，孵化中心通过合作平台给社会组织链接各种资源，包括场地、资金和人力资源等。首先，孵化中心一般都为入壳孵化的社会组织提供免费的

① 吴津，毛力熊. 公益组织培育新机制——公益组织孵化器研究. 兰州学刊，2011（6）：46–53.

共享办公场所，并提供基本的办公设施，一方面可以减少社会组织发展初期租赁办公场所的资金压力，另一方面也满足了入壳孵化的社会组织申请注册登记时必须具备的办公场所条件。[①]其次，地方政府向社会组织购买服务的日常运作管理往往也委托孵化中心承办，入壳的社会组织可以通过竞标获得政府购买服务项目合同。此外，孵化中心还可以帮助社会组织链接外部资源。孵化中心往往能够凭借政府的公信力和辐射力成为公益网络中的重要节点，帮助社会组织从企业和其他支持型公益组织中获得资源。比如，湖北省妇联的妇女儿童社会组织孵化中心借助妇女儿童基金会来动员社会资源，与财政资金整合用于向社会组织购买妇女儿童服务。融侨公司则通过武昌区民政局社会组织孵化中心这个平台向社会组织提供资助。

第三，孵化中心通过提供专业服务帮助社会组织提升能力。社会组织在生命周期的不同发展阶段有不同的能力建设需求。孵化中心能够帮助初创期的社会组织提供基本的能力建设方面的服务，包括政策法律、登记注册、治理结构、组织管理、资源获取、项目管理、志愿者管理和日常运作等方面的辅导和培训。孵化中心的服务主要通过两个机制来提供，一是孵化机制，二是政府购买服务机制。孵化机制以社会组织为对象，通过入壳、孵化和出壳环节的各项服务来提升社会组织的能力。政府购买服务机制以服务项目为对象，通过对社会组织的服务项目从项目申报、合同管理到结项评估进行全程跟踪指导，提供指导意见，帮助社会组织在设计、实施和完成项目的过程中提升能力。

除了资金、管理和技术支持之外，孵化中心还有一个任务，那就是传播公益理念，确保社会组织的非营利性。也就是说，孵化中心在一定程度上也承担了对社会组织的监管之责。

（二）社会组织孵化器的两种模式

社会组织孵化器是一种支持型组织，专门为直接提供服务的社会组织提

① 高红，朴贞子. 三元整合的社会组织能力培育机制构建及其制度支持. 学习与实践，2015（6）：97-104.

供资源和能力支持，也称为伞状组织和枢纽组织。[1]20世纪90年代初，布朗第一次提出了支持型组织（NPO Support Organization）的概念。他认为，支持型组织将自身的公益理念及思想共享给志愿组织，指导志愿组织发展。[2]目前，全国各地社会组织孵化器在实践中主要采取两种模式：民间主导模式和政府主导模式。民间主导模式是社会组织创办的孵化器，采取“以社育社、社社合作”的运作模式。上海恩派公益组织发展中心是民间主导模式的主要代表。政府主导模式是由地方政府或群体组织发起设立的孵化器，采取“政府主导，社会协助”的运作模式。全国各地的社会组织孵化器绝大多数都采取了政府主导模式。实际上，不管这些社会组织孵化器采取哪种模式，都离不开政府的信任与支持。可以说，所有社会组织孵化器都体现了政府支持、专业团队管理、政府监管和社会监督、社会组织和服务对象受益的共同特征。

在众多的扶持和培育措施中，孵化器模式因为可以一揽子解决当前社会组织所面临的很多问题而受到地方政府的欢迎，这种模式对地方政府的吸引力主要体现在以下几个方面。[3]首先，孵化器都致力于孵化“让政府放心的社会组织”。孵化器的申请和选择程序确保了孵化对象都是经过审慎选择的，这至少可以有效控制风险。其次，孵化过程和效果都是可见的。孵化器同时也成为主导培育的政府部门辛勤工作的证据，对直接负责社会组织培育的政府部门而言，有一个作为实体存在的孵化器，容易得到领导和其他政府部门的理解从而有利于获得资源上的支持。[4]最后，与技术创新和管理创新一样，社会创新也有社会化的扩散过程。所谓社会化，就是模仿与跟风，一个地方的做法取得了效果，其他地方都来复制和借鉴。上海引入社会组织孵化器模式取得了成功之后，首先扩展到南京等周边地区，接着扩散到其他一线城市，然后向中西部城市扩散。后来者之所以选择复制而不是探索适合自身发

---

① 高红，朴贞子. 三元整合的社会组织能力培育机制构建及其制度支持. 学习与实践，2015（6）：97-104.

② 丁浩亮，王相. 社会组织孵化器面临的问题及对策研究——以H市社会组织孵化中心为例. 人才资源开发，2017（2）：71-73.

③ 谭志福. 公益孵化器：正确的诊断与错误的药方——兼论地方政府在社会组织培育中的角色. 中国行政管理，2014（8）：62-66.

④ 赵毅. 公益孵化器的能与不能. 决策. 2015（1）：50-51.

展的路径，是因为这样做既省时省力又可以降低失败的风险。在复制和扩散的过程中，这种模式越来越成熟，最后几乎成为标准化产品。

三、社会组织孵化制度的发展趋势

社会组织孵化器的发展迅速，培育了一大批优秀的社会组织，为很多社会问题提供了创造性的解决办法，为大量弱势群体提供了及时服务，为缓解社会矛盾、优化公共服务作出了不可小视的贡献。然而，社会组织孵化制度作为一种“舶来品”，仍处在“落地”过程之中，面临着不少困难和问题，需要思考未来的发展方向。

从表面上看，社会组织孵化器普遍存在资金不足、经验不足和能力不足的问题。首先是资金不足，孵化器的资金来源于多种渠道，直接来自政府财政的比例并不大。资金不足使孵化器难以扩大规模培育更多的社会组织，也难以为社会组织提供稳定的资助。其次，经验不足。目前社会组织孵化制度仍在建设之中，可供参考的成功案例数量有限，多数处于“摸着石头过河”的阶段。最后，能力不足。社会组织涉及科技、教育、文化、卫生、体育、环保以及社会服务等极其广泛的领域，孵化器除了提供基本的能力建设支持之外，难以针对不同类型的社会组织提供专业技术方面的培育服务，难以帮助社会组织提高专业服务能力。

从深层次来看，政府主导模式在目标和原则上也会与社会组织的社会性质发生冲突，往往出现行政主导、重数量轻质量和工具主义等问题。[①]首先，行政主导型社会组织孵化器一出生便表现出先天的缺陷与不足，即举办主体是政府而不是社会，运作模式是行政化而不是社会化。政府主导的社会组织孵化器在组织模式、权力结构、管理运作和功能发挥上会带有“二政府”的印记，给孵化器的健康发展造成不利影响。有的孵化器其形式意义要远大于其实质内容。其次，孵化器依赖政府购买其服务，缺乏独立生存发展的意识、动力和能力。孵化器在运作过程中往往是围绕着政府需求而非社会

① 栾晓峰．“社会内生型”社会组织孵化器及其建构．中国行政管理，2017（3）：44–50.

需求，一旦政策形势和政府目标发生变化，孵化器及其培育中的社会组织便不可避免地陷入困境。此外，在行政主导模式下，政府往往更偏重社会组织的工具价值，更多地是将社会组织当成政府管理和服务社会的工具。长此下去，社会组织自我发展的积极性和主导性会受到抑制，自身内在的资源和能量难以充分发挥出来。

社会组织孵化器未来发展的基本思路就是在政府引导支持下，从行政培育向社会培育转变，让社会力量来驱动社会组织的培育发展，走出一条社会组织内生成长的道路。具体来说，就是在政府和群团组织设立的社会组织孵化器之外，鼓励各类社会力量兴办社会组织孵化器，并且通过互动合作形成合力，使孵化器向着专业化和多样化的方向发展，为各个行业各个领域的社会组织提供有针对性的服务，建立起有利于社会组织发展的公益生态系统。①

第三节　社会组织评估制度

政府的绩效由公民来评价，企业的绩效由市场竞争来决定。然而，这两种绩效评价机制对于社会组织都不太适用。比尔·盖茨说，慈善和经商不同，慈善事业即便出了错，也没有顾客出来抗议，更没有股价涨跌来及时反映你的业绩。评估就是一种反映社会组织绩效的方法。评估是评估主体对评估对象的价值评价和判断活动，其目的是帮助人们评价某一评估对象的价值和问题。②在没有评估信息的情况下，个别非营利组织发生丑闻事件就会影响公众对整个非营利部门的印象。有了可靠的评估信息，公众就会将优秀的组织与糟糕的组织区别看待，减少了“一颗老鼠屎坏一锅粥”的现象。评估不

① 雷文艳. 美国现代非营利性组织孵化器的发展现状及启示——以美国非营利性组织协会（NCN）为例. 中国社会组织，2013（11）：52-54.

② ［美］艾尔·巴比. 社会研究方法. 邱泽奇等译，北京：华夏出版社，2005，356.

仅可以为政府监管提供信息，帮助非营利组织改进工作，而且可以影响非营利部门的公信力，提高公众的参与意愿和捐赠水平。

按照评估对象和内容来看，社会组织评估主要分为等级评估和项目评估。等级评估是对社会组织的全面评估，提供有关某个社会组织的综合信息。项目评估是对社会组织开展的服务项目进行评估，提供有关项目绩效的信息。社会组织评估主体可以是社会组织自身、政府、行业、拨款机构等。[①]评估实施主体可以是评估主体，也可以是第三方评估机构。

一、社会组织等级评估

各国社会组织等级评估大体上可以分为三种模式。第一种是政府主导型。例如中国香港的非营利组织评估由社会福利署主导，资金完全由政府承担，评估结果为政府所用。日本也采取这种模式。第二种是政社合作型。例如，菲律宾的非营利组织评估由民间志愿组织——非政府组织认证委员会（Philippine Council for NGO Certification，PCNC）发起，在政府支持下开展评估。第三种是民间主导型。美国的非营利组织评估大多采取这种模式。例如，马里兰州非营利组织联合会（Maryland Nonprofits）独立开展非营利组织评估。[②]

社会组织等级评估是对社会组织的全面体检，评估内容涉及方方面面。比如，马里兰非营利组织联合会制定的《卓越非营利组织标准：非营利部门道德与诚信守则》，包括使命和项目、治理机构、利益冲突、人力资源、财务和法律、公开性、筹资、公共事务和公共政策等八个方面[③]。平衡计分卡（BSC）也是非营利组织常用的一种评估方法，评价指标一般分为顾客、财务、流程、学习与成长等四个维度，每个维度与一套行为和活动相联系。[④]总

① 邓国胜.民间组织评估体系.北京：北京大学出版社，2007，38–40.

② 资料来源：https：//marylandnonprofits. org/，2018–06–24.

③ 邓国胜.民间组织评估体系.北京：北京大学出版社，2007，219–225.

④ 张远凤，邓汉慧，徐军玲.非营利组织管理：理论、制度与实务.北京：北京大学出版社，2016，107–120.

的来看，社会组织评价指标主要是使命和治理结构、管理过程、组织绩效、社会影响四个方面。[①]

我国的社会组织评估采取政府主导模式，由政府组建评估机构或者委托第三方机构具体实施。2005年，民政部民间组织管理局将社会组织评估工作纳入工作日程。2006年，民政部在全国十多个城市开展评估试点工作。[②]2007年，民政部启动了首批全国性社会组织评估工作。2010年，民政部颁布《社会组织评估管理办法》（民政部令第39号，以下简称《办法》），2011年分别制定了社团、民非和基金会评估指标体系，2015年颁布了《民政部关于探索建立社会组织第三方评估机制的指导意见》。依据这些政策，我国逐步建立起社会组织等级评估制度。

《办法》是当前全国各地开展社会组织评估工作的最重要的依据，从评估目的、评估原则、评估对象和内容、评估主体和职责、评估程序和方法、回避和复核等方面对社会组织评估做了全面规定。《办法》第三条阐述了社会组织评估的定义和目的，“各级民政部门为依法实施社会组织监督管理职责，促进社会组织健康发展，依照规范的方法和程序，根据评估标准，对社会组织进行客观、全面的评估，并作出评估等级结论”。因此，人们将民政部门依据《办法》实施的社会组织评估称为“等级评估”。

《办法》规定各级民政部门设立社会组织评估委员会和社会组织评估复核委员会，并负责对本级评估委员会和复核委员会的组织协调和监督管理。《办法》规定了“分级管理，分类评估”的管理体制，分级管理是指按照社会组织登记管理权限，各地民政部门负责对本辖区内社会组织评估工作的组织和管理，分类评估是根据社会组织类型，采用不同指标分别开展评估。社会团体、基金会实行综合评估，评估内容包括基础条件、内部治理、工作绩效和社会评价。民办非企业单位实行规范化建设评估，评估内容包括基础条件、内部治理、业务活动和诚信建设、社会评价。[③]

---

① 张远凤，［美］萨拉蒙，韩多克. 政府工具对美国非营利组织的影响. 中国非营利评论，2015（1）：200–221.

② 邓国胜. 民间组织评估体系. 北京：北京大学出版社，2007，109–110.

③ 民政部.《民政部关于探索建立社会组织第三方评估机制的指导意见》解读，社会组织网，http：//www. mca. gov. cn/article/gk/jd/shzzgl/201505/20150515819646.shtml，2015–05–20.

民政部针对社团、民非和基金会的特点，分别制定了评估框架和指标体系。这套评估框架包括基本条件、管理和能力建设、业务活动、社会影响四个方面的内容。民政部进一步对社会团体进行分类，分别制定了行业协会商会、公益性社团、学术性社团、联合性社团、职业类社团五类社团的评估指标体系。与民非和基金会评估指标体系一起，形成七套评估指标体系。所有评估指标体系都采取四级指标和千分制评分系统。比如，社团评估指标体系分为一级指标4个，二级指标16个，三级指标48个，四级指标90个，总分1000分。

社会组织评估结果共设1A、2A、3A、4A、5A五个等级。《办法》规定，“获得3A以上等级的社会组织，可以优先接受政府职能转移、可以优先获得政府购买服务，可以优先获得政府奖励。获得3A以上评估等级的基金会、慈善组织等公益性社会团体可以按照规定申请公益性捐赠税前扣除资格；获得4A以上评估等级的社会组织可以简化年度检查程序。”2016年8月29日，民政部颁布的《慈善组织公开募捐管理办法》规定，“依法登记或者认定为慈善组织满二年的社会组织，申请公开募捐资格，应当符合下列条件：（七）按照规定参加社会组织评估，评估结果为3A及以上；中央财政和省级财政专项资金向社会组织购买服务把评估等级作为条件之一。”

二、社会组织项目评估

大多数非营利组织以项目方式开展各种活动，有的非营利组织就是为了运作项目而成立的。无论政府购买服务还是基金会对社会组织的资助都采取了项目制管理方式。可以说，项目管理贯穿在很多社会组织工作的每一天。项目评估或项目绩效评估是项目管理的重要环节，评估结果不仅影响到项目资金的拨付，而且影响社会组织的声誉。社会组织等级评估是自愿参加，几年才评估一次。而项目评估对于评估主体和评估对象来说都是日常工作。下面以政府购买服务项目为例加以说明。

政府在购买服务时一般都制定了项目绩效评估办法，采取自行评估或第三方评估，或者二者结合的评估方式。比如，湖北省妇联按照“以评促建”

和“建构性评估”原则，建立起由第三方评估主导的绩效评价机制。再比如，武昌区政府针对购买社工服务制定了《武昌区政府购买社会工作服务项目评估方案（试行）》，对社工服务项目进行期中和期末评估，并根据评估结果拨付项目经费。

社会组织的项目绩效评估是一个普遍性难题。目前政府购买服务项目绩效评估还存在不少问题，主要是评价主体责任不明确、评价标准不合理、评价能力有待提高。

《财政部　民政部　工商总局关于印发政府购买服务管理办法（暂行）（财综〔2014〕96号）》第三十一条规定，财政部门应当推动建立由购买主体、服务对象及专业机构组成的综合性评价机制，推进第三方评价，对购买服务项目数量、质量和资金使用绩效进行考核评价。但这个文件并未明确规定财政部门和其他绩效评价主体的具体分工。基本分工思路是，财政部门负责预算绩效评价，购买主体负责服务绩效的评价，但两类评价具体标准和如何操作还有待探索。当前，很多地方政府购买服务项目的绩效评价都是由财政部门负责的。然而，财政部门的评价重点往往在于防范财政风险，而不是提高服务水平和服务质量。另外，购买主体的绩效评价主体责任有待强化，行业协会等行业组织在制定本行业的服务标准和评价标准方面的作用有待发挥。

除了这些问题之外，评价主体和评价机构的顾虑也是影响这项工作的重要原因。一个公共服务项目评价结果不好，不仅对承接主体带来负面影响，购买主体也面临着财政部门、上级部门和其他部门的监管问责压力以及社会公众的舆论压力。由于存在这些问题，购买服务的评价工作往往还停留在表面，一定程度上影响了项目绩效评估对改进和提高购买服务工作的积极作用。

在项目评估中有一个十分常用的方法，称为逻辑模型法。逻辑模型法根据项目实施过程中各个环节的内在因果关系从投入（input）、活动（activities）、产出（output）、结果（outcome）和影响（impact）五个层层递进的维度来评价项目绩效，它不但提供评估结果而且还要求对评估结果作出解释。[①]目前，我国绝大多数项目评估都只是停留在前面三个层次，社会组

---

① Wei-Skillern et al.，*Entrepreneurship in the Social Sector,* America：Sage Publication Inc.，2007，P. 326.

织项目绩效评价的发展方向应该是更加注重对项目结果和影响的评价。

三、第三方评估

全国各地开展的社会组织等级评估和项目评估都旨在以评促管、以评促律、以评促建，提高公信力和透明度，引导社会组织健康发展。[①]然而，社会组织评估在全国推广过程中也出现了发展不平衡、评估机构独立性不强、专业化水平不高和评估机制不健全等问题。针对这些问题，2015年5月13日，民政部出台了《关于探索建立第三方评估机制的指导意见》（民发〔2015〕89号，以下简称《意见》）。与此同时，《中华人民共和国慈善法》规定："民政部门应当建立慈善组织评估制度，鼓励和支持第三方机构对慈善组织进行评估。"[②]

所谓第三方评估机构是指与政府没有隶属关系，与评估对象没有利益关系的具有专业性、独立性的评估机构。2015年12月，民政部通过政府独立招标的程序，正式招聘了3家社会组织成为民政部指定的评估机构，2016年开始实施社会组织的第三方评估制度。在《意见》指导下，全国各地在社会组织评估中逐渐引入第三方评估机制。

【微案例3-5】

第三方评估化解"格桑花"信任危机[③]

"格桑花"是一家支持西部地区（以青海省为主）基础教育发展的网络型草根社会组织，经过多年的发展，助学规模和影响不断扩大。2010

---

① 余德华. 改革双重管理　完善监管机制——广州市科技类民办非企业单位直接登记的实践与思考. 社团管理研究，2010（6）：10–11.

② 陶传进. 社会组织的第三方评估. 中国社会组织，2016（24）：46–48.

③ 王金凤. 第三方评估在NPO问责机制中的作用浅析——以在危机中盛开的"格桑花"个案为例. 传承，2016（4）：120–121.

年底，“格桑花”进行的内部专业化改革引发志愿者和资助人的批评和质疑，最终酿成一场严重的信任危机。对“格桑花”的主要质疑如下：第一，“格桑花”的会员名单存在虚假捏造的问题。第二，“格桑花”理事会未经选举就宣告成立并行使决策权。第三，“格桑花”存在内部业务交易，财务数据混乱。随着危机升级，地方政府也介入进来，要求“格桑花”限期整改。“格桑花”最终选择引入第三方评估来化解危机。第三方评估结论最终在缓解危机、平息事态方面发挥了积极作用。

社会组织第三方评估在我国产生时间虽短，但由于需求较大，在实践中出现了三种常见的第三方评估机构，即专家学者、专业公司和社会组织。[①]“专家学者”是指高校、研究所等科研机构的专业人员。专家学者是最早产生也是最为主要的第三方评估机构。“专业公司”是指专门的商业性评估机构。“社会组织”是指专门从事评估工作的社会组织，它们不仅参与社会组织等级评估，还接受政府委托开展社会服务项目及公益创投项目的评估活动，此类社会组织正在发展成为支持型社会组织。

不过，受传统体制惯性、第三方评估机构自身问题以及相关配套制度不健全等多方面因素的制约，社会组织第三方评估机制建设还存在不少问题。[②]首先，行政化因素对第三方评估的阻碍。我国许多社会组织是基于政府工作需要成立的，它们在所处社区和服务领域居于垄断地位，缺乏公益市场竞争的压力，也没有接受第三方评估的动力。另外，一些公益项目与政府有关，批评这个项目相当于批评政府。这导致第三方机构在评估时顾忌重重、束手束脚。[③]其次，第三方评估机构自身还处于发展初期，数量少、能力弱、独立性和权威性不足。比如，一些购买主体请会计师事务所做购买服务项目绩效评价报告，结果往往做成了审计报告，得出的结论是财务方面有哪些不合

① 潘旦，向德彩. 社会组织第三方评估机制建设研究. 华东理工大学学报（社会科学版），2013（1）：16–22.

② 孙发锋. 第三方评估：我国慈善组织公信力建设的必然要求. 行政论坛，2014（4）：81–84.

③ 王阳. 第三方评估的中国式生存. 环球慈善，2011（8）.

规之处。而对于购买主体最为关注的服务数量、质量和效果如何，却没有提供多少有价值的信息。有些地方政府尝试将项目绩效评价委托给社工机构来做，但是又发现这些社工机构专业水平参差不齐，大多停留在对投入、活动等情况的浅层次评价，而对服务水平、质量和服务对象满意度等方面缺乏科学客观的评价。最后，相关支持性制度不健全。社会组织评估过程就是收集、处理、反馈信息的过程。在社会组织信息公开制度尚不完善的情况下，评估机构难以获得全面、准确的信息，难以保证评估的科学性。

总体上看，社会组织评估在我国仍处于初级阶段，在实践中社会组织还存在着不少问题，亟待政府、社会组织和其他利益相关方共同努力加以解决。

第四节　社会组织信息公开制度

信息是影响决策的关键因素，信息公开的程度也被称为透明度。透明度是一个项目、一项政策、一个组织乃至一个国家实现善治的必要条件。透明度并不是一项独立的制度，它是规制和监管的辅助手段。信息公开和透明度的概念首先从政府部门开始，其次扩展到商业领域，近年来才进入非营利部门的话语体系。

社会组织信息公开是指社会组织依法按照规范的格式及程序将治理结构、运作管理、财务状况及重大事项等信息向政府、捐助人、受益人、公众或其他利益相关方公开的过程。社会组织宗旨的非营利性及其资产的公益产权属性，是政府和其他利益相关方享有信息知情权的根本理由。[①]社会组织由于没有所有者，很容易被少数内部人控制，因而外部监督在强化社会组织内

① 张清.试论我国慈善组织信息公开制度的现状及存在的问题.法制与社会，2012（25）：56–57.

部治理中发挥着不可或缺的作用。[①]各国都将信息公开作为社会组织治理制度的重要基础和监管制度的重要组成部分。信息披露对慈善组织的捐赠收入具有显著的影响，[②]也是实现社会组织有效监管的基本前提。[③]

一、发达国家的社会组织信息公开制度

发达国家在非营利组织透明度建设方面经历了三个阶段：第一个阶段是根据法律要求进行的合规披露阶段。第二个阶段是响应捐赠人或资助者信息需求的按需披露阶段。目前处于第三阶段，将信息披露和分享视为一个学习过程，主要通过专业认证来实现。目前，非营利组织的信息公开不仅是政府的强制性规定，同时也是社会的非正式要求，反映了公众的基本价值观。

各国非营利组织信息公开的方式可以分为完全公开式和不完全公开式。完全公开式主要为英美法系国家所采用，以美国为代表。美国联邦税法规定任何人都有权向社会组织要求查看它的原始文件及前三年的税表（990表），人们也可写信给国税局要求了解某个社会组织的相关信息。公众可以通过多种渠道获得990表。除了国内税务署之外，一些第三方机构（它们本身也是社会组织）如美国慈善信息局、美国基金会中心、美国基金会协会、导航星（GuideStar）、慈善导航者（CharityNavigator. org）等也向公众提供非营利组织信息。此外，美国还有地方性信息平台提供本地社会组织的信息。如西雅图基金会（Seattle Foundation）向公众提供该地区700多家本地社会组织的数据、研究资料以及评价信息。[④]不完全公开式主要为大陆法系国家所采用，以德国为代表。德国并没有规定社会组织一定要公开披露信息，社会组织主要

① 张益萍. 浅议社会组织信息公开制度的建立. 中国社会组织，2017（1）：56-57.

② 刘志明. 慈善组织财务信息披露对捐赠决策的影响研究. 福建行政学院学报，2017（5）：68-78.

③ 张平，黎永红. 社会治理视域下民办非企业单位信息公开问题研究. 学术论坛，2017（1）：40-43.

④ Stephanie Strom, *Data on Seattle Nonprofits Is Public Now*, New York Times, http: //www.nytimes. com/2010/09/09/business/09nonprofit. html?_r=1&emc=eta1, 2010-09-08.

向监督机关披露财务报告等信息，由监督机关向公众负责。[①]当然，不论采取哪种方式，发达国家非营利组织的信息公开也难说完美，仍然存在很多非营利组织公开信息不及时、不准确、不规范的现象。

【微案例3-6】

西雅图非营利组织的信息公开[②]

2010年9月，西雅图基金会（Seattle Foundation）启动了一个新项目，向公众提供该地区700多家本地非营利组织的数据、研究资料以及评价信息。过去，这些信息只向捐赠人提供，现在任何人都可以通过西雅图基金会的网站免费获得这些信息。西雅图基金会认为，如果人们了解本地区的状况和非营利组织的有关信息，将会更多地捐赠给本地非营利组织。

发达国家的经验表明，透明度规制的效果取决于信息的效力。信息的效力来自信息对披露者和使用者决策过程的影响力。如果非营利组织重视其声誉，并且认为维护公众信任是重要的，法律也对非营利组织的信息披露做了明确要求，非营利组织就会提高透明度。如果信息使用者积极寻找和利用这些信息作为决策依据，决策结果又能够反馈给信息披露者，影响到信息披露者的决策，那么，信息不对称就会减弱，信息的力量就能发挥出来，透明度运动就进入一个良性循环。反之，透明度就难以真正持久实现，也不能发挥明显作用。

二、我国社会组织信息公开现状

我国有关社会组织信息公开的法律呈现分散化、碎片化的特点，尚无针

① 李健. 我国慈善组织信息公开研究. 北京：中国社会出版社，2017，97-106.

② Stephanie Strom，*Data on Seattle Nonprofits Is Public Now*，New York Times，http：//www.nytimes. com/2010/09/09/business/09nonprofit. html?_r=1&emc=eta1，2010-09-08.

对所有社会组织的有关信息公开的统一法律，而是分散在针对各类社会组织的法律规范之中。我国法律对社会组织信息公开的规定主要集中在《中华人民共和国公益事业捐赠法》《中华人民共和国慈善法》《社会团体登记管理条例》《民办非企业单位登记管理暂行条例》《基金会管理条例》《基金会信息公布办法》《救灾捐赠管理暂行办法》等法律规范中。这些法律规范对社会组织信息公开的目的、责任、主体、对象、内容、渠道、方式等方面做了规定。表3–1对部分法律法规中与社会组织信息公开相关的条款进行了梳理。

表3–1　与社会组织信息公开相关的部分法律法规

颁布时间	法律法规名称	有关社会组织信息公开的规定
1999	《中华人民共和国公益事业捐赠法》	第二十条　受赠人每年度应当向政府有关部门报告受赠财产的使用、管理情况，接受监督。 第二十一条　捐赠人有权向受赠人查询捐赠财产的使用、管理情况，并提出意见和建议。对于捐赠人的查询，受赠人应当如实答复。 第二十二条　受赠人应当公开接受捐赠的情况和受赠财产的使用、管理情况，接受社会监督
2016	《中华人民共和国慈善法》	第六十九条　县级以上人民政府建立健全慈善信息统计和发布制度。 第七十条　县级以上人民政府民政部门和其他有关部门应当及时向社会公开下列慈善信息。 第七十一条　慈善组织、慈善信托的受托人应当依法履行信息公开义务。信息公开应当真实、完整、及时。 第七十二条　慈善组织应当向社会公开组织章程和决策、执行、监督机构成员信息以及国务院民政部门要求公开的其他信息。 第七十三条　具有公开募捐资格的慈善组织应当定期向社会公开其募捐情况和慈善项目实施情况。 第七十四条　慈善组织开展定向募捐的，应当及时向捐赠人告知募捐情况、募得款物的管理使用情况。 第七十五条　慈善组织、慈善信托的受托人应当向受益人告知其资助标准、工作流程和工作规范等信息
2016	《中华人民共和国慈善法》	第七十六条　涉及国家秘密、商业秘密、个人隐私的信息以及捐赠人、慈善信托的委托人不同意公开的姓名、名称、住所、通信方式等信息，不得公开。 第七十八条　规定县级以上人民政府民政部门应当建立与其他部门之间的慈善信息共享机制

续表

颁布时间	法律法规名称	有关社会组织信息公开的规定
2004	《基金会管理条例》	第三十八条　基金会、境外基金会代表机构应当在通过登记管理机关的年度检查后，将年度工作报告在登记管理机关指定的媒体上公布，接受社会公众的查询、监督。 第三十九条　捐赠人有权向基金会查询捐赠财产的使用、管理情况，并提出意见和建议。对于捐赠人的查询，基金会应当及时如实答复
2016	《行业协会商会综合监管办法》	23.建立协会商会信用承诺制度。 建立协会商会与政府间的信用信息互联共享机制，推进行业自律和监管执法的良性互动。 24.登记管理机关、行业管理部门按规定建立健全信用记录……通过“信用中国”网站公开。 25.各有关部门对严重失信的协会商会采取联合惩戒措施。 26.建立协会商会信息公开制度。 27.协会商会应当向会员公开信息

目前，我国社会组织主要向监管部门披露信息，监管部门主要通过社会组织提交的年检报告以及各种检查获取信息。社会组织也在一定程度上向捐赠人、公众和其他利益相关方公开信息。

我国法律对慈善组织和基金会信息公开的规定较为全面。在基金会登记为慈善组织之后，也将适用《中华人民共和国慈善法》的相关规定。为了落实《中华人民共和国慈善法》对慈善组织信息公开的规定，2017年底民政部公布了《慈善组织信息公开办法（征求意见稿）》，详细规定了慈善组织的信息公开义务、公开内容、公开的渠道以及处罚和惩戒措施。

从信息公开的实践来看，慈善组织和基金会也走在所有社会组织的前面。2006年10月，民政部建立了我国成立最早的专业的关于社会组织信息公开的平台——中民慈善捐助信息中心，其主要职能是收集、整理和反映慈善捐助工作情况。《中华人民共和国慈善法》通过之后，民政部创办了全国慈善信息公开平台——“慈善中国”（http：//cishan. chinanpo. gov. cn），由基金会中心网负责运营管理。“慈善中国”面向社会提供慈善组织、慈善信托、慈善项目、慈善组织年报信息查询，同时还有募捐方案备案功能。不过，社会组织在“慈善中国”进行募捐方案备案后，需要启动并实施网络公开募捐活动，应当在民政部指定的互联网公开募捐信息平台发布募捐信息。

目前，除了政府运营的两个社会组织信息公开平台之外，由社会组织创办的基金会行业信息披露平台——基金会中心网（http：//www. foundationcenter. org. cn/）对于提高基金会的透明度与公信力作出了重要贡献。基金会中心网由国内35家知名基金会联合发起，北京恩玖非营利组织发展研究中心创办，于2010年7月8日正式成立。基金会中心网不仅为基金会提供信息公开的平台，而且建立了基金会透明度的评价系统，其开发的中基透明指数（FTI）达到国际水平，对于公众了解和评价基金会提供了标准化的信息。

《中国慈善透明报告（2009—2014）》显示，仅有25%的慈善组织公开披露信息，75%的慈善组织完全不公开披露或者仅少量披露信息。一些慈善组织往往只披露一些如折旧、借款比例、现金净增加额等无关痛痒的信息，但对于公众关心的数据，如资金的具体用途、高级职员的报酬、享受税收减免情况等内容却讳莫如深。[①]

目前，社团和民非向公众提供的信息还很有限，也没有基金会中心网之类的专门平台来向公众提供信息。社团信息公开的首要对象应该是其会员，然后才是其他利益相关方。从理论上讲，民非作为公共服务机构应该增加透明度。然而，非营利性学校和医院等民非机构的主要收入来源是服务收费，来自政府资助和民间捐赠的收入很少，没有动力也没有压力向公众披露信息。符合慈善组织标准的社团和民非组织在登记为慈善组织之后，将按照《中华人民共和国慈善法》的要求进行信息公开。

总的来看，我国已经初步建立了社会组织信息公开制度，但这个制度还不成熟，需要在实施过程中进一步完善。

三、完善我国社会组织信息公开制度

我国政府对社会组织信息公开的规定散见于各种法律规范之中，缺乏

① 彭建梅. 中国慈善透明报告（2009—2014）. 北京：企业管理出版社，2015：45-67.

共同的指导原则，内容不够系统，适用范围各不相同，监管部门执行这些法律法规也存在困难。完善我国社会组织信息公开制度也要从这些方面着手。理想的状况是通过《中华人民共和国社会组织法》确定社会组织信息公开的基本指导原则，对现行法律法规中有关社会组织信息公开的规定进行梳理和评估，建立起系统、完整而且便于实施的社会组织信息公开政策。就现实情况来说，目前至少可以在主体责任界定和信息共享机制建设等方面进行改进。

社会组织信息公开除了社会组织自身的责任之外，政府也有提供社会组织相关信息的责任。比如，公开社会组织行政许可信息以及承接政府购买服务项目的信息也是对于公众了解社会组织的重要信息，公开这些信息既有利于公众对社会组织的监督，也有利于公众对政府的监督。这些信息的公开主体应该是政府，而不是社会组织。法律应该明确政府公开社会组织相关信息的责任，并且完善相关制度。

2003年通过的《中华人民共和国行政许可法》第六十一条规定："行政机关依法对被许可人从事行政许可事项的活动进行监督检查时，应当将监督检查的情况和处理结果予以记录，由监督检查人员签字后归档。公众有权查阅行政机关监督检查记录。"根据这一规定，登记管理机关作为行政许可监管机关，在履行对社会组织的监督检查职责的同时，还应当对监督检查情况予以记录并以适当方式向公众公开，公众也有权提出信息查阅申请。[①]然而，三大条例并没有关于监管检查记录公开制度的规定。由于缺乏配套措施，这一规定在实践中并未得到实施。只有2004年颁布的《中华人民共和国民办教育促进法实施条例》与这个规定进行了衔接。该条例第三十二条规定："教育行政部门、劳动和社会保障行政部门对民办学校进行监督时，应当将监督的情况和处理结果予以记录，由监督人员签字后归档。公众有权查阅教育行政部门、劳动和社会保障行政部门的监督记录。"

2017年《关于坚决制止地方以政府购买服务名义违法违规融资的通知》（财预〔2017〕87号）第五条规定："购买主体应当依法在中国政府采购网及

---

① 徐晓明.社会组织监管信息公开中的政府供给机制问题研究.法治研究，2013（8）：31-40.

其地方分网及时公开政府购买服务项目相关信息，包括政府购买服务内容、购买方式、承接主体、合同金额、分年财政资金安排、合同期限、绩效评价等，确保政府购买服务项目信息真实准确，可查询、可追溯。坚决防止借政府购买服务名义进行利益输送等违法违规行为。”然而，这个规定不够具体，缺乏操作性，在实践中也没有得到有效实施。

同时，我国现行的社会组织信息公开法律法规缺乏对相关主体违法责任追究的规定。[①]责任追究制度是政府和其他利益相关者获得社会组织有关信息的重要保障和救济手段，也是社会组织维护自身合法权益的制度保障。法律法规应该对此作出明确规定。

另外，社会组织信息公开不仅涉及向公众公开，而且首先应该在监管部门之间实现横向纵向的信息交换与共享。对于加强社会组织监管而言，后者甚至更为重要。在保证民政部门履行社会组织登记监管职责的同时，要转变“谁登记、谁监管”的理念，建立登记管理机关与公安、工商、质检、银行、税收等相关部门信息共享。同时也要打破“分级管理”的界限，实现社会组织信息在各级监管部门之间的共享。充分利用统一的社会组织信息共享平台，对不同主体设置不同的权限，一方面便于政府各部门实时监管社会组织的活动和行为，另一方面也为公众查询社会组织信息提供便利。[②]

与社会组织信息公开密切相关的另一项制度是信用管理制度。我国自2003年提出建立健全社会信用体系以来，信用管理制度越来越受到重视。2015年国务院发布了统一社会信用代码制度方案，开通全国信用信息共享平台——信用中国网站。全国各地也建立了当地的信用信息共享平台。比如，2017年4月湖北省人大通过了《湖北省社会信用信息管理条例》，对信息归集、信息披露、信息使用、信息安全和权益保障以及法律责任等方面做了规定。湖北建立了“信用湖北”网站，社会组织的信用信息也通过这个平台向社会披露。

---

① 张清. 试论我国慈善组织信息公开制度的现状及存在的问题. 法制与社会，2012（25）：56–57.

② 彭军. 完善社会组织监管机制，促进社会治理创新. 中国民政，2015（5）：23–25.

总的来看，尽管在政府和非营利部门的共同努力下，社会组织的信息公开已经有了显著进步，但平台和制度建设还需要假以时日，而距离公众广泛参与和有效利用这些信息实现对社会组织的有效监管还有很长的路要走。我国社会组织未来能够达到的透明度取决于社会整体透明度能够达到的程度。在北大和清华的网站都找不到年度报告的情况下，如何能够奢望民办高校向公众提供年度报告？在各级人民医院都不向社会公布年度报告的情况下，怎能指望民办医院向公众提供年度报告？

卡耐基基金会的主席比扬说，慈善事业要有玻璃做的口袋。玻璃的透明度很高，但是玻璃也很脆弱。透明度就像空气质量一样，是全社会共建共享的。透明度不仅是非营利部门的事情，也是全社会的共同任务。如果环境透明度不够，非营利组织即使有玻璃口袋也看不清楚里面是什么；如果环境中障碍太多、压力太大，玻璃口袋就是个易碎物品。

社会组织发展身处社会创新的前沿，每天都会碰到新的难题、新的挑战，从政府到民间每天都在探索促进社会组织发展的新方法。除了上述这些制度和方法之外，培育与监管领域新方法层出不穷，社会企业认证制度就是一例。公益宗旨与商业模式的结合催生了一个新组织模式——社会企业。社会企业可以采取社会组织形式也可以采取商业组织形式。为了促进社会企业的发展，目前全球已有20多个国家建立了社会企业认证体系。[①]2015年9月，在深圳召开的第四届中国公益慈善项目交流展示会期间，多家机构联合发起了中国慈展会社会企业认证，旨在通过认证完善中国社会企业乃至公益金融领域的生态系统建设。[②]

① 中国慈展会官网. 中国慈展会社会企业认证手册，http：//www. cncf. org. cn/cms/content/11004，2018-06-13.

② 中国慈展会官网. 中国慈展会社会企业认证手册. 中国慈展会社会企业认证报告（2015—2017），http：//www. cncf. org. cn/cms/node/175，2018-06-13.

第五节　社会组织人才制度

社会组织需要各种各样的人才，既需要专业人才，也需要管理人才，这些人才可以统称为公益人才。公益人才除了要掌握一般的知识和能力以外，还要接受公益伦理和价值观，了解公益行业的运作规律。想要推动社会组织健康快速发展，公益人才制度建设必须要跟上，公益人才制度包括公益人才的培养制度、配置和使用制度以及职业保障制度。

一、我国社会组织的人才问题

近年来，社会组织对就业的贡献保持持续增长势头。截至2017年底，我国社会组织吸纳社会各类人员就业864.7万人，约占全社会就业总人数的1%。[①]然而，我国社会组织普遍存在专业人才缺乏和人员流动性大的问题。

我国社会组织专业人才供需存在很大缺口。以社工为例，截至2017年底，社会服务机构职工总数1355.8 万人，全国持证社会工作者共计32.7万人，其中社会工作师8.3万人，助理社会工作师24.3万人。[②]这些持证社工大部分并不在社会组织工作。

我国的社会组织人才培养难以满足需求。目前，社会组织人才培养主要有三种方式：高校等教育机构提供的学历教育；政府为社会组织从业人员提供的短期培训；社会组织自己提供的业务培训。但是，由于高校毕业生择业的专业对口率低、政府培训的短期性以及社会组织业务培训不足等原因，社

① 民政部. 2016年社会服务发展统计公报，http：//www. mca. gov. cn/article/，2018-05-20.
② 民政部. 2017年社会服务发展统计公报，http：//www. mca. gov. cn/article/，2018-08-20.

会组织仍然普遍存在专业人才不足的问题。[①]

社会组织人员流动性大是导致社会组织人才不足的直接原因。对普通员工来说，社会组织规模小、待遇低、升职机会少、发展空间十分有限，几乎看不到前途。即便是社会组织的管理人员，在职业生涯成长中也很容易碰到天花板。[②]所以，社会组织上到管理者下到普通员工的流动性都居高不下。

社会组织员工待遇偏低受到多个因素的影响。社会组织规模小、资源少，服务对象主要是困难群体，很难给员工提供有竞争力的薪酬和福利。社会组织的工资水平还受到法律的限制。按照《关于非营利组织企业所得税免税收入问题的通知》（财税〔2009〕122号）的规定，社会组织要取得企业所得税免税资格，工作人员平均工资薪水不得超过上年度税务登记所在地人均工资水平的两倍，工作人员福利按照国家有关规定执行。该规定的理由是社会组织是公益性组织，员工拿高薪不符合公益原则。除此之外，社会偏见和内部管理不善也是重要原因。人们对公益行业的观念充满矛盾。一方面，舆论对公益行业实施道德绑架，要求公益行业从业人员低工资、高贡献；另一方面，人们又根据经济收入判断一个人的社会价值和社会地位。这种矛盾的价值观让公益行业处于十分尴尬的地位。比如，武汉市2014年平均工资是3万元，当地专业人才的平均年收入远远超过6万元，要求社会组织的专业人员平均收入不能超过6万元就很难吸引和留住人才。[③]

在发达国家，非营利部门就业已经成为一种平常的职业，成为就业市场和人才市场的正常组成部分。社会组织专业人员的工资水平主要让市场来调节，并不因为组织的非营利性就降低专业人员的收入标准。一个会计师在企业是什么收入水平，非营利组织就要付出类似的工资来吸引同样素质的会计师。科技类、教育类、医疗类非营利组织聚集了大批高素质人才，这些人才的市场工资水平远远高于平均工资水平。不过，即便是在发达国家，对于大多数普通员工来说，期待社会组织提供远高于市场水平的收入也是不切实际

① 李长文. 非营利组织能力建设的几个基本问题探讨. 青海社会科学，2014（2）：84–89.

② 李良玉. 新疆民间非营利组织人才队伍建设研究. 新疆大学硕士论文，2017，25.

③ 袁文艺，刘宏宇. 促进社会组织健康发展的税收政策——基于湖北省若干社会组织及政府部门的调研. 湖北经济学院学报，2017（6）：68–74.

的，为最困难群体服务的员工收入总是偏低的。另外，法律对社会组织的收入水平也有各种限制。以美国为例，如果一个非营利组织的收入主要来自政府合同，那么这个组织的CEO和管理层必须接受政府设定的工资上限，这个上限远低于市场水平。

社会组织的人才管理不善也是离职率高、留不住人的一个重要原因。目前我国相当一部分社会组织是从“草根组织”成长而来，缺乏专业管理和运作的经验。社会组织法人治理结构尚未形成，社会组织权力机构、决策机构、执行机构、监督机构的运行机制都还没有真正建立起来。[①]有的社会组织主要领导习惯一个人说了算，一些社会组织创始人把社会组织作为自己的私产对待，还有的社会组织谁出的钱多谁说了算，会长、理事等职务明码标价。很多社会组织不知如何实施民主管理，即使发生了内部矛盾纷争，大家也基本不按章程规定的方式和程序加以解决，而是采取各种人治手段导致矛盾激化。

从上面的分析可以看出，社会组织人才的问题及其形成原因十分复杂，多种因素交织在一起，必须从制度层面来加以思考和解决。

二、我国社会组织人才制度建设问题

近年来，政府、教育界和公益界都十分重视社会组织人才培养的问题，并且已经取得了一定的进展。政府出台了一系列政策措施支持公益人才的培养，越来越多的大学开设公益慈善类课程和专业，公益实务界也积极投身人才培养事业，争做公益慈善界的“黄埔军校”。[②]2010年以来，以北京大学、清华大学为首的国内知名高校纷纷成立公益慈善学院或研究院，开设公益慈善类学历教育项目并向社会提供公益慈善培训课程。2013年11月，北京师范大学中国公益研究院创办的“公益网校——国际公益学院”正式上线，推出50门“公益慈善网络公开课”。2014年，“非营利组织管理”被公共管理专业硕士（MPA）教育指导委员会定为MPA核心课程。2015年11月，中国首个国

---

① 王锡忠，顾建龙. 社会组织内部治理的危机与出路. 中国社会组织，2016（11）：25-28.

② 刘怡仙. 争做“黄埔军校”　中国公益慈善界的学历教育实验. 南方周末，http：//www.infzm. com/content/136200，2018-05-31.

际公益学院—深圳国际公益学院成立。[①]

然而，公益慈善人才培养只是社会组织人才制度建设的其中一环，也许是重要一环。但是，社会组织人才制度建设是一项系统工程，如果没有相关配套制度的支持，公益人才的作用还是难以充分发挥，公益人才流失的局面也难以从根本上得到逆转。下面以社会工作专业人才制度建设为例来说明。

（一）专业社会工作人才建设现状

在现代社会中，专业社会工作是以专业化的方式向有需要的个人、家庭、社区、组织等提供相关社会工作服务的一套稳定的行动体系，包括了专业社会工作者的人才培养、资源保障、服务提供等环节的行动，而所有这些行动都要在一定的制度体系下完成。[②]

20世纪20年代，我国就开始了培养专业社会工作人才，[③]由于历史原因中间一度停顿。改革开放以来，我国的专业社会工作制度建设是从社会工作教育制度领域开始的。20世纪80年代后期，一些高校开始设立社会工作与管理本科专业（后改名为社会工作专业）。2008年12月，国务院学位委员会批准设置社会工作硕士专业学位（MSW）。目前，全国已有330多所高校设立了社会工作本科专业，105所高校获得了MSW学位授予权。2011年开始在高校设立社会工作博士和硕士学位点。至此，我国高等教育机构中已经形成从大专（高职）到本科、硕士、博士全层级的社会工作专业人才培养体系，为我国专业社会工作体制的发展奠定了基础。

过去10年来，在国家层面上出台了一批社会工作制度建设的相关政策文件。中共中央、国务院2010年6月颁布的《国家中长期人才发展规划纲要（2010—2020年）》中把社会工作人才作为我国六大人才队伍之一，确立了社会工作人才在国家人才队伍建设中的地位。《关于加强社会工作专业人

① 其他例子还有：2011年5月，南京大学成立“河仁社会慈善学院”；2016年4月，宁波理工学院成立“益立方”公益学院；2018年4月，由灵山慈善基金会等多家机构发起，依托广东岭南职业技术学院创办广东首家全日制公益慈善学院——岭南公益慈善学院。

② 关信平.论当前我国专业社会工作的制度建设.国家行政学院学报，2017（5）：21-27.

③ 苏祥.中国大陆社会工作人才培养研究综述.人民论坛，2013（11）：238-239.

才队伍建设的意见》（中组〔2011〕25号）要求落实好社会工作专业人才的“专业教育培养、岗位开发和专业人才使用、人才评价和激励”等工作。2012年4月，中央和国家19部门联合发布了《社会工作专业人才队伍建设中长期规划（2011—2020年）》。这是第一个国家层面的社会工作发展规划，明确提出到2015年，我国一线社会工作专业人才总量增加到50万人，到2020年增加到145万人的目标，并对社会工作制度建设的多个方面作出了规划要求。

专业社会工作的发展最初是在小部分经济比较发达的城市中率先开展，尤其是上海、深圳、广州等地在发展社会工作方面走在全国的前列，武汉、成都等中西部城市发展也很快。上海较早出台了一些发展社会工作的地方性政策法规，建立了社会工作者职业水平考试和登记注册制度，并且地方政府通过购买服务等方式支持高校教师领办社会工作服务机构，实行社区、社会组织、社会工作的“三社互动”。[①]

【微案例3-7】

武汉市规定社工职位设置及薪酬待遇标准[②]

2013年5月22日，武汉市民政局、武汉市财政局、武汉市人力资源和社会保障局联合发布的《武汉市社会工作人才专业职位设置及薪酬待遇方案（试行）》（武民政〔2013〕55号）规定了社会工作岗位设置的原则：岗位等级、名称及设置范围；职位结构比例：聘用及晋升条件及薪酬待遇。2015年，武汉市民政局会同武汉市财政局协商提高区级政府购买社会工作服务项目的经费标准，每个社区项目经费不少于7万元，每个街道项目经费不少于35万元。

① 李刚.社会工作专业人才达76万人.人民日报，2016-11-08（11）.

② 武汉市民政局、财政局、人社局关于印发《武汉市社会工作人才专业职位设置及薪酬待遇方案（试行）》的通知，2013-05-22，本文是作者于2017年8月16日在武汉市民政局调研访谈信息。

经过30多年的努力，这些制度建设工作显著地促进了我国社会工作人才队伍的成长。根据民政部公布的数据，截至2016年底，全国共有社会工作服务机构6600余家，在各类组织（事业单位、群团组织、社区和社会组织）中的社会工作专业岗位有20多万个，全国社会工作专业人才规模总量达到76万人，其中持证社工近30万人。

（二）专业社会工作人才制度建设的问题与解决思路

近年来我国社会工作专业人才培养已经取得了很大进步，但专业社会工作制度建设发展缓慢，目前仍然面临着很多问题和挑战。

首先，最大的不足是我国专业社会工作制度建设法制化水平太低。迄今为止，我国还没有社会工作的专门法律和行政法规，并且中央政府和地方政府发布的相关政策文件一般都是以“意见”的方式发布指导性文件，对下级政府的强制性程度较低。

其次，在政策实施中，许多地方政府部门及其官员对专业社会工作价值和意义的认识仍然不到位，因而导致在实际工作中对推动专业社会工作重视程度不够。专业社会工作的制度建设目前还面临复杂的体制选择难题，主要是在公办事业体制和民办社会体制之间选择问题。尽管购买社工服务已经成为政府向社会组织购买服务的主要领域，但购买力度仍然十分有限。

此外，我国专业社会工作的能力目前还不够强大也是导致其制度建设受阻的一个重要原因。我国专业社会工作教育机构的能力，专业社会工作机构和社会工作者的实务能力还有待提高。

从总体上看，我国当前加强专业社会工作制度建设的基本目标应该是着眼于在法制化的基础上构建我国制度化的专业社会工作服务体系，建立社会工作运行的制度体系，将社会工作纳入国家社会服务制度体系之中，为其提供必要的资源保障，使专业社会工作成为我国一类基本的社会服务制度。

第四章

社会组织党建

近年来，我国社会组织不断发展壮大，已成为我国社会主义现代化建设的新兴力量，成为党的工作和群众工作的重要阵地。加强社会组织党建就是坚持党对社会组织的领导，使社会组织及其从业人员更紧密地团结在党的周围，扩大党的群众基础，巩固党的执政地位。通过党的建设把大大小小的社会组织连接起来，整合到政治体系之中，加强对社会组织的监督，促进社会组织的发展。

第一节 社会组织党建理论与实践

党建工作需要理论指导，理论来自实践，又要在实践中接受检验。

一、社会组织党建理论

党建理论博大精深，但新时期社会组织党建却是一个新课题，对这个问题的理论研究涉及政治学、社会学和管理学等多个学科。目前，比较常见的社会组织党建理论有政党与社会关系理论、资源依赖理论和嵌入理论等理论。

（一）中国共产党与中国社会的关系

马克思主义认为，政党是指一定阶级、阶层或集团的积极分子为了维护本阶级、阶层或集团的利益，围绕夺取政权、巩固政权或影响政府而结合起来采取共同行动的政治组织。政党来源于社会，政党与社会相互依存、密不可分。政党与社会的双向互动关系是政党政治的基本关系。政党最大的优势是密切联系群众，最大的危险是脱离和背叛群众。[①]

历史地看，中国共产党与中国社会的关系经历了三个阶段。[②]第一个阶段是从1921年中国共产党成立到1949年中华人民共和国成立。在这个时期，

① 尹德慈，武三中主编，广州市社会组织研究院及广州市社会组织联合会编. 社会组织党的建设. 广州：广东人民出版社，2017，1–4.

② 尹德慈，武三中主编，广州市社会组织研究院及广州市社会组织联合会编. 社会组织党的建设. 广州：广东人民出版社，2017，5–8.

中国共产党与中国社会结成命运共同体，党领导人民通过武装斗争、统一战线和党的建设“三大法宝”取得了新民主主义革命的胜利，成立了中华人民共和国。第二个阶段是1949年到1978年改革开放之前。这一时期二者关系的基本特征是党对社会的高度统合，在国家建设和社会改造过程中，党的领导不断得到巩固和强化，最终形成在党的“一元化”领导下，党、国家和社会“三位一体”的格局，把国家和社会全面整合进党的领导体系与组织体系之中。然而，党与社会高度一体化的格局不可避免地造成了政党功能的扭曲，进而产生党与社会关系的紧张局面。1978年改革开放以来，党与社会的关系进入第三个阶段，这个阶段二者关系的主要特征是党对社会发展的培育和支持。

进入21世纪以来，伴随着我国市场经济的继续发展，社会组织也保持了持续快速增长的态势。社会组织的发展壮大必然引起国家与社会关系的深刻变化。在全球范围治道变革的影响下，中国共产党的执政理念也在悄然发生变化，逐渐确立了现代治理理念，提出推进国家治理体系和治理能力现代化的新任务。[①]党的十八届三中全会《中共中央关于全面深化改革若干重大问题的决定》中提出了推进国家治理体系和治理能力现代化，正式启动了我国国家治理现代化的历史进程。《切实把思想统一到党的十八届三中全会精神上来》中指出完善和发展中国特色社会主义制度是推进国家治理现代化的终极目标。党的十九大报告再次明确全面深化改革总目标是完善和发展中国特色社会主义制度，推进国家治理体系和治理能力现代化。十九大报告还明确提出了社会组织在国家治理现代化中的地位与作用，强调了党对社会组织的领导，要求“加强基层组织建设，把企业、农村、机关、学校、科研院所、街道社区、社会组织等基层党组织建设成为……坚强战斗堡垒。”“注重从产业工人、青年农民、高知识群体中和在非公有制经济组织、社会组织中发展党员。”

在探索中国特色国家治理模式的过程中，一个最为关键的问题是要理顺

① 尹德慈，武三中主编，广州市社会组织研究院及广州市社会组织联合会编. 社会组织党的建设. 广州：广东人民出版社，2017，9-10.

党和政府与市场、社会之间的权力和行为边界。就社会组织党建而言，既要毫不动摇地坚持党对社会组织的领导，又要汲取历史的深刻教训，避免出现由于党对社会的完全统合而导致党与社会的紧张关系，最终出现脱离实际和背离群众意愿从而损害党的政治权威的局面。

党对社会的领导，就是党整合社会的问题。[①]党进行社会整合的本质就是依靠党的政治优势，通过赢得民众的政治认同来引领社会发展方向。开展社会组织党建工作，不是要取代社会组织的自我管理，束缚社会组织的自我发展，而是要使社会组织自觉认同党的理念，自愿接受党的领导，主动支持党的方针政策，与党保持步调一致。这就要求厘清社会组织党建与社会组织自治自律之间的关系，理顺社会组织的党建组织与社会组织管理团队之间的关系、社会党建工作与行政监管之间的关系以及社会组织党建与社会组织日常管理之间的关系，形成国家、社会、政党之间的良性互动关系，促进社会组织健康有序发展，巩固中国共产党执政的社会基础，实现中华民族伟大复兴中国梦。

（二）资源依赖理论

资源依赖理论是研究组织与环境、组织与组织之间关系的理论。[②]资源依赖理论将组织看作是开放系统，认为组织生存的关键是具备获取和维持资源的能力，但没有任何一个组织能够自给自足，也不可能完全控制组织需要的所有资源。因此，为了获取所需资源，组织必须与外部环境之间进行交换，与资源供给者形成依赖关系。拥有资源在本质上就是拥有权力，如果一个组织（依存组织）维持生存的资源掌握在其他组织（被依存组织）手中，依存组织为了得到被依存组织的资源就必须满足被依存组织的要求；反过来说，被依存组织则由于其资源优势享有对依存组织的控制权。资源的稀缺性和重要性决定双方依赖性的性质与程度。资源依赖可以是单向的，也可以是相互

① 尹德慈，武三中主编，广州市社会组织研究院及广州市社会组织联合会编. 社会组织党的建设. 广州：广东人民出版社，2017，15.

② J. Pfeffer and G. Salacik，*The External Control of Organizations*：*A Resource Dependence Perspective*，New York：Harper and Row，1978.

的。同时，资源依赖关系是动态的，组织可以采取策略和行动来减少或降低对某个资源来源的依赖程度。资源依赖本质上是权力依赖。

党组织和社会组织是一个社会系统中两种不同类型的组织，为什么能够通过党建工作将二者联系起来呢？套用资源依赖理论的逻辑，这个问题可以转述为：党组织和社会组织拥有对方需要的资源吗？这些资源的稀缺性和重要性如何？它们对彼此的资源依赖是单向的还是相互的？

党组织拥有社会组织所需要的资源这是毫无疑问、显而易见的。社会组织希望从党组织那里获得的资源包括政治资源、经济资源和社会资源。首先是政治资源，包括政治上的合法性、政治参与、政治荣誉和政治地位等。政治上的合法性可以使社会组织获得党和政府的信任，减少政治风险；政治荣誉可以提升社会组织的公信力，有助于获得社会合法性；通过政治参与，包括参加各级党代会、人大和政协，不仅可以帮助社会组织更好地了解和影响社会政策，而且本身就被视为政治荣誉，有助于提升社会组织和党员个人的政治地位。其次是经济资源。中国共产党是执政党，社会领域的资源分配是由党和政府共同决定的。另外，党费也是一个重要的资金来源。政府机关和事业单位党员缴纳的党费部分返还，社会组织党员缴纳的党费全额返还用于开展党建工作，不仅如此，上级党组织有时还给予社会组织额外的经费支持其开展党建工作。[①]最后是社会资源，最重要的是群团组织和社区基层党组织的资源和社会动员能力。群团组织是党和政府联系人民群众的桥梁和纽带，共青团、妇联、残联等群团组织在社会服务领域仍然居于主导地位，社会组织的服务对象主要就集中在这些领域，服务的场所主要是在社区。因此，如果没有社区党组织和群团组织的支持，社会组织是很难获得服务对象的信任，从而顺利开展工作的。

那么，社会组织又有多少党组织看重的资源呢？我们已经在第一章对此进行了分析。经过近40年的发展，我国社会组织的从业人员达到700多万人，约占事业单位总人数的四分之一，对社会增加值的贡献不到1%。社会组织人

---

① 徐顽强. 资源依赖视域下政府与慈善组织关系研究. 华中师范大学学报（人文社会科学版），2012（5）：14–18.

员的总体素质无法与事业单位和群团组织进行比较。可见，社会组织已经是一支不可忽视、不可替代的社会力量，但是相对于体制内的正规军来说仍然相当弱小。

很显然，党组织和社会组织双方的资源依赖尽管是相互的，但却是严重不对称的。[①]党的资源对社会组织具有重要性、互补性和不可替代性，是吸引社会组织参与党建的直接动因。党的资源对社会组织来说是必需品，而且是唯一提供者。而社会组织的资源对党和政府来说是竞争性的、选择性的、边际性的。根据资源依赖与权力的关系，可以解释为什么党建工作中党组织和社会组织很容易形成控制–依附关系。党建工作成为“支持”与“配合”的交换，党和政府“支持”社会组织的发展，为其提供政治资源和经济资源。社会组织为了获得这些资源，“配合”党和政府的工作，响应党和政府的政策。[②]

（三）嵌入理论

资源依赖理论讲了为什么要开展党建，嵌入理论则可以用来分析如何开展党建。社会学家格兰诺维特在1985年首先提出了“嵌入性” 这个概念，强调社会过程应该被视为人际互动，认为人际互动产生的信任是组织从事交易的前提条件，构成了交易成本的重要内容。[③]祖金和多明戈对该概念进行了拓展，将嵌入性分为四种类型：结构嵌入性、认知嵌入性、文化嵌入性和政治嵌入性。[④]

如果我们把嵌入理论与双向互动理论结合起来，可以看出，党建过程就是党组织与社会组织之间相互嵌入的过程，同时包括了“嵌入”和“受嵌”

---

① 徐顽强. 资源依赖视域下政府与慈善组织关系研究. 华中师范大学学报（人文社会科学版），2012（5）：14–18.

② 李健. 加强社会组织党建培育和发展社会组织. 中国社会组织，2017（13）：27–28.

③ Mark Granovetter. Economic Action and Social Structure：The Problem of Embeddness. *American Journal of Sociology*，1985，91（3）：481–510.

④ S. Zukin，P. Dimaggo. *Structures of Capital*：*The Social Organization of Economy.* Cambridge：Cambridge University Press，1990.

两个过程。[①]具体来说，党与社会组织可以在认知、组织和业务三个层面相互嵌入。[②]

所谓认知嵌入就是价值观的认同。为了顺利履行社会组织党建的各项功能，最重要的任务是紧密结合党组织和社会组织的实际情况，探寻两者目标与价值的结合点，使党的建设成为党组织和社会组织的共同需要。[③]党的最终目标是实现共产主义，实现每个个体的自由而全面发展；现阶段的目标是构建公平正义的和谐社会，建设中国特色社会主义。促进公平正义、实现社会和谐也是社会组织的核心价值。可见，现阶段两者的目标指向基本一致。但在实际工作中，社会组织党的建设要结合各个社会组织的具体情况，努力寻找两者目标的结合点。

所谓组织嵌入，就是通过社会组织党建，党的组织体系进入了社会组织，社会组织的党员纳入党的组织体系。在这个过程中，要找到党组织引领与社会组织自治的结合点。社会组织是具有高度自治性的组织，成员可以广泛地参与自我管理、参与社会政治生活。同时，社会组织又是相对松散的组织，组织结构比较松散，工作人员流动性大，兼职人员和志愿者比较多，日常管理不如机关和企事业单位那么严格。而共产党具有严密的组织体系，对成员的纪律性、忠诚度和思想觉悟等要求都很高。由于两者在组织性质和管理方式上的差异，要求社会组织松散型的管理方式向党的严密型的管理方式转变是不切实际的。这就要求社会组织党建必须要适应社会组织的特点，通过创造性开展组织活动，实现党建的各项功能和目标，这是社会组织党建工作面临的难题和迫切需要解决的问题。

所谓业务嵌入，就是实现党建工作与社会组织业务工作的一体化。为了完成上述任务，党建工作要明确自己的职能、活动范围，以促进社会组织业务工作为基准，党的组织活动应当融入社会组织业务活动的全过程，融入其

---

① 刘鹏. 从分类控制走向嵌入型监管：地方政府社会组织管理政策创新. 中国人民大学学报，2011（5）：91-99.

② 李健. 加强社会组织党建培育和发展社会组织. 中国社会组织，2017（13）：27-28.

③ 周海南，孙斌，许佃兵. 社会组织党建工作研究. 中国社会组织网，http：//www. chinanpo. gov. cn/700100/92626/newswjindex. html，2018-07-09.

日常管理的各个环节，融入其文化建设的各个方面，引导和监督社会组织贯彻执行党的方针政策，遵守国家的法律法规，团结凝聚职工群众，维护各方合法权益，促进社会组织健康、规范、有序发展。

【微案例4-1】

北京福建企业总商会的党建经验[①]

北京福建企业总商会是在京28家省级商会和全国636家福建异地商会中最大的商会，是北京市第一家也是唯一一家总商会。在现任总商会会长、党委书记陈春玖的积极倡导下，2008年10月率先成立了中共北京福建企业总商会总支部委员会，并于2012年5月成为驻京异地商会第一家党委。北京福建企业总商会把党建工作与商会建设紧密结合，找准二者的最佳结合点和切入点，让每一项党建工作或活动都踩准商会和企业发展的节拍，使业务工作与党建工作同步推进、协调发展、共同提高，从而有效地避免了党建工作与社会组织业务工作"两张皮"的现象。

党建工作固然是由党主导进行，但不能忽略社会组织在党建工作中的能动性。党组织对社会组织的嵌入既有监管功能，也有培育功能，如果片面强调监管功能，可能不太容易得到社会组织的积极响应。从技术上来说，党建工作的效果取决于党建政策的执行能力。从各地的实践情况来看，通过强制命令和倒逼机制等单边主义策略推行党建的地方，党建工作往往停留在表面；通过双向互动、柔性嵌入方式开展党建工作的地方，党建工作才能得到社会组织的真心接受，并且取得实际效果。[②]当然，党的嵌入能否转换为社会组织的优势，还取决于社会组织是否具备同等的认识和能力。[③]

① 中共北京市朝阳区委非公经济工委. 加强社会组织党的建设不断扩大党的影响力，http：//dangjian. com/specials/fg/fgdcyj/201602/t20160203_3131146.shtml，2018-08-15.

② 李健. 加强社会组织党建培育和发展社会组织. 中国社会组织，2017（13）：27-28.

③ 同上。

二、社会组织党建的发展历程

社会组织的党建工作从20世纪90年代开始启动，20多年来逐渐得到加强和规范。2015年中共中央办公厅下发《关于加强社会组织党的建设工作的意见（试行）》以来，社会组织党建工作进入全面推进阶段。

1994年9月，党的十四届四中全会通过的《关于加强党的建设几个重大问题的决定》中指出，各种新建立的经济组织和社会组织日益增多，需要从实际出发建立党的组织，开展党的活动。新的经济组织和新的社会组织后来被统称为“两新”组织。“两新”组织的党建工作从此拉开序幕。

1996年，中共中央办公厅、国务院办公厅下发《关于加强社会团体和民办非企业单位管理工作的通知》，要求在社会团体和民办非企业单位中建立党组织，接受挂靠单位、业务主管部门党组织或所在地方党组织领导。

1998年2月，中组部和民政部下发《关于在社会团体中建立党组织有关问题的通知》，这是社会组织党建领域的第一个规范性文件，要求经登记管理机关核准登记的社会团体，其常设办事机构专职人员中凡是有正式党员3人以上的，应建立党的基层组织。

1999年11月，中共中央办公厅、国务院办公厅下发《关于进一步加强民间组织管理工作的通知》，强调在民间组织中建立党组织。

2000年6月，中组部、教育部党组下发《关于加强社会力量举办学校党的建设工作的意见》，要求及时在社会力量举办学校建立党的组织，理顺党组织的隶属关系，明确社会力量举办学校党组织在教职员工和学生中发挥政治核心作用。同年7月，中组部印发《关于加强社会团体党的建设工作的意见》，提出建立健全社会团体的党组织、理顺党组织隶属关系，明确了社会团体党组织的主要职责，强调做好党员的教育管理工作。

2002年11月，党的十六大强调加大在社会团体和社会中介组织中建立党组织工作力度。2004年9月，党的十六届四中全会通过的《关于加强党的执政能力建设的决定》提出加大在新经济组织、新社会组织中建立党组织的工作力度，探索党组织和党员发挥作用的方法和途径。2006年10月，党的十六届六中全会通过的《关于构建社会主义和谐社会若干重大问题的决定》提出，推进新经济组织、新社会组织党建工作，扩大党的工作覆盖面。此后，党和政府的文件中用“社会组织”概念替代“民间组织”一词。

2006年12月，中央组织部、教育部党组印发《关于加强民办高校党的建设工作的若干意见》，对民办高校党建工作作出明确规定。

2007年10月，党的十七大报告指出，要落实党建工作责任制，全面推进农村、企业、城市社区和机关、学校、新社会组织等的基层党组织建设。

2009年9月，党的十七届四中全会通过的《关于加强和改进新形势下党的建设若干重大问题的决定》提出，加大在中介机构、协会、学会以及各类新社会组织中建立党组织的力度。

2012年11月，党的十八大提出，加大非公有制经济组织、社会组织党建工作的力度，全面推进各领域基层党建工作，扩大党组织和党的工作覆盖面。

2015年9月，为贯彻党的十八大精神和习近平总书记关于加强社会组织党的建设的重要思想，民政部配合中央组织部在广泛调研基础上，以中共中央办公厅名义印发了《关于加强社会组织党的建设工作的意见（试行）》（以下简称《意见》），这是社会组织党建历史上具有里程碑意义的文件。在这个文件出台以前，党章和党的文件中均未明确表述社会组织党组织应承担什么职能，人们常常参照党章中关于非公有制经济组织中党组织的定位来理解社会组织党组织的功能定位。但是，社会组织和经济组织性质不同，社会领域和经济领域的运行规律也不同，经济组织中党组织的功能定位和工作方法并不完全适用于社会组织。

《意见》根据十八大以来党的方针政策，结合中国社会组织的性质和特点，全面系统地对社会组织党建工作的各个方面提出了具体要求。《意见》明确规定了社会组织党组织的功能与职责，“党在社会组织中的战斗堡垒，发挥政治核心作用。”《意见》要求社会组织党组织必须履行“保证政治方向、团结凝聚群众、推动事业发展、建设先进文化、服务人才成长、加强自身建设”等六项基本职责。《意见》对准确定位社会组织党组织功能、发展党员和建立党组织、理顺社会组织党建工作管理体制、发挥好社会组织党组织功能和党员作用、加强社会组织党务工作者队伍建设和建立社会组织党建工作经费保障机制等，都作出了理论政策上的回答和工作战略上的部署。

2016年，中共中央办公厅、国务院办公厅印发了《关于改革社会组织管理制度促进社会组织健康有序发展的意见》，围绕“努力走出一条具有中国特色的社会组织发展之路”这一重大战略任务，对加强党对社会组织的领导、加强社会组织党的建设作出进一步部署和安排。

2017年10月，习近平总书记在党的十九大报告中指出：“党的基层组织是确保党的路线方针政策和决策部署贯彻落实的基础。要以提升组织力为重点，突出政治功能，把企业、农村、机关、学校、科研院所、街道社区、社会组织等基层党组织建设成为宣传党的主张、贯彻党的决定、领导基层治理、团结动员群众、推动改革发展的坚强战斗堡垒。”“注重从产业工人、青年农民、高知识群体中和在非公有制经济组织、社会组织中发展党员。”“要推动协商民主广泛、多层、制度化发展，统筹推进政党协商、人大协商、政府协商、政协协商、人民团体协商、基层协商以及社会组织协商。”

上述政策针对社会组织的性质和特点，对社会组织党建工作进行了全面部署和具体安排。

三、社会组织党建工作现状及问题

党的基层组织建设包括七大领域：农村基层（乡镇、村党组织）、城市基层（街道、社区党组织）、机关、事业单位、国有企业、非公有制企业和社会组织。社会组织党建是党的基层组织建设的重要领域之一。截至2015年底，全国共有党员8875.8万名，基层党组织441.3万个。[①]截至2015年3月，社会组织工作人员共有中共党员82.68万名，成立党组织8.3万个。社会组织党员数占全国党员总数的比例约为0.9%，党组织数量约占全国基层党组织总数的2%。根据民政部民间组织管理局统计，2012年全国社会组织党组织具备条件应建已建率已经达到98.5%，党组织在社会组织中的总体覆盖率从5.8%提高到

① 华春雨，朱基钗．党员8875.8万名　基层党组织441.3万个．农民日报，2016-07-01.

15.4%，[①]社会组织党员队伍年轻化特点非常明显。截至2015年底，社会组织中35岁及以下的党员占比为34.1%，高于全国平均数8.7个百分点。[②]

由于我国社会组织发育较晚，党建工作起步最晚，基础最薄弱。[③]我国社会组织大多规模较小，工作人员较少，党员更少，加之长期以来在社会组织工作人员中发展党员工作相对比较薄弱，绝大多数社会组织党员人数都不足3人。并且，社会组织工作人员来源广泛、身份多样、流动性较大，也给发展新党员的工作带来很大困难。因此，社会组织中符合建立党组织条件的少，提高党组织覆盖率难度较大。[④]

虽然全国各地积极探索，对社会组织党建工作起到了一定的推动作用，但是还存在各地、各级、各行业、各领域各自为战的情况，缺乏战略性和权威性。[⑤]总体上来看，社会组织党建工作在认识上和体制机制上都存在不少问题。

其一是一些地方领导对加强社会组织党建工作的重要性认识不足，有的对社会组织不了解、不关心、不重视，有的对社会组织的“双刃剑”特点认识不足，对加强社会组织党建、确保其正确发展方向的重要性缺乏认识，认为社会组织性质特殊，建不建党组织“没关系”。在社会组织党建工作中，不研究、不尊重社会组织的规律和特点，不信任社会组织，习惯用传统领域的工作思维考虑社会组织的党建，效果不佳，事倍功半。[⑥]

其二是社会组织对党建工作不理解。出于利益关联度和活动成本的考虑，一些社会组织对党建工作持消极、抵触甚至是反对情绪。当前，大多数社会组织的党建工作并不是社会组织自发开展的，而是在外力的要求下被动开展的。民政、工商等部门在对社会组织进行登记和年检时，往往要求符合

① 窦玉沛. 加强党建工作　促进社会组织健康发展. 行政管理改革，2015.

② 谢玉峰. 加强社会组织党建工作推动社会组织健康发展. 中国社会组织，2016（24）：1-1.

③ 同上。

④ 周海南，孙斌，许佃兵. 社会组织党建工作研究. 中国社会组织网，http：//www. chinanpo. gov. cn/700100/92626/newswjindex. html，2018-07-09.

⑤ 刘宇辉，刘陈德，章建伟，檀雪菲，梁朱红. 社会组织党建工作创新调研报告. 中国非公企业党建网，http：//www. fgdjw. gov. cn/fgdjw/system/2014/04/28/017928564.shtml，2018-07-09.

⑥ 同上。

条件的社会组织成立党组织，这种工作方式常常引发社会组织对党建的应付甚至排斥。一些社会组织还认为党建工作增加了额外的时间、人力和经济成本，却很难对组织发展有所贡献，因而对党建工作采取消极抵制的态度。

其三是社会组织从业人员对党建不积极。社会组织工作人员大多数工作稳定性低、流动性大，生存压力很大，党员身份不能带来职业的稳定和收入的增加，因此入党愿望不强烈。即便已经入党，社会组织党员往往也选择隐瞒自己的党员身份，成为“地下党员”“隐形党员”或“口袋党员”，这导致社会组织中的党组建立困难重重，党组织生活无法正常开展。

其四是社会组织党建管理体制不顺畅，党建工作责任落实存在困难。中组部、民政部《关于在社会组织中建立党组织有关问题的通知》明确了社会组织党建工作“谁主管、谁负责”的原则，以及社会组织审批和登记部门“双重管理”的要求。在实际操作中，各地社会组织党建管理体制不统一、党建责任主体不明确，影响了社会组织党建的深入开展。[①]

其五是缺乏制度保障。社会组织缺乏党建人才，缺少活动场所和经费，缺少党建工作经验，造成党组织处于“软、懒、散”状态，党组织活动少，党员作用发挥不充分。不仅如此，社会组织党建工作还缺乏群团组织的支持，社会组织的群团组织覆盖率较低，党群一体化共建合力还未成体系。

此外，活动陈旧、缺乏创新阻碍了社会组织党建质量的提高。一些社会组织的党建活动照搬机关、国有企事业单位或街道党组织的活动形式，除了组织学习、座谈交流、走访慰问外，再也拿不出新方法，导致党的活动与社会组织的业务工作相脱节，得不到社会组织党员和群众的认同。[②]上级党委对社会组织的业务工作关心和支持不够，而对党务工作要求多、检查多、评比多，存在一定的形式主义，招致社会组织和党员的不满。这些因素对社会组织党建工作产生了不利影响。

---

① 窦玉沛. 加强党建工作 促进社会组织健康发展. 人民网，http：//theory. people. com. cn/n/2015/0304/c207270-26635559.html，2018-07-09.

② 侯晋雄.“两新”组织党建工作的困境及破解路径. 理论导刊，2012（7）.

第二节　社会组织党建管理体制

体制机制事关根本和全局，完善社会组织党建管理体制和工作机制至关重要。2015年中共中央办公厅下发的《关于加强社会组织党的建设工作的意见（试行）》（以下简称《意见》）从工作机构、管理体系和工作机制与工作方法、保障机制等四个方面对社会组织党建的管理体制和工作机制做了规定，各地在执行落实《意见》的过程中，也做了很多有益的探索和创新。

一、社会组织党建工作机构

《意见》第五条对社会组织党建工作机构做了规定。县级以上地方党委要依托党委组织部门和民政部门建立社会组织党建工作机构，已经建立非公有制企业党建工作机构的，可依托党委组织部门将其与社会组织党建工作机构整合为一个机构。党委组织部门对同级社会组织党建工作机构进行指导，上级社会组织党建工作机构对下级社会组织党建工作机构进行指导。

社会组织党建工作管理体制与社会组织行政管理体制紧密相关、密不可分。建立科学合理的管理体制，必须深入研究社会组织的区域、性质、活动范围等特点，对社会组织党建工作进行分级分类管理。从全国各地的实践经验来看，地方党委组织部门、登记管理部门和业务主管部门在社会组织党建工作中分工合作，建立了“三位一体”的管理体制和工作机制。一般情况下，地方党委组织部门发挥宏观指导作用，行政管理部门和业务主管部门党组织负责党建具体工作。根据管理主体的不同，采用了行业管理、属地管理和就近管理等党建管理模式。[①]

近年来，北京、上海、重庆、天津等地在社会组织党建工作机构设置方面，进行了有益的探索，形成了各具特色的工作体制和运行机制。2003年8月，上海市委专门设立了社会工作党委，作为市委派出机构，负责全市非公有制经济组织和社会组织党建工作的领导和指导。2006年7月，重庆市设立重庆市委新经济组织和社会组织工作委员会，与市总工会合署办公，利用市总工会富余编制和办公场所开展工作。2007年12月，北京市委批准成立了北京市社会工作委员会作为市委的派出机构，所有涉及社会建设的问题都归其协调。2011年3月，天津市委批准成立天津市社会组织党工委，指导全市社会组织党建工作。市社会组织党工委与社团局建立党政协调一致的工作机制，同时成立了天津市社会组织服务管理中心，为党建工作搭建起新的服务平台。

二、社会组织党建管理体系

《意见》第六条规定了社会组织党建管理体系。形象地说，社会组织党建管理体系是“三横一纵”。“三横”是指：全国性社会组织党建工作分别归口中央直属机关工委、中央国家机关工委、国务院国资委党委统一领导和管理；地方社会组织，党建工作分别由省、市、县级社会组织党建工作机构统一领导和管理；城乡社区社会组织，党建工作由街道社区和乡镇村党组织兜底管理。“一纵”是指有业务主管单位的社会组织党建工作由业务主管单位党组织领导和管理，接受社会组织党建工作机构的工作指导。社会组织中设立的党组，对本单位和直属单位党组织工作进行指导。

广东省是社会组织大省，截至2015年底，全省登记注册的社会组织5万多个，数量位居全国第二。全省社会组织党员将近10万名，共建立党组织8099个，其中党委126个、党总支219个、党支部7754个，党组织覆盖率86.6%。2009年，广东省成立社会组织党工委，2012年8月改为党委。到2015年3月，

① 周海南，孙斌，许佃兵. 社会组织党建工作研究. 中国社会组织网，http：//www. chinanpo. gov. cn/700100/92626/newswjindex. html，2018-07-09.

全省22个地（市、区）成立了社会组织党委，53个县（市、区）成立了相应的工作机构。省、市、县各级社会组织党（工）委设在民政部门，领导各级行业协会及无业务主管单位的社会组织党建工作，协调、指导同级有业务主管单位的社会组织和所属下级民政部门登记的社会组织党建工作，形成了党委领导、组织部门负责、民政部门牵头、业务主管单位各司其职的社会组织党建工作格局。[①]

深圳市理顺社会组织党建管理体制，做到分级负责、条块结合、区域兜底。建立以市、区党委组织部（“两新”组织党工委）牵头，市、区社会组织党委管理为主，业务主管单位管理为辅，街道和社区管理兜底的社会组织党建工作管理体制。原则上，在市、区民政部门登记管理的社会组织的党组织，分别由市、区社会组织党委领导和管理；民办高校党组织由市委教育工委领导和管理，民办中小学、民办幼儿园和民办教育培训机构的党组织由区教育系统党委或街道党工委领导和管理；民办医院党组织由市委卫生工委领导和管理，民办诊所党组织由区卫生系统党委或街道党工委领导和管理。各业务主管单位应配合本级党委组织部（“两新”组织党工委）和社会组织党委，协助抓好主管的社会组织的党建工作。在区民政部门和街道办事处备案管理的社区社会组织的党建工作，由街道党工委和社区党委兜底管理。[②]

麻城市的做法在湖北省具有代表性。麻城市按照“条块结合、以块为主、以条为辅、分级负责、分类管理”的总体原则，在全市建立社会组织党工委、社会组织党总支（党委）和社会组织党支部三级管理体制。第一级是社会组织党工委，在市委、组织部门的领导下，负责领导行业（部门）和无业务主管单位的社会组织党建工作，指导、协调民政部门登记管理的社会组织和市直相关部门业务对口管理的中介组织党建工作。党工委办公室设在民政部门，由民政部门作为抓社会组织党建工作的责任主体，结合登记管理业务抓党建。第二级是行业（部门）社会组织党总支（党委），负责管理本行

① 民政部直属机关党委，民政部民间组织服务中心党委. 广东省社会组织党建工作调研报告. 中国社会组织，2016（1）：25–27.

② 廖远飞. 在深圳市社会组织党的建设工作座谈会上的讲话. 深圳市人民政府网站，http：//news. hexun. com/2016-06-20/184489094.html，2018-07-09.

业、本部门社会组织党建工作。第三级是社会组织党支部。通过建立三级管理体制，形成党委领导、组织部门抓总、登记管理机关牵头、业务主管单位各负其责的社会组织党建工作格局。①

对于四类实行直接登记制度的社会组织，由于没有了业务主管单位，需要明确新的党建工作责任主体。天津、山东、宁夏等12个省区依托民政部门成立社会组织党工委的做法值得借鉴。②

三、社会组织工作机制和工作方法

《意见》第七条规定了社会组织党建工作机制。各级党委组织部门和社会组织党建工作机构要建立“三个机制”：一是统筹协调机制，定期召开有关部门参加的社会组织党建工作会议，及时研究有关重要问题，协调解决重点难点问题。二是上下联动机制，上面有部署下面要及时落实，下面的成功探索上面要及时总结推广，下面的困惑困难上面要帮助解决、创造条件。三是直接联系机制，县级以上党委组织部门和社会组织党建工作机构都直接联系一批规模较大、人员较多、影响力强的社会组织党组织，及时了解情况、听取意见、加强指导。

民政部探索创建了部管社会组织党建工作制度。在摸清底数的基础上，研究制定了部管社会组织党组织成立、党员组织关系转接、党员发展、党员教育培训、党费管理等制度和流程，党建工作联络员制度等。③以党建工作直接联系机制和联络员制度为例，部管社会组织既有部内相关司局和直属事业单位直接联系的，也有部内离退休领导发起成立的，或者由社会知名企业和个人发起成立的，既有民政部履行全部主管职责的，也有直接登记成立的，类型复杂多样，需要分类指导。民政部由直属机关党委统筹领导，建立

---

① 夏钦敏. 社会组织在阶层和谐中对密切党群关系的影响. 中国社会组织，2011（9）：38-39.

② 窦玉沛. 加强党建工作 促进社会组织健康发展. 人民网，http：//theory. people. com. cn/n/2015/0304/c207270-26635559.html，2018-07-09.

③ 民政部直属机关党委，民政部民间组织服务中心党委. 广东省社会组织党建工作调研报告. 中国社会组织，2016（1）：25-27.

部管社会组织直接联系机制，根据不同类型，由直属机关党委、民间组织服务中心党委、部相关司局和事业单位党组织，分别联系一批规模较大、人员较多、影响力强的部管社会组织党组织。对于尚未建立党组织的部管社会组织，实施党建工作联络员制度，选派一批党建工作指导员、联络员，指导推动符合条件的社会组织建立党组织，指导尚未成立党组织的在负责人和业务骨干中发展党员，逐步推动组织覆盖和工作覆盖。[①]

北京市委高度重视社会组织党建工作。2007年底和2008年上半年，先后在市、区两级分别成立社会工委和社会办，负责全市社会组织建设、管理、服务和党建工作。2009年，全市街道（乡镇）成立社会工作党委，隶属于街道党工委（乡镇党委），具体负责辖区社会组织党建工作。2010年，北京市民政局社团办党委成立社会组织党总支，解决了部分新成立的社会组织党组织没有党建主管单位的问题，起到了托底管理的作用。[②]为有效扩大党建工作覆盖面，2009年以来，按领域分类，北京市分三批认定了27家市级“枢纽型”社会组织，全市16个区县认定了173家“枢纽型”社会组织。[③]在市级“枢纽型”社会组织中推行“3+1”党建工作模式，“3”即在“枢纽型”社会组织建立党建工作委员会、成立社会组织联合党组织、设立或明确相关工作部门；“1”即建立健全社会组织党建工作例会制度。

广东省强调组织部门牵头统筹，适应社会组织特点完善党建工作机制。省、市级社会组织归口省、市社会组织党委领导和管理，还未完成脱钩工作的社会组织，按照“谁主管、谁负责”的总体原则，确保每个社会组织的党建工作都有相应的责任主体。[④]比如，温州市依托业务主管和指导单位、登记机关，在教育、卫生、工商联、民政等部门成立了13个隶属于市委“两新”

---

① 民政部直属机关党委，民政部民间组织服务中心党委. 广东省社会组织党建工作调研报告. 中国社会组织，2016（1）：25–27.

② 刘宇辉，刘陈德，章建伟，檀雪菲，梁朱红. 社会组织党建工作创新调研报告. 中国非公企业党建网，http：//www. fgdjw. gov. cn/fgdjw/system/2014/04/28/017928564.shtml，2018–07–09.

③ “枢纽型”社会组织，是指由北京市社会建设工作领导小组认定的，对同类别、同性质、同领域的社会组织进行联系、服务和管理的联合型组织。

④ 谢玉峰. 加强社会组织党建工作　推动社会组织健康发展. 中国社会组织，2016（24）：1–1.

工委的社会组织联合党委，分类负责管理与其业务指导关系密切的社会组织党组织，形成了“‘两新’工委+联合党委”联动抓党建的工作格局。由兼任市委“两新”工委委员的部门领导担任联合党委书记，整合原有工作资源，积极落实人员、场地和资金，推动联合党委实体化运作。[①]

成都市锦江区以“分工合作、整体联动、系统推进”为基本原则，健全和完善由组织部门牵头、登记管理部门、业务主管部门、街道和社区属地党组织组成的“四位一体、职责明晰、齐抓共管、协调推进”的社会组织党建工作管理体制，切实解决党的组织“由谁建”、党的工作“由谁管”的问题。成都市锦江区各系统党委对具有业务指导关系的社会组织作梳理排查，对党建工作尚未覆盖的社会组织建立一个系统性联合党组织。各街道党工委依托社会组织指导中心建立一个指导性社会组织党组织，指导辖区社会组织党建工作。各社区对在社区备案的社会组织作梳理排查，对党建工作尚未覆盖的社会组织建立一个区域性联合党组织。以上建立的社会组织党组织负责人原则上由社会组织负责人或社会组织党建工作负责人担任；有业务主管单位并在街道社区备案的社会组织由业务主管单位负责相关党建工作；各区级业务主管单位、街道、社区指派专人作为“社会组织党建工作专职指导员”，切实加强对社会组织党建工作的管理和指导。[②]

重庆市按照“分级负责、属地管理、条块结合、分类指导”的原则，建立形成“党委统一领导、组织部门统揽、‘两新’工委抓总、登记管理机关协同、业务主管（业务指导）单位负责”的党建工作机制。[③]

四、社会组织党建工作保障机制

社会组织党建工作做得好不好，关键在党的领导。目前，一些地方和部门领导同志对社会组织党建工作不够重视，不少同志存在模糊认识，还有的缺乏有效的工作手段，存在畏难情绪。做好社会组织党建工作，需要必要的

①②③ 广州市社会组织联合会. 广州市关于加强社会组织党建工作的调研报告. 广州市社会组织联合会网，http: //www. gzfso. org. cn/html/news/events/033013c2017.html，2018-07-05.

基础保障。目前，认识不足，缺经费、缺场所、缺制度保障，是制约社会组织党建工作的重要瓶颈。

（一）强化制度保障

目前开展社会组织党建工作的保障体系还不健全，需要建立健全一系列的工作和管理制度，确保党建工作长效发展。要不断完善基层党委抓社会组织党建工作责任制度、社会组织党建工作联席会议制度、党员领导干部联系点制度、社会组织党建工作定期研究制度、社会组织党建工作指导督导制度、社会组织党建工作考核评价制度、经费保障制度、组织关系接转制度、党员活动制度、党员权利保障制度、考核奖惩制度等，为推进社会组织党建工作提供规范完善的制度保障。

在这些制度中，党建责任制度和考核制度尤为重要。南京市、成都市均实行社会组织党建工作目标考核责任制。在考核的基础上还要建立奖惩机制，对于考核优秀的党组织及其负责人要进行奖励，对履行责任不到位的党组织及其负责人要追究责任。南京市由组织部门牵头，以年度民政工作蓝皮书为指引，对全市社会组织党建工作进行年终检查考核。成都市把社会组织党建工作纳入市委、市政府专项目标，由市委目标管理督察办、组织部和民政局联合对各业务主管单位、各街道办事处、各社区下达《社会组织党建工作专项目标》，结合群众路线教育实践活动开展专项督导督查，年底通过看、听、查、访的形式进行联合专项目标考核。[①]

工青妇群团组织建设。2013年8月以来，先后成立广州市社会组织工会工作委员会、共青团广州市社会组织工作委员会、广州市社会组织妇女工作委员会，分别作为市总工会、团市委和市妇联的派出机构，指导全市社会组织工青妇工作。各区都相应成立机构，并指导成立了一批社会组织工青妇基层组织，党建带工青妇建设初见成效。[②]

① 广州市社会组织联合会. 广州市关于加强社会组织党建工作的调研报告. 广州市社会组织联合会网，http：//www. gzfso. org. cn/html/news/events/033013c2017.html，2018-07-05.

② 同上。

【微案例4-2】

北京市朝阳区女企业家协会党建工作运行机制

北京市朝阳区女企业家协会成立于2011年5月。女企业家协会成立不久就建立了临时党支部，后来随着党员人数的增加，又及时组建了党委。协会党委成立后，通过认真总结实践经验，推出“5224”的党建工作运行机制，即：实行五项制度、遵守两个规则、设立两个奖项、开展四项活动。五项制度：一是协会党委议事制度；二是党委委员、党支部书记工作例会制度；三是党委委员联系走访会员单位制度；四是协会党政协调工作制度；五是基层党支部日常工作若干工作制度。两个规则：一是女企业家党员行为规则；二是女企协会员自律规则。两个奖项：一是“金凤凰”奖，定期评比表彰优秀女企业家；二是“帼国先锋”奖，定期评比表彰优秀女企业家党员。四项活动：一是党内专题教育实践活动；二是创先争优活动；三是“双服务”“双奉献”活动（服务党员、服务会员、奉献企业、奉献社会）；四是文化引领活动。

（二）加强经费保障

经费短缺是制约社会组织党建的一个主要因素，加强经费保障对促进社会组织党建工作至关重要。现行政策为建立多渠道筹措、多元化投入的社会组织党建经费保障机制提供了支持。党委政府的投入是基础。一些地方采取了社会组织党员上缴的党费全额下拨，党委组织部门用留存党费给予支持的办法。除了上级支持以外，社会组织也可通过管理费用列支等形式，为开展党建工作提供必要经费。中组部、财政部、国家税务总局《关于非公有制企业党组织工作经费问题的通知》规定，按照不超过职工年度工资薪金总额1%的标准，党建经费可以据实在社会组织应缴纳的所得税前扣除。此外，各地还可以通过以奖代补、购买服务等方式，对党建工作经费予以支持。[①]

① 谢玉峰. 加强社会组织党建工作　推动社会组织健康发展. 中国社会组织，2016（24）：1-1.

目前社会组织党员的教育管理经费85%来自党费和上级党组织的划拨，但由于社会组织党员党费的收缴总量不高，即使党费全额返还也还捉襟见肘。[①]由于各地财政实力大小和对社会组织党建工作的重视程度不同，以及社会组织自身财务状况的差异，社会组织党建经费状况呈现出不平衡的状态。在北京、天津、广州、深圳等经济发达地区，社会组织党建工作经费得到有力的支持。

北京市通过购买岗位和财政专项拨款等方式为社会组织党建工作提供经费保障。一是购买岗位。北京市委社会工委向市级“枢纽型”社会组织所属社会组织购买200个党建管理岗位，专门从事党建和服务管理工作。在支持方面，通过各种渠道提供经费保障。二是财政专项拨款。北京市委社会工委通过市财政建立了每年2.5亿元的社会建设专项资金，部分用于党建经费。区（县）也设立了社会建设专项资金，仅西城区就连续两年分别投入2000万元。三是购买服务，2011年以来，市民政局每年从福彩公益金投入350余万元，购买社会组织公益服务项目，两次争取中央财政860万元资助北京市社会组织开展公益服务。党建服务项目也在其中。同时，鼓励社会组织自筹党建经费。北京注册会计师协会党委设立了50万元行业公益基金，争取市财政专项拨款和市委社工委购买服务补助党建经费共计133万元。[②]

天津市财政局为市社会组织党工委划拨了专项经费；市委组织部对新成立的社会组织党组织从市区两级党费中拨付了开办费和工作经费。滨海新区成立了社会组织党工委，区财政局为每个支部每年拨付活动经费2000元。[③]

2013年2月，广州市采取“财政拨款、党费支持、企业自筹、社会帮扶”等方法，建立以财政拨款为主、其他来源为辅的稳定的社会组织党建工作经费保障机制。财政拨付范围和项目包括党员活动经费（每名党员每年300元标

---

① 张波. 我国新社会组织党建工作若干问题研究——基于2000—2013年相关文献的分析. 长白学刊，2014（1）.

② 刘宇辉，刘陈德，章建伟，檀雪菲，梁朱红. 社会组织党建工作创新调研报告. 中国非公企业党建网，http：//www. fgdjw. gov. cn/fgdjw/system/2014/04/28/017928564.shtml，2018-07-09.

③ 曲孝丽. 坚持四个注重 深化创先争优. 天津社会组织网，http：//www. tjmz. gov. cn/tjshzz/system/2012/09/19/010012002.shtml，2018-07-05.

准支付）、党务工作者工作津贴（全职党组织书记每月2000元、兼职的每月300元标准支付）、新建立党组织启动经费（不低于3000元标准支付）等。市社会组织党委同时明确直接管理的社会组织党组织缴纳党费全额返还。深圳市也做了类似安排。[①]

（三）加强能力保障

能力包括软件和硬件两个方面。在硬件建设方面包括提供活动场所、建立培训机构、建设信息平台等，在软件方面主要是提供各种教育培训服务。

各地都很重视党建工作的硬件设施投入和建设。大多数社会组织规模较小，没有自己独立活动场所。针对这个问题，一些地方还为社会组织开展党建活动提供场所，支持具备条件的社会组织建设活动场所，在社会组织相对集中的街区、园区、楼宇统筹建设党群活动服务中心，鼓励区域内单位之间党组织活动场所共用、资源共享。2016年，成都市建立社会组织学院，这是全国第一家由党委、政府主导的为社会组织及其工作者提供培训的专门机构。广州市初步建成全市社会组织登记管理党建一体化信息管理系统，实现登记管理和党建管理服务一体化、信息化。[②]

从中央到地方采取各种措施，提供社会组织党建培训服务。民政部通过“中央财政支持社会组织参与社会服务”项目，支持地方登记管理机关和社会组织开展社会组织负责人培训，平均每年培训社会组织负责人1万多人。2012年民政部还会同中组部举办了首批全国社会组织党组织书记示范培训班。各地参照这一做法，仅当年就举办130多期党建培训班，培训党组织负责人15000多人。深圳市为非党员社会组织负责人选派“一对一”培养联系人，每年举办社会组织负责人培训班，并对支持党建工作的社会组织负责人在表彰奖励和“两代表一委员”推荐中优先考虑。[③]在浙江、宁夏、深圳，社会

① 广州市社会组织联合会. 广州市关于加强社会组织党建工作的调研报告. 广州市社会组织联合会网，http：//www. gzfso. org. cn/html/news/events/033013c2017.html，2018-07-05.

② 赵欣. 破解社会组织党建难题. 学习时报，http：//www. qstheory. cn/freely/2015-05/28/c_1115433512.htm，2018-07-02.

③ 同上。

组织党务工作者培训被纳入党员干部教育培训总体规划，分层分类开展教育培训。[①]

（四）强化激励机制

对社会组织党务工作者既要严格管理和考核，激发他们的责任心，又要关心党务工作者，为他们创造良好的工作环境，激励他们做好工作，使社会组织党务工作者干事有平台、待遇有保障、发展有空间。

对社会组织党务工作者的激励主要是物质激励和政治激励。在物质上，根据实际工作量给予党组织书记和专职党务工作者适当工作津贴。在政治上，可以通过党组织来联系和落实上级党委、政府对社会组织的扶持优惠政策，以提升党组织在社会组织中的地位和影响；在各级党代表中增加社会组织党代表的比例，在党组织和党员评选先进、表彰奖励等方面，让社会组织党组织和党员可以平等享受政治荣誉，推荐优秀社会组织党组织书记和党员作为各级党代会代表、人大代表、政协委员和劳动模范等各类先进人物人选。[②]

第三节　社会组织党组织和党员

党建工作的目的乃是充分发挥党组织和党员的作用。《关于加强社会组织党的建设工作的意见》指出，推进党的组织和工作覆盖仍是当前社会组织党建的首要任务。近年来，全国各地不断创新，探索出了一些能够有效发挥

① 广州市社会组织联合会. 广州市关于加强社会组织党建工作的调研报告. 广州市社会组织联合会网，http：//www. gzfso. org. cn/html/news/events/033013c2017.html，2018-07-05.

② 廖远飞. 在深圳市社会组织党的建设工作座谈会上的讲话. 深圳市人民政府网站，http：// news. hexun. com/2016-06-20/184489094.html，2018-07-09.

党组织和党员作用的途径和方式。

一、社会组织党组织建设

《意见》要求社会组织根据具体情况按单位、按行业、按区域建立党组织，有人形象地称之为按“点”、按“线”、按“面”建立党组织。一是按单位建，也就是按“点”建立党组织。具备条件的社会组织，都要按照规定建立党组织。二是按行业建，也就是按“线”建立党组织。暂不具备单独组建条件的，可以按照行业相近、产业相通的原则，依托业务主管单位或同类型规模较大的社会组织，联合建立党组织。三是按区域建，也就是按“面”建立党组织。在社会组织相对集中的各类街区、园区、楼宇等区域，可以打破单位界限，统一建立党组织。四是实现全覆盖。社会组织党建的基本原则是应建尽建。对于按点、线、面都覆盖不到的社会组织，暂不具备组建条件的要积极创造条件，可通过选派党建工作指导员、联络员或建立工会、共青团组织等途径，开展党的工作，条件成熟时及时建立党组织。

（一）社会组织党组织全覆盖

截至2014年，社会组织党组织应建已建率已达到97%以上，但党组织在整个领域的覆盖率不到三成。因为全国社会组织从业人员中的党员比例都较低，平均只有10.4%，大多数社会组织不具备单独建立党组织的基本条件。比如，有一个县社会团体总数是196个，但绝大多数属于10人以下的中小型社团，98%以上没有党员。[①]

与党政机关和企事业单位不同，社会组织不是科层制组织，而是网络化组织，很难按照传统的党的基层组织设置模式在社会组织建立党组织。在党政机关和企事业单位中，一般一个单位内可以对应设置一个党的基层组织。但是，社会组织的人员结构和组织模式存在较大差异，开展党建工作的条件

① 刘宇辉，刘陈德，章建伟，檀雪菲，梁朱红. 社会组织党建工作创新调研报告. 中国非公企业党建网，http://www.fgdjw.gov.cn/fgdjw/system/2014/04/28/017928564.shtml，2018-07-09.

也有很大不同。比如，民办学校和医院等民办非企业单位一般具有一定的规模，党员人数能够达到建立基层党组织的最低要求，具备单独建立党组织和持续开展党建活动的基本条件。而大部分的社会团体和基金会等组织往往专职人员少，兼职人员多，人员流动性大，很难在一个单位内单独组建党组织，需要采取单建、联建和挂靠等更加灵活的方式创造性地开展党建工作。

全国各地都在探索创新党组织设置形式以推进党组织在社会组织的全覆盖。各地都规定有3名以上正式党员的社会组织，无论规模大小，都要求建立党组织。对于不具备单独设立党组织条件的社会组织，各地积极探索党组织设置形式。

广东省采取联合组建、区域组建、行业组建、挂靠组建、委托组建等多种方式组建党组织。[①]比如，温州市探索组建“拓展型”党组织。突破有3名党员转组织关系才能建立党组织的规定，允许社会组织只要有3名党员，即使不转组织关系也能成立“拓展型”党组织。针对社会组织类型多样的特点，对隶属于同一业务指导单位的社会组织，采取联合组建的方式。温州市文联指导的18家文艺类社团，经指导成立了“拓展型”联合党支部。对一些与职能部门联系比较紧密的社会组织，则采取挂靠组建的方式。

深圳市摸索出了一套行之有效的行业协会商会党建工作机制。一是组建了一批有代表性的行业协会党委，在重点产业中成立了行业协会党建工作示范点。比如，在家具、监理工程师、小额贷款等行业协会组建行业党委，在互联网、电子信息、新材料等相邻领域产业联盟中建立联合党组织。二是组建一批异地商会党委。以省、自治区、直辖市异地商会和部分地市级异地商会为龙头，组建一批异地商会党委，负责统筹指导其联系的团体会员及会员企业党建工作，使党的组织和工作在异地商会中得到有效覆盖。三是成立联合类社会组织党委。依托社会组织总会、青年社会组织联合会、妇女社会组织促进会、义工联合会、企业联合会、商业联合会等联合性社会组织，组建联合党委，负责统领所属社会组织会员单位的党建工作。深圳市在社会组

---

① 广州市社会组织联合会. 广州市关于加强社会组织党建工作的调研报告. 广州市社会组织联合会网，http：//www. gzfso. org. cn/html/news/events/033013c2017.html，2018-07-05.

织聚集的区域、商务楼宇，依托社会组织服务中心或孵化基地等机构，如社会组织总部基地、妇儿大厦、各街道社区工作站，统一规划建立党群服务中心，组建一批联合党组织，发挥其辐射带动作用。[①]

成都市锦江区创造性建立社会组织“功能性”党支部。即对社会组织中有3名以上流动党员长期在该机构开展活动，但这些党员的组织关系均未正式转入该机构或转入党员数不足3人的，该社会组织可建立功能性、培育型党支部。功能性党支部定期开展支部活动，抓好流动党员管理，过好党员组织生活，加强党建工作，但不得发展党员。对不具备建立党支部条件的社会组织，由区级各业务主管单位、各街道、各社区选派“社会组织党建专职指导员”或党务工作者、党员到社会组织中担任党组织负责人，并先行建立社会组织“培育型”党支部，帮助社会组织做好党员发展、党务工作者培养、党组织建设等相关工作，待社会组织党支部建设成熟后，相关人员再退出。

山东的“兼合式”党组织和宁夏的“复合式”党支部将未转入组织关系的党员一并纳入建立党组织，也是一种针对社会组织特点的创新做法。

【微案例4–3】

湖北社会组织党建政策

中共湖北省委组织部《关于做好社会组织党的组织和工作覆盖有关事项的通知》（鄂组办〔2017〕47号）针对不同社会组织的具体情况规定了党建的四种方式：1. 对行业相近、产业相通的社会组织，可依托业务主管单位或同类型规模较大的社会组织，联合建立党组织。2. 对社会组织相对集中的各类街区、园区、楼宇等区域，可统一建立党组织。3. 规模小、党员少的社会组织可本着就近就便原则，联合建立党组织。4.新成立的社会组织，具备组建条件的，登记和审批机关要督促指导其同步建立党组织。

---

① 廖远飞. 在深圳市社会组织党的建设工作座谈会上的讲话. 深圳市人民政府网站，http://news. hexun. com/2016-06-20/184489094.html，2018-07-09.

党组织的设置形式根据党员人数和工作需要确定。1. 凡是有正式党员3名及以上的单独建立党组织。2. 凡是有1—2名正式党员的社会组织，必须采取联建、共建、挂靠组建、派驻帮建、龙头带建等方式建立联合党组织。3. 专职工作人员中目前没有党员的，可依托社会组织负责人和秘书处兼职人员中的党员建立功能型党组织，开展党的工作，为社会组织建立党组织创造条件。4.社会组织工作人员与机关事业单位高度重合的，可视同该社会组织已建立功能型党组织，不再单独组建功能型党组织。

不过，这些松散型的党组织建立不易，维持更难，甚至可能出现“边建边散”的情况。一项调查显示，社会组织党组织中有14%是联合党支部，覆盖的社会组织数将近一半，平均每个党支部覆盖5.6个社会组织，其中大部分存在“联而不合、合而不活、活而不强”的问题，有的一年到头聚到一起开个会都难。[①]比如，某市成立了一个民办幼儿园联合党支部，十几家幼儿园分布太散，很难组织活动。因此，在建立社会组织党组织之后，更重要的是将社会组织的党建工作与业务工作紧密结合起来，使党建工作持续发挥作用，促进社会组织的健康有序发展。

（二）社会组织党建工作与业务工作的有机结合

在实际工作中，各地根据当地具体情况将社会组织党建工作贯穿于登记管理全过程，抓住成立登记、年度检查、等级评估、换届改选、评优评先等五个关键环节来开展党建工作，取得了很好的效果。比较典型的有广东、山东等地的“四同步”工作法，深圳的“三同步”“五嵌入”工作法，南京的“五同”工作法等。

所谓“四同步”工作法，即社会组织登记与党组织设立同步审批，社会组织自身建设与党组织建设同步年检，社会组织负责人换届与党组织负责人

① 赵欣. 破解社会组织党建难题. 学习时报，http：//www. qstheory. cn/freely/2015-05/28/c_1115433512.htm，2018-07-02.

换届同步调整，社会组织与党组织创先争优活动同步开展。①

深圳市“三同步”和“五嵌入”工作法更为细致。社会组织成立登记做到“三同步”：一是同步采集党员信息登记。二是同步组建党组织，凡是有3名以上党员、符合成立党组织条件的单位，都要同步筹备成立党组织；对有党员但暂不具备建立党组织条件的，要列入党建信息库，及时跟进掌握信息和指派党建组织员等方法，创造条件建立党组织。三是同步指导将党建工作写入社会组织章程，并将此作为成立登记的必备条件之一。日常管理要做到“五嵌入”，即将党建工作嵌入社会组织年检、等级评估、换届改选、购买服务和评先评优之中。②南京市的“五同”工作法与此类似，也是使社会组织党建工作与社会组织的登记、年检、换届、评估和发展同步。③

二、社会组织党务工作者队伍建设

建设一支优秀的党务工作者队伍是做好社会组织党建工作的重要依托。社会组织党组织发挥充分作用，必须要有富有责任心和奉献精神、既懂党建又懂业务的党组织负责人。由于社会组织从业人员价值观多元，人员流动性大，开展党建工作面临更多的困难和挑战，对党务工作者的要求更高。中央对基层党组织书记的标准要求是“守信念、讲奉献、有本领、重品行”。《关于加强社会组织党的建设工作的意见》明确要求选优配强社会组织党组织负责人，建设好党务工作者队伍。

可以采取“内部选育、上级选派、社会招聘”等多种方式配备社会组织党组织书记。④首先，应该在社会组织内部选拔和培养优秀党员担任党组织书

① 谢玉峰. 加强社会组织党建工作　推动社会组织健康发展. 中国社会组织，2016（24）：1-1.

② 廖远飞. 在深圳市社会组织党的建设工作座谈会上的讲话. 深圳市人民政府网站，http：//news. hexun. com/2016-06-20/184489094.html，2018-07-09.

③ 广州市社会组织联合会. 广州市关于加强社会组织党建工作的调研报告. 广州市社会组织联合会网，http：//www. gzfso. org. cn/html/news/events/033013c2017.html，2018-07-05.

④ 谢玉峰. 加强社会组织党建工作　推动社会组织健康发展. 中国社会组织，2016（24）：1-1.

记。社会组织党组织书记原则上应该从社会组织内部产生，提倡和动员社会组织党员负责人担任书记。提倡公推直选方式选配书记，拟任人选要严格按照党员会议推荐、群众公示、报请上级党组织考察审核、党员（代表）大会选举、上级党组织审批的程序进行。其次，社会组织内部确实没有合适人选的，上级党组织可以从退休或不担任现职的党政领导干部中选派社会组织党组织书记，也可以面向社会公开选聘。比如，国家税务总局党组选派机关司级干部到中国注册税务师协会党委担任专职副书记。上海的“白领驿家”就面向社会公开选聘党总支书记。[①]

2014年，中组部出台了《关于规范退（离）休干部在社会团体兼职问题的通知》，对规范退（离）休领导干部在社会团体兼职提出了明确要求。党组织选派到社会组织从事党建工作的退休或不担任现职的党政领导干部，不列入兼职清理范围，但应从严规范。选派人员不得在社会组织获取薪酬和其他额外利益等，但要保障必要的工作经费。

社会组织党建工作中要处理好社会组织管理者与党组织负责人的关系，实行社会组织管理者与党组织负责人“双肩挑”的管理模式是一个可行的办法。深圳市在处理社会团体负责人和党组织负责人的关系方面探索出了一套切实可行的办法。一是建立“双向进入、交叉任职”机制，社团的党组织书记和党务干部与社团的理事会、监事会、秘书处尽量做到交叉任职，提高党组织在社会组织的地位。二是“双培双推”机制，要把社团中的会长、副会长、秘书长以及会员骨干培养成党员，把普通员工中的党员培养成社会组织管理人员；把社会组织管理层中的优秀党员推选为书记、副书记，把优秀的书记、副书记推荐进入社团管理层，进一步提高党组织的影响力。三是“双向互动”机制，逐步实现党组织书记参加或列席协会管理层重要会议、党组织与协会管理层沟通协商恳谈、共同学习，形成党建工作和协会工作的互动结合。四是“定责共建”机制，通过党组织与社会组织签订协议或者修改章程等形式，明确党组织功能定位、职责权利，为党组织和党员发挥作用提供制度保障。深圳市还探索建立了社会组织负责人审核制度，在社会组织登记

① 朱亚勤，刘云.聚焦社会组织党建工作难题.中国组织人事报，2015-12-15.

设立、法人代表变更、换届选举等行政审批流程中，增加社会组织负责人人选审核程序。①

在优选配强党组织书记的基础上，还要坚持专兼职结合，建设一支素质优良、结构合理的党务工作者队伍。在规模大、党员数量多的社会组织党组织应配备专职副书记，在社会组织相对集中的区域要建立党建工作站，配备专兼职人员做好党务工作。比如，深圳市通过社会选聘，向35个重点社会组织选派党建工作专职组织员。湖南等地建立社会组织党务工作人才库，从老干部、退休的老党员老模范等群体中选聘党务人才，根据需要选派到社会组织。党务工作者可以“一对一”地派到社会组织工作，对一些规模小的社会组织，也可以“一对多”开展工作。②

但是，由于社会组织处于“体制外”、人员来源渠道窄、薪酬待遇不高、成长晋升空间有限，社会组织党务工作者队伍建设还面临很多现实难题。还有不少社会组织负责人担心建立党组织就多了一个“婆婆”，工作自由度会受限制，管理者的地位与权威受影响，这些顾虑也并非没有道理。③

三、社会组织党员培养和管理

社会组织党员培养和管理，一方面是要解决现有党员管理中存在的困难和问题，另一方面是要在社会组织中培养和发展新党员。由于社会组织中存在党员流动性大、工作稳定性低等特点，社会组织党员教育管理工作难以系统化和规范化，要通过加强社会组织党员管理解决这个问题。同时，为了实现社会组织党建工作的可持续性，以及实现社会组织管理者与党务工作者的身份融合，都需要大力发展新党员。

社会组织中普遍存在党员的工作关系与组织关系分离的状况，很多党员

---

① 廖远飞. 在深圳市社会组织党的建设工作座谈会上的讲话. 深圳市人民政府网站，http：//news. hexun. com/2016-06-20/184489094.html，2018-07-09.

② 朱亚勤，刘云. 聚焦社会组织党建工作难题. 中国组织人事报，2015-12-15.

③ 赵欣. 破解社会组织党建难题. 学习时报，http：//www. qstheory. cn/freely/2015-05/28/c_1115433512.htm，2018-07-02.

在社会组织工作，但组织关系并不在社会组织。社会组织党员中有的是退休聘用人员，党组织关系在原单位或社区；有的是领导干部兼职，党组织关系不愿意转到社会组织。有的业务主管单位党组织对接收社会组织党员存在顾虑，到社会组织工作的党员想转组织关系转不了。这些情况造成社会组织党员教育管理较为困难，有的党员在原单位和社会组织的组织生活都不正常，实际处于“两不管”状态。即使组织关系在社会组织的党员员工，由于业务跨度大、岗位不稳定、无固定机构和活动场所等原因，党组织与党员联络都很难，教育管理就更难了。[①]上述这种原因造成了社会组织中特有的所谓的“口袋党员”“隐形党员”或“地下党员”的情况。

为了解决这些问题，近年来，在各方努力之下，一批党建工作指导员陆续进入了社会组织。无论社会组织是否建立党组织，均要派驻党建指导员，实现党的工作全面覆盖。社会组织建立党组织的，其书记为党建指导员；建立功能型党组织的，社会组织负责人中的党员可作为该组织的党建指导员；暂不具备建立党组织（含功能型党组织）的，选派具有一定党务工作经验、熟悉社会组织管理的党员担任党建指导员。比如，中国科协的204家会员单位，有党员的都设立了党建通讯员，“有党员没组织”的全部建立了党建活动小组，做到了党建工作有人联系、有人组织。厦门在原有党建指导员的基础上，在社区配备专职党建组织员，以区域化党建方式联系社区辖区内所有社会组织。上海在镇、街一级以1—2平方公里为单位建立片区党组织，每个片区选派1—2名党群工作者，便于联系碎片化的城乡社区社会组织。[②]党建指导员主要负责指导所联系社会组织做好发展党员、查找失联党员和“口袋”党员、建立党组织、开展党的活动等工作。

各地在实践中探索出了很多加强党员管理的经验和办法。比如，广州市创新党员组织关系管理办法，开展“隐形”党员梳理活动，加大党员组织关系接

① 刘宇辉，刘陈德，章建伟，檀雪菲，梁朱红. 社会组织党建工作创新调研报告. 中国非公企业党建网，http：//www. fgdjw. gov. cn/fgdjw/system/2014/04/28/017928564.shtml，2018-07-09.

② 赵欣. 破解社会组织党建难题. 学习时报，http：//www. qstheory. cn/freely/2015-05/28/c_1115433512.htm，2018-07-02.

转力度，探索依托行业主管部门或枢纽型社会组织或整合现有资源（如市、区社会组织培育基地、各街镇党员活动中心）建立社会组织党员服务中心，对流动党员进行兜底性集中管理，解决党员组织关系转不进或转不走的问题。[①]

把社会组织中的优秀人才发展为党员也是党建指导员的重要工作任务。社会组织中有很多优秀人才，不少从业人员是专业带头人、社会知名人士、网上的“意见领袖”。党组织要主动做工作，条件成熟的及时吸收到党组织中来。比如，广州市注重把符合条件的社会组织负责人、业务骨干和年轻人发展为党员，注重在没有党员和只有个别党员的社会组织中发展党员。

四、创新开展社会组织党组织活动

《意见》对社会组织党组织开展活动提出了十分具体的要求，要求社会组织党组织围绕社会组织健康发展开展党组织活动、贴近职工群众需求开展党组织活动、突出社会组织特点开展党组织活动、紧扣党员实际创新教育管理服务、从严要求提高组织生活质量。下面仅以创新开展“三会一课”活动为例加以说明。

“三会一课”之“三会”指定期召开支部党员大会、党支部委员会和党小组会，“一课”指按时上好党课。“三会一课”是党组织生活的基本形式，是对所有党组织的统一要求，是加强党员日常教育管理监督的主要途径。全国各地都在积极探索如何针对社会组织特点做好“三会一课”，其中四川省巴中市民政局总结的党支部“八微工作法”形式新颖，生动活泼，受到社会组织党员的欢迎。[②]所谓“八微工作法”，一是“微”党课。让每位普通党员走向课台，每人10分钟党课，引导普通党员深入思考，展现风采。二是“微”学习。利用微信平台，开设了今日关注、重要言论、基层党建、党务百科、党员先锋等栏目，由支部成员点赞，得票最高的文章作为党员学

---

① 广州市社会组织联合会. 广州市关于加强社会组织党建工作的调研报告. 广州市社会组织联合会网，http：//www. gzfso. org. cn/html/news/events/033013c2017.html，2018-07-05.

② 巴中市民政局. 巴中市推行“八微”工作法 创新社会组织党建工作. 四川省民政厅官网，http：//www. scmz. gov. cn/Article/Detail?id=23393，2018-07-09.

习会的学习资料。三是“微”分享。支部以工作心得分享会的形式开展组织生活会，强化党员对岗位的深层次理解，提升党员服务意识。四是“微”谈心。开设“党支部午餐日”，支部书记利用周一、四午餐时间与党员进行一对一或一对多交流谈心。五是“微”心愿。设立“微”心愿信箱，转换沟通方式，通过一个个具体的小心愿，了解工作人员工作、生活中的困难，形成“有困难找组织”的思维惯性。六是“微”竞赛。利用新兴网络平台，支部以“微信抢答”“电话抢答”等方式开展各类党建和业务知识竞赛，形式新颖，效果良好，有效促进党员学习交流。七是“微”表彰。设立先进评选机制，通过微信公众平台、流动红旗、先锋党员岗位等方式表彰优秀党员，树立身边的学习榜样。八是“微创建”。开展各种微型的主题活动，自觉践行合格党员要求。

总之，社会组织构成本身是极其复杂的，实际开展党建工作不应采用一个模式，而应根据社会组织规模和特点、党员数量、党员流动情况，与相邻社会组织的关系等实际情况，因地制宜，充分考虑地方特点，发挥地方的创造性，开展多样化的党建工作，广泛尝试行业组建、挂靠组建、联合组建、委托组建、区域组建等多种方式，通过建立党支部、联合党支部、临时党支部、党总支、联合党总支、党委等组织形式，使社会组织党建工作取得实际效果，既能得到社会组织党员群众的支持，又能促进社会组织健康发展。

第五章

社会组织的行政执法

社会组织的行政执法是政府依法行政的重要内容，是对社会组织活动与行政执法活动的双重约束，有利于保障行政机关依法监管社会组织，促进社会组织健康有序发展。政府失灵和市场失灵催生了社会组织，但实践表明，社会组织因利益驱动、经费不足、道德失控、绩效考评不科学等原因，导致营利化倾向、官僚化倾向、内部人控制、效率低下等志愿失灵问题，如超范围活动、乱发牌证、乱评比、乱收费，打着慈善公益的旗号为个人或组织牟取不当利益，境外非政府组织从事渗透破坏，危害国家安全和社会稳定等，偏离了社会组织奉行的公益或共益宗旨。因此，加强社会组织的行政执法尤为重要。本章系统介绍社会组织行政执法的基本内容，涵盖社会组织的行政处罚、柔性执法、行政执法与刑事司法的衔接及行政复议和行政诉讼等。

第一节　社会组织行政执法的概念和原则

行政执法是指国家行政机关等行政执法主体依照法定职权和法定程序贯彻执行法律的活动，社会组织行政执法是行政执法的重要组成部分。

一、社会组织行政执法的概念

社会组织行政执法是指社会组织管理机关对社会组织活动实施的行政执法行为。我国社会组织的主要行政管理机关是各级民政部门，因此有学者认为，社会组织行政执法指民政部和县级以上地方各级人民政府民政部门作为登记管理机关，对社会团体、民办非企业单位、基金会所实施的登记、年检、监督检查、处罚等行政行为，从某种意义上说与社会组织行政管理行为等同。[①]但是，社会组织的行政执法机关不限于民政部门，还包括财政、税务等相关行政管理机关，我国现行的《社会团体登记管理条例》《基金会管理条例》和《民办非企业单位登记管理暂行条例》规定的社会组织行政执法机关即为如此。社会组织行政执法遵循行政执法的一般原理，其执法目标、执法主体、执法权限、执法对象、执法程序均具有法定性。

第一，执法目标的法定性。社会组织行政执法具有明确的目标，旨在保障公民结社自由，维护社会组织合法权益，惩戒社会组织违法违规和失信行为，强化社会组织的公益性和非营利性属性，防控腐败现象的发生，提高社会组织的公信力，确保社会组织依法、依规、依宗旨运行，促进社会组织健

① 庞承伟.社会组织行政执法.北京：中国社会出版社，2011，2.

康有序发展。[1]

第二，执法主体的法定性。依法行政要求执法主体法定，社会组织行政执法的主体是法定的国家行政机关。我国《社会团体登记管理条例》《民办非企业单位登记管理条例》和《基金会管理条例》均规定，国务院民政部门和县级以上地方各级人民政府民政部门等登记管理机关及财政、税务等行政管理机关是社会组织的行政执法机关。

第三，执法权限的法定性。法律保留原则是依法行政的核心内容，决定了立法权和行政权的界限及行政自主性的大小，要求凡属宪法、法律规定的只能由法律规定的事项（如基本权利的限制、国家机构的组成及其职权等）只能由法律规定或者必须在有法律明确授权的情况下才能由行政机关作出规定。社会组织行政执法的职责和权限属于法律保留范围，须遵循权限法定原则。我国社会组织行政执法机关不得逾越《中华人民共和国宪法》《社会团体登记管理条例》《民办非企业单位登记管理条例》和《基金会管理条例》规定的行政执法权限范围，否则，属违法、无效或可撤销的行政行为。

第四，执法对象的法定性。依法行政要求执法对象法定，社会组织行政执法的对象是具体的行政相对人，包括社会团体、民办非企业单位和基金会等社会组织以及相关自然人、法人及非法人组织。

第五，执法程序的法定性。程序公正乃实体公正的根本保证，依法行政要求执法程序法定，社会组织执法程序法定是社会组织行政执法公平、公正、公开的必要保障。社会组织的行政许可、行政处罚、柔性执法、行政复议和行政诉讼，必须遵循执法程序法定原则，保障社会组织的知情权、听证权、申辩权、申诉权、救济权等法定程序性权利。

二、社会组织行政执法的原则

依法行政与合理行政是行政执法的基本原则。具体而言，社会组织的行政执法需要遵循硬法与软法并用、程序法与实体法并重、行政执法与司法衔

① 赵萌.我国慈善组织法律监管制度研究.沈阳：东北大学，2013，10.

接以及执法与监督相伴等原则。

（一）硬法与软法并用原则

法律包括软法和硬法两种形式。硬法是指那些需要依赖国家强制力保障实施的法律规范；软法则指那些国家机关制定并得到社会组织认可的，效力结构未必完整、无须依靠国家强制保障实施，主要依靠认同、激励、威信、信誉和舆论等手段保障其实施从而产生实效的法律规范。[①]硬法和软法治理均须服从依法行政原则，软法治理还体现了合理行政原则。

传统的"硬法之治"无法及时为社会组织发展提供足够的规范或者由于实施成本太高，从而催生了对社会组织进行软法治理的需求。通过立法吸收、司法借鉴、执法参考等多种手段，实现软法与硬法在可行范围内的交流与沟通，建立起两者之间的良性互动机制，可以更好地实现对社会组织的有效治理。[②]

社会组织治理中的硬法之治是对行政许可、行政处罚、行政强制等强制性行政行为的规范。社会组织立法中的软法之治则侧重于设定非强制性公共治理行为模式，[③]主要是对行政提示、行政约谈、行政告诫、行政指导、行政奖励等非强制性行政行为的规范。[④]这些非强制性行政行为并非依靠国家强制力保证实施，学界多称之为柔性执法。

（二）程序法与实体法并重原则

法律由实体法与程序法两个部分构成。实体法是以规定和确定权利与义务或者职权与职责为主的法律，如民法、刑法、行政法等；程序法是指以保证权利和义务得以实现或职权与职责得以履行的有关程序为主的法律，如民事诉讼法、刑事诉讼法、行政程序法、行政诉讼法等。实体法与程序法都

① 廉睿，高鹏怀．整合与共治：软法与硬法在国家治理体系中的互动模式研究．宁夏社会科学，2016（6）：81–85.
② 廉睿，卫跃宁．由"硬法之维"到"软硬混治"——中国法治进程中的软法资源及其运作路径．学习论坛，2016（4）：66–70.
③ 罗豪才，苗志江．社会管理创新中的软法之治．法学杂志，2011（12）：1–4.
④ 崔卓兰，刘福元．非强制行政行为制度化探微．法制与社会发展，2011（3）：3–14.

是法律调整社会的重要手段，实体法与程序法具有同等重要性，二者相伴而生、相互依存，缺一不可。仅有实体法，没有程序法，实体法的内容难以实现；仅有程序法，没有良好的实体法，程序法也难以发挥其应有的作用。[①]

我国法律传统重实体、轻程序，坚持社会组织行政执法的程序与实体并重原则，有助于规范社会组织行政执法，促进社会组织治理体系和治理能力的现代化，依法保障社会组织的合法权益。

近年来，我国不断健全的社会组织法律制度体现了实体法和程序法并重原则。《社会团体登记管理条例》等社会组织管理三大条例侧重社会组织管理的实体法规范，近年来发布的《社会组织登记管理机关行政处罚程序规定》和《社会组织登记管理机关行政执法约谈工作规定（试行）》等体现了对社会组织监管程序法的重视。

（三）行政执法与司法衔接原则

社会组织的有效监管需要政府行政部门和司法机关的协同治理。行政执法与刑事司法的衔接是指在行政执法中将超越行政违法评价的违法案件从行政机关的行政执法活动中分离出来，使之进入司法审查范畴，并最终根据案件性质在行政机关和刑事司法机关之间进行分配，由行政机关、刑事司法机关和监督机关共同参与、相互协作、相互监督、共同打击行政犯罪为内容的程序运作系统。[②]

行政执法和刑事司法的衔接机制是在特定情况下以依法处理案件为目的的协作程序机制，是保障整个行政执法案件向刑事司法案件过渡以及理顺整个衔接过程，使行政违法、犯罪行为得到各自应有制裁的一系列方法和规则系统。该衔接机制包括两个方面：对于追究行政相对人涉嫌犯罪行为的刑事责任过程中的衔接；对于国家工作人员在执法、司法活动中发生的违规违纪情况给予法律监督和规制的工作层面的“两法”间的衔接。[③]

行政执法与刑事司法的顺利衔接，促使行政机关与公安机关、检察机关

① 王勇. 试论实体法与程序法的关系. 学理论，2010（23）：152-153.
② 李辰星. 行政执法与刑事司法衔接机制研究. 武汉：武汉大学，2013，15.
③ 李辰星. 行政执法与刑事司法衔接机制研究. 武汉：武汉大学，2013，23.

形成合力，共同发挥惩治犯罪、维护社会公共利益、实现社会公正的功能。近年来，行政执法与刑事司法的衔接机制受到前所未有的重视，2016年公安部发布《公安机关受理行政执法机关移送涉嫌犯罪案件规定》之后，各地社会组织登记管理机关制定了社会组织行政执法机关与司法机关的衔接制度，建立了打击社会组织违法犯罪行为及以社会组织名义进行各种违法犯罪行为的多部门协同治理机制。

（四）执法与监督相伴原则

法治社会中，任何组织和个人均须受法律约束。行政机关是保障国家秩序正常运行和社会良性循环的重要力量，依法行政的核心是制约和监督国家行政机关及其工作人员。行政权力的监督制约机制不健全，就不可能实现依法行政，也不可能形成法治政府。社会组织行政执法中，行政部门作为执法者须接受监督。行政管理机关对社会组织的行政执法行为，既要受行政机关的内部监督，也要受国家权力机关、司法机关、媒体及社会公众的外部监督。行政复议和行政诉讼是社会组织在合法权益受到行政监管侵害时可采用的两条重要救济途径。

执法与监督相伴，是促进行政执法与监督有机结合，制约行政执法机关滥用权力，保护执法对象合法权益的重要原则。[①]2016年8月15日民政部发布的《社会组织登记管理机关受理投诉举报办法（试行）》体现了社会组织登记管理机关执法与监督并重原则，一定程度上推进了社会组织登记管理机关执法规范化建设，其规定的主要内容包括适用主体和范围的确定、投诉举报受理和查处的管辖范围的规定、明确了受理投诉举报的基本原则、受理后的调查处理以及关于不予受理的后续处理等。2016年8月21日中共中央办公厅、国务院办公厅印发的《关于改革社会组织管理制度促进社会组织健康有序发展意见》亦为如此，明确提出要严格管理与监督，加强对社会组织负责人管理、对社会组织资金管理、对社会组织活动管理、加强社会监督和完善社会组织退出机制。

① 宋金玲，王龙绪．吴恒兵，健全行政执法检查监督：从问题到对策．东南法学，2015（2）：193–200.

第二节 社会组织的行政处罚和行政强制

对社会组织的违法行为实施行政处罚是法律明确赋予登记管理机关的职责和权力，也是登记管理机关依法管理社会组织的重要手段。[①]

一、社会组织行政处罚的概念和原则

社会组织行政处罚是指社会组织登记管理机关在法律法规规定的职权范围内，依照《中华人民共和国行政处罚法》以及《社会团体登记管理条例》《民办非企业单位登记管理暂行条例》《基金会管理条例》等相关法律法规的规定，对社会组织的违法行为依法实施的特定行政制裁。[②]社会组织行政处罚有特定的实施主体、执法对象和适用范围。社会组织行政处罚主体是社会组织登记管理机关。作为实施行政处罚的主体，社会组织登记管理机关具有行使行政处罚权并承担相应法律后果的资格和权能。社会组织登记管理机关行使行政处罚应在法定职权范围内，不得超越权限实施处罚，也不得违反程序实施处罚。社会组织行政处罚具有特定的适用范围，是对社会组织违反社会组织行政法律规范、尚未构成犯罪的行为进行处罚；社会组织违反其他法律、法规的由有关执法部门进行处罚，构成犯罪的由登记管理机关移交司法机关处理，不能以行政处罚代替刑罚。

社会组织行政处罚的基本原则是社会组织行政处罚必须严格遵循的基本准则与指导思想。社会组织行政处罚必须遵循《中华人民共和国行政处罚

① 当然，财政、税务等行政管理机关对社会组织违法行为也具有行政处罚权，本节主要研究社会组织登记管理机关对社会组织的行政处罚问题。

② 庞承伟. 社会组织行政执法. 北京：中国社会出版社，2011，27.

法》规定的行政处罚八大基本原则，包括处罚法定原则、处罚公正原则、处罚公开原则、处罚和教育相结合原则、处罚与责令纠正并行原则、一事不再罚原则、追诉限时原则以及保护当事人权利原则。

二、社会组织行政处罚的程序

行政处罚是行政执法中使用频率较高、制裁程度较重，又最有可能侵犯公民、法人或者其他组织的合法权益的一种行政执法手段。如果没有明确的原则、严格的法律程序加以约束，行政处罚很难公正、合法、及时地实施。我国规范社会组织行政处罚程序的主要法律依据是《中华人民共和国行政处罚法》和2012年8月3日民政部颁布的《社会组织登记管理机关行政处罚程序规定》，社会组织行政处罚的程序包括立案、调查取证，行政处罚的决定，行政处罚的执行，法律文书的送达，结案、归档。

（一）立案、调查取证

登记管理机关对同时符合以下条件的社会组织违法行为，应当立案：第一，有违反社会组织登记管理规定的违法事实；第二，属于登记管理机关行政处罚的范围；第三，属于本机关管辖。立案应当填写立案审批表，报登记管理机关负责人审批，登记管理机关应当指定两名以上办案人员负责调查处理。立案后，办案人员应当及时调查和收集证据，调查和收集证据应当遵循全面、客观、公正原则。办案人员对案件进行调查，应当收集以下证据：书证；物证；证人证言；视听资料、电子数据；当事人陈述；鉴定意见；勘验笔录和现场笔录。[①]

（二）行政处罚的决定

案件调查终结，办案人员应当制作案件调查终结报告。登记管理机关在作出行政处罚决定之前，应当制作行政处罚事先告知书，告知当事人拟作出行政

① 中华人民共和国民政部. 社会组织登记管理机关行政处罚程序规定. 中华人民共和国民政部官网，http：//www. mca. gov. cn/，2012-08-03.

处罚的事实、理由及依据，并告知当事人依法享有陈述、申辩的权利和其他权利。登记管理机关作出限期停止活动、撤销登记以及较大数额罚款处罚的决定前，应当告知当事人有要求举行听证的权利。行政处罚决定书应当在宣告后当场交付当事人，由当事人在送达回证上记明收到日期，签名或者盖章。当事人不在场的，应当在7日内依照本规定将行政处罚决定书送达当事人。

（三）行政处罚的执行

当事人对登记管理机关的行政处罚决定不服，申请行政复议或者提起行政诉讼的，行政处罚不停止执行，法律另有规定的除外。登记管理机关对当事人作出罚款处罚的，应当严格执行罚款收缴分离制度。社会组织被限期停止活动的，由登记管理机关封存登记证书（含正本、副本）、印章和财务凭证。停止活动的期间届满，社会组织应当向登记管理机关提交整改报告。登记管理机关对社会组织作出撤销登记决定的，应当收缴登记证书（含正本、副本）和印章。社会组织拒不缴回或者无法缴回的，登记管理机关可以公告作废。

（四）法律文书的送达

办案人员送达法律文书应当附具送达回证，由受送达人在送达回证上记明收到日期，签名或者盖章。送达法律文书，应当直接送达受送达人，由社会组织的法定代表人、主要负责人或者负责收件的人签收；受送达人有委托代理人的，可以送交其代理人签收；受送达人已向登记管理机关指定代收人的，送交代收人签收。受送达人拒绝签收法律文书的，送达人应当邀请有关基层组织或者所在单位的代表到场，说明情况，在送达回证上记明拒绝签收事由和日期，由送达人、见证人签名或者盖章，把法律文书留在受送达人的住所，即视为送达。

（五）结案、归档

有下列情形之一的，应予结案：第一，行政处罚案件执行完毕的；第二，作出不予行政处罚决定的；第三，作出不得给予行政处罚决定的；第四，作出移送司法机关决定的。结案后，登记管理机关应当及时将案件材料整理归档，卷内材料应当按照处罚决定书和送达回证在前、其余材料按照办案时间顺序排列的原则排列。案卷归档后，任何人不得私自增加或者抽取案卷材料。未经批准，任何单位和个人不得查阅案卷。

三、社会组织行政处罚的现状及问题

社会组织的规范运转是其生存之本和发展之源。根据现有法律法规规定，对于社会组织违反法律和严重违反章程的行为，登记管理机关有权依照法定的处罚种类和处罚程序对社会组织或其负责人给予行政处罚。根据民政部统计，2017年民政部处罚的主要的违法情形有：未按照规定接受年检、违规开设分支机构、超越宗旨和业务范围开展活动、基金会违背公益宗旨等。下面详细分析我国社会组织行政处罚的种类及其实施状况。

（一）社会组织行政处罚的种类

《中华人民共和国行政处罚法》第八条规定行政处罚的种类包括：警告；罚款；没收违法所得、没收非法财物；责令停产停业；暂扣或者吊销许可证、暂扣或者吊销执照；行政拘留；法律、行政法规规定的其他行政处罚。依据《社会团体登记管理条例》《基金会管理条例》和《民办非企业单位登记管理暂行条例》的规定，社会组织的行政处罚主要包括：警告、责令改正、没收违法所得、限期停止活动、撤销登记。

1. 警告

警告是依据《中华人民共和国行政处罚法》规定确定的一种行政处罚种类，属于申诫罚的一种。此种处罚措施主要是针对社会组织轻微违法行为，通过对其名誉、荣誉、信誉等施加影响，引起其思想上的警惕，起到警示、提醒和批评的作用，以使违法者意识到自己的错误并及时纠正错误。

警告一般适用于情节轻微或未构成实际危害后果的违法行为，既适用于个人，又可适用于法人或非法人组织。从我国实施现状来看，在警告与其他处罚形式之间适用的界限不清，警告处罚适用的条件不明确，对轻微违法行为和比较严重的违法行为往往都适用警告处罚。

如，2017年12月27日，对中华文化促进会存在分支机构传统文化委员会下再设立分支机构“旗袍联合会”的违法行为，民政部依据《社会团体登记管理条例》第30条规定决定对中华文化促进会作出警告的行政处罚。

2. 责令改正

责令改正是我国法律、行政法规常用的行政处罚措施，尽管《中华人民共和国行政处罚法》并未将其明确规定为独立的行政处罚种类，因现行法律、行政法规中设定“责令改正”处罚措施的占一半以上，属于《中华人民共和国行政处罚法》规定的“法律、行政法规规定的其他行政处罚”。实践中，“责令改正”的处罚力度大于警告，且其处罚更具有针对性，也更易于执法机关监督违法者纠正其违法行为。

例如，2017年8月，成都市武侯区民政局发布了关于责令未按期参加年检的社会组织限期改正的公告。经调查核实，成都市红桥婚姻介绍所等58个社会组织连续两年以上未在规定时间内到武侯区行政审批局接受年度检查，其行为违反了《民办非企业单位登记管理暂行条例》第23条、第25条第3款的规定，因此武侯区民政局作出了责令限期改正的行政处罚。限期改正内容包括：单位内部管理制度建立、执行及再完善；认真学习《民办非企业单位登记管理暂行条例》和《民办非企业单位年度检查办法》；查找单位管理工作中存在的问题和不足；制定整改措施，并实施整改等；限期改正时间从2017年8月1日至2017年10月31日。[①]

3. 没收违法经营额、违法所得

这两种行政处罚措施属于财产罚的范畴。没收非法财物，是将没收违法经营额和没收违法所得这两个概念并列。如果社会组织违反其章程和法律的规定从事营利性的经营活动，此时可能产生违法经营额乃至利润，均属违法所得。虽然违法经营额大于违法所得，但不能简单地只规定没收违法经营额，因存在经营手段不合法的情况，此时只能就违法“营利”即违法经营所

① 成都市武侯区民政局. 关于责令未按期参加年检的社会组织限期改正的公告. 成都市武侯区社会组织信息网，http：//www.whngo.gov.cn/articleread.asp?id=181，2017-07-26.

得部分进行处罚。此外，在社会组织违法接受资助和捐赠财物时，即使社会组织并没有违法经营额，也视为获得了违法所得，可以将其违法接受的资助和捐赠予以没收。

例如，中国建筑装饰协会在开展2013—2014年度全国建筑工程装饰奖评选工作的过程中，违规收取费用；2013—2016年，违规开展中国建筑装饰行业百强企业评价推介活动、中国建筑装饰设计机构五十强企业及中国建筑装饰优秀专业化设计机构评价活动等评比表彰活动并收取费用。共收取费用25119040元，支出20807780.4元，违法所得共计4311259.6元。中国建筑装饰协会的上述行为违反了《社会组织评比达标表彰活动管理暂行规定》，2018年1月12日民政部依据《社会团体登记管理条例》第三十一条第一款及第二款的规定，对中国建筑装饰协会作出警告并处没收违法所得4311259.6元的行政处罚。

4. 限期停止活动以及责令撤换直接负责的主管人员

这两种处罚属于能力罚的范畴。所谓能力罚是指限制或者剥夺违法者的民事权利能力，此种处罚主要是针对法人而设定的。[①]限期停止活动，可以使社会组织在一定的时期内不能作为法律主体从事其章程规定的业务活动，而责令撤换直接负责的主管人员则是对社会组织的自治或者自由进行一定限制，如《社会团体登记管理条例》第三十三条规定了“责令撤换直接负责的主管人员”。

社会组织被限期停止活动的情况，多属社会组织存在一定程度的违法行为，登记管理机关认为应当予以禁止并且要对其进行治理整顿的情形。此情况下，社会组织违法行为的社会危害程度尚未达到需要撤销登记的程度，社会组织只要通过一段时期的整顿，及时纠正违法行为，处理并调整内部责任人员，就可以继续从事活动。停止活动的期限，由登记管理机关根据其违法行为的性质后果以及社会组织自身整顿的情况来决定。社会组织被处以“责令限期停止活动”的处罚后，其主体资格并不因此丧失，只是其民事行为能力受到暂时限制。

---

① 庞承伟. 社会组织行政执法. 北京：中国社会出版社，2011，31.

例如，2018年3月13日，欧美同学基金会在开展募捐、接受捐赠以及使用财产等活动中，存在不符合章程规定的宗旨和公益活动的业务范围的情形，违反了《基金会管理条例》第二十五条、第二十七条的规定。民政部依据《基金会管理条例》第四十二条第一款第一项的相关规定，对欧美同学基金会作出停止活动三个月的行政处罚。

5. 撤销登记

《社会团体登记管理条例》《民办非企业单位登记管理暂行条例》和《基金会管理条例》已规定了撤销登记处罚措施，系社会组织行政处罚中能力罚的一种。“撤销登记”虽未类型化为我国行政处罚法的处罚类型，但属于“法律、行政法规规定的其他行政处罚”范围。有学者认为，“撤销登记”与“吊销许可证、吊销执照”的性质是一致的，都是属于限制或者剥夺民事主体的民事权利能力的范畴，[①]不够准确。“撤销登记”“吊销许可证、吊销执照”均不会导致主体的消灭，不涉及民事权利能力的剥夺，而是限制了主体的活动范围、活动期限，属民事行为能力的限制。

【微案例5-1】

行政处罚决定书[②]

鄂民社罚决〔2017〕1号

当事人：湖北省人口学会

住　所：武汉市武昌水果湖洪山侧路4号

类　型：社会团体

法定代表人（负责人）：XXX

联系方式：XXXXXXXX

经调查，你（单位）2014年度、2015年度未参加社会组织年检。

上述违法行为事实清楚，证据确凿。国务院《社会团体登记管理条

① 庞承伟. 社会组织行政执法. 北京：中国社会出版社，2011，30.

② 湖北省社会组织网，http://www. hbshzz. gov. cn/，2018-02-23.

例》（2016年修订版）第三十条第一款第（三）项规定："第三十条 社会团体有下列情形之一的，由登记管理机关给予警告，责令改正，可以限期停止活动，并可以责令撤换直接负责的主管人员；情节严重的，予以撤销登记；构成犯罪的，依法追究刑事责任：……（三）拒不接受或者不按照规定接受监督检查的；……" 因此决定：

1. 撤销登记。

本决定自送达当事人时发生法律效力。你（单位）如不服本处罚决定，可自收到本处罚决定书之日起六十日内向本级人民政府或上级民政部门申请行政复议，或自收到本处罚决定书之日起六个月内依法直接向人民法院提起行政诉讼。

湖北省民政厅

2017年11月23日

社会组织被撤销登记后，除组织清算、办理注销及进行诉讼活动外，不得开展任何其他活动。社会组织被撤销登记后，其主体资格、债权债务关系依然存在，即社会组织依然有义务偿还其债务，只有在注销登记后，社会组织的主体资格才完全灭失。[①]

如，湖北省黄石市重拳清理"僵尸型"社会组织。[②]2018年2月16日，黄石市民政局对26家多年未参加年度检查、长期未开展活动的"僵尸型"社会组织作出撤销登记的行政处罚决定。2017年以来，黄石市民政局结合社会组织规范年建设活动，对市级448家社会组织进行了一次全面清理，对50家违法违规的社会组织给予相应处理，对其中47家"僵尸型"社会组织作出撤销登记的行政处罚决定。

---

① 民政部社会组织管理局执法监察二处. 关于社会组织撤销登记的有关问题. 中国社会组织，2017（7）：10.

② 湖北省民政厅. 黄石市重拳清理"僵尸型"社会组织. 湖北省民政厅官网，http：//www.hbmzt. gov. cn/sz/hs/201802/t20180226_362941.shtml，2018-03-11.

（二）社会组织行政处罚的实施状况

2010—2016年民政部发布的《社会服务发展统计公报》和2017年度的《中国民政统计年鉴》按类型和地区对社会组织的行政处罚情况做了统计。

1. 不同类型社会组织受到行政处罚的情况

2010—2016年《社会服务发展统计公报》统计了社会组织接受行政处罚的总次数及社会团体、民办非企业单位和基金会分别接受行政处罚的次数（参见图5-1），具体情况如下：2010—2012年社会组织受行政处罚的次数显著下降，从2010年的2319起下降到2012年的1270起，下降了将近一半；2012—2014年社会组织行政处罚的数量又快速上升，2014年达到峰值之后快速下降，2016年社会组织行政处罚的次数回归到2010年的水平。社团与民非数量较为接近，但2011年以来社团受到的行政处罚次数一直高于民非；2011—2016年社团与民非接受行政处罚频数的波动轨迹基本一致。基金会数量远少于社团和民非，接受行政处罚的次数与其在社会组织总数中的占比保持一致。

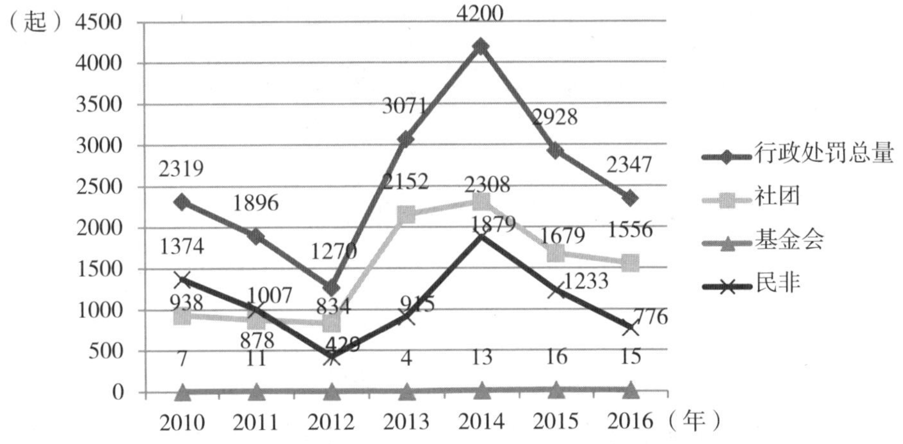

图 5-1　2010—2016 年社会组织行政处罚数量统计

资料来源：2010—2016年民政部《社会服务发展统计公报》。

2. 社会组织行政处罚的地区分布

从近年来民政部《中国民政统计年鉴》公布的统计数据来看，社会组织行政处罚数量在不同地区间的分布很不均衡。以2016年为例，从图5-2可以看出，各省社会组织行政处罚数量的差异远远超过了各地社会组织数量的差异。如山东省社会组织行政处罚共发生866起，而湖南只有2起，而当年山东省社会组织有45963个，湖南省社会组织有30361个。但是，各地区社会组织数量只是影响行政处罚执法的因素之一，各地区登记管理机关对社会组织违法行为的行政处罚力度不一也可能是重要影响因素。

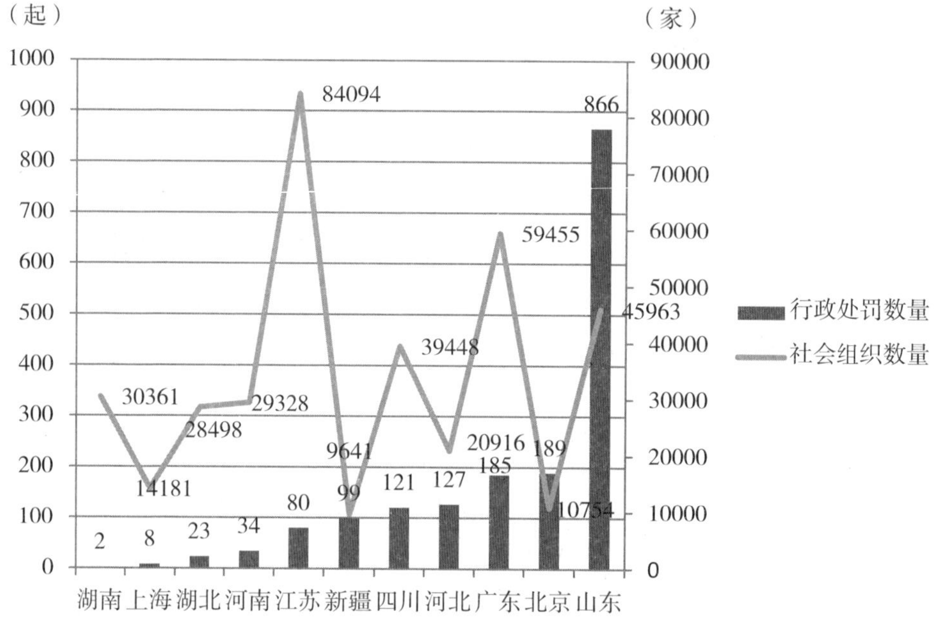

图 5-2　2016 年部分省市社会组织数量与行政处罚数量对比

资料来源：民政部，《中国民政统计年鉴2017》，http：//www. mca. gov. cn/.

3. 社会组织行政处罚的类型统计

根据近年来民政部发布的《中国民政统计年鉴》，目前民政执法机关对社会组织采取的行政处罚措施主要包括警告、限期停止活动、撤销登记和取缔非法社会组织。2016年，全国共查处社会组织违法违规案件2363起，其中警告501起，限期停止活动53起，撤销登记1793起，取缔非法社会组织16起。可以看出，撤销登记是全国各地社会组织登记管理机关最常采用的行政处罚手段。

（三）社会组织行政处罚制度存在的问题

社会组织行政处罚制度日趋完善，但仍存在不少问题，需要综合解决。

第一，适当放宽社会组织业务主管单位的行政处罚权。现行双重管理体制下，社会组织的业务主管单位虽然享有一定的行政处罚权，但均基于单行法律法规的规定，缺乏针对性。适当放宽业务主管单位对社会组织的行政管理权限尤其是行政处罚权限，可有效解决目前严格的许可主义与管理中的放任主义并行的问题，也有利于进一步规范业务主管机关的行政处罚权。[①]

第二，建立社会组织行政处罚基准制度，合理限制行政处罚的自由裁量权，提高执法的可操作性，减少“同案不同罚”现象，保障行政处罚实施的公正性。办案人员自由裁量权过宽导致“同案不同罚”，容易引起行政相对人的异议，甚至引起行政复议和行政诉讼。应综合评定各种因素，为社会组织登记管理机关等行政执法机关确立合理规范、相对统一、可操作性的行政处罚标准，详细归纳行政执法领域违法行为的种类，按照不同违法行为的事实、性质、情节、社会危害程度和行政管理相对人主观过错等因素划分若干行为阶次，将法律规定的行政处罚自由裁量空间划分为若干裁量阶次，将不同的违法行为阶次与裁量阶次对应，相对缩小行政裁量的范围，最大化限制执法的随意性。如，分别具体规定从重处罚、从轻处罚、不予处罚的条件，设立违法经营额或违法所得的认定标准及具体罚款数额的不同适用情形等。

第三，建立健全行政执法责任制。推行行政执法责任制，必须强化执法责任，明确执法程序和执法标准，进一步规范和监督行政执法活动。一方面，根据有权必有责原则，依据《中华人民共和国行政处罚法》相关程序，分解执法职权和执法流程，确定不同处室、岗位和办案人员的行政执法责任及行政执法责任追究程序；另一方面，建立相应的奖励制度，对案件办理质量高的办案人员予以适当奖励，进一步促进行政执法规范化。

第四，加强社会组织行政执法队伍建设，提高执法水平。徒法不足以自

---

① 张帅宾. 民间组织管理机关的行政处罚权及其运行情况研究. 北京：中国政法大学，2008，23.

行。社会组织行政执法强调法治化运作，政治性和政策性也很强，对行政执法人员的素质要求较高。德才兼备、业务过硬的高素质执法队伍是确保社会组织登记管理机关依法行政的重要基石，这就要求各级管理机关充实人员，切实加强培训，通过各种方式提升执法人员业务水平。[①]

四、社会组织行政执法中的行政强制问题

行政强制是行政处罚决定作出之前取得直接证据，查明违法事实，查获违法当事人的行政手段。社会组织登记管理机关在行政执法中可以对执法对象采取行政强制手段。[②]行政强制包括行政强制措施和行政强制执行。依据《中华人民共和国行政强制法》，前者是指行政机关在实施行政管理过程中，依法对公民人身自由进行暂时性限制或者对公民、法人以及其他组织的财产实施暂时性控制的措施，后者是指行政机关或者由行政机关申请人民法院，对不履行发生法律效力的行政决定的自然人、法人或者其他组织，依法强制其履行义务的行为。行政执法主体实施行政强制措施直接关系到公民、法人或其他组织的人身权、财产权等重要的宪法权利，必须遵循法律保留原则，严格执行《中华人民共和国行政强制法》。[③]

《中华人民共和国行政强制法》规定了行政强制的原则和程序，《取缔非法民间组织暂行办法》（2000年民政部令第21号）等其他单行法规、规章规定了具体行政强制措施的原则和程序。以湖北省民政厅实施的一次行政强制行为为例，2017年11月湖北省民政厅收缴了被取缔的某非法民间组织的印章、标识、资料、财务凭证等，遵循了催告、听取陈述申辩、决定、送达、执行、存档结案的行政强制程序流程。

《中华人民共和国行政强制法》实施以来，行政强制范围、行政强制

---

① 于辉. 关于规范社会组织行政处罚自由裁量权的一点思考. 社团管理研究，2011（7）：50-51.

② 孙伟林. 统一思想加大力度 开创社会组织执法监察工作新局面. 社团管理研究，2008（11）：8-11.

③ 金锦萍. 我国社会组织行政处罚制度审视——从登记管理机关的角度. 社团管理研究，2008（7）：21-26.

主体合法性以及行政强制实施程序的规范性等面临诸多问题和挑战，社会组织行政执法中实施行政强制亦须高度重视。一是尽管《中华人民共和国行政强制法》第十条和第十一条对行政强制措施的设定进行了严格限定，但就实质意义而言，法学界对类似先行登记保存、取缔、责令停止销售、责令停止经营活动等措施是否属于行政强制措施仍然存在争议。其次是行政强制主体合法性的挑战。二是目前我国仍处于社会转型时期，行政管理任务繁重与行政执法力量有限之间的矛盾日益突出，行政执法机关聘用了大量行政辅助人员协助行政执法，这些行政辅助人员的执法资格及执法权限不断引发社会质疑，社会组织的行政强制措施事实也面临同样的挑战。三是行政强制程序的很多规定都还相当粗疏，难以满足行政强制活动的复杂性需要，既不利于对行政强制权的有效控制，也难以提高行政强制活动的效率。[①]

为有效应对上述挑战，社会组织行政执法中的行政强制应当树立行政强制谦抑性理念，建立灵活有效的法律解释机制并辅之以刚性的行政问责机制：

首先，须树立行政强制及其实施程序的谦抑性理念。在“发展就是硬道理”、“稳定压倒一切”等理念的直接影响下，行政强制的效率性价值被无限放大，而其谦抑性价值往往被忽略。人乃社会存在的目的，促进人的自由和全面发展乃国家和法律存在的意义和目的，民主政治、人权保障、有限政府、法治社会等理论乃尊重和保障公民基本权利、自由、尊严、促进人的全面发展之根本体现。公权力具有天生的侵害性，必须对其加以限制与约束，行政强制及其实施程序的谦抑属性乃必然结论。行政强制的谦抑性要求行政执法者应该用最轻的手段规制行政违法行为，避免对公民权利造成大的损害，主要包括两个方面内容：一是行政强制的最后手段，要求谨慎实施行政强制权，穷尽其他所有行政管理手段与方式，行政强制能不用则不要用，能少用则少用，将其作为行政管理中的最后选项，力求以最小的程序活动或者程序损耗获取最大的社会效应。《中华人民共和国行政强制法》第五条规定

① 袁曙宏. 我国《行政强制法》的法律地位、价值取向和制度逻辑. 中国法学，2011（4）：5–22.

的“采用非强制手段可以达到行政管理目的的，不得设定和实施行政强制”及第六条规定的“实施行政强制，应当坚持教育与强制相结合”，体现了行政强制的谦抑性原则，强调采用行政强制应当作为行政执法的最后手段，即在采用其他手段都无法达成行政目的的情况下才可采用。不能一味强调实施行政强制，应当坚持教育与强制相结合。“柔性”性质的告知、说服、说理、教化，可促使受教育者心理产生触动、悔改的念头，以最小的成本实现管理社会的目的，也是不可偏废的手段。二是程序的节制，要求从行政相对人实施的行为与违反行政强制法程度之间的对应关系及对行政强制权实施的程序限定进行节制，须遵从比例原则。比例原则对行政强制的限制，要求在维护公共利益和个人利益之间进行衡量，作出对行政相对人损害最小的行政强制行为。《中华人民共和国行政强制法》第 5 条规定：“行政强制的设定和实施，应当适当”，即要求行政强制注重手段的合理性，在存在多种手段可以达到行政管理目的的情况下应当选择最为“合适”的手段。

其次，善用灵活有效的法律解释机制。人的理性认知有限、社会发展变动不居及语言符号所指的不确定性，决定了法律文本的法律规范含义存在不确定性，需要法律适用者的法律解释。《中华人民共和国行政强制法》的行政强制规范同样存在语义的不确定性问题，需要执法者善于运用文义解释、目的解释、体系解释等多种法律解释方法，在行政强制实施过程中将正义运送到个案的具体情境之中。

最后，启动刚性的行政问责机制。行政强制是国家暴力与民众之间的直接接触，其实施在增进公共利益的同时也极易侵犯到公民的权益。在法治政府建设不断推进的过程中，迫切需要建立刚性的行政问责机制，对于违法实施行政强制的活动有错必究、有责必问，敦促行政机关严格依照法定的权限、范围、条件和程序实施行政强制活动。

第三节　社会组织监管的柔性执法

传统上，社会组织的行政管理部门偏重于刚性执法手段来实现监管目的。但是，刚性执法过于强调行政行为的单方性和强制性，往往以公共利益为名而忽视行政相对人的权利，容易造成行政主体与行政相对人之间权利与义务的不平衡。为了矫正这种不平衡的状况，柔性执法越来越得到立法者、执法者和执法对象的青睐。2011年通过的《中华人民共和国行政强制法》明确鼓励推行“协商式”的柔性执法方式，尽可能避免采取行政强制措施，属于重大的制度创新，突破了行政法学上的一些传统思维。[①]《中华人民共和国行政强制法》第五条规定“采用非强制手段可以达到行政管理目的的，不得设定和实施行政强制”，第六条规定“实施行政强制，应当坚持教育与强制相结合”，第四十二条规定“实施行政强制执行，行政机关可以在不损害公共利益和他人合法权益的情况下，与当事人达成执行协议”。在此背景下，社会组织行政管理部门逐渐认识到柔性执法具有刚性执法不可替代的重要作用，并且在执法实践中探索出了行政约谈、行政提示、行政告诫、行政指导和行政奖励等多种行之有效的柔性执法方式。

一、柔性执法的作用

柔性执法是对刚性执法的有益补充，刚柔并济更能够发挥各自效能，提高行政效率，实现行政民主、行政法治，减少行政纠纷。刚性执法与柔性执

① 袁曙宏. 我国《行政强制法》的法律地位、价值取向和制度逻辑. 中国法学，2011（4）：5–22.

法在社会组织监管中能够发挥不同的效能。刚性执法侧重于维护公共秩序，而柔性执法侧重于维护社会组织的权利；刚性执法的公共利益导向更明显，而柔性执法则更关注私益诉求的满足；刚性执法侧重于制约，而柔性执法侧重于助成；刚性执法是社会组织监管部门将其意愿施加于社会组织，而柔性执法则是社会组织监管部门对社会组织诉求的一种回应；刚性执法更多地借助强制方式，而柔性执法更青睐非强制方式。

柔性执法有助于提高行政效率。提高行政效率就是以最少的人力、物力与财力投入，实现最大的行政管理效果。刚性执法以强制命令为实现形式，体现了监管部门的单方面意志，势必容易引起社会组织的抵触与抗拒，引发执法部门与社会组织之间的行政纠纷乃至行政诉讼，均会增加行政执法成本，降低行政运行效率。相反，如果执法部门通过沟通、协商等柔性执法方式来实现行政管理目的，则可缓解双方之间的对抗性，减少两者之间的行政摩擦，降低彼此的力量消耗，从而降低行政执法成本，有效提高行政执法效率。

柔性执法有助于实现行政民主。随着政府职能和行政裁量权的不断扩大，官僚制行政理论已经不能适应社会发展的需要，民主行政理论逐步演变为当代公共行政的核心理念，主张平等、自主和开放的公共行政观，倡导行政要通过政府与民众之间的协调互动最大限度地代表和表达社会公共利益，保障公民权利。[①]柔性执法弱化了行政权力的强制性色彩，增强了行政相对人权利的保障力度，是行政民主思想在社会组织行政执法中的体现。行政指导、行政约谈等柔性执法方式使行政决策不再仅仅依靠行政执法者的单方意志，而是充分考虑与尊重行政相对人的意愿，最大限度地与行政相对人形成共识，取得行政相对人的配合，使行政相对人充分参与到公共行政之中，从而使行政民主得以实现。[②]

柔性执法有助于减少行政纠纷。我国传统的行政执法理念重权力轻权利、重执法轻服务、重制裁轻引导，容易造成行政主体与行政相对人之间的

---

① 谢昕，成书玲. 行政民主理论视角下的政务透明和公众参与关系研究. 湖北社会科学，2006（10）：23-25.

② 黎慈. 论柔性执法与和谐行政. 四川行政学院学报，2007（4）：34-36.

对立甚至是对抗，从而引起行政纠纷。[①]与传统刚性执法方式相比，柔性执法更强调行政执法机构对行政相对人权利的保障，寓服务于执法之中，更注重发挥法律的事前引导和事中警示作用，能够有效预防和减少行政纠纷的发生。

二、行政约谈

行政约谈是最常用的柔性行政执法手段，是指社会组织监管部门针对社会组织已经存在或可能存在的违法问题，进行预约谈话。行政约谈的方式是通知社会组织负责人在指定时间到社会组织监管部门面对面交谈，监管部门的执法人员根据已经掌握的事实依法对其指导教育。

行政约谈的氛围比较宽松平和，谈话有助于监管部门了解事实真相，发现问题成因，提出有针对性的解决办法。[②]尤其是对于社会组织在一段时间内出现两次以上违法行为或造成严重后果的违法行为，监管部门通过及时约见社会组织负责人进行面谈，可以纠正或消除违法行为的后果，避免类似违法行为的再次发生。

【微案例5-2】

“三谈”社会组织提高行政监管效能[③]

陕西省渭南市民政局社会组织登记管理机关推行“访谈、座谈、约谈”的“三谈”办法，促进社会组织健康有序发展。拟进行登记的社会组织提交申请后，登记管理机关人员实地察看走访，访谈社会组织发起人，了解相关人员机构组成、拟任负责人、办公场所、工作筹划等情况。登记时，由主管领导与社会组织负责人座谈，讲清社会组织政策、党组织

① 朱志梅. 柔性执法与社会组织监管机制的创新. 河北法学，2014（2）：119-123.
② 梁锋. “三谈”社会组织提高行政监管效能. 中国民政，2016（10）：62-62.
③ 同上。

建设、规范化建设等要求和标准，讲清按章办事、大项活动报告制度、涉外交流活动等注意事项。对于在年检与日常管理中发现较大问题的社会组织，登记管理机关采取约谈法人或负责人的方式，向其指出存在的问题，提出改进意见，敦促其开展自查自纠，尽快改正问题。

2016年3月民政部印发的《社会组织登记管理机关行政执法约谈工作规定（试行）》系统规范了社会组织行政约谈制度，一些地方政府也根据各地实际情况制定了相应的实施办法，主要通过以下程序开展社会组织行政约谈工作。

（一）行政约谈事项的预先确立及告知

约谈事项是整个行政约谈过程的起点和前提，直接决定了行政约谈的影响范围和实施效果。如果范围过宽，登记管理机关就会以约谈之名行强制之实，干预社会组织的自主发展；如果范围过窄，又很难对可能发生的问题进行事前预防，有违行政约谈的初衷。因此，执法机关在作出约谈决定、确定约谈事项前，应组织审议会，审查、分析和论证行政约谈事项的必要性、合法性、合理性、可行性。

作出行政约谈决定后，执法机关认为需要实施行政约谈时，应告知相对人约谈的目的、内容、方式、时间、地点、原因、依据和实施者等事项，告知相对人可以委托代理人、申请回避、提出意见等程序性权利。对于需要相对人事先做相应准备的，行政机关应当提前下发约谈通知书，并给予行政相对人合理的准备时间。行政约谈通知书应当载明：约谈机构的名称，被约谈机构的名称或被约谈人的姓名和职务，约谈时间、地点，约谈事项，约谈对象应当提供的资料等基本情况。行政约谈通知书以直接送达或邮寄送达方式或电子邮件方式交付约谈对象。

（二）行政约谈的正式实施

约谈人员双方应当主动出示证明自己的身份证件，并记录在案。约谈人员应当要求被约谈人说明情况，充分听取被约谈人陈述情况，指出约谈对象存在的问题，明确提出整改要求和整改期限，并当场开展政策和法律法规宣传教育，明示法律后果。

如北京市民政局印发的《北京市社会组织行政约谈办法》规定：执法机关应当制作行政约谈记录，记录人员要全面、客观、准确地记录行政约谈的谈话内容；行政约谈记录应当由被约谈人、约谈人和记录人共同确认后签字。约谈会议记录虽不具备法律效力，但作为双方合意的体现仍能产生一定的法律效果。

（三）行政约谈的效果回访

约谈结束后，须通过回访制度后续跟进。相较于行政处罚等强制性行政行为而言，由于行政约谈是非强制性的，行政目标能否实现在很大程度上取决于相对人是否愿意接受约谈协议。因此，为确保行政约谈的效果实现，须跟踪评估行政约谈的目标实现情况及行政约谈的质量、效果和影响。

民政部印发的《社会组织登记管理机关行政执法约谈工作规定（试行）》要求，约谈结束后，约谈对象应当按照《行政约谈记录》《行政指导建议书》或《行政告诫书》的意见进行整改，整改期满后约谈对象应向登记管理机关及时提交书面整改报告，并接受登记管理机关安排的实地检查和整改回访；约谈对象无正当理由不接受约谈，不接受整改意见或不落实整改承诺的，登记管理机关应当及时启动其他执法程序，并将上述情况作为年度检查、等级评估、信用评价、购买服务及税收优惠等工作的参考。

（四）行政约谈的规范管理

行政约谈的规范管理是依法行政及科学管理的要求，主要体现为行政约谈的立卷存档，要求行政执法机关依法制作行政约谈每个环节的书面文件，并按照《中华人民共和国档案法》规定予以妥善存档保管行政约谈资料。

行政约谈资料是后续行政处理、事后追究行政机关渎职责任及相对人寻求赔偿救济的重要证据。行政约谈的执法机关应制作《行政约谈通知书》《行政约谈记录》《行政约谈建议书》等规范性法律文书；行政约谈结束后，执法机关应当根据具体情况出具《行政指导建议书》或《行政告诫书》，指导、督促约谈对象按照建议或告诫进行整改；整改结束时，约谈对象要提供《行政约谈整改落实情况记录表》，作为约谈回访评估工作的重要依据。①

【微案例5–3】

郑州市创新社会组织“四项执法”②

近年来，河南省郑州市民间组织管理办公室（以下简称郑州市民管办）严格按照《中华人民共和国行政许可法》《中华人民共和国行政处罚法》的相关规定，创新了实施预防执法、约谈执法、回访执法和跟踪执法的“四项执法”，并贯穿于社会组织申请、受理、审查、核准、发证、公告及查处非法组织的全过程，有效解决社会组织中存在的一系列问题，促进社会组织健康有序发展。以约谈执法为例，一是成立登记时约谈。在对社会组织进行实地审查时，召集社会组织负责人及其理事会成员进行座谈，告知成立后应遵守的法规“高压线”和工作中不可逾越的“红线”，打好“预防针”。二是发现问题时约谈。在年度检查、评估及经常性执法中发现有未按规定变更和换届、活动不经常、重大活动不报告、财务管理不规范、服务对象投诉等问题，及时与其负责人约谈，提出限期整改要求，真正做到“警钟长鸣”。

目前我国社会组织行政约谈存在的主要问题是：一是“约谈失位”，业务主管部门常是有选择性的约谈或流于形式的约谈。③即行政约谈过程中，行政机关没有平等对待约谈的社会组织，行使约谈自由裁量权时没有完全遵循比例原则，考虑了不相关因素，导致有选择性地对个别对象进行约谈，应该

① 贾燕飞. 我国行政约谈制度及其规范化构建. 哈尔滨市委党校学报，2015（5）：73–78.

② 魏益红. 管理新探：创新“四项执法”处置“四不现象”——看郑州市如何创新社会组织行政执法. 中国社会组织，2013（10）：46–47.

③ 刘晨辰. 行政约谈的规范化研究. 郑州：郑州大学，2017，20.

约谈的却未约谈，或者将行政约谈流于形式，严重制约了行政约谈制度功效的及时发挥，损害公共部门的公信力。二是“约谈越位”，以谈代罚的约谈或是趋于强制的约谈。即行政违法行为已经转为严重情形，缺乏约谈的必要性，行政机关违反依法行政原则，滥用行政约谈自由裁量权，仍采取行政约谈，或者将行政约谈附加强制性的要求，严重制约了行政约谈制度的功能发挥，损害被约谈人的权益。

三、行政提示与行政告诫

行政提示和行政告诫均具有减少行政处罚措施的功能，但行政提示的适用范围比行政告诫广泛。行政提示是对某些特定的重大问题或是政策的出台及时告知管理对象，可以事前、事中也可以事后提示，行政告诫主要针对社会组织尚不构成违法但具有潜在危害性的不特定的行为进行事前告诫，一般是事前告诫。

（一）行政提示

行政提示是指社会组织监管部门针对某些重大问题对社会组织进行提示与提醒。如，社会组织监管部门可以利用手机短信群发平台、邮件群发平台、微信公众号、微信群或QQ群等渠道，建立与社会组织负责人和相关人员之间的联系渠道，定期或不定期地向其发布重要的提示性信息。对一些未按期办理年检的社会组织，社会组织登记管理机关可以及时提示其负责人，要求其按时办理年检，避免由于连续两年不办理年检而遭受行政处罚。[①]

行政提示是将行政监管前移，旨在及时告知、提醒或警示被管理对象主动履行相关义务或自觉避免违法行为的发生，有效地减轻后期监管的工作量，以促成管理目标的实现。[②]诸多社会组织违法行为的发生缘于对相关法律、法规或政策缺乏了解，为尽量避免或减少社会组织违法行为发生，行政

① 朱志梅. 柔性执法与社会组织监管机制的创新. 河北法学，2014（2）：119-123.

② 李春翔. 行政指导是实施综合监管的有效手段. 中国工商管理研究，2008（12）：18-21.

执法机关须强化行政提示的柔性执法手段：针对新出台的法律、法规、政策及常见的社会组织违法行为等，可通过组织培训、媒体宣传、咨询服务、短信提醒或在相关文书、证照上的格式内容记载等方式实施行政提示；根据行为要素特点将行政提示工作贯彻于行政监管全过程，对已发生但尚未产生危害后果的违法行为适时进行事中提示，及时警示当事人终止或改正违法行为；违法行为发生且产生后果的情况下，也可以进行事后提示。

【微案例5-4】

青岛市社会组织管理创新①

青岛市在实践中逐步探索出了一些做法和经验。根据工作需要，青岛市在近几年逐步建立了三个方面的制度。行政约谈制度、行政告诫制度以及行政提示制度。就行政提示制度而言，主要依托手机群呼平台、网站等载体，就一些重大问题定期或不定期地向社团秘书长、民非单位负责人发布信息，进行提示，较好地规范了一些社会组织的活动。

（二）行政告诫

行政告诫是指社会组织监管部门对尚不构成违法但具有潜在危害性行为的社会组织进行事前告诫，防患于未然，以减少行政处罚措施的使用。②如，社会组织监管部门通过日常管理和年检活动，对于存在财务管理混乱、理事会不按期换届或重大事项不及时报告等问题的社会组织，可及时提出行政告诫。

行政告诫可以采用书面形式或口头形式，相比而言，书面形式更为正式、效果更佳，更易引起社会组织的重视。行政执法机关向社会组织送达

① 王永奎. 综合运用十项手段 完善行政监管体系——青岛市社会组织管理的举措和创新. 社团管理研究，2010（4）：23-24.

② 张志勤. 行政指导：社会组织管理监督工作手段的新尝试. 社团管理研究，2008（9）：25.

《行政告诫书》，告知其行为可能引发的后果，提出明确的整改要求，并且要求其将整改结果按期进行反馈；对于社会组织发生的轻微且能及时纠正的违法行为，口头告诫更为迅速有效。

【微案例5-5】

近50家社会组织未按期年检被行政告诫[①]

2015年8月，江苏省盱眙县民政局依法依规对50家未按期参加年检的社会组织下达了行政告诫书，限期15日内办理2014年度的年检手续。逾期仍不办理的，视情节给予相应处罚。按照该民政局的规定，社会组织应于每年5月底前主动接受业务主管部门和民政部门年度检查，拒不接受或不按规定接受监督检查的，登记管理机关可给予警告，责令改正；可以限期停止活动，并可以责令撤换直接负责的主管人员；情节严重的，可以予以撤销登记。此次对未按期参加年检的社会组织下发行政告诫书，对于推动社会组织自律和诚信建设，提高社会组织建设管理水平，保障社会组织健康有序、又好又快发展将起到推动作用。

目前，我国尚无社会组织行政告诫的法律规定，一些地方民政部门创新出台了社会组织行政告诫指导意见。如，为了加强对社会组织的管理，提高登记管理机关管理水平，推动社会组织的健康发展，规范社会组织自觉遵守法律法规的意识，预防违法违纪问题的发生，本着以预防教育为主、防范管理在先的原则，天津市民政局制定了《天津市社会组织行政告诫暂行办法》。[②]

社会组织行政告诫法律法规的缺乏及柔性执法的强制执行力缺失，影响行政告诫制度的实施效果：忽视对行政告诫的程序规制，行政告诫的信息

① 盱眙县人民政府. 近50家社会组织未按期年检被行政告诫. 盱眙县人民政府门户网站，http://www. xuyi. gov. cn/n116566c180.shtml，2015-08-21.

② 天津市民政局. 关于印发《天津市社会组织行政处罚自由裁量权参照执行标准》和《天津市社会组织行政告诫暂行办法》的通知. 天津市民政局门户网站，http：//www. tjmz. gov. cn/zcfg/system/2009/11/11/010003100.shtml，2018-02-23.

缺乏公开，透明度不够，缺乏必要的监督和制约，难以保障公平、公正、公开；行政告诫不能强迫相对人服从或者接受执法行为，行政主体往往采用强制性执法方式保障表面上的柔性执法行为有效实施，导致社会组织柔性执法被异化成传统的强制执法。[①]

四、行政指导与行政奖励

行政指导是行政主体为实现行政管理目的而采取的积极主动指导措施，行政奖励是将行政管理目的寓于积极的奖励诱导中去实现，都是行政主体为了实现行政目标而采取的积极措施。

（一）行政指导

行政指导是行政机关为谋求当事人做出或不做出一定行为以实现一定行政目的而在其职责范围内实施的指导、劝告、建议等不具有国家强制力且不直接产生法律效果的行为。[②]

行政指导对社会组织监管具有重要价值。首先，有助于建立良性的政社关系。社会组织监管实践表明，监管部门采用指导、劝告、耐心教化等管理手段，与采用直接行政处罚相比，往往更能说服社会组织，促使其自觉遵纪守法。其次，能够有效避免群体性事件的发生。行政指导提供了行政相对人自愿选择和表达意愿的机会，因而行政相对人较少产生不满和抱怨，并较为主动地参与实现行政目的或自觉服从于行政指导。最后，可以弥补立法的不足。因社会组织监管立法的滞后性，监管空白随处可见。立法完善虽可填补监管空白，但立法修改程序复杂、耗时长久，难以及时满足社会组织监管的需要，而成本较低、非强制性的行政指导手段既可弥补法律的不完备，也可采取相宜的应对措施。[③]

---

① 陈媛. 试论行政执法柔性化. 中国市场，2015（28）：267–269.
② 虞卢. 中国行政指导的实践与制度完善. 苏州：苏州大学，2014，18.
③ 吴燕怡. 行政指导的新发展——兼论中国行政指导制度的建构. 中共云南省委党校学报，2009（6）：145–147.

我国现行法律确立了行政指导制度，党和国家及地方政府部门也陆续出台了社会组织行政指导的政策。中共中央办公厅、国务院办公厅印发了《关于改革社会组织管理制度促进社会组织健康有序发展的意见》，就改革社会组织管理制度、促进社会组织健康有序发展提出指导意见。[①]2016年民政部发布《关于通过政府购买服务支持社会组织培育发展的指导意见》，以行政指导的方式大力推进政府向社会组织购买服务，引导社会组织向专业化方向发展，促进公共服务能力持续提升，有效满足人民群众日益增长的公共服务需求。[②]一些地方民政局也出台了系列行政指导政策，以推动社会组织培育孵化机构建设，提升社会组织培育孵化工作规范化、专业化水平，如北京市民政局出台《关于社会组织培育孵化体系建设的指导意见》（京民社发〔2017〕61号），提出加强对上下统一的服务项目的行政指导，加强上一级对下一级的指导和管理，确保培育孵化工作的规范性和统一性。[③]

随着市场经济体制的建立及社会体制改革的深化，行政指导日益成为行政管理的重要方式，[④]政府的行政指导与社会组织的自我治理的有机结合可较好地实现社会组织治理目标。目前我国行政指导立法规范较为粗疏，应当合理构建社会组织行政指导制度，实现社会组织行政指导的法治化。[⑤]一是明确社会组织行政指导部门，行业协会商会等四类直接登记的社会组织，原有业务主管单位的管理职能可以转化为行政指导职能，对继续保持业务主管单位的社会组织也应当多运用行政指导方式，与社会组织管理相关的其他部门应在职责范围内给予社会组织行政指导。由业务管理向业务指导的转变，由一

---

① 民政部. 中共中央办公厅、国务院办公厅印发《关于改革社会组织管理制度促进社会组织健康有序发展的意见》. 中华人民共和国中央人民政府门户网站，http：//www. gov. cn/gongbao/content/2016/content_5106178.htm，2018-03-20.

② 民政部. 关于通过政府购买服务支持社会组织培育发展的指导意见. 中华人民共和国民政部门户网站，http：//www. mca. gov. cn/article/xw/tzgg/201612/20161215002821.shtml，2017-12-24.

③ 北京市民政局.《关于社会组织培育孵化体系建设的指导意见》，http：//www. bjtzh. gov. cn/n95/n2231951/n2232003/n2238488/n2238588/c15067337/content. html，2018-01-20.

④ 莫于川. 我国实施行政指导的原因、现状及法治化对策. 渝州大学学报（社会科学版），2001（1）：42-46.

⑤ 喻建中. 软法视角下的社会组织立法转型. 时代法学，2016（5）：22-34.

个业务主管单位向多个指导单位的转变，给予社会组织发展更多的自由、支持，有助于更好激发社会组织活力，建立柔性执法治理模式下的新型政社关系。二是明确社会组织行政指导要求。社会组织行政指导应当坚持正当性原则，使社会组织认可行政指导的功能，最大限度保障社会组织的可接受性；坚持自愿性原则，不能借助国家强制力强迫社会组织接受行政指导，否则，自愿性的行政指导就被异化为强制性行政行为。三是明确社会组织行政指导责任和法律救济途径[①]，促进行政指导部门积极履行指导职责，保障社会组织遭受违法或不当行政指导侵害时享有司法救济权。

【微案例5-6】

青岛市民政局的社会组织行政指导工作[②]

青岛市民政局在2008年出台的《关于在社会组织管理工作中实施行政指导的意见》（青民管〔2008〕192号）中提出在社会组织管理工作中逐步实施行政指导，是坚持“培育发展管理监督并举”方针，改革完善社会组织行政管理工作的新举措。2013年青岛市民政局又出台了《关于加强社会组织行政执法工作的意见》（青民管〔2013〕6号），提出在先教育规范、再责令整改、最后实施处罚的“三步式”行政处罚模式基础上，探索制定不同情形下的执法措施，对非法社会组织和社会组织严重违法行为，加大查处力度，提升执法威慑力；对情节轻微或者危害后果能够及时消除的违法行为，推行符合法律精神、原则、规则的指导、劝告、建议、说明、提醒、警示等行政指导措施，正确引导社会组织的行为，进一步完善行政指导工作制度，提升社会组织建设与管理工作的水平。

① 杨海坤，黄学贤. 行政指导比较研究新探. 中国法学，1999（3）：67-80.

② 青岛市民政局. 关于在社会组织管理工作中实施行政指导的意见，http：//www. qingdao. gov. cn/n172/n24624151/n24625835/n24625849/n24625863/120908214646727284.html，2017-11-20；青岛市民政局. 关于加强社会组织行政执法工作的意见，http：//www. qingdao. gov. cn/n172/n24624151/n24625835/n24625849/n24625863/130915161539453135.html，2017-12-17.

（二）行政奖励

行政奖励属非强制行政行为范畴，将国家管理目标寓于积极的诱导、鼓励中去实现，[1]主要通过赋予物质、精神及其他权益，引导、激励、支持行政相对人实施符合政府施政意图的行为。[2]

社会组织的行政奖励包括对个人和对组织两个层面[3]。就个人层面而言，因社会组织的管理者对社会组织财产不具有剩余索取权，大多数社会组织管理者的精神追求往往高于物质追求，因此，对社会组织管理者可侧重精神激励，对业绩突出的社会组织管理者定期进行表彰乃至纳入诸如劳模评选等国家各项表彰范围，满足社会组织管理者的尊重需要和自我实现需要。就社会组织层面而言，可实行物质奖励与精神奖励并举，既促进社会组织更好实现其宗旨目标，帮助其社会公信力和品牌影响力提升，也能通过一定的物质奖励帮助社会组织做强做好宗旨目标实现活动。

【微案例5-7】

乌审旗民政局开展社会组织评选表彰活动[4]

近年来，在旗委、政府的正确领导和有关部门的关心支持下，乌审旗各级社会组织发展迅速，布局得到调整，结构不断优化，质量逐步提高，已经成为一支不可忽视的社会力量。社会组织的健康发展，在创新社会管理，激发社会活力、反映公众诉求、化解社会矛盾、提供社会服务、推进经济社会发展中起到了不可替代的作用，并涌现出一大批先进社会组织和先进个人。为树立典型，扩大社会组织影响，鼓励先进，充分调动乌审旗各级社会组织和社会组织工作者的积极性，中共乌审旗委组织部、乌审旗

---

① 崔卓兰. 行政奖励若干问题初探. 吉林大学社会科学学报，1996（5）：29-32.

② 傅红伟. 行政奖励研究. 北京：北京大学出版社，2003，48-62.

③ 喻建中. 软法视角下的社会组织立法转型. 时代法学，2016（5）：22-34.

④ 乌审旗人民政府门户网站，http：//www. wsq. gov. cn/wsqxxgk_gkml/zfgbm/qq_wsq_0254/201612/t20161213_1840459.html，2018-03-20.

民政局决定开展全旗社会组织评选表彰活动。主要的奖励办法是：对优秀社会组织（个人）进行表彰奖励，奖励坚持精神奖励和物质奖励相结合，以精神奖励为主的原则。对评选出的先进社会组织颁发奖牌和证书。同时，在推荐全国先进社会组织和政府购买服务时优先考虑。

五、完善柔性执法制度

社会组织行政执法机关虽然已经积累了一些柔性执法实践经验，但柔性执法的实施仍然面临不少亟待解决的困难和问题。解决这些问题，必须完善柔性执法的立法，增强柔性执法的公开性，加强社会组织执法队伍建设。

首先，完善社会组织柔性执法的立法。虽然柔性执法方式具有灵活性和非强制性的特点，但这并不代表它不需要受到法律的规制。[①]通过完善相关立法，将社会组织柔性执法纳入法治轨道，规范行政约谈、行政提示、行政告诫、行政指导、行政奖励等柔性执法的条件、方式、程序及救济措施，减少柔性执法过程中的随意性和不确定性，提高柔性执法的有效性。

其次，增强社会组织柔性执法的公开性。公开透明执法是行政执法工作的基本要求，社会组织柔性执法的公开、透明有助于保障柔性执法的公平、公正。柔性执法公开透明主要包括执法决策公开、执法标准公开和执法责任主体公开。执法决策公开是指行政执法部门在对社会组织违法活动作出行政决策时，要向社会公开决策依据和决策内容等信息。执法标准公开是指社会组织行政执法部门应该严格依法按照所拥有的权限和职责进行执法，不得越权执法。责任主体公开是将行政执法的责任主体信息告知行政相对人，使社会组织相对人明确申诉对象，也有利于减少社会组织行政执法部门之间相互推诿的现象。

最后，加强社会组织执法队伍建设。通过培训教育执法人员，提高柔性执法能力和执法水平。执法机关要改变“执法就是处罚”的观念，将柔性

---

① 喻建中.软法视角下的社会组织立法转型.时代法学，2016（5）：22-34.

执法理念贯穿于社会组织日常执法管理中。社会组织执法部门要重视执法人员的业务教育，将集中培训和自学相结合，将职业技能鉴定和日常工作相结合，将典型案例和执法活动相结合，切实提高执法人员推行柔性执法的能力和水平。[①]

第四节　社会组织行政执法与刑事司法的衔接

行政执法与刑事司法的衔接，是指具有法定行政管理权限的机关或组织在行政执法过程中将涉嫌犯罪案件依法移送刑事司法机关，同时刑事司法机关将其在办理刑事案件过程中发现的不构成犯罪的案件移送有关行政机关处理的双向、互动办案协作机制。“行政执法与刑事司法的衔接”中，“行政执法”仅指行政执法机关及法律法规授权组织依照法定职权和程序对涉嫌违反行政法规范的相对人实施行政处罚的具体行政行为，“刑事司法”是指公安、检察机关或者人民法院等国家司法机关对具有严重社会危害性的行为采取的调查、立案、侦查、逮捕、起诉、审判、执行等一系列司法程序和司法活动，并对犯罪行为进行惩罚的刑事行为。[②]在社会组织监管领域建立和完善行政执法与刑事司法的衔接机制，对强化行政执法，维护行政法治权威，实现社会组织良性治理具有重大意义。

一、社会组织行政违法及刑事犯罪现状分析

社会组织促进社会建设的功能日益凸显，但其违法犯罪行为数量也迅速

① 王哲. 浅谈推进柔性执法对策. 科技与企业，2013（8）：230-232.
② 王霞霞. 论我国行政执法与刑事司法的衔接. 济南：山东大学，2015，2-10.

增长，并呈现出一定的规律性。

（一）经济诈骗、非法集资案件数量激增

随着社会公众对慈善事业关注度和参与度的不断提升，一些组织和个人以支持公益慈善事业发展名义开展以非法营利为目的的募捐活动，甚至假借慈善名义从事非法集资、传销等违法犯罪行为日益增多。这些组织和个人有的是以未经登记的非法社会组织的名义直接开展非法集资及传销活动，有的是利用一些合法登记的社会组织急于筹集善款，通过设立分支机构、专项基金等方式合作开展活动，具有极强的欺骗性。2017年公安部门查处的“善心汇”，就是典型的披着公益慈善外衣的非法传销组织，主犯张天明等人以“扶贫济困、均富共生”等为幌子，以高收益为诱饵，通过网络虚假宣传，采取“拉人头”方式大肆发展会员，一年时间裹挟群众逾500万人，涉案金额高达数百亿元，社会影响极其恶劣。[①]

（二）非法挪用慈善资金案件数量增加

中国慈善事业得到长足发展，出现了越来越多的民间慈善组织和明星慈善家。近年来，慈善组织资金管理不透明、非法挪用慈善资金的案件层出不穷。2018年5月4日，曾经当选2006年感动河北年度人物的河北武安市“爱心妈妈”李利娟所开办的武安市民建福利爱心村被当地民政部门取缔，原因是连续3年未进行年检。次日凌晨，李利娟被警方实施刑事拘留，资金问题是警方指控李利娟的证据之一，警方称调查发现李利娟有2000多万元人民币存款，而她自己在2015年就宣称已经负债200多万元。慈善资金暗箱管理、非法挪用慈善资金已成为慈善类社会组织涉嫌刑事犯罪的主要诱因之一，而这类案件的频发透支的却是整个社会的慈善热情。[②]

---

① 范斯腾．“善心汇”涉嫌特大传销案调查：揭开假慈善真敛财面具．中央人民广播电台，http：//news. cnr. cn/native/gd/20170728/t20170728_523873921.shtml，2018-04-11.

② 辛省志．警惕以爱心为名化公为私．南方周末，http：//www. infzm. com/content/135644，2018-05-23.

（三）歪曲国家政策从事非法活动案件增加

诸多非法社会组织及个人，未经合法登记，擅自使用社会组织的名称，甚至打着“一带一路”“精准扶贫”“军民融合”“乡村振兴”等国家战略的旗号，进行违法犯罪活动。该类犯罪行为将诉诸权威视为最好的隐身衣，将非法目的与民族大义联系起来，更能轻易地收割社会信任，具有较强迷惑性，严重损害国家形象与社会稳定，亟须治理。自2018年1月起，山东省开展为期半年的社会组织集中排查整治专项行动，在全省范围内对以“一带一路”“军民融合”“精准扶贫”等国家战略名义骗钱敛财和冠以“中国”“中华”“国际”等字样开展活动的6类非法社会组织给予重点打击整治，取得了显著成效。[①]

（四）山寨社团活动猖獗

山寨协会主要是利用境内外对社会组织登记管理制度的差异，在登记条件宽松的国家和地区进行注册，披着境外登记的外衣，擅自在境内吸纳会员、开展活动，且多冠以“中国”“中华”“全国”等国字头字样，与国内合法登记的全国性社团名称一致或雷同，利用了中国人“官本位”的思想，从事违法活动。加之山寨协会在境内没有登记注册地址，一旦圈钱跑路，造成国内资产流失，民政、税务、工商和公安都很难找到直接责任人，危害极大。[②]作为一家在香港注册的企业，山寨社团“中国经济贸易促进会”便是仿冒国务院授权的“中国国际贸易促进委员会”从事非法活动，其通过发展内地中小企业、商人成为他们的会员，明码实价，同时租用各种场所举办活动，颁出各种奖项，借此敛财。[③]

---

① 敬权. 重拳出击治理非法社会组织. 新华网，http：//www. xinhuanet. com/gongyi/ 2018-04/12/c_129849059.htm，2018-05-27.

② 王瑞锋. “对山寨协会应全民喊打”——专访民政部党组成员、民间组织管理局局长詹成付. 中国社会组织网，http：//www. chinanpo. gov. cn/800101/94077/newsbgtindex. html，2018-05-24.

③ 徐明. 新京报：如何清理“假国字号”民间机构圈钱产业链. 中国社会组织网，http：//www. chinanpo. gov. cn/800101/96139/newsbgtindex. html，2018-05-26.

社会组织的上述违法犯罪现象极大损害了社会组织的形象，危害社会稳定与国家形象，亟须治理。除了必须深化改革，理顺社会组织管理体制，加强社会组织监管，严格监管并处罚境内外行政违法的社会组织之外，必须健全社会组织行政执法与刑事司法的衔接机制，严厉打击社会组织刑事犯罪。民政部门要积极履行在社会组织监管领域内的职责，发挥自身优势，将日常管理工作中所发现的刑事违法信息、线索、证据等及时移送公安部门处理，积极会同公安等有关部门联合执法，加大对非法社会组织的打击力度。同时，登记管理机关要依法积极接受和处理对涉嫌违反社会组织登记管理法律法规的行为或者对非法社会组织活动的投诉举报，受理投诉举报在依法、公正、及时、便捷原则的指导下，应当向社会公布投诉举报渠道，方便投诉举报人投诉举报。在对举报线索进行调查核实过程中，发现被投诉举报对象或者有关组织和个人的行为涉嫌犯罪的，应当及时将有关线索和证据移交司法机关。

二、完善社会组织行政执法与刑事司法衔接机制

行政执法与刑事司法的衔接机制横跨行政法与刑法两大部门法。2001年4月，国务院发布的《关于整顿和规范市场经济秩序的决定》首次提出了“行政执法与刑事司法衔接机制”的概念。2001年7月，国务院发布《行政执法机关移送涉嫌犯罪案件的规定》，以行政法规的形式确立了行政执法与刑事司法衔接机制的基本框架。2011年2月，国务院法制办发布《关于加强行政执法与刑事司法衔接工作的意见》，成为目前规范行政执法与刑事司法衔接机制的主要依据。[①]

在社会组织监管领域，社会组织行政执法机关如果发现社会组织的违法行为已经构成犯罪，应通过行政执法与刑事司法衔接机制将案件移交给刑事司法机关处理。行政执法与刑事司法作为国家公共权力的两大执法体系，从调整对象、调整范围到功能价值上都有不可分割的内在联系，二者之间的衔

① 肖业忠. 完善行政执法与刑事司法衔接机制. 山东青年政治学院学报，2016（6）：108–115.

接机制是一种涉及多个主体的过渡机制，社会组织行政执法与刑事司法的衔接需要立法、执法、监督问责等不同层面的协调配合。当前，行政执法与刑事司法衔接制度的法律位阶较低，权威性不够，缺乏操作性，在移送标准、移送证据、立案监督、证据转化等一系列程序性法律法规方面缺少明确标准，[①]加之执法人员理念及素质滞后等问题，导致行政执法与刑事司法衔接机制运行并不顺畅，社会组织监管实践中案件移送司法机关追究刑事责任比例少、刑事案件行政处理多等现象，治理实际成效不明显。只有完善相关立法，提高执法和司法人员的素质，才能促进社会组织监管领域内行政执法与刑事司法衔接工作的合法、有序、高效进行。

（一）细化移送标准及程序

为确保社会组织违法、犯罪案件能够被分别及时追究行政、刑事责任，必须明确社会组织涉嫌违法、犯罪案件的移送标准及程序，增强可操作性。首先，须明确案件移送的标准、移送期限、移送衔接机关及人员的权限和责任，保障案件移送无缝衔接。其次，须强调案件移送的衔接程序之双向性，不仅要细化社会组织行政执法机关向司法机关移送社会组织涉嫌刑事犯罪案件的衔接程序，而且须健全司法机关向行政执法机关移送社会组织涉嫌行政违法案件的衔接程序。

我国不少省市根据本地实际情况建立了社会组织行政执法与刑事司法的衔接机制。如，青岛市努力建立和完善行政执法与刑事司法之间有效衔接的配合机制，进行衔接程序的完善，加强社会组织行政执法部门与公安、检察机关对执法中发现的涉嫌犯罪案件的移送、办理、监督、反馈等工作的衔接与配合，纠正“以罚代刑”现象，及时惩处违法犯罪行为，并进一步明确执法部门之间案件移送的范围、种类、标准、方式和程序，落实承办机构和责任，以保证社会组织违法案件及时移送和处理。[②]

① 赵明娇. 行政执法与刑事司法衔接制度研究. 长春：吉林大学，2014，27-30.

② 青岛市民政局. 关于加强社会组织行政执法工作的意见. 青岛政务网，http：//www. jyxfzb. com/ggfw/2013-05-30/207.html，2018-4-01.

（二）明确证据移送标准

目前，我国现有行政执法与刑事司法衔接制度对于移送案件的证据种类、形式、审查标准等问题缺乏明确规定，给移送工作造成了很大的困难。[①]

社会组织行政执法与刑事司法衔接机制中的涉嫌行政违法案件或涉嫌刑事犯罪案件的移送，只是要求移送相关线索，并不等于已经查实确已构成行政违法行为或刑事犯罪，因此，移送案件的证据标准是合理怀疑原则，即有证据证明社会组织存在行政违法行为或刑事犯罪嫌疑即可，并不要求在移送前已查明确已构成行政违法行为或刑事犯罪。接受移送案件线索的行政执法机关或刑事司法机关须进一步调查核实，认定是否有确凿、充分的证据证明社会组织涉嫌行政违法行为或刑事犯罪行为，然后作出相应的处理决定。当然，行政处罚的证据标准低于刑事处罚的证据标准，行政机关收集的物证和书证可直接作为刑事指控证据使用，但行政机关调查取得的言辞证据材料不得直接作为刑事指控证据使用，需要公安机关对社会组织行政执法机关移送的言辞证据材料进行证据转化，因此，在证据转化主体、转化方式、转化结果方面有必要根据具体的证据形式进行分门别类的细化梳理。[②]

（三）健全信息沟通机制

行政执法、刑事司法的执法依据、立案标准不同，行政执法机关与刑事司法机关移送案件的有机衔接必须加强相互之间的信息沟通。

建立及时高效的信息沟通机制是行政执法与刑事司法有效衔接的根本保障，建设信息共享平台、完善联席会议及案件咨询制度乃必要机制。建立全国统一联网的信息共享平台，通过多方加入，实现网上移送、网上受理、执法动态交流和业务研讨、案件信息流程跟踪和监控；完善联席会议制度，明确总负责人及具体协调单位，确定联系会议的召开日期、主题任务及实施保障，促进部门间的配合与交流；发挥案件咨询功能，消除各执法主体对移送案件的定性标准分歧，增强衔接机制的效率、效果。

① 高新新. 论行政执法与刑事司法的衔接. 北京：北京交通大学，2016，39–43.

② 戢浩飞. 行政执法与刑事司法衔接的理性审视. 北方法学，2015（5）：89–97.

（四）完善激励和问责机制

《关于加强行政执法与刑事司法衔接工作的意见》规定："人民检察院发现行政执法人员不移送涉嫌犯罪案件，公安机关人员不依法受理、立案，需要追究行政纪律责任的，应当将可以证明违纪违法事实的材料移送检察机关，由检察机关依纪依法处理；涉嫌犯罪的，应当依法追究刑事责任。"这种监督方式虽然可以在一定程度上减少对社会组织监管中出现"有案不移""以罚代刑"的现象，但难以延伸至行政执法权行使的全过程监督，且这种事后监督机制极易错失前期证据收集、侦查等方面的机会，不利于后期刑事司法活动的开展。[①]2018年7月公布的《人民检察院组织法（修订草案二次审议稿）征求意见稿》第十六条第二款虽规定，"人民检察院行使上述职权时，发现行政机关有违法行使职权或者不行使职权的行为，应当督促其纠正"，但并未规定检察机关对行政执法行为享有普遍的监督权。

奖罚分明乃保障制度有效实施的根本措施。一方面，行政执法与刑事司法的衔接，可以采取目标激励、精神激励和物质激励等正向激励机制，鼓励执法人员和司法人员及时移送案件。另一方面，为克服社会组织监管中的"有案不移、以罚代刑"等突出问题，避免行政执法部门权力寻租等情况的出现，应当建立移送渎职责任追究制度，对因故意或者过失不履行移送职责或者不正确履行移送职责的社会组织行政执法机关主要负责人及具体责任人实施行政责任、刑事责任追究，并明确责任范围、责任划分、责任形式和追责程序。

① 唐文娟. 反思与推进：我国行政执法与刑事司法衔接机制刍议. 江西师范大学学报（哲学社会科学版），2016（4）：79-85.

第五节　社会组织行政复议与行政诉讼

理论上，行政争讼制度主要包括行政复议和行政诉讼，二者均为行政相对人解决行政争议、寻求行政救济的途径，但又明显不同。

一、社会组织监管中的行政复议

行政复议，乃行政机关对行政争议或原行政行为进行重新评议并作出决定的过程。

（一）社会组织行政复议的概念

社会组织行政复议是行政复议机关依法对社会组织与行政主体之间的争议进行居中裁决的一种制度。社会组织作为行政相对人认为社会组织登记管理机关（即国务院民政部门和县级以上地方各级人民政府民政部门）作出的具体行政行为侵犯其合法权益，依法向登记管理机关的上一级行政机关（上一级民政部门或同级人民政府）提出复查该具体行政行为的申请，上一级机关依照法定程序对被申请的具体行政行为进行合法性、适当性审查，并作出行政复议决定。

社会组织行政复议既是以社会组织登记管理机关的行政执法行为为审查对象的行政机关内部监督制度，也是解决行政管理纠纷、化解行政争议的重要渠道和社会组织寻求权利救济的途径。[①]行政机关的内部监督制度主要是指社会组织行政复议，是上一级行政机关对下一级行政机关（上一级民政部门

① 庞承伟. 社会组织行政执法. 北京：中国社会出版社，2011，107.

对下一级民政部门，或者同级人民政府对其民政部门）的具体行政行为进行合法性、适当性审查，以监督下一级行政机关依法行政。社会组织的权利救济旨在保护行政相对人的合法权益，纠正行政机关违法行政行为。我国行政纠纷解决方式主要包括行政诉讼、行政复议、行政调解、行政信访以及仲裁等几种方式，相对于信访制度的非法制化和行政调解、仲裁制度受案范围的局限性而言，行政复议受案范围更广、更专业、更易于接受；[①]相对于耗时费力的行政诉讼而言，行政复议更高效、更经济，有利于节约社会资源、减轻法院负担。

（二）社会组织行政复议机构及被申请人

1. 社会组织行政复议机关及复议机构

社会组织行政复议机关是指依法享有社会组织行政复议权的行政机关，社会组织行政复议机构则是指在行政复议机关内部设立的专门负责具体办理行政复议事项的办事机构。《中华人民共和国行政复议法实施条例》规定，各级行政复议机关应当认真履行行政复议职责，领导并支持本机关负责法制工作的机构依法办理行政复议事项。行政复议机构以其从属的行政机关的名义行使职权，其行为视为其所从属的行政机关的行为。社会组织行政复议案件中，若县级民政局作为被申请人，县政府或地级市民政局则为复议机关，县政府法制办公室或市民政局法制科则为复议机构，并最终以县政府或市民政局的名义作出行政复议决定。

社会组织行政复议机构在行政复议机关的领导之下，处理各类行政复议事项，履行受理行政复议申请、向有关组织和人员调查取证、审查具体行政行为，拟定行政复议决定、对下级机关违反《中华人民共和国行政复议法》规定的行为依据规定权限和程序提出处理意见等职责。行政复议机关无正当理由不受理依法提出的行政复议申请的、不按照规定转达行政复议申请的、在规定期限内不作出行政复议决定的要依法承担相应责任，应当依法追究直

① 贺奇兵. 行政复议申请人资格标准的基本定位——基于行政复议与行政诉讼目的差异的视角. 法学，2015（12）：39–48.

接负责的主管人员和其他直接责任人员的法律责任，即行政法律责任中的行政处分，包括警告、记过、记大过、降级、撤职、开除六种。

行政复议工作由行政机关负责法制工作的机构承办，明确了我国行政复议机构设置与行政复议机关之间的对应关系。目前地市级以上行政复议机关中最为常见的一种设置形式，是在行政复议机关的法制工作机构内设立行政复议处、行政复议科或行政复议办公室等机构，专门负责行政复议工作。[①]这种行政复议机构设置方式亦面临中立性与独立性的质疑：出于地方利益保护或部门利益保护的需要，行政复议机构很难真正以中立第三人的身份裁决行政纠纷；作为行政复议机关，要么是被申请复议的作出原具体行政行为的行政机关的上一级行政机关，要么是作出原具体行政行为的行政机关的同级政府，履行行政复议职责的复议机构很难有自主决定权，其公正性自然难以得到保证。[②]

2. 社会组织行政复议被申请人

作出具体行政行为的行政执法机关为社会组织行政复议的被申请人，被申请人享有以下权利：一是答辩和反驳的权利。被申请人有权针对申请人的复议请求进行答辩并向复议机关提交证据、依据和其他材料证明其所做出的具体行政行为的合法与适当。二是不停止执行具体行政行为的权利。行政复议期间不停止行政行为的执行是一项保证行政执法行为效率与权威的重要原则，但除在法律规定停止执行和行政复议机关裁决停止执行外，被申请人认为必要时有权决定停止具体行政行为的执行。三是强制执行或申请强制执行的权利。申请人逾期不起诉且不履行行政复议决定的，或者不履行最终裁决的行政复议决定的，被申请人有权依法强制执行或申请人民法院强制执行。

社会组织行政复议被申请人应当承担以下义务：一是接受全面审查义务。行政复议机关依法对具体行政行为的合法性及合理性进行全面审查。二是举证义务。被申请人负有向行政复议机关提交做出具体行政行为的有关材

① 贺奇兵. 论行政复议机构设置的模式选择——以行政复议有限司法化为逻辑起点. 政治与法律，2013（9）：66-75.

② 曹胜亮，刘权. 和谐社会视野下行政复议机构的构建与完善——以设立统一的行政复议委员会为视角. 法学杂志，2009（7）：97-99.

料或证据的义务。三是履行行政复议决定义务。被申请人应当履行行政复议决定，被申请人不履行或拖延履行的，复议机关或有关上级行政机关应当责令其限期履行。

（三）社会组织行政复议的基本程序

行政复议过程包括两个方面：有行政复议申请权的公民、法人和其他组织依照法定条件和程序申请行政复议，以及行政复议机关依法受理行政复议申请进行审查并作出行政复议决定。

按照《中华人民共和国行政复议法》的规定，社会组织申请行政复议，应当在知道被申请人行政行为作出之日起60日内提出。因不可抗力或者其他正当理由耽误法定申请期限的，申请期限自障碍消除之日起继续计算。行政复议机关对不符合行政复议法规定的行政复议申请，决定不予受理，并书面告知申请人；对符合行政复议法规定，但是不属于本机关受理的行政复议申请，应当告知社会组织向有关行政复议机关提出。除上述规定外，行政复议申请自行政复议机构收到之日起即为受理。

根据《中华人民共和国行政复议法》的规定，行政复议机关有权审查具体行政行为是否合法、具体行政行为是否适当。审理方式上，行政复议原则上采取书面审查的办法，但是申请人提出要求或者行政复议机关负责法制工作的机构认为有必要时，可以向有关组织和人员调查情况，听取申请人、被申请人和第三人的意见；审查期限上，行政复议机关应当自受理申请之日起60日内作出行政复议决定，无法在规定期限内作出决定的，满足条件后可延长期限，但最多不超过30日；举证责任上，由被申请人对其具体行政行为的合法性和适当性进行举证证明，申请人不负举证责任；行政复议决定的类型上，主要包括维持决定、履行决定、撤销决定、变更决定、确认决定、行政赔偿决定；复议救济上，行政复议决定生效后，双方当事人应该自觉履行，社会组织对复议决定不服的，可以在收到复议决定书之日起，在法律规定的期限内，向人民法院提起行政诉讼，不过，行政复议期间及行政诉讼期间原具体行政行为不停止执行。

【微案例5-8】

J协会提出行政复议申请

2007年11月5日，某省民政厅认定J协会“超出章程规定的业务范围进行活动”，并于2007年11月8日直接作出警告的行政处罚。

2007年11月14日，该协会向该省人民政府提出行政复议申请，认为处罚不当、认定事实有误，请求复议机关对该行政处罚决定依法予以撤销。

2007年11月17日，该省人民政府向民政厅发出《提出答复意见通知书》。民政厅接到通知书后，进一步调查核实，发现先前认定的违法事实有误，且在行政处罚前未通知J协会享有陈述、申辩的权利。于是，民政厅在2007年11月23日撤销了行政处罚决定，并将撤销行政处罚决定书送达该协会。

该协会于2007年11月26日向省人民政府撤回行政复议申请书。2007年11月30日，该省人民政府发出《行政复议终止通知书》，终止该行政复议。

（四）完善社会组织行政复议制度

行政复议的制度安排上实现了对行政相对方合法权益的救济与保障和对违法行政行为的监督和纠正，为解决行政纠纷提供了一条最优途径。[①]如果行政复议制度有效运转，应当成为解决行政争议的主渠道。然而，我国行政复议决定维持率极高，公正性遭质疑，救济效果滞后，[②]行政复议制度的功能大打折扣，一直面临着“大信访、中诉讼、小复议”的尴尬处境，大量的行政

① 孟鸿志，王欢. 我国行政复议制度的功能定位与重构——基于法律文本的分析. 法学论坛，2008（3）：45–50.

② 杨海坤，朱恒顺. 行政复议的理念调整与制度完善——事关我国《行政复议法》及相关法律的重要修改. 法学评论，2014（4）：18–32.

纠纷未经复议直接进入诉讼或者直接进入了信访渠道。

要使行政复议制度在解决社会纠纷中充分发挥作用，使行政复议成为社会组织行政复议首选的救济途径，关键是构建保障行政复议公正性的制度。首先，保证复议机构和人员的中立地位。为了保证行政复议机构和人员的中立地位，我国有些地方正在试行行政复议委员会制度，将现有各级各类行政机关的复议职能分离出来并统一到行政复议委员会，保障行政复议委员会能以自己的名义独立行使行政复议权，从而保证行政复议工作的公平性。[①]其次，增设回避制度。“任何人都不得做自己案件的法官”，回避制度是保证其裁判公正的必然要求。再次，增强复议程序的公开性。公开是公正的根本保障，除国家机密、商业秘密、个人隐私外，凡当事人要求或复议机关认为应公开审理的，都应公开审理。最后，完善监督指导制度及复议机关责任追究制度。[②]将监督指导作为县级以上各级政府以及各级政府行政复议机构的重要职责，要厘清上级行政机关与下级行政复议机关、行政复议机关与其行政复议机构、上级行政复议机构与下级行政复议机构、复议机构与复议机构工作人员等之间的法律关系。

二、社会组织监管中的行政诉讼

社会组织行政诉讼是一种司法活动，由法院解决社会组织行政执法机关与作为被管理者的社会组织及相关人员之间的行政争议。社会组织行政诉讼制度要平衡公共利益和私人利益，既控制行政权，又保障行政权，既保护诉权，又防止滥诉。社会组织行政诉讼制度使国家行政道德成本最低化，进而使行政法律秩序最大限度地获得道义上的支撑。[③]

（一）社会组织行政诉讼的特点

根据我国《中华人民共和国行政诉讼法》，行政诉讼是指作为行政相对

① 唐璨. 我国行政复议委员会试点的创新与问题. 国家行政学院学报，2012（1）：33-37.
② 郜风涛. 中华人民共和国行政复议法实施条例释解与应用. 北京：人民出版社，2007，38.
③ 胡肖华，谢忠华. 论行政诉讼目的的多维性. 湖湘论坛，2010（5）：48-52.

人的公民、法人或其他组织认为作为行政主体的行政机关或法律、法规授权的组织所实施的具体行政行为侵犯其合法权益，依法向人民法院提起诉讼，人民法院依法对被诉具体行政行为的合法性进行审查并依法作出裁决的活动。社会组织行政诉讼中，社会组织作为行政相对人，社会组织行政管理机关（主要是国务院民政部门和县级以上地方各级人民政府民政部门）作为行政主体。

社会组织行政诉讼与行政复议是两种不同的行政救济途径，二者具有诸多共同点。一是目的与原则相同。行政复议和行政诉讼的目的都是为了保护行政相对人的合法权益免受具体行政行为的不当侵害，并且监督行政机关依法行政。[①]行政复议与行政诉讼均实行不告不理原则，即尊重行政相对人对自己权利的依法处分，在行政相对人未提起行政复议或行政诉讼之前，复议机关和人民法院都不得主动介入进行行政或者司法干涉。二是均具有滞后性。二者都是为行政相对人的权利保护而设置的事后救济途径，只有在行政机关做出具体行政行为并被认为侵犯相对人的合法权益之后才能启动。

社会组织行政诉讼与行政复议在性质、效力、审查范围和程序等方面又存在显著差异。一是二者属性不同。行政复议是一种行政活动，受行政权支配；行政诉讼是司法行为，受司法权支配。二是法律效力不同。社会组织行政复议是行政行为，因而除少数终局的复议决定之外，申请人、第三方对结果不满的，仍可以提起行政诉讼，而社会组织行政诉讼遵循“司法最终”原则，当事人必须履行。三是审查范围不同。社会组织行政复议中，复议机关对行政行为的审查既要考虑“合法性”问题，又要考虑“合理性”问题，而行政诉讼遵循“合法性审查”原则，一般不考虑合法范围内的“合理性”问题。四是二者适用程序不同。社会组织行政复议运用行政程序，具有简便、高效特点，而社会组织行政诉讼运用司法程序，相较于行政复议更为严格、细密、规范。

---

① 谢尚果.行政复议与行政诉讼衔接机制之反思与重构.河北法学，2013（2）：8–12.

（二）社会组织行政诉讼的原则与程序

社会组织行政诉讼应当以事实为依据、以法律为准绳，由人民法院依法独立行使审判权，遵守回避原则和公开审判原则，并接受人民检察院的法律监督。

社会组织行政诉讼程序包括起诉、受理、审理和判决、执行等环节。社会组织行政诉讼采用“不告不理”原则，起诉分为两类：一是直接向法院起诉；二是经复议后向法院起诉。人民法院在接到社会组织的起诉状时对符合法规规定的起诉条件的，应当登记立案。对当场不能判定是否符合本法规定的起诉条件的，应当起诉状，出具注明收到日期的书面凭证，并在七日内决定是否立案。不符合起诉条件的，作出不予立案的裁定。裁定书应当载明不予立案的理由。原告对裁定不服的，可以提起上诉。审理和判决程序包括第一审程序和第二审程序。作为当事人的社会组织不服人民法院第一审判决的，有权在判决书送达之日起十五日内向上一级人民法院提起上诉。当事人必须履行人民法院作出的发生法律效力的判决、裁定、调解书。社会组织拒绝履行判决、裁定、调解书的，行政机关或者第三人可以向第一审人民法院申请强制执行，或者由行政机关依法强制执行。

（三）社会组织行政诉讼的应诉

1. 社会组织行政诉讼被告

社会组织行政诉讼的被告，是行使或委托他人行使行政权利，被作为行政相对人的社会组织控诉至法院并能以自己的名义应诉的行政机关，即各级社会组织管理机关。作为被告的各级社会组织管理机关应当具备以下条件：第一，行使行政权利，包括依职权行使及被授权行使行政权利；第二，作出导致社会组织及相关人员权益受损的具体行政行为。

我国最新修正的行政诉讼法界定了行政诉讼的被告资格：公民、法人或者其他组织直接向人民法院提起诉讼的，做出行政行为的行政机关是被告；经复议的案件，复议机关决定维持原行政行为的，做出原行政行为的行政机关和复议机关是共同被告；复议机关改变原行政行为的，复议机关是被告。

这一制度安排意在倒逼行政复议机关认真审查并及时纠正下级行政机关做出的违法的行政行为，[①]行政复议机关若认同原行政机关行政行为合法性和合理性，须对该行政行为产生的法律后果承担共同责任。

2. 行政应诉实质化

首先，落实行政机关负责人出庭应诉制度。《中华人民共和国行政诉讼法》第3条规定，被诉行政机关负责人应当出庭应诉，不能出庭的，应当委托行政机关相应的工作人员出庭。该规定将行政机关负责人出庭应诉设立为法定义务，有助于解决“告官不见官”的长期困扰社会组织行政诉讼之顽疾，有助于增强行政领导人员的法律意识，促进依法行政，提高司法审判权威，及时化解官民矛盾。[②]当前，必须强化行政机关负责人出庭应诉制度的实施，如无特殊情况，行政机关负责人不得委托其他人代为出庭应诉。

其次，强化开庭答辩及举证工作。受官本位思想等因素影响，实践中有些社会组织行政管理机关不够重视出庭应诉和答辩举证工作，导致不应有的败诉。依据行政诉讼证据规则，被告行政机关对做出的行政行为负有举证责任，应当提供做出行政行为的证据和所依据的规范性文件。行政机关必须改变传统观念，积极做好被诉行政机关的答辩、举证等出庭应诉工作。

【微案例5-9】

Y协会提起行政诉讼[③]

2006年3月，Y协会因擅自设立分支机构，被P市民政局处以“撤销登记”的行政处罚。2006年5月8日，Y协会不服该处罚决定，认为其违法行为不构成“情节严重”，处罚决定“过罚不当”，故提起行政诉讼。

---

① 张晓晴，张波. 论新行政诉讼法的完善与行政复议机关的应对措施. 学术交流，2016（6）：117-123.

② 李淮. 行政机关负责人出庭应诉：现状与展望——兼对新《行政诉讼法》第3条第3款之检讨. 甘肃行政学院学报，2016（4）：114-125.

③ 庞承纬社会组织行政执法，北京：中国社会出版社，2011.

2006年5月15日，人民法院向P市民政局送达起诉状副本，并要求其提供据以做出被诉具体行政行为的全部证据和所依据的规范性文件。2006年5月22日，P市民政局将行政处罚决定书邮寄给人民法院，证据材料及有关法律依据均未提交。

2006年6月，人民法院以“市民政局行政处罚证据不足”为由，撤销了P市民政局的行政处罚决定。

最后，支持人民法院依法受理和审理行政诉讼案件。行政诉讼一直存在“立案难”的问题，原因之一就来自行政机关的干预，社会组织行政诉讼领域也不例外。社会组织行政管理机关要严格遵守不得干预司法的法律、政策规定，自觉接受人民法院依照行政诉讼法的规定对行政机关依法行使职权的监督，不得借促进经济发展、维护社会稳定等名义，以开协调会、发文件等任何形式，明示或者暗示人民法院不受理依法应当受理的行政案件，加强并改进行政应诉工作。[①]

① 金成波.“告官要见官”：加强和改进行政应诉.中国党政干部论坛，2016（8）：73-74.

下篇

第六章

教育类社会组织

教育机构作为一种最古老的社会组织，最早可以追溯到孔子（公元前551—公元前479）和柏拉图（公元前427—公元前347）。孔子开创儒学，首创私人讲学，被尊为万世师表。柏拉图开创雅典学园，这是西方世界最早的高等学府。由此可见，无论是在东方还是在西方，教育机构都是由民间首创的，一开始就不是为了营利。随着社会的发展，教育越来越普及，国家逐渐成为教育事业的主要承担者，但民间力量始终不可忽视。

改革开放以来，随着人民群众对教育多元化需求的日益增长，我国政府出台了一系列法律和政策，鼓励社会力量参与提供教育服务，形成了政府、市场和社会共同举办教育的格局。在社会组织的发展过程中，教育一直是社会组织的首要关注领域，一半以上的民办非企业单位（社会服务机构）集中在教育领域。

第一节　教育类社会组织的发展状况

本章讨论的教育类社会组织是指在民政部门登记的从事教育行业的社会组织，包括社会团体、民办非企业单位和基金会三种形式。教育类社会团体，是指中国公民自愿组成，为实现会员共同意愿，按照其章程开展活动的非营利性教育类社会组织。比如教育行业的各种协会和学会。教育类民办非企业单位，按照教育部2001年颁布的《教育类民办非企业单位登记办法（试行）》的规定，主要指经县级以上地方人民政府和县级以上地方人民政府教育行政部门审批设立的，由企业事业组织、社会团体及其他社会组织和公民个人，利用国家非财政性教育经费，面向社会举办的学校及其他教育机构。教育类基金会，是指利用自然人、法人或者其他组织捐赠的财产，以从事公益性教育事业为目的，按照《基金会管理条例》成立的非营利性法人。

一、教育类社会组织的增长势头

改革开放40年来，教育类社会组织迅速发展，极大地扩充了教育资源总量，成为教育事业不可或缺的重要组成部分。

近年来，教育类社会组织总体呈继续快速增长的势头，但各类组织的具体情况出现分化。[①]2011—2016年，教育类社会组织总量从11.8万个

① 数据来源：2012—2017年的《中国统计年鉴》《中国民政统计年鉴》《中国统计摘要》《中国社会统计年鉴》《中国社会组织年鉴》。

增加到21万个，增加了77%。具体来看，民办非企业单位在教育类社会组织的主要形式，在数量上一直占绝对优势，也是增长最快的。2011—2016年，教育类民非从10.5万个上升到19.9万个，增长率将近90%。教育类社团的数量则呈波动递减，2011—2016年，从12491个减少到9581个，减少了23.3%。教育类基金会增长比较快，在5年间由805个增加到1320个，增加了64%。

教育类社会组织不仅数量大幅增加，规模不断扩张，而且教育服务的供给情况和主要受益对象即在校生人数均呈良好增长态势，教育类社会组织已成为提供教育服务的重要力量。

二、教育类民办非企业单位发展状况

民办非企业单位是教育类社会组织的主体，包括从学前教育到高等教育、从学历教育到培训教育的各级各类教育。改革开放以来，民办教育机构一直就是社会组织的主要关注领域。

2002年颁布的《中华人民共和国民办教育促进法》是国家民办教育政策的一个里程碑。《中华人民共和国民办教育促进法》的适用对象是“国家机构以外的社会组织或者个人，利用非国家财政性经费，面向社会举办学校及其他教育机构”，包括营利性与非营利性民办教育机构。

早在《中华人民共和国民办教育促进法》颁布之前，民政部在2001年就颁布了《教育类民办非企业单位登记办法（试行）》。该办法所称的教育类民办非企业单位主要指：经县级以上地方人民政府或县级以上地方人民政府教育行政部门审批设立的，由企业事业组织、社会团体及其他社会组织和公民个人，利用非国家财政性教育经费，面向社会举办的学校及其他教育机构。该办法只针对非营利性民办教育机构。

【微案例6-1】

联合国儿童基金会推进优质教育的实践——爱生学校[①]

2001—2005年，联合国儿童基金会（UNICEF）与我国教育部合作开展“贫困地区基础教育和早期关爱”项目，“爱生学校”就是依托这个项目创立的。“爱生学校”的教育思想和理念是关注每个儿童接受教育的机会，倡导平等的、有性别敏感的公平教育，实行不排斥任何儿童的教育，即全纳教育。通过在国内多省启动“爱生学校”试点，试图以教师队伍建设为抓手来开展爱生学校的建设。实践表明，这些试点学校通过参与项目活动和学校自主探究，都在一定程度上改变了学校原有的面貌，逐步变成了“儿童友好的学校”。

随着一系列促进民办教育发展的政策出台，各级各类民办学校迅猛发展。如前所述，近年来，各级各类民办学校数量总体上都有增长，但部分类型民办学校如民办独立学院、民办中等职业教育学校和民办培训机构数量有所减少。[②]表6-1提供了2011—2015年各年度民办教育机构在各类教育机构总数中的占比。从表6-1可以看出，民办高中、初中和小学的占比都在提高。由于我国实习九年义务教育制度，因此，民办学校在小学和初中阶段占比较低，在高中阶段占比接近两成。民办高校、民办中职和民办幼儿园的占比略有下降，但仍然保持较高的比重，其中幼儿园将近占总数的七成，民办高校数量占总数四成左右，民办中职则占到将近两成。

表6-1　2011—2015年各级各类民办学校数量占比（%）

年份＼学校类型	民办高校	民办高中	民办中职教育	民办初中	民办小学	民办幼儿园
2011	41.80	17.49	21.81	7.62	2.15	69.21
2012	41.36	17.55	20.92	7.91	2.28	68.77

① 参见联合国儿童基金会官网，http：//www. unicef. cn/cn/index. php?m=content&c=index&a=lists&catid=125.

② 周海涛，钟秉林. 中国民办教育发展报告2015. 北京：北京师范大学出版社，2017，3.

续表

年份＼学校类型	民办高校	民办高中	民办中职教育	民办初中	民办小学	民办幼儿园
2013	40.55	17.79	20.24	8.31	2.53	67.21
2014	39.98	18.43	19.73	8.79	2.82	66.36
2015	39.41	19.52	19.86	9.12	3.08	65.44

资料来源：中华人民共和国国家统计局网站，http：//data. stats. gov. cn/。学校占比由各级各类民办学校数量除以各级各类学校数量计算得出。

从表6-1来看，我国民办学校主要集中在民办幼儿园和民办高校阶段。民办幼儿园和民办高校与同级次公办学校逐步向共举并重的布局发展。民办幼儿园已经成为该领域的主要服务提供者。民办普通高校数量大致维持在1000所左右，近年来独立学院由于改制、升级导致数量有所减少。民办培训机构和中等职业学校由于需求减少、竞争加剧，数量也有所下降。

从各级民办学校在校生人数占本级教育在校生总人数的比重来看，由于民办学校规模一般小于公办学校，因此在校生规模占比往往低于学校数量占比。2011—2015年的统计数据也证明了这一点。[①]2011—2015年，民办幼儿园在园幼儿总数占总人数的比重从42.67%提升到51.10%，这个比例低于幼儿园数量占比。尽管如此，这也意味着一半以上的幼儿园服务是由民办幼儿园提供的，这有效缓解了“二胎政策”实施以来的“入园难”问题。民办普通高校也在我国高等教育发展中起到了重要作用，在校生数从700多万人增加到800多万人，占普通高校在校生数的比重保持在33%左右。而民办中小学办学规模仍然较小，仅呈缓慢增加态势，民办中等职业教育办学情况也不容乐观，在校生数出现下降趋势。各级各类民办学校经过多年发展，已经为适龄学生提供了大量教育机会和优质学位，极大地缓解了公共教育资源短缺问题。

① 中华人民共和国国家统计局网站，http：//data. stats. gov. cn/。学生人数占比由各级各类民办学校在校生数量除以各级各类学校在校生总人数计算得出。

三、教育类社会团体发展状况

教育类社会团体作为教育类社会组织的组成部分，在促进政府职能转变和教育管理体制改革，协调政府、学校与社会之间的关系方面起着重要作用。2017年，全国共有教育类社团1万个，仅次于工商服务业类和科技研究类社团，与卫生类社团数量相近。[①]

教育类社团的发展得到国家政策的支持。《国家中长期教育改革和发展规划纲要（2010—2020年）》明确提出，要探索高等学校与行业、企业密切合作共建的模式，推进高等学校与科研院所、社会团体的资源共享，形成协调合作的有效机制，提高服务经济建设和社会发展的能力。党的十八届三中全会也提出，强化国家教育督导，委托社会组织开展教育评估监测。

教育类社会团体可以在专业标准研制、教育质量评估、教师资格认证、评价与专业发展服务、教学成果转化、教育信息和决策咨询提供等方面满足政府和社会的多种需求，可以充当公共治理的“缓冲地带”，协调政府与学校之间的关系，帮助落实政府的教育政策。以中国民办教育协会为例，该协会是2008年经国务院同意由教育部和民政部批准成立的国家一级社团法人单位。中国民办教育协会成立十年来，积极宣传民办教育的意义和作用，开展民办教育科学研究、评估咨询、人员培训、对外交流与合作等各项活动，为民办教育事业的发展提供支持服务。

【微案例6-2】

政府委托社会组织管理公办学校 创新社会组织参与治理机制[②]

早在2005年，上海市浦东新区社会发展局就将所属的公办东沟中学委

---

① 民政部. 2017年社会服务发展统计公报，http：//www. mca. gov. cn/article/sj/tjgb/201808/20180800010446.shtml.

② 王勇. 成功教育：托管17家公办学校的民非，公益时报，2016-10-11.

托给上海成功教育管理咨询中心管理，这是上海市第一例政府将学校管理权委托给具有独立法人资质的社会中介机构运作的案例。此后，除了浦东新区，还有几个区也开始尝试将农村薄弱学校委托给大学、教育学院和中介机构等管理。这些带有某种自发性的委托管理显示了社会组织参与治理有了一个良好的开端。总之，委托管理是在明确政府公共服务职能基础上，以购买服务的方式将具体事务委托给专业性强、公信力高的专业机构，并通过第三方评估机构对办学绩效进行评估，管办既是分离又是联动的机制。在机制创新的实践中培育非政府的专业教育机构，不仅活跃了市场经济背景下教育资源要素的生长与发展，也为社会提供了新动力源。

四、教育类基金会发展状况

近年来，我国基金会发展迅速，据基金会中心网统计显示，截至2017年12月10日，我国共有6356家基金会，其净资产总额达到1203.87亿元。教育类基金会是基金会的重要组成部分，数量达到2829家，占基金会总数的44.51%，净资产总额达到768.55亿元，占基金会净资产总额的63.84%。根据中国基金会中心网的统计，截至2016年底，我国学校发起成立的基金会数量已经达到712家。基金会数量与学校类别有直接关联，大学发起成立的基金会数量最多，占66%，中小学发起成立的基金会占23%，其余的学校型基金会主要是由职业院校发起成立。这些基金会基本上都是非公募基金会。下面以大学发起成立的教育基金会为例来说明教育类基金会的发展情况。

1992年，浙江树人大学王宽诚教育基金会注册成立，这是全国第一家由大学发起成立的基金会。[①]此后，大学教育基金会如雨后春笋般兴起，成为非公募基金会增长的主要贡献者。大学教育基金会一般采取非公募基金会形式，由高校发起设立，主要为大学开展教学科研、奖助学金、人才引进、对

① 基金会中心网. 浙江树人大学暨王宽诚教育基金会，http：//www. foundationcenter. org. cn/, 2014-06-19.

外交流、校园建设、学生活动等与学校发展有关的各种项目和活动筹集、管理资金。由于高校有校友等丰富的社会资源，筹款相对容易，因此大学教育基金会快速发展。

根据基金会中心网统计，截至2017年12月10日，在全国高等学校中，已成立了468个大学基金会，占教育类基金会总量的比重达到16.54%，其净资产总额达到291.32亿元，占教育类基金会的比重为37.90%①。大学基金会数量占比低于净资产规模占比，说明大学基金会的相对规模较大。其中，“985高校”和“211高校”基本都建立了教育基金会，并且“985高校”教育基金会的平均净资产总额约为“211高校”的两倍。

大学教育基金会在我国高等教育事业发展中发挥着独特的作用，不仅为高校开辟了一条崭新的筹资渠道，而且在推动我国高等教育体制改革与创新方面扮演日益重要的角色。

对于清华、北大等国家重点大学来说，教育基金会筹集资源已经成为政府财政投入的重要补充。截至2017年底，清华大学教育基金会的净资产达到了51.73亿元，在全国基金会净资产排名中位列第一；北京大学教育基金会净资产规模为40.25亿元，紧随其后。2017年，两所大学基金会的收入分别达到11.82亿元和6.66亿元。②这一年，清华大学和北京大学的年度总收入分别为170亿元和142亿元。③可见，基金会筹款收入对两校总收入的贡献已经不可小觑。

李嘉诚基金会对汕头大学的资助则推动汕头大学成为中国高校教育改革的试验田。汕头大学是由李嘉诚基金会在1981年创办、经国务院批准成立的综合性大学，也是全球唯一由私人基金会持续资助的公立大学，自成立以来，汕头大学从李嘉诚基金会获得的资助超过了100亿港元。④2012年，教育部、广东省、李嘉诚基金会三方决定共建汕头大学，支持汕头大学继续深化

---

① 数据来源：基金会中心网，http：//www. foundationcenter. org. cn/，2017-12-10.

② 同上。

③ 75所教育部直属高校公布2017预算 七校过百亿，新浪网：http：//edu. sina. com. cn/gaokao/2017-04-28/doc-ifyetstt3713097.shtml，2018-08-17.

④ 参见汕头大学官网. 学校简介：https：//www. stu. edu. cn/.

改革。在此背景下，2015年汕头大学开展了“四院两部”大部制改革，重组校内党政职能部门，构建以服务为核心理念、机构功能集成、机制运行高效的学校管理体制和运行机制，探索具有中国特色的大学治理现代化之路。

西湖教育基金会则走得更远，以创办西湖大学为契机，从更深层次来探索中国民间高等教育发展的新模式。杭州市西湖教育基金会成立于2015年，是浙江省民政厅批准成立的非公募基金会。西湖教育基金会是西湖大学的举办方及西湖大学捐赠基金的筹资主体，基金会联合千人计划教育基金会共同为西湖大学筹集办学资金。西湖大学是一所由社会力量举办、国家重点支持的非营利性的新型研究型大学，正在探索一条基金会办学、国家支持、校董会领导下的校长负责、教师治学、民主管理、社会参与的现代大学治理之路。西湖教育基金会希望借鉴哈佛、耶鲁等世界著名私立大学的模式，计划在8—10年内募集200—250亿资金作为永续资金池，以后每年用基金运营投资收益满足办学开支，以保证学校非营利属性以及办学自主权。

总的来看，改革开放以来教育类社会组织蓬勃发展，增加了教育服务供给主体、完善了行业布局结构、扩充了教育服务资源、推动了教育体制创新，为我国教育事业发展作出了重要贡献。

第二节　教育类社会组织培育与监管的经验

近年来，政府制定了一系列政策，在民办教育机构登记管理方面进行了重大改革，采取了政府购买服务、税收优惠、项目拨款等资助工具为教育类社会组织提供资源，同时，采取准入限制、税务监管、财务监管等手段对教育类社会组织加以约束，确保它们健康有序发展。①

---

① 杜明峰，范国睿.社会组织参与教育：机制与策略.教育研究，2017（2）：60-64.

一、教育类社会组织的登记管理

《国家中长期教育改革和发展规划纲要（2010—2020年）》，提出要积极探索营利性和非营利性民办学校分类管理，并明确了教育社会组织在教育公共治理中的作用："培育专业教育服务机构。完善教育中介组织的准入、资助、监管和行业自律制度。积极发挥行业协会、专业学会、基金会等各类社会组织在教育公共治理中的作用。"这是我国第一次在教育发展规划中使用"教育公共治理"概念，正式明确了我国走向教育公共治理的改革趋势，以及教育类社会组织在国民教育中的重要地位与教育改革发展的关键作用。

2016年11月7日，全国人大审议通过《全国人民代表大会常务委员会关于修改〈中华人民共和国民办教育促进法〉的决定》。本次修改的核心内容是对营利性与非营利性民办学校实行分类管理，从法律层面破解了长期困扰民办学校的法人权属不清、财产归属不明、政府扶持措施难以落到实处等问题。

为了落实新修订的《中华人民共和国民办教育促进法》，2016年12月29日，国务院颁布了《关于鼓励社会力量兴办教育促进民办教育健康发展的若干意见》（以下简称意见），规定提供助学服务的公益慈善类社会组织，直接向民政部门依法申请登记。2016年12月30日，教育部等五部门印发《民办学校分类登记实施细则》（教发〔2016〕19号）。同一天，教育部、人力资源和社会保障部、国家工商总局印发《营利性民办学校监督管理实施细则》。

根据上述政策，民办学校实行分类分级管理，参见图6-1。民办学校被分为营利性和非营利性两类，营利性民办学校由工商行政管理部门负责登记管理，非营利性民办学校由民政部门负责登记管理。实施本科以上层次教育的非营利性民办高等学校，由省级人民政府相关部门办理登记；实施专科以下层次教育的非营利性民办学校，由省级人民政府确定的县级以上人民政府相关部门办理登记。

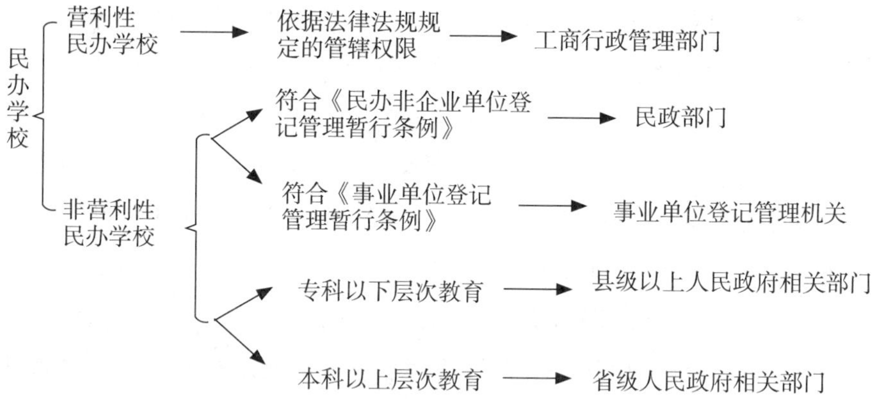

图 6-1　民办学校分类登记管理机构图

教育类社会组织中的非营利性民办学校即受教育主管部门和民政部门双重管理，在准入登记过程中，首先由教育主管部门设置审查标准，对社会组织的名称、宗旨、业务范围、发起人和拟任负责人等条件完成前置审查，再由民政部门严格进行登记审查，民政部门要会同行业管理部门及相关党建工作机构，加强对社会组织发起人、拟任负责人资格审查。同样，教育类社会团体和基金会也同时接受民政部门和教育行政主管部门的指导。

二、税收优惠与财务监管

税收优惠政策是最重要的宏观经济政策之一，有助于引导和鼓励教育类社会组织发展，发挥社会再分配职能，促进社会公平和竞争公平。当前，我国政府对社会组织的税收优惠包括对社会组织本身及其捐赠者的税收优惠待遇，教育类社会组织发展的税收优惠政策适用非营利组织和公益捐赠的相关规定。[1]教育类社会组织享受税收优惠政策与其他社会组织大体相同，第二章第三节已经专门讨论了社会组织的税收优惠政策，此处不再赘述。

近年来政府越来越注重对教育类社会组织的财务监管。以政府对基金会的资金监管为例，政府审计机关一般会对教育基金会尤其是大学教育基金会

① 方建锋. 对民办教育机构实行营利非营利分类管理的制度架构研究. 上海：上海人民出版社，2017，122-128.

的收入和支出进行专项审计监督。重点审计“收入支出的基本情况”“财务账目、会计报表的填实、合规性”“资金筹集、使用的合理合法性”“基金增值的合法性、安全有效性”和“财务管理、内部控制的规范严密性”等五个方面。尤其是针对基金会预算执行情况和其他财政收支情况审计的较多，而对社会捐赠款物审计的相对较少。大多教育基金会的年度审计结果在基金会中心网、基金会官方网站或新闻媒介上公开发布，财务信息越来越公开透明，有效地激发了社会捐赠的热情，特别是大学教育基金会接受捐赠资金的数额大幅增长，极大地促进了它们的良性运行与快速发展。由民政部门牵头，财政、税务、金融等部门还对教育基金会的财会政策执行情况、税务登记和纳税申报、税收优惠资格认定、账户支付等进行监督管理。

三、政府购买教育服务

随着经济社会发展需要和人们对公共教育服务的优质需求不断提升，政府购买公共教育服务成为政府提供公共教育服务的重要方式，同时也是教育社会组织的重要收入来源。政府购买教育服务涉及教育服务交换的三个环节，即教育服务的供给、生产和消费，与之对应，各级政府、教育社会组织和教育服务受众分别成为教育服务的购买主体、承接主体和消费主体，形成了政府购买教育服务的“三元主体”关系。[①]政府在公共教育服务供给中的角色发生了生产者与提供者的分离，实现了教育行政职能的转变，更多的是教育服务供给过程的监督者和评价者。

在实施《国务院办公厅关于政府向社会力量购买服务的指导意见》过程中，教育服务成为政府购买服务的主要领域之一。从政府已向社会公布的购买教育服务指导性目录来看，但凡是适合市场和社会提供的教育服务及教育支持性服务，都可以通过竞争性方式交由社会组织承担，政府购买服务的资金统一纳入政府财政预算。具体来说，政府可以通过购买服务方式提供的

① 胡伶. 教育社会组织发展及其中的政府行为研究——基于部分区域抽样调查的分析. 教育发展研究，2010（17）：7-12.

服务包括教育规划和政策研究、教育资讯收集及统计分析与发布、教育基础设施管理与维护、教育成果质量评估与监督、教育教学成果交流与推广、普惠性民办教育补贴、师资队伍培训、支教助学与扶贫助困服务、学生竞赛及活动的组织和实施、学生营养规划及膳食提供服务、学生素质拓展服务、校园安全辅助服务和校车服务、全民终身教育服务、其他政府委托的教育服务等。以湖北省2017年政府购买教育服务指导性目录为例，如表6-2所示，该省将教育服务纳入基本公共服务之中，分为13个小类，每一类购买服务的服务项目都有专门的政策依据。

表6-2　湖北省2017年政府购买教育服务指导性目录

代码	目　　录	备　　注
A	基本公共服务	
A01	教育	
A0101	农村义务教育教师补充新机制	湖北省人民政府《关于创新农村中小学教师队伍建设机制的意见》（鄂政发〔2012〕30号）
A0102	职业教育办学、管理和评价	国务院《关于加快发展现代职业教育的决定》（国发〔2014〕19号）
A0103	农民工未成年子女接受义务教育	国务院《关于加强农村留守儿童关爱保护工作的意见》（国发〔2016〕13号）
A0104	普惠性民办幼儿园发展	财政部. 教育部《关于印发〈中央财政支持学前教育发展资金管理办法〉的通知》（财教〔2015〕222号）
A0105	招募大中专毕业生志愿者开展巡回支教	国务院办公厅《关于印发国家贫困地区儿童发展规划（2014—2020年）的通知》（国办发〔2014〕67号）
A0106	儿童发展项目	国务院办公厅《关于印发国家贫困地区儿童发展规划（2014—2020年）的通知》（国办发〔2014〕67号）
A0107	未成年人校外活动保障和能力提升项目	财政部《关于下达2015年中央专项彩票公益金支持未成年人校外活动保障和能力提升项目资金的通知》（财综〔2015〕30号）
A0108	教师培训工程	湖北省人民政府办公厅《印发关于政府向社会力量购买服务实施意见（试行）的通知》（鄂政发〔2014〕1号）
A0109	教育基础设施管理维护	湖北省人民政府办公厅《印发关于政府向社会力量购买服务实施意见（试行）的通知》（鄂政发〔2014〕1号）
A0110	非营利性民办学校补助	国务院《关于印发国家教育事业发展“十三五”规划的通知》（国发〔2017〕4号）

续表

代码	目　录	备　注
A0111	就读学位、课程教材、科研成果、职业培训、政策咨询等教育服务	国务院《关于鼓励社会力量兴办教育促进民办教育健康发展的若干意见》（国发〔2016〕81号）
A0112	随迁子女就学	国务院《关于统筹推进县域内城乡义务教育一体化改革发展的若干意见》（国发〔2016〕40号）
A0113	举办或参与老年教育	国务院办公厅《关于印发老年教育发展规划（2016—2020年）的通知》（国办发〔2016〕74号）

资料来源：湖北省财政厅《关于公布湖北省2017年政府购买服务指导性目录的通知》（鄂财综发〔2017〕6号）。

四、其他政策

除了采取购买服务、税收优惠等主要政策之外，我国政府还向教育类社会组织提供直接补贴、项目拨款和土地优惠，乃至直接提供人、财、物资源和办公场所等便利。

1. 政府补贴

财政补贴和项目拨款是政府资助教育社会组织常用的方式，尤其是对提供教育服务的民办非企业单位的补贴在逐渐增加。财政补贴可以分为对教育社会组织的补贴和对个人的补贴。

对教育社会组织的补贴主要用于机构的运营经费，包括员工工资、场地租金、办公经费等。例如按照《民办非企业单位登记管理暂行条例》规定，普惠性民办幼儿园应按民办非企业单位申请登记。《学前教育三年行动计划》明确提出，积极扶持普惠性民办幼儿园，以多种方式吸引社会力量办园，对于认定为普惠性民办园的，有条件的地区可参照公办园生均公用经费标准，对普惠性民办园给予适当补贴。

对个人的补贴主要采用凭单制，这是政府间接支持教育社会组织发展的一种方式，政府向个人发放教育券，个人凭借教育券可以到指定的教育社会组织消费，教育券的货币价值由政府支付，这赋予了个人更自由的选择权，也促进了教育社会组织在市场机制的作用下参与竞争，更加公平、有效。其中，安徽铜陵是一个典型成功案例。为破解“择校热”难题，促进义务教育均衡发展，地方政府探索实施了“教育券”制度，使义务教育保障经费不受教育机构性质和学生户籍限制，随学生流动拨付，保障农民工随迁子女的平等就学权。就补贴项目而言，中等职业学校免学费补助资金是由中央财政统一按每生每年平均2000元测算标准和一定比例与地方财政分担，公办和民办的中职学校学生按当地同类型同专业公办学校免除学费标准享受同样的补贴。[①]

除此之外，为吸引优秀人才加入教育社会组织，提升人才综合素质，政府还提供了人才专项补贴和培训经费补贴等。除此之外，政府培育工具不断创新，还出现了对项目的补贴，将项目拨款与奖励政策结合在一起，实行“以奖代补”。

2. 项目拨款

项目拨款是以项目及合同方式提供资助与拨款，和补贴相比更加强调绩效与问责，近年来在教育基金会和社会团体中兴起的公益创投就采取了竞争性方式获得项目经费的支持。在项目拨款中，除事前拨款还有事后奖补，即“以奖代补”也是一个发展趋势，通常政府鼓励教育社会组织提供公共教育服务或开展公益性活动，再对申报奖补资助的社会组织提供服务的质量或开展活动的绩效进行评比，对达到一定水平的服务或活动项目给予资金奖励，以间接补偿其成本。在实践中，2010年，民政部发布了《社会组织评估管理办法》，随后针对三类社会组织分别制定了评估指标体系，对正式登记备案的社会组织进行检查评估和分类指导。湖北省就将社会组织评估等级与享受优惠政策相挂钩，采取“以奖代补”的形式给予资金扶持，以评促建。

3. 土地政策

为社会组织提供土地优惠和办公场所等都是中国特有的政府工具。比如土地优惠，政府对教育社会组织提供的土地划拨和土地税费减免力度非常大。《中华人民共和国土地法》第五十四条规定，经县级以上人民政府依法

---

① 财政部，教育部，人力资源和社会保障部. 关于印发《中等职业学校免学费补助资金管理办法》的通知（财科教〔2016〕36号）.

批准，可以以划拨方式取得土地的各种情况，其中包括公益事业用地。《中华人民共和国民办教育促进法》规定，新建、扩建民办学校，人民政府应当按照公益事业用地及建设的有关规定给予优惠。另外，根据《中华人民共和国耕地占用税暂行条例》的规定，学校、幼儿园、敬老院、医院经批准征用的耕地，免征耕地占用税。

4.奖励政策

教育学会、协会等教育社会团体作为教育中介组织，经常开展评价工作，并对评先争优的教育组织和机构进行奖励。为了激励教育社会团体积极发挥作用，政府的教育奖励体系也逐步将教育社会团体开展的奖励活动列入了推荐渠道，对教育社会团体所设奖项的获奖人选或项目进行一定的荣誉和物质奖励。

5. 孵化器

社会组织孵化器作为一种源自企业孵化器的创新工具，在教育社会组织中的应用始于中山大学公民与社会发展研究中心，中心在2005年首先提出了“NPO孵化器”的概念，并从2006年开始从事公益组织的培训工作。社会组织孵化器的理念由此传播开来，并依托大学和教育机构内设的非法人机构迅猛发展壮大。由于这类具有教育、科研功能和提供教育、科研服务的孵化器并不是由纳入登记管理的教育社会组织搭建平台孵化产生的，而是依托学校及其内设机构培育起来的，也独立开展公益创投项目，以项目支持来孵化组织，所以它们在开展公益创投项目时，也直接或间接通过学校获得政府资助。比较有代表性的教育类社会组织孵化器有大学生创业孵化园、高校公益性社会组织培育中心、众创空间。值得一提的是，高校学生社团也是为社会组织培养专业人才和管理人才的重要基地，类似一种社会组织的孵化器。根据《高校学生社团管理暂行办法》规定，高校学生社团是指由高校学生依据兴趣爱好自愿组成，为实现成员共同意愿，按照其章程自主开展活动的群众性学生组织。按照一定类别向高校团委进行申请登记，目前不属于民政部门登记管理范围。

除了上述培育和监管手段之外，教育类社会组织的行业监督和组织自律也非常重要。目前，全国性教育类社会组织基本被教育部纳入行业管理，予以实行业务指导和行业监管，相关监督信息在教育部网站、中国社会组织网和基金会中心网站等网络媒体上公开；但是，由于地方性教育类社会组织的登记管理制度落实还不够到位，有部分社会组织还未处于教育管理部门的行业监管之中。[①]在社会组织自律方面，教育基金会和民办学校通常在设立登记时，都按照国家法律法规和有关政策文件要求，制定了章程，建立了法人治理结构和内部监督机制。

第三节 教育类社会组织发展中的问题与出路

尽管教育类社会组织在过去40年取得了很大的发展，初步形成了促进民办教育发展的政策体系，各种资源投入大幅增加，体制机制明显改善，但仍然面临着不少问题。下面以民办高校为例加以说明，民办高校面临的问题有一些是自身特有的问题，但很多都是民办教育机构面临的共性问题，比如产权问题、非营利性问题以及服务能力和服务质量问题等。

一、面临的问题

尽管在高等教育领域，民办高校已经三分天下有其一，但由于存在法人财产权不明晰、缺乏办学自主权、办学质量不高、师生权益得不到保障等诸多问题，阻碍了其进一步发展，迫切需要加以解决。[②]

---

① 李宜海，高德毅，胡卫. 上海民办教育发展的实践探索与理论思考. 北京：科学出版社，2015，72–74.

② 黄忠敬，方小娟. 社会组织在促进教育公平中的作用. 外国中小学教育，2016（10）：7–14.

（一）产权与非营利性问题

民办学校的产权问题是民办教育研究的基本问题，也是民办教育发展政策完善的首要问题。产权问题有两个层面，一是独立院校财产在举办者之间的产权归属不清晰；二是民办院校举办者的财产与法人财产之间的界限不清晰。由于产权不清晰，民办学校的法人财产权无法得到保护，学校的非营利性也无法得到保证。

举办者之间产权不清的典型例子是独立学院。2008年教育部颁布的《独立学院设置与管理办法》第二条规定："本办法所称独立学院，是指实施本科以上学历教育的普通高等学校与国家机构以外的社会组织或者个人合作，利用非国家财政性经费举办的实施本科学历教育的高等学校。"截至2018年，我国共有独立学院265所，教职工16.2万人。[①]很多独立学院实际上是公办院校利用自己的品牌兴办的分校，合作办学的公办院校往往以收取品牌管理费或品牌入股的形式参与独立学校投资建设，独立学院的领导基本也都是公办院校任命的。公办院校在办学过程中对教学、管理方面并不承担直接责任。独立学院收取高额学费中一部分以品牌费用的形式缴纳给其依托的公办院校，导致独立学院成为公办学校的"提款机"。而当独立院校减少缴纳给公立学校的管理费时，又有人指责这种行为贬低了国有资产的价值，造成了国有资产流失。

在社会资本投资创办的民办院校中，投资者财产权与民办学校法人产权没有得到明确界定。学校财产虽然在名义上独立于创办者，但实际上创办者往往拥有对学校的控制权，并且通过这种控制权获得经济或非经济的回报，学校的公益性和非营利性被忽视。[②]在现实中下面这些现象屡见不鲜：民办院校投资者为了获取利润，利用学校教学用地修建教师和学生公寓并予以出租、出售以获取利润；利用学校资产从事有偿服务获取利润；还有投资者将自己其他公司的运行成本记入学校账目；投资者利用学校与自己控制的其他

---

① 各级各类民办学校校数、教职工、专任教师情况，教育部官网2018年8月8日发布，http：//www. moe. gov. cn/s78/A03/moe_560/jytjsj_2017/qg/201808/t20180808_344696.html.

② 邱小健，王贤德. 民办高校产权问题研究述评. 浙江树人大学学报，2014（4）.

企业之间的关联交易以牟利；利用教育经费为投资者及相关人员发放高额工资、福利等，民办院校就这样成了创办者的“提款机”。[①]

新颁布的《中华人民共和国民办教育促进法》对民办教育机构实施分类管理，为处理民办学校的产权问题提供了依据，创造了条件。[②]政策设计者考虑到实际情况，为了减少改革阻力，为民办教育机构的举办人设计了以奖励形式替代回报的政策，这是一个比较切合实际的让民办教育机构退出非营利模式的政策。

根据《民办学校分类登记实施细则》的规定，对民办学校实行非营利性学校与营利性学校分类管理，非营利性学校的举办者不取得办学收益，办学盈余全部用于后续办学；营利性学校的举办者可以取得办学收益，办学结余依据国家有关规定进行分配。两类学校将来能够享受的财政支持和税收优惠政策也会有很大差异。尽管这一政策已对分类管理办法作出了初步规定，但关于办学收益的“合理回报”仍没有相对应的具有操作性的实施细则，相关政策还难以落实，有待进一步完善。[③]自《民办学校分类登记实施细则》出台以来，除新设立的民办学校外，现有民办学校都面临着在登记为非营利性还是营利性之间的抉择。在这一过渡期可能出现投机行为，一些民办院校为了利益最大化而对财务进行非正常清算，对民办院校的发展带来负面影响。

（二）办学自主权问题

民办院校发展的动力和活力主要来源于其办学自主权。然而，我国高等教育最初是依托计划经济发展起来的，公办高校目前仍然具有显著的计划经济特征。高等教育的大环境也对社会力量办学产生了直接影响，以公办高校的管理模式来管理民办高校，使民办学校缺乏办学自主权，学校发展受到限制。

从形式上看，民办高校采取了民间非营利的治理结构，设立了理事会，采取理事会领导下的校长负责制。实际上，这个治理机构还是要服从于党委

---

① 鲍计国. 我国民办高校产权问题与对策. 时代报告，2016.

② 徐绪卿，王一涛. 民办学校产权制度的确立与明晰——对《民办教育促进法实施条例》修订的建议. 教育与经济，2018（3）.

③ 黄藤，张积玉. 中国民办教育研究（2015）. 上海：华东师范大学出版社，2015，220–229.

领导，学校的党委书记由教育部门指派。

从运作管理来看，自主招生、自主确定办学规模、自主进行学科专业建设是民办高校办学自主权的核心内容。但是，目前国家对民办高校的招生管理、办学审批和专业建设都是按照公办高校的办法执行，民办学校无法自主确定办学规模、设置专业、招生名额、招生资格、录取分数线、录取批次、收费标准、专业设置、专业方向、专业数量、专业规模和毕业证颁发等。

民办高校多以人文社科类专业为主。因为开办理工类专业，需购置大量实验设备、修建实验室和搭建实验、实训基地，开办人文社科类专业的办学成本相对较低。然而，近年来，就业市场对人文社科类人才的需求接近饱和，民办高校毕业生与公办院校毕业生在人才市场竞争中处于弱势地位。就业市场的压力倒逼很多民办高校开始向理工专业拓展或转型。

这些情况都导致民办高校难以依托市场机制实现灵活办学，又没有实力与公办高校竞争，行业定位处于一种尴尬局面。[①]

（三）办学条件、办学质量与师生权益保障问题

行政部门对民办高校的治理结构和办学自主权限制很严，而对民办高校的办学条件、办学质量和师生权益保障方面的监管还有待加强。

经过20多年的大发展，民办高校已经开始呈现出显著分化的格局。一部分民办高校经过多年积累，已经在校园建设和硬件设施建设方面取得了很大进展，有的民办高校的基础设施甚至超过了公办高校。但是，仍然还有一些民办高校没有固定的办学场所，有的将租赁房屋作为校舍办学，经常迁移校址。一些民办学校无暇顾及图书馆、实验室和其他教学科研设施的配置，有的民办高校将实验课外包给公办高校。

决定一所大学办学质量的除了基础设施之外，更重要的是师资。然而，由于民办高校的教师工资低、待遇差、权益难保障，导致人员流动性大、师资力量薄弱。很多民办高校为了节约成本，大量使用外聘兼职教师，这些兼

① 侯建峰. 民办高校办学自主权的实现障碍及保障机制研究. 河北广播电视大学学报，2015（2）.

职教师有的是公办高校退休教师，更多的是公办大学的硕士生甚至博士生，教学质量可想而知。

民办高校的师生权益保障也是一个薄弱环节。对民办高校的学生而言，学习同样专业缴纳的学费比公办院校要高2—3倍甚至更多，但是缴纳的这些费用有多少用于学生教学培育环节，他们却不得而知。民办高校教师的基本权益得不到保障的情况也很普遍。一个极端的例子是，2015年初兰州交通大学博文学院32岁大学讲师刘伶利被诊断出患了癌症，随后这所大学就将其辞退了。学校声称，由于这位老师持续性地旷工，已经违反了劳动合同，因此被解雇。[①]

总的来看，我国的民办高等教育在短短20年的时间里，发展到今天这样的局面，其成绩和贡献还是有目共睹的。但是，发展过程中出现的这些问题也应该引起足够的重视，必须尽快采取有效措施加以解决。

二、解决的思路

党的十九大报告指出，当前我国社会的主要矛盾已转变为人民群众对美好生活的需求与发展不平衡不充分之间的矛盾。就教育领域而言，人民群众对教育的追求已从“有学上”转向“上好学”。办好民办大学对于更好地培养人才、提升中国高等教育的整体水平具有重要意义。办好民办大学，不仅要靠政府的支持和引导，更重要的是提升民办高校办学的积极性，充分利用民间资源，发挥社会监督，只有举全社会之力，才能办好民办高等教育事业。

对政府来说，要进一步深化教育体制改革，处理好政府、高校、市场、社会之间的关系。首先，完善民办高校法人产权制度，加强分类管理，强化监管，确保非营利性民办高校的公益属性。民政部门在民办高校初始登记时要加强政策宣传，明确告知举办者在营利性和非营利性两种模式中作出选择，非营利性的到民政部门登记，营利性的到工商行政管理部门登记。在年

① 章正，马富春. 大学女教师患癌被开除事件调查. 中国青年报，2016-08-19.

度检查和日常监管时注重对公益性的监管。其次，增加对民办高校的赋权，依法保障其办学自主权。在办学规模上，允许民办高校按照法律程序，依据市场和教育规律，独立自主决定设立分校、集团化办学等事宜。允许经教育部审批的社会声誉好、教学质量高、就业有保障的优秀民办高校进行自主招生，即自主入学考试、自主确定入学标准、自主招生录取。支持民办学校参与考试招生制度改革。扩大民办高等学校和中等职业学校专业设置自主权，可由审批制改为备案制，教育部门通过年检、评估等方式对民办高校的办学条件和教育质量进行监管。经教育主管部门评估合格后，自主颁发学历证书，国家予以承认。实行管、办、评分离，推行第三方评估，让社会组织在政府主导的教育规划、拨款、评估等职能中发挥“中间人”作用。①最后，健全政府扶持政策。清理并纠正区别对待民办学校和公办学校的各类政策，确保非营利性民办学校与公办学校在政府补贴、税费优惠、基金奖励、捐资激励、政府购买服务、助学贷款、奖助学金、审批、学历认证等方面享受同等的政策和待遇，营利性民办学校也可享有政府购买服务及税收优惠等方式支持。

【微案例6-3】

教育部委托社会组织开展教育评估活动

2014年，教育部委托社会组织开展教育评估监测，组织第三方机构开展教育现代化监测和教育满意度测评，推进教育管办评分离，逐步形成政府管教育、学校自主办学、社会广泛参与的教育治理方式。2015年，教育部委托相对独立的中科院、工程院、社科院、高校、学会或专业机构等12家第三方机构对《国家中长期教育改革和规划纲要（2010—2020年）》实施五年进行了中期评估，历经大半年时间，完成了涵盖学前教育、特殊教育、义务教育、职业教育、高等教育、教师队伍建设等领域开

① 何珊云. 社会组织参与教育改革的政策鼓励体系及其创新. 教育发展研究，2014（17）：51-64.

展专题性评估，写出十个评估报告。比如高等教育委托厦门大学评估组，义务教育委托西南大学评估组，教师队伍建设专题评估委托北京师范大学评估组，特殊教育委托中国残疾人联合会评估组。主要结论是：中国教育发展总体水平已进入世界中上行列。

民办高校是办学主体，也是管理主体，总之是办好民办高校的责任主体。第一，民办高校要完善法人治理结构，这是办好学校的根本保证。民办学校要依法制定章程，举办者根据学校章程规定的权限和程序参与学校的办学和管理。健全董事会（理事会）和监事（会）制度，完善校长选聘机制，依法保障校长在理事会领导下行使管理权。学校关键管理岗位实行亲属回避制度。第二，民办高校要在明确产权关系的前提下，维护法人财产权。举办者要依法履行出资和资金足额过户义务，在民办学校存续期间，民办学校享有法人财产权，任何组织和个人不得侵占、挪用、抽取学校资金。学校要建立健全资产管理制度，规范会计核算和第三方审计制度，完善年度财务、预决算报告制度。[①]第三，民办高校落实民主管理和内部监督，完善教职工代表大会和学生代表大会制度，提升管理水平和教学质量，切实保障师生权益。学校要重视青年教师培养，加大教师培训力度，依法保障民办学校教职工的工资、福利待遇和其他合法权益，确保民办学校教师在资格认定、职务评聘、培养培训、评优表彰等方面与公办学校教师享有同等权利，完善民办学校教职工社会保险制度。保障民办学校学生在评奖评优、升学就业、社会优待、医疗保险等方面与同级同类公办学校学生享有同等权利。

对社会而言，既要为民办高校的发展提供支持，也要通过适当的方式参与政府对民办高校的监管。首先，资本市场可以在金融服务上为民办高校提供支持。金融机构要创新教育投融资机制，开发面向民办学校的金融产品，为民办学校提供银行贷款、信托、知识产权质押、融资租赁等多样化的金融服务。在民办学校基础设施建设中可以采取政府和社会资本合作（PPP）模

① 胡伶. 教育社会组织发展与教育行政职能转变. 国家教育行政学院学报，2009（3）：47-50.

式。其次，积极鼓励公办学校与民办学校相互购买管理服务、教学资源、科研成果，鼓励中外合作办学，支持民办高校学习世界一流大学办学模式，提升办学质量。再次，慈善领域可以加大对民办高校的支持力度，创新支持方式，比如李嘉诚基金会和西湖大学基金会就是很好的例子。最后，充分发挥社会监督作用，建立和完善民办高校信息公开制度，鼓励家长、媒体和公众利用正式与非正式的监督渠道参与对民办高校的监督，确保民办高校尤其是非营利民办高校的公益性属性。

最后，还是回到我们在第一章所说的社会组织培育与监管模型，政府的培育和监管至关重要，但是离不开社会的支持，而最终这些外部因素都只有通过民办高校内部治理和自律机制才能发挥作用。

第七章

卫生类社会组织

健康服务是世界各国非营利部门的一个主要活动领域。健康服务是美国非营利部门的首要活动领域，也是我国社会组织的主要活动领域之一。健康（health）类社会组织在我国被称为卫生类社会组织。在民政部社会组织分类体系中，卫生类社会组织是指从事各种医疗、卫生、保健服务的社会组织，从法律形式上来看包括社会团体、民办非企业单位和基金会三种类型。本书所说卫生类社会组织除了提供医疗、卫生、保健服务和从事健康研究、教育的社会组织之外，还包括健康领域的社团组织如行业协会、专业协会、学术团体等。

第一节　卫生类社会组织的发展状况

在计划经济时期，我国城市的医疗卫生服务主要由政府和单位举办的医疗卫生机构承担，农村则依托生产大队、生产队和社员共同集资建立的具有集体性质的基层卫生组织。[①]改革开放以来，医疗卫生行业逐渐向市场和民间开放，出现了民营医疗卫生机构，其中既有营利性机构也有非营利性机构。[②]社会组织的参与不仅有效弥补了公共医疗卫生资源的不足，改善了健康服务的供需结构，而且扩大了医疗卫生服务的覆盖面，提升了医疗卫生服务的综合水平。[③]

一、我国卫生类社会组织的规模

改革开放40年来，我国卫生类社会组织已经取得了相当程度的发展。根据民政部发布的数据，截至2016年底，我国共有卫生类社会组织34659个，占社会组织总数的4.9%。其中，卫生类社会团体9067个，约占社会团体总数的2.7%；卫生类民办非企业单位25452个，约占民办非企业单位总数的7%；卫生类基金会140个，占基金会总数的2.5%。[④]

近年来，卫生类社会组织数量经历了一段下降时期之后有所上升，这主

① 李银才. 对计划经济时期我国农村合作医疗制度性质和作用的再认识［J］. 理论导刊，2013（12）：52-54.

②③ 陈梦. 医疗卫生类非营利社会组织的发展分析. 经济与社会发展，2012（6）：29-31.

④ 民政部. 2016年社会服务发展统计公报. 中华人民共和国民政部门户网站，http：//www. mca. gov. cn/，2017-08-03.

要是受卫生类民非的影响，如图7–1所示。从此图可以看出，民办非企业单位是卫生类社会组织的主体，主要以民办非营利性医院为主，卫生类民非与卫生类社会组织总数的走势基本一致。近年来政府针对民办医院出现的一些问题进行了整顿，所以民办医院数量在2010—2012年经历了一些下滑，影响到卫生类社会组织总数下降。卫生类社会团体的数量在2009年达到一个峰值之后，近年来小幅下降，卫生类基金会的数量一直保持增长趋势到2015年达到峰值，2016年明显有所下降。

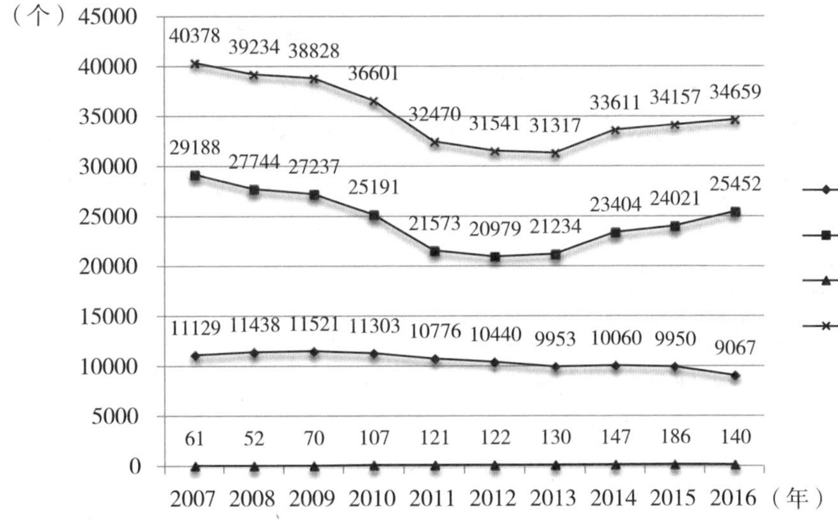

图 7–1　我国卫生类社会组织类型与数量（2007—2016 年）

资料来源：民政部：《社会服务发展统计公报（2007—2016）》，中华人民共和国民政部门户网站，http：//www. mca. gov. cn/。

另外，卫生类社会组织发展存在着显著的地区、城乡差异，东部地区卫生类社会组织的发展程度要好于中西部地区，[①]城市卫生类社会组织的发展好于农村地区。[②]

① 谭日辉. 社会组织发展的深层困境及其对策研究. 湖南师范大学社会科学学报，2014（1）：32–37.

② 边婧. 慈善组织参与医疗救助问题研究. 太原：山西财经大学，2015，15.

二、我国卫生类社会组织的类型

不同类别的社会组织其发展水平和能力有所不同，可以按照创办主体将卫生类社会组织分为四类：政府背景的组织、社会精英创办的组织、民间草根组织以及中外合作的组织。[①]

（一）政府背景的组织

政府背景的卫生类社会组织可再细分为专门的健康类机构、提供医疗救助的慈善机构、专业协会和学术团体。

第一，专门的健康类机构，是指主要专注健康领域的非营利机构。比如中国红十字会，长期开展无偿献血、艾滋病预防与关爱项目。还比如中国医药卫生事业发展基金会，2005年由部分离退休老同志和医药卫生专家发起，在国家食品药品监督管理局和国家中医药管理局的支持下，由卫生部主管并经国务院批准成立。类似的基金会还有中国癌症基金会、吴阶平医学基金会等，都是由体制内具备一定志愿精神的人士创办，并得到了政府的支持。

【微案例7-1】

火车上的慈善医院——健康快车25

健康快车（Lifeline Express）是1997年香港回归时，香港人回馈送给大陆同胞的礼物，是政府与民间携手合作的典范。健康快车致力于为中国大陆的贫困眼科疾病患者提供免费治疗服务。健康快车是经特别设计建在火车上的流动眼科医院，一共有4列火车，每1列火车就是一家流动眼科医院。

① 张明吉，等. 中国全球健康相关非政府组织的发展策略浅析. 中国卫生政策研究，2016（11）：31–39.

健康快车的运营经费由香港健康快车基金和中华健康快车基金会负责筹集。中国卫生部（后改为国家卫生和计划生育委员会）、铁道部（后改为中国铁路总公司）、国务院港澳办公室、中华健康快车基金会及香港健康快车基金的代表组成健康快车管理委员会负责健康快车的决策管理。健康快车每年到3个偏远贫困地区服务，在每个服务地点停留3个月，为偏远贫困地区的白内障患者免费提供复明手术治疗。截至2017年底，健康快车服务地点覆盖28个省、市、自治区，治愈人数达到19万多人。

第二，提供大病救助的慈善机构。这些慈善机构往往还有其他服务领域，医疗救助只是其中之一。比如，中国扶贫基金会是由国务院扶贫办主管的全国性扶贫公益组织，改善健康条件属于其四大业务领域之一。例如：湖南省福利彩票公益基金投入尘肺病等重大疾病的公益救助项目①、中国社会福利基金会的先心病儿童救助基金——“童爱计划”、中华慈善总会设立的“为民大病救助基金”，给予大病患者家庭经济资助等。这些政府背景的基金会具有较大规模，主要依靠政府筛选救助对象，为大病患者提供经济救助。

第三，专业协会和学术团体。医疗卫生相关的协会和学术团体数量较多，如中华医学会、中华医师协会、中华预防医学会等。它们有类似行政体系的组织架构，主要起到促进业内交流、开展学术活动、推动医疗技术发展和实施行业自律的功能。

上述这些政府背景的卫生类社会组织与行政体系关系密切，能承担政府的转移职能，得到政府的资金支持，社会资源比较丰富，能够产生较大影响力，并支持机构长期发展。这些机构过于依赖政府，行政化、官僚化倾向较为严重，很容易成为所谓的“二政府”，成为权钱交易的中介和灰色利益输送链。它们运作较为封闭，透明度不高，缺乏社会监督，受到诸多诟病，公信力遭到质疑。

① 耿春雷. 福彩公益关注社会项目——湖南福彩关注尘肺病. 社会与公益，2012（8）：84-85.

（二）社会精英创办的社会组织

很多社会精英创办的社会组织与医疗服务机构开展合作，为困难群体提供医疗救助服务。[①]

嫣然天使基金于2006年由王菲、李亚鹏发起，是挂靠在中国红十字会下的公募型专项公益基金，主要为唇腭裂患儿提供医疗服务支持、家庭支持和经济资助。通过发起人的社会宣传倡导，该基金得到了大量的社会捐赠。2012年，该基金会举办的嫣然天使儿童医院正式开业，这是国内第一家非营利性儿童综合医院。

北京阳光宜生咨询服务中心（简称阳光医生）成立于2007年4月，是我国第一个以职业医生组成的志愿医生组织。阳光医生致力于志愿医生网络平台的建设，招募国内以及国际职业志愿医生，为医疗资源匮乏地区和医疗服务可及性差的人群提供直接的医疗服务及技术支持，协助改善其卫生条件及健康状况，提高其应对公共卫生问题的能力。[②]但由于资金、政策等多种原因，阳光医生现在已经停止运作。

总体上，社会精英创办的卫生类社会组织具有较好的资源整合力，可以吸纳政府资源、引入卫生专业人才，又可以借鉴企业管理和商业运作的经验。但是，由于医疗卫生本身的专业性和当前卫生行业内以事业单位为主的公有属性，这些组织在资源整合方面仍然面临各种壁垒。一些非卫生行业人士创办的社会组织同卫生行业合作不足；而卫生专业人士创办的社会组织往往专注于医疗卫生业务，却又存在管理水平和筹资能力方面的不足。

（三）民间草根组织

民间草根组织是普通公民发起的社会组织，很少或没有与政府合作，其

---

① 张明吉，侯志远，钱熠，郭敏璐，王泳仪，王伟，严非. 中国全球健康相关非政府组织的发展策略浅析. 中国卫生政策研究，2016（11）：31–39.

② 陈梦. 医疗卫生类非营利社会组织的发展分析. 经济与社会发展，2012（6）：29–48；张瑜. “阳光医生”，先让医生不再恐艾. 现代快报，http：//dz. xdkb. net/html/2018–05/13/node_41.htm，2011–11–30.

中有不少没有合法注册的公益组织。[①]草根组织的优点是能够关注边缘人群，快速整合社会资源，采取灵活的救助方式，迅速响应社会需求。然而，由于发起人本身资源和影响力有限，草根组织一般规模较小、资源不足，活动范围和影响力比较有限，生命周期较短。有的草根组织缺乏合法的身份，管理也不规范，往往生存艰难，甚至被政府取缔。其中一些草根组织成功地吸引了社会关注，得到政府支持，获得发展壮大的机会。

瓷娃娃罕见病关爱中心是一个成功案例。瓷娃娃罕见病关爱中心（前身为瓷娃娃关怀协会）成立于2007年5月，由成骨不全症（又叫脆骨病，患者被称为瓷娃娃）等罕见病患者自发成立，是一个非营利性的民间公益组织，致力于为脆骨病等其他罕见病群体开展关怀和救助服务，促进社会和公众对于罕见病群体的了解和尊重，消除对他们的歧视，维护该群体在医疗、教育、就业、关怀等方面的平等权益，推动有利于脆骨病等罕见病脆弱群体的社会保障相关政策出台。[②]该组织通过有效的宣传、倡导获得了全国罕见病患者及家庭的支持，规模得到扩大，并通过杂志、画展、报告等方式提升了社会影响力。2009年8月，由瓷娃娃罕见病关爱中心发起，在中国社会福利教育基金会名下正式设立瓷娃娃罕见病关爱基金。[③]2010年，民政部将罕见病纳入慈善救助范围。但是，该机构大多在民政系统内进行合作和资源整合，与医疗卫生行业如罕见病防治医院合作较少。这也说明当前社会慈善资源与医疗卫生行业之间还存在有一定的行业壁垒，阻碍了卫生类社会组织的进一步发展。[④]

另外一个成功的例子是艾滋病孤儿救助。我国政府于2003年底出台了“四免一关怀”政策，通过向抚养孤儿的家庭提供资助、建立儿童之家等方式来救助艾滋病孤儿。在政府出台救助政策之前，民间已经有草根组织应对

---

① 中国发展简报，中国NGO概览，http：//www. docin. com/p–818910634.html，2018年4月10日访问。

② 章姚莉，陈秀敏，李慧. 还好，我们的爱不脆弱——瓷娃娃罕见病关爱中心. 安徽大学新闻传播学院，http：//sjc. ahu. edu. cn/v4list. asp?id=432，2015–06–03.

③ 同①。

④ 李丹阳，詹文英. 中国罕见病非营利组织发展的特点和困境. 大家健康（学术版），2013（8）：1–4；王昆仑. 中外慈善助医比较及其启示. 赤峰学院学报（汉文哲学社会科学版），2011（11）：209–211.

艾滋孤儿的问题，正是他们的努力促进了政策的介入。河南“关爱之家”就是由艾滋病感染者朱进忠于2003年2月自发筹资设立的艾滋孤儿抚养机构，发起人在自己家里办起了“关爱之家”，收留艾滋孤儿。截止到被关闭时，“关爱之家”已经收留了52名6岁到14岁的艾滋孤儿。“关爱之家”也曾经获得了社会和媒体关注，筹集了一定数量的善款。[①]但由于发起人本身水平有限、管理不当，加上没有合法注册，“关爱之家”最终于2004年1月被当地政府关闭，其收留的艾滋孤儿被转移到政府举办的福利院“阳光家园”。[②]

（四）中外合作的社会组织

一些国际非政府组织和基金会支持中国健康事业的发展，设立了如中国红十字会玛丽斯特普国际组织中国代表处、无国界医生广州代表处、英国救助儿童会中国项目等。[③]中国同盖茨基金会、美国健康基金会等国际慈善机构合作，在全国多地扶持社会组织参与艾滋病防控，2008年南京市就有17个民间组织得到项目资助。[④]

这些中外合作的组织得到了国际组织带来的资源，提升项目管理水平，并且促进中国本土组织的成长。但是，随着中国经济的进一步发展和综合国力的提高，国际非政府组织对中国的援助逐渐减少。而且本土组织与境外非政府组织的合作也面临一些政策上的困境，国际非政府组织不再是中国卫生类社会组织发展的主要推动力。根据《2016年社会服务发展统计公报》公布的数据，全国共有各类基金会5559个，涉外基金会只有9个，境外基金会在华代表机构29个；全国共有民办非企业单位36.1万个，而涉外类组织只有9个。[⑤]

---

① 孙展. 艾滋孤儿“关爱之家”遭厄运：祸起百万捐款?. 中国新闻网，http：//www. chinanews. com，2004-02-17.

② 杨晓琼. 艾滋孤儿救助中政府与草根民间组织的合作机制研究. 昆明：云南财经大学，2010，13.

③ 陈梦. 医疗卫生类非营利社会组织的发展分析. 经济与社会发展，2012（6）：29-31.

④ 冯家倩，倪秀萍. 防控艾滋，南京与盖茨基金会“牵手”. 国际防艾动态，http：//www. bjrroc. org/html/report/29786-1.htm，2008-09-17.

⑤ 民政部. 2016年社会服务发展统计公报. 中华人民共和国民政部门户网站，http：//www. mca. gov. cn/，2017-08-03.

总体来看，卫生类社会组织的发展促进了我国健康服务主体的多元化，增加了服务供给能力，扩大了服务覆盖范围，促进了社会公平正义。不过，由于我国健康类社会组织起步较晚，发展不足，目前还面临着很多问题和挑战。

第二节　民办非营利性医院培育与监管问题和对策

我国卫生类社会组织发展还处在初级阶段，目前在发展过程中还面临着不少困难和问题。下面以民办非营利性医院为例，分析培育和监管中存在的问题，探讨解决思路。

一、我国民办非营利性医院发展概况

按照所有制不同，医院可以分为公办医院和民办医院。公办医院是由政府财政预算支持并纳入到财政预算管理体系的医院。民办医院是由民间资本（包括外资）建立和运营的医院，包括营利性医院和非营利性医院。[①]民办非营利性医院指不以营利为目的，经营收入只能用于弥补医疗服务成本及自身发展，盈余不能用于分配的民办医院。民办非营利性医院终止时，剩余资产只能依法转移给该领域的其他非营利机构。[②]

计划经济时期，我国形成了以公办医院为核心的医疗卫生服务体系。改

① 李文敏，尹刚．我国民办非营利性医院运行与政府监管的博弈分析．湖北大学学报（哲学社会科学版），2016（6）：152–156.

② 营雪．资源依赖视角下我国民办非营利性医疗机构发展模式比较研究．合肥：安徽财经大学，2018，23.

革开放以来，我国政府大力支持民办医院包括民办非营利性医院的发展。在政府支持和引导下，社会力量办医取得了较快发展，民办非营利性医院逐渐成为我国医疗服务体系中不可缺少的重要组成部分。

1951年，中华人民共和国成立之初，政府出台了《关于调整医药卫生事业中公私关系的决定》，促进了个体、集体所有制医院的发展。1958 年至1977年，政府抑制社会力量办医，导致个体和集体所有制医院锐减，形成了公立医院一统天下的局面。1978 年十一届三中全会后，明确了社会办医的合法性，政策开始鼓励、支持、规范与引导社会力量办医，在这一阶段，民办非营利性医院开始复苏。1997 年，政府再次重申社会力量投入的重要性，开始大力鼓励社会办医，民办非营利性医院数量开始增多。[①]

2009年新医改方案中提出鼓励民办非营利性医院的兴办发展。2013年9月国务院颁布的《国务院关于促进健康服务业发展的若干意见》中提出加快形成多元办医格局，鼓励企业、慈善机构、基金会、商业保险机构等以出资新建、参与改制、托管、公办民营等多种形式投资医疗服务业。大力支持社会资本举办非营利性医院、提供基本医疗卫生服务。2014 年，《国务院办公厅关于印发深化医药卫生体制改革 2014 年重点工作任务的通知》以及国家卫生和计划生育委员会《关于加快发展社会办医的若干意见》等文件相继出台，这些文件提出优先扶持社会资本举办的非营利性医院，逐渐建立以非营利性医院为主体、营利性医院为辅助的社会办医体系。

2000年，国家医疗体制改革政策将医院划分为非营利性和营利性两大类。非营利性医院满足广大人民群众的基本医疗服务，是医疗服务体系中的主体。营利性医院作为补充，政府在医疗资源相对不足的情况下，吸引民营资本进入，充分调动社会资金的积极性，以缓解看病难、看病贵问题。非营利性医院不以营利为目的，医疗服务价格由政府统一制定，收支结余用于医院发展；营利性医院可自由定价，收益可分红，但须照章纳税。

“十三五”规划再次提出鼓励社会资本办医是深化医改、补上短板、改善民生的重要举措。2017年5月国务院办公厅发布《关于支持社会力量提供多

① 连斌.关于民营医院发展的政策导向问题.中国卫生事业管理，2004（10）：246.

层次多样化医疗服务的意见》，鼓励社会力量提供医疗服务，加大力度消除社会办医的体制机制障碍，降低准入门槛，简化审批流程，提高审批效率。对社会办医院在准入、执业、监管等方面与公立医院一视同仁，营造公平竞争环境，促进社会力量踊跃提供多层次、多样化医疗服务。

在这些政策的鼓励下，民办医院进入到快速发展阶段。从图7-2可以看出，2009—2016年，医院总数保持增长趋势，但民办医院数量快速增长，公办医院数量持续小幅下降。在此期间，我国医院总数从20291家增加到29140家，增加了45%，这完全得益于民办医院数量的增加。在此期间，民办医院的数量从6240家增加到16432家，增长了163%，年增长率超过20%。与此同时，公立医院数量从14051家减少到12708家，减少了1333家，减少了近一成。2015年民办医院数量超过了公办医院数量。截至2016年末，我国共有医院29140所，其中公立医院12708所，占43.6%，民营医院16432所，占56.4%。[1]

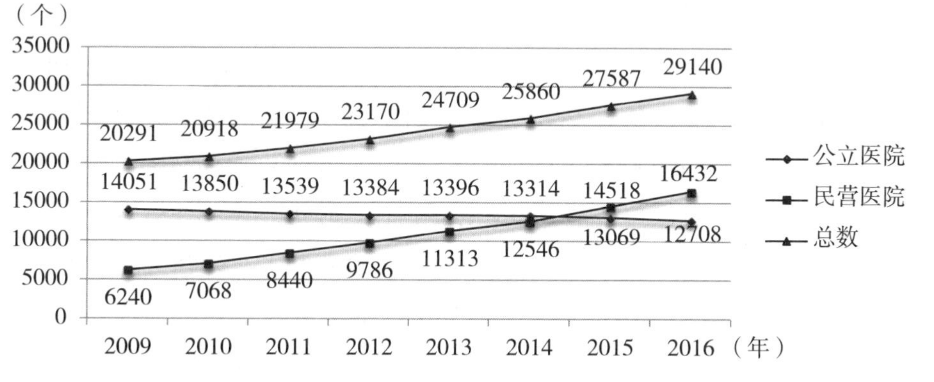

图 7-2　2009—2016 年我国公立医院与私立医院数量分类统计

资料来源：卫计委：《中国卫生和计划生育统计年鉴（2010—2017）》。

过去10年，我国非营利性医院和营利性医院均呈持续增长趋势，非营利性医院包括公办医院和民办非营利性医院，营利性医院指民办营利性医院，

① 中华人民共和国国家卫生和计划生育委员会：《中国卫生和计划生育统计年鉴（2010—2017）》，政务公开站点，http：//www. nhfpc. gov. cn/zwgkzt/index. shtml，2018年4月16日访问。

如图7–3所示，非营利性医院的数量一直多于营利性医院，营利性医院增长速度略高于非营利性医院。截至2016年底，我国共有非营利性医院19065家，营利性医院10075家。

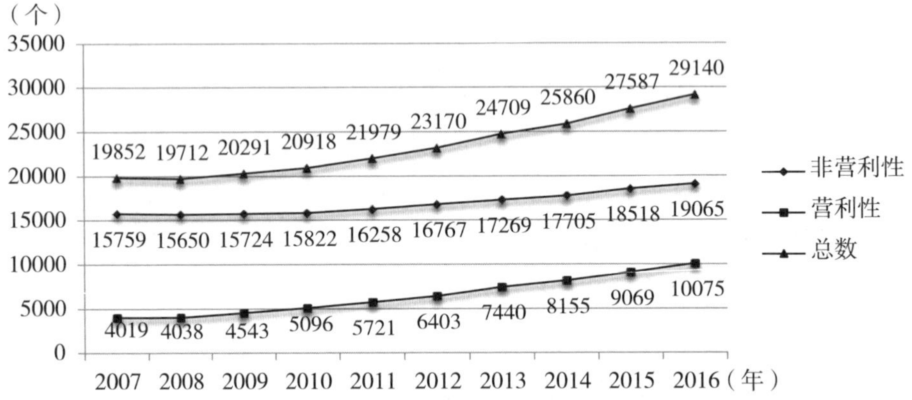

图 7–3　2007—2016 年我国营利性医院与非营利性医院数量统计

资料来源：卫计委：《中国卫生和计划生育统计年鉴（2008—2017）》。

以2014年为例，公办、民办非营利、民办营利性医院占医院总数的比例分别是54.2%，15.7%，30.1%。[1]不过，由于公办医院规模一般大于民办医院，因此，公办医院的服务能力（就业数和床位数）占比要高于数量占比，民办医院的就业数和床位数要低于其数量占比。比如，民办非营利性医院员工数只占医院总就业人数的5.9%，远低于其数量占比。公办医院和民办医院的收入来源结构也有很大不同，公办医疗卫生机构收入中，政府补贴占14.6%，收费占82%。民办医院的收入中政府补贴和收费比例分别是0.8%和91.9%。[2]

二、我国民办非营利性医院的类型

目前我国民办非营利性医院主要有三类：一是社会力量举办的非营利性

① 卫计委. 2014年中国卫生和计划生育统计年鉴. 北京：中国统计出版社，2014，97–102.

② 同上。

医院；二是社会资本或集体资本参与部分公立医院改制产生的民办非营利性医院；三是慈善基金会举办的非营利性医院。[①]

1998年《民办非企业单位登记管理暂行条例》通过之后，民办医院在法律形式有了营利性或非营利性的选择。在政策鼓励下，一些社会力量举办建立了非营利性医院，还有一些在工商部门登记的民办营利性医院为了充分利用民办非企业单位的优惠政策，转登记为民办非企业单位，成为民办非营利性医院。比如，北京大学国际医院是北京大学与北大方正集团共同举办的一所大型非营利性高水平的综合医院，是北京大学医学部的一所临床教学医院。从筹划、立项、准备、建设，历时12年终于在2014年12月5日正式开业。又比如，武汉亚洲心脏病医院1999年由湖北省卫生厅批准成立，在工商部门登记。2006年10月，湖北省有关部门联合发文，批准亚洲心脏病医院由营利性医院转制为非营利性医院。这是国内首家大型民营的非营利性心脏病专科医院。[②]

一部分民办非营利性医院是由公立医院改制形成的。由公立医院转制而来的民办非营利性医院，往往是由社会资金注入公立医院而形成的。2011 年 6 月 9 日，兖州九一医院正式开张营业。这所非营利性医院由中国人民解放军第九十一中心医院改制而来，改制过程中引入了华勤橡胶工业集团的资金。改制完成后，兖州九一医院发展成为一家三级甲等医院。[③]

我国基金会举办的非营利性医院是指依托慈善基金会建立的民办非营利性医院，由基金会主导设立，一部分资金来自社会捐赠。基金会与医院的结合既可改善和提升基金会的社会形象，扩大融资渠道，又可以为社会增加医疗资源，但目前由基金会投资建设运营的非营利性医院是少之又少。2012年，在中国红十字基金会的监管下，由李亚鹏、王菲等八位创始人共同倡导发起的北京嫣然天使儿童医院成立，是中国第一家民办非营利性儿童综合医

---

① 李文敏，尹刚. 我国民办非营利性医院运行与政府监管的博弈分析. 湖北大学学报（哲学社会科学版），2016（6）：152–156.

② 楚天都市报. 武汉亚洲心脏病医院“知心”更“护心”，http：//www. cnhubei. com/ctdsb/ctdsbsgk/ctdsb23/201303/t2504887.shtml，2013–03–15.

③ 营雪. 资源依赖视角下我国民办非营利性医疗机构发展模式比较研究. 安徽财经大学，2018，17.

院。这家医院的管理体制和运营方式与一般的公办儿童医院有很大不同。首先是收入来源不同，除了门诊收入之外，还有来自社会各界的捐赠。这些收入有两个用途：一是用于嫣然天使儿童医院自身未来的发展；二是用于为贫困家庭的儿童提供免费医治，即对贫困家庭儿童的医疗救助。其次，这家医院更注重人文关怀。医院的基础设施十分注重给孩子营造轻松愉悦的就诊氛围。医院每年招募大批志愿者参与服务。

三、我国民办非营利性医院面临的问题

目前，民办非营利性医院的数量不断增加，民办非营利性医院的诊疗人次和出院人数已经占到全国医院业务总量的10%。[①]然而，民办非营利性医院面临的问题也十分突出，民办非营利性医院自身的问题以及监管问题使其未来发展面临阻力。

（一）民办非营利性医院自身的问题

民办非营利性医院自身的问题主要是缺乏专业团队、管理模式缺乏创新以及违背非营利性宗旨的问题。

专业人才是民办非营利性医院发展的关键推动力，但难以建立和维持专业人员队伍是我国民办非营利性医院发展过程中普遍存在的短板。医院为了吸引人才尤其是学科带头人这样的高端人才，现行主要办法还是通过给予丰厚的薪酬待遇来留住人才。但是，大部分成熟高端的医疗专业技术人才集中在公立医院，由于公立医院人事制度等的限制，难以实现自由流动；另一方面，比起他们今后职业发展的前景和公立医院提供的科研与教学平台，民办医院的薪酬吸引力远不足以让高端人才放弃公立医院的职位。[②]比如，公立医院转制形成的兖州九一医院人才流失严重，大量优秀中青年医师离开了医院。北京嫣然儿童医院的医护人员团队由来自多个医院的志愿者组成，定期

① 菅雪. 资源依赖视角下我国民办非营利性医疗机构发展模式比较研究. 安徽财经大学，2018，26.

② 同上。

更换的医护人员在磨合上耗费太多时间，大大降低了工作效率。北京大学国际医院并无自己的专业人才团队，其医护人员仍属于北京大学医学部的六家临床医学院。缺乏专属的人才团队是我国民办非营利性医院现阶段发展中面临的最大挑战。

管理模式缺乏创新也是影响民办非营利性医院竞争优势的一个重要因素。公立医院转制而来的民办非营利性医院，如果在转制后不能根据自身优势改进原有的公立医院管理模式，就会很快让医院失去生机与活力。兖州九一医院之所以会出现转制后大批中青年优秀医师离开的现象，其中一个重要的原因就是医院没有借助改制之机优化管理模式，而是维持旧状，很多中青年优秀医师得不到更好的发展机会而选择离开。

民办非营利性医院具有特殊的组织属性，其资金来自社会资本，履行的是非营利医院的职责，如何处理社会资本的逐利性与非营利性之间的关系，保证民办非营利性医院的非营利性，真正承担起为我国居民提供基本医疗服务的重要使命，无论从理论上还是实践上，都对我国的医院监管体系提出了新的挑战。很多民办非营利性医院并未严格遵守非营利性原则，名义上是非营利机构，实际上具有强烈的逐利性。长期以来，公立医院已经深入人心，民办非营利性医院要树立品牌形象、赢得公众信任并非易事。如果民办非营利性医院在逐利动机驱使之下，进行不当或过度地宣传甚至出现不规范的医疗服务行为，将无法积累良好的口碑，最终失去公众的信任，失去生存发展的机会。

（二）民办非营利性医院的监管问题

与公办医院和民办营利性医院相比，民办非营利性医院性质特殊，监管更加具有挑战性。公办医院的非营利性是由一套相对完善的事业单位制度来加以保障的。但是，我国对民办非营利性医院的监管，既缺乏强有力的行政控制手段，又未建立起有效的现代监管体系，是一个迫切需要解决的问题。

我国民办非营利性医院中不乏真正以公益为目的，遵守非营利性规制的民办医院。但不可忽视的是，相当一部分民办医院注册为非营利性医院主要是为了逃避税收，而不是服务于公益事业。[①]这些医院采用关联交易等多种手法转移利润，或者向投资人直接分红，形成民办非营利性医院中的虚假非营利现象。这些违法违规行为不仅损害了民办非营利性医院的整体形象，而且对营利性医院构成不正当竞争，完全背离了政策允许设置民办非营利性医院的初衷。

【微案例7-2】

民政部公布医药健康类涉嫌非法社会组织

2月7日，民政部发布公告，对未经登记擅自以社会组织名义开展活动的涉嫌非法社会组织的名单予以公布。目前公布的179个非法社会组织中，共有30个医药健康类组织，其中与中医药有关的社会组织占多数。

30个医药健康类涉嫌非法社会组织中有中国中医药学会、华夏中医药学会、中华中医药卫生学会、中国民族中草药研究会、养生产业协会、中国推拿按摩学会、中国保健按摩协会、中国气功科学研究会等。公告表示，欢迎有关单位和个人提供非法社会组织活动线索，为取缔非法社会组织提供有力证据。

目前，我国对民办非营利性医院采取的是政府主导的行政监管模式。在实践中，该模式暴露出不少问题，主要表现为以下几点：

首先是民办非营利性医院的法律性质不清晰。目前民办非营利性医院的法律规制内容仅限于对民办非企业单位的登记、年检和注销等方面，对民办非营利性医院法人的权利、义务、监管方面尚未有明确规定。例如在税收问题上，税务部门认为在3年税收优惠期满后，作为民办机构，民办非营利性医院应当与一般工商企业一样缴税。但在民办非营利性医院的主管单位——卫生部门和民政部门看来，该类医院定性为非营利组织，不应缴纳营业

① 李文敏，方鹏骞，江世虎. 我国民办非营利性医院监管机制的研究综述. 中国卫生事业管理，2012（6）：433-435.

税等税种。

其次，民办非营利性医院的监管主体多头监管、职能分散。目前我国政府对民办非营利性医院的监管职能分散于民政 、卫生、税务、审计等部门。民政部门负责准入监管和年度审核；卫生行政部门负责日常运行和医疗质量监管；税务部门进行医院免税资格审核；财政审计部门负责财务状况，主要为医院财务报表和年度财务状况审计。监管分散、政出多门的现状难免在监管中出现部门之间协调问题，最终影响监管有效性。

最后，民办非营利性医院的会计制度之间存在冲突。当前民办非营利性医院在民政部门登记注册为民办非企业单位，按规定应执行《民间非营利组织会计制度》。但根据我国《医院管理条例》的规定，民办非营利性医院与公立医院一样作为非营利性医院，要接受卫生主管部门监管，卫生主管部门要求民办非营利性医院按照《医院会计制度》要求报送有关会计信息资料。两大会计制度的会计科目和会计报表的内容、格式都有很大差异。另外，这些制度对于民办非营利性医院是否应予披露财务信息并没有明确规定，医院缺乏建立高效透明的财务管理制度的动力。

其实，政府对民办非营利性医院的监管重点仍停留在准入制度，缺乏持续动态监管。我国民办非营利性医院的准入流程主要有五步：第一，向卫生行政部门提交设置申请；第二，获得卫生行政部门的审批和登记注册；第三，到民政部门进行民办非企业单位登记；第四，在质监部门登记获得组织代码；第五，在税务部门进行税务登记并备案。从这个流程可看出，当前政府监管的重点放在准入制度上，因此我国举办民办非营利性医院门槛较高。但在日常管理和年终审核中，主管日常管理事务的卫生行政部门缺乏财务管理能力，难以对其财会报告真实性、完整性进行判断，而民政部门的年检常常流于形式。另外由于问责机制的缺乏，两大监管部门缺乏监管动力，监管效果不佳，甚至怠于监管，造成现今市场上已登记注册的民办非营利性医院虚假非营利问题突出。

由于上述问题，政府对民办非营利性医院的监管出现了失灵现象，不能妥善解决虚假非营利性问题，不利于我国民办非营利性医院的长远发展，极大阻碍了我国新一轮医疗卫生体制改革进程。[①]

四、促进我国民办非营利性医院发展的思路

在目前状况下，民办非营利性医院的发展既需要加强自身的自治与自律，加强其自身建设，解决专业人才短缺的问题，提高自身影响力和吸引力。同样也许更加需要的是政府的支持和引导，营造有利于民办非营利性医院发展的制度环境和社会氛围，通过规范与约束确保民办非营利性医院的公益属性，促进民办非营利性医院公平竞争、健康成长，得到社会的认可和信任。

一方面，要营造有利于民办非营利性医院与其他性质的医院进行公平竞争的制度环境。政府应该将民办医院纳入区域卫生规划与医院设置规划，社会力量办医院必须符合医院设置规划的总体要求。细化民办医院审批标准并严格落实，严格准入门槛，从源头上保证社会办医质量；对民办非营利性医院的规划与引导要有针对性，要考虑到出资人意图、办院宗旨、治理机制和运行机制等影响医院行为的最主要因素。健全民办非营利性医院发展相关的法律法规，完善民办非营利性机构准入规范，符合准入条件的民办医院应在医疗保险定点、医院等级评定、参加行业协会、学科建设、人才引进、医务人员职称评审、政策信息、技术和项目准入以及大型设备购置等方面享有与公立医院同等的待遇。[②]只有不同所有制性质的非营利性和营利性医院处于公平的政策环境、制度环境和市场准则下，优胜劣汰的竞争机制才可能形成，民办非营利性医院才有可能真正实现健康有序发展。

另一方面，针对民办非营利性医院逐利性的问题，应当建立协同监管机制，强化非营利性约束。首先是相关法律法规还需进一步完善。自2009年《中共中央国务院关于深化医药卫生体制改革的意见》颁布以来，从中央到

---

① 李文敏，方鹏骞，江世虎. 我国民办非营利性医院监管机制的研究综述. 中国卫生事业管理，2012（6）：433–435.

② 谢春艳，王贤吉，何江江. 民办非营利性医院发展问题及对策. 中国医院管理，2010（10）：30–32.

地方鼓励社会资本举办非营利性医院的政策陆续出台。但是这些法规在操作上缺乏具体规定，给医院监管带来极大困难，迫切需要完善相关法律法规。其次，加强财务监管。《医院会计制度》应该与《非营利组织会计制度》相互衔接，财政、税务、民政和卫生行政管理部门要合理分工、密切协作，确保民办非营利性医院按照非营利组织会计制度的要求完整、真实地披露财务信息，对违反非营利性的逐利行为实行“零容忍”。最后，构建信息披露机制。可以借鉴发达国家的非营利组织监管经验，按照DADS监管模式，即披露（disclosure）、分析（analysis）、发布（dissemination）、惩罚（sanction）首尾衔接的四大环节，建立非营利性医院信息披露机制，有效解决信息不对称问题，强化监督和问责，增加医院违规成本，促使其更好完成社会使命。[①]

此外，社会组织的有序发展仅仅依靠市场竞争和政府监管是不够的，还要依靠社会治理来协助。行业组织、媒体和公众是社会治理的主体力量。发达国家的非营利部门十分重视行业自律。比如，英国卫生委员会以独立监察员身份负责对医院进行监管，并及时向公众发布结果，受公众监督。美国医疗卫生机构评审联合委员会（JCAHO），定期对医院进行检查、评审。同时JCAHO的报告要向社会公布，其调查数据受到政府、保险公司、工商界、卫生监督群体和卫生消费者的密切关注。[②]我国医疗卫生领域的行业协会还没有充分发挥行业监管作用。为了充分发挥行业自律的作用，必须对卫生服务中政府监管和行业监督的职责职权进行有效划分，转变政府职能，将部分以往由政府执行的行业监管职责转移给行业组织和专业协会，例如医院协会、医师协会等。同时，鼓励民间成立专业化医疗行业自律组织，并赋予行业组织独立性和权威性，从而培育起民办非营利性医院的行业监督力量。信息公开是加强媒体和公众监督的重要前提条件。政府主管部门应该通过信息披露平台，及时、全面地向媒体及公众提供相关医院的医疗服务质量信息、医院评估结果等，方便公众选择就医地点，促进医疗卫生行业的良性竞争，发挥市场优胜劣汰功能，淘汰虚假非营利性的民办非营利性医院，保证民办非营利

---

① 李文敏，方鹏骞，江世虎. 我国民办非营利性医院监管机制的研究综述. 中国卫生事业管理，2012（6）：433-435.

② 李玲等. 权威解读：公立医院管理与考核的国际经验. 医院领导决策参考，2010（16）.

性医院的公益性。

总之，民办非营利性医院的发展，既要尽量利用市场竞争机制的作用，更要加强政府的支持与监管，还要充分发挥行业自律和社会监督的力量。让看不见的市场之手与看得见的监管之手紧握在一起，共同推动民办非营利性医院的成长和发展。

尽管我国卫生类社会组织已经取得显著的进步，但是还应该看到，我国的卫生类社会组织与发达国家还存在巨大的差距。世界卫生组织（WHO）是联合国系统内卫生问题的指导和协调机构，非政府组织在世界卫生组织的各项事务中发挥着重要作用。2014年，全球共有190家非政府组织与世界卫生组织有官方合作关系。这些非政府组织有联合国等国际组织发起的，也有各国政府发起的，还有很多是民间发起的，比如世界肝炎联盟（World Hepatitis Alliance）就是由世界各地的肝炎患者组织发起的民间组织，世界全科医生/家庭医生协会（WON-CA）是由多个国家的全科医生/家庭医生共同发起的。[①]这些非政府组织参与全球健康治理得到了母国政府的大力支持。比如，美国政府的全球健康战略就将非政府组织视为关键合作者。非营利组织几乎在所有重要领域实施美国全球健康战略，包括艾滋病、妇幼健康、计划生育与生殖健康、结核病、疟疾、营养等。[②]2014年，共计304家非政府组织参与美国全球健康项目，其中美国本土非政府组织有125家，总部在美国以外的非政府组织有179家。这些非营利组织不仅充当美国全球健康项目在当地的执行者，还扮演其他角色，包括宣传倡导、开展研究、教育、提高认识和筹款活动等。这些非营利组织在80多个国家开展全球健康项目，其中超过一半的非营利组织和资助投向非洲地区。[③]因此，我国卫生类社会组织还有巨大的发展空间，还任重而道远，未来不仅要在国内公共健康服务体系中发挥应有的作用，还应该在参与全球健康治理以及实施“一带一路”倡议中扮演更加积极的角色。

① 张明吉等. 中国全球健康相关非政府组织的发展策略浅析. 中国卫生政策研究，2016（11）：31-39.

② 王云屏等. 七个经合组织国家全球卫生战略比较研究. 中国卫生政策研究，2014（7）：9-16.

③ 张明吉等. 中国全球健康相关非政府组织的发展策略浅析. 中国卫生政策研究，2016（11）：31-39.

第八章

行业协会商会

改革开放40年来，行业协会商会伴随着社会主义市场经济的发展而兴起和成长，为我国行政体制改革提供助力，促进了我国经济和社会的发展。在新的历史时期，又面临着新的机遇和挑战。

第一节 行业协会商会的概念与功能

行业协会商会是介于企业和政府之间的经济性中介组织。一般来说，行业协会是按行业属性建立的，商会是按地域属性建立的。[①]

一、行业协会商会的概念与性质

行业协会通常是指由某个行业内以企业为主体自愿参加的、以保护会员利益和增进行业利益为目标的经济类社团组织。商会是由某一地域内或来自某一地域的工商业者组建的经济性社团组织，前者形成本地商会，后者形成异地商会。比如，“武汉市软件行业协会”是由武汉市软件行业的单位和个人发起成立的，“湖北省浙江企业联合会”是由在湖北经商办企业的浙江籍工商业人士组建的。行业协会和商会功能相似，常常被统称为行业协会商会，都具有非政府性、中介性、互益性、自治性等特征。

对于行业协会商会的性质，目前主要有三种观点：第一种观点主要站在政府角度，认为行业协会商会是政府授权的行业管理机构。这是一种国家整合社会的观点，比较接近于法团主义的看法。第二种观点是一种中间立场，认为行业协会商会是中介组织，是企业与政府沟通的渠道。第三种认为行业协会商会是一种社会治理机制，是市场主体实现自治的工具。相对于政府主

① 顾朝曦.发挥行业协会商会服务经济发展的作用.中国社会组织，2014（8）：8–10.

导的“公序”，市场主体自治是一种“私序”①。在具体实践中，这三种观点都有所体现。

二、行业协会商会的功能

行业协会商会是国家治理体系的一股重要力量，它紧密联系着政府、市场和社会。在政府主导的市场经济体制中，行业协会商会在参与公共政策方面具有重要的政治功能。同时，行业协会商会代表着一个行业或一个地区的经济利益，维护会员利益，促进本行业、本地区经济发展是其基本职责。此外，行业协会商会又代表了资方利益，在化解劳资矛盾、消费纠纷等方面具有重要的社会功能。②当然，这些功能并不是独立的，而是紧密联系在一起的。

（一）经济功能

行业协会商会的经济功能主要是维护和增进会员利益、规范会员行为、维护本地区和本行业市场经济秩序、促进经济可持续发展与社会和谐稳定。具体来说，在政府和工商联的支持下，行业协会商会可以履行整合引导、规范、服务等方面的功能。

首先是战略服务。根据本行业、本地区发展形势，将会员企业加以协调整合，提升整体实力，形成本行业和本地区企业的竞争优势。

其次是规范会员行为。通过行业协会商会章程，建立会内自律和监督惩戒机制，参与制定所属地域、行业企业产品标准、质量标准，开展行业检查和行业评估，调整企业内部的竞争规则，规范企业的市场交易行为，惩处会

---

① 市场经济的有效运行有赖于对交易中的欺骗和机会主义行为的有效约束、阻吓和惩罚。有两种方法来实现这些功能，一种是政府主导的交易秩序，称为“公序（public ordering）”；一种是交易当事人自发形成的交易秩序，称为“私序（private ordering）”。行业协会可以提供一种“私序”。参见：郑江淮，李艳东. 私序的功能与转型——一个述评. 产业经济研究，2007（1）：64-70.

② 杨剑，黄建，孙占利，胡大满. 行业协会商会运行阻滞机制研究. 中国社会组织公共服务平台，2015年12月28日，http：//www. chinanpo. gov. cn/700104/92499/preindex. html.

员的违法乱纪行为，协调内部利益关系和保护会员的共同权益。

最后是服务行业发展。帮助企业解决人才、技术、信息、资金等方面的实际困难。积极开展职业教育和培训工作；开展咨询工作；推广产品和品牌，组织技术鉴定和推广应用；举办展销会、展览会、报告会和招商会等，为企业的交流和发展搭建平台；指导、帮助会员企业学习应用新技术；实施行业内部价格管理、同行议价；组织企业人员职称评定、参与许可证资质审查等。

【微案例8–1】

中国企业工业协会倡导应用北斗系统①

2015年1月21日，中国汽车工业协会于召开中国汽车产业普及应用北斗战略峰会上发出倡议，推动汽车产业普及应用北斗系统。该协会发出了《中国汽车产业普及应用北斗倡议书》，号召产业链上下游行动起来，借助移动互联产业发展大势，以北斗系统所提供的时间和空间信息为基础，融合多种信息技术，整合多种信息资源，构建自主可控的汽车信息服务大数据平台。

此外，促进国际经贸交往和帮助企业维护权益。组织开展国内、国际间的行业经济技术协作和国际商务考察；帮助会员企业“走出去”，参与国际市场竞争；在国际商战中保护会员企业利益，协助企业解决国际贸易纠纷。

（二）政治功能

行业协会商会为会员提供了一种利益聚合与表达的机制，是政企沟通、协商民主的重要渠道。行业协会商会将会员组织起来，增强会员在国家和地方治理中的博弈能力。行业协会商会是企业界参与协商民主的重要平台。行

① 中国汽车产业普及应用北斗战略峰会，电子产品世界网，http://www. eepw. com. cn/article/268520.htm，2018年5月1日访问。

业协会商会通过与各级政府的沟通和合作，参与制定符合区域经济和行业发展的政策，并积极推进各项非公经济政策的执行和落实。

首先，行业协会商会是政企互动的组织化的载体和制度化的平台，有利于化解政企之间由于信息不对称而产生的各类问题和矛盾。行业协会商会能够组织、引导和代表会员与党政机关进行制度化、经常性的对话，在重大问题的决策和处理上与官方进行深度协商、交流，甚至通过联席会议的方式制度化介入政府立法的过程，参与制定和实施有关地区经济以及行业发展的政策，为非公有制经济发展创造良好的环境。一些中小企业联合起来成立行业协会商会，有利于打破大企业对小企业的排斥，提高中小企业的发言权，为中小企业的发展创造更好的环境。

其次，各地行业协会商会组织均积极推荐会员代表在全国和各级地方党代会、人大和政协中任职，在公共决策中发出工商业代表人士的声音。比如工商联就为民营企业家的政治参与提供了一种组织化、制度化的进入机制。通过工商联，一些行业协会商会的领导人当选政协委员和人大代表，使企业家得以进入到党和政府决策的中枢机构。他们通过出席人大和政协会议、参加视察和调研等方式，向党政部门提交议案和提案，表达发展建议和利益诉求，从而影响公共政策。

此外，行业协会商会作为政策的参与者还积极担负着宣传解释法律和政策的职责，推进各项法律和政策的传达和落实，督促教育会员自觉遵守法律和政策。

（三）社会功能

行业协会商会是企业和工商业人士的联合组织，总体上代表资方的利益，在协商行业劳动力价格、调解劳资纠纷和消费纠纷等方面要发挥应有的作用。同时，承担爱国报国、公益慈善、环境保护等社会责任，也是其重要功能。[①]

劳资关系是市场经济关系中最重要的一对关系，也是构建和谐社会关

① 刘剑雄. 改革开放后我国行业协会和商会发展的研究. 经济研究参考，2006（16）：9–16.

系的一对基本关系，协调劳资双方的利益关系是行业协会商会的重要职能。在市场经济条件下，行业协会商会作为资方代表，工会作为劳方代表，双方在解决劳资争议与缓和劳资矛盾方面扮演重要角色。目前，在我国经济快速发展的过程中，劳资纠纷问题也十分突出，企业拖欠职工工资是最常见的现象。这些情况损害了劳动者合法权益，严重影响到社会稳定和经济可持续发展。为了解决企业中出现的经济利益问题，例如雇员薪酬、生病、失业等利益纠纷，国外行业协会商会一般设有专门机构，建立和管理用于此类目的的专项基金或保险金，费用往往由会员会费、政府资助、社会捐赠、服务性收入等多元渠道筹集。[①]我国应该借鉴这些经验，建立有效机制解决各种劳资纠纷问题。在协调解决消费纠纷方面，行业协会商会和消费者维权组织也可以起到类似作用。

20世纪70年代，跨国企业最棘手的是工会问题，90年代最重视的是环保问题，进入21世纪以来，企业被寄予承担更多社会责任的厚望。尊重员工和消费者权益、开展绿色经营、从事公益慈善活动，已经成为各国企业维护品牌、开拓市场的最重要手段。行业协会商会可以教育、督促和协助会员承担社会责任，树立良好的企业形象和行业形象，从而获得员工认同、消费者信任，赢得社会尊重，实现企业和行业的长远利益。

虽然国外行业协会商会在角色定位上各有侧重，但总体上发挥着服务、协调、纽带功能。首要任务就是向相关企业提供信息、咨询、法律方面的各种服务，保障会员企业的良好发展，使会员和行业组织利润最大化。同时对内协调协会内部的各种关系，充分尊重会员们的经济利益权利，反映本行业和会员们的意见、建议和愿望要求，维护公平竞争，保证行业协会组织正常运行。对外它一方面作为行业利益的代表者向政府提出组织的要求，供政府有关部门制定政策、法律时参考；另一方面协调与其他行业协会商会的利益矛盾与冲突。最后作为政府和企业之间沟通的桥梁，发挥协会商会纽带功能。为政府和企业服务，例如制定行业标准、协调贸易纠纷、培育和规范市

① 商务部产业损害调查局赴欧州考察团. 德国、瑞典、芬兰三国行业协会发展的经验值得借鉴. 商场现代化，2013（21）：152–153.

场竞争行为、维护市场秩序等。[①]

上面所说的行业协会商会的各项功能大多停留在理论上。在现实中，行业协会商会的角色与功能定位并不十分明晰，大多数行业协会商会尚不具备承担这些功能的资源和能力。每个行业协会商会可以根据自身的具体情况，根据章程规定承担力所能及的功能。

第二节　我国行业协会商会的发展状况

在现代工业产生以前，各国传统上就有各种行会。工业革命之后，随着现代产业的发展和政治体制的变革，行业协会商会逐渐成为现代社会的一种重要结社组织。19世纪末20世纪初，我国也出现了一些与现代产业相联系的行业组织，包括行会和会馆。中华人民共和国成立之后，在计划经济时代，民间行业组织基本上淡出历史舞台；改革开放以来，在建设社会主义市场经济的过程中，行业组织再度兴起并且日益发展。

一、我国行业协会商会的发展历程

中华人民共和国成立以后，我国逐步形成了高度国有化的计划经济体制。在计划经济时期，国家全面渗透到所有社会领域，形成了国家与社会合一的社会政治结构，社会全面隶属于国家，受到国家的全方位控制。在经济领域，政府承担了宏观和微观管理的全部职能，包括行业协会商会应该履行的职能，除了一些名义性的行业协会之外，基本上不存在其他的行业组织。这个时期的行业协会实际上充当着国家机构代理人的角色，是国家权力在社

① 刘燕. 国外行业协会发展监管的经验及启示. 中国社会报，2014.7.21.

会领域的延伸。行业协会商会被纳入国家行政机构，成为国家对经济部门进行直接管理的组织手段。[①]

改革开放以来，在计划经济向市场经济转型的过程中，沿着自上而下和自下而上两条途径形成了两种不同类型的行业组织。[②]有人将政府主导自上而下形成的行业组织称为“官办”协会，而将自下而上民间自发形成的行业组织称为“民间”商会。[③]

在改革开放初期，行业协会是根据《国民经济行业分类》这一国家标准确定的行业分类，按照国务院“按行业组织、按行业管理、按行业规划”的指导原则来设立的。这一时期，国务院批准成立的全国性行业协会仅有十几家。[④]1979年3月，原国家经贸委经在考察日本企业管理经验以后，组建了中国企业管理协会，这是改革开放以来我国成立的第一家全国性行业协会。随后，陆续成立了中国质量管理协会、中国港口协会、中国食品工业协会、中国包装技术协会等全国性行业协会。[⑤]

1992年，党的十四大明确提出了建立社会主义市场经济制度的目标。1993年11月，党的十四届三中全会通过了《中共中央关于建立社会主义市场经济体制若干问题的决定》，提出按照“产权清晰、权责明确、政企分开、管理科学”的原则建立现代企业制度。为了实现“政企分开”，政府不再直接管理企业，对原来计划经济时期建立的专业经济管理部门进行了大幅改革，一部分改组为国有资产经营实体，即行政性控股公司；另一部分则被改组成为行业协会，作为国务院直属事业单位，代行政府的行业管理职能。上述行业协会主要依靠政府自上而下的分权和职能转移组建而成，对相关政府部门存在着高度的依附关系。

① 施雪华，孔凡义. 当代中国执政党、国家、社会一体化及其原因. 云南行政学院学报，2006（4）.

② 杨剑，黄建，孙占利，胡大满. 行业协会商会运行阻滞机制研究. 中国社会组织公共服务平台，2015年12月28日，http：//www. chinanpo. gov. cn/700104/92499/preindex. html.

③ 刘剑雄. 改革开放后我国行业协会和商会发展的研究，经济研究参考，2006（16）：9-16.

④ 杨剑，黄建，孙占利，胡大满. 行业协会商会运行阻滞机制研究. 中国社会组织公共服务平台，2015年12月28日，http：//www. chinanpo. gov. cn/700104/92499/preindex. html.

⑤ 刘剑雄. 改革开放后我国行业协会和商会发展的研究. 经济研究参考，2006（16）：9-16.

1998年和2000年，我国又进行了两次比较大的行政管理体制改革，按照党的十五大报告提出的“把综合经济部门改组为宏观调控部门，调整和减少专业经济部门，加强执法监督部门以及培育和发展社会中介组织”的要求，在政府机构改革和职能调整的同时，启动了行业协会组建工作。2000年，国家撤销工业主管部门，并相应组建行业协会。随后，国家又撤销了经贸委下属的9个国家局，成立了10个行业协会和商业联合会。[①]比如，原机械工业部在经历多次机构调整之后，部分职能转移给了2001年成立的中国机械工业联合会。类似地，原纺织工业部经过多次改组之后，2001年在承接部分职能的基础上组建了中国纺织工业协会。这标志着我国政府在经济管理体制上告别了对工业部门的直接管理，进入到行业管理的新时期。然而，由于这些行业协会本身就是由政府行政主管单位“翻牌”而来，因此只是机构性质和人员身份发生了变化，机构设置、工作职能、人员待遇、经费和办公场所都没有根本性改变。可见，这些行业协会与政府关系密切，具有浓厚的行政色彩，是体制过渡时期特有的现象。[②]

2007年，国务院办公厅颁布《加快推进行业协会商会改革和发展的若干意见》，提出要“坚持政会分开，理顺政府与行业协会之间的关系，明确界定行业协会职能，改进和规范管理方式。坚持统筹协调。做到培育发展与规范管理并重，行业协会改革与政府职能转变相协调”。此后，政府主导型行业协会的数量增长放缓，政府背景的行业协会开始持续推进政会分开改革。[③]

自下而上生成的行业协会商会主要代表民营企业的利益。改革开放以来，我国经济发展领域出现了一支新军，这就是民营企业。经过几十年发展，民营企业对GDP的贡献已经占据大半壁江山。民营企业为了抱团发展、表达诉求和维护权益，自发组建或在政府指导下组成了行业协会商会。这些民间形成的行业协会商会主要是由工商联指导或是工商联的二级组织，机构

① 杨剑，黄建，孙占利，胡大满. 行业协会商会运行阻滞机制研究. 中国社会组织公共服务平台，2015年12月28日，http：//www. chinanpo. gov. cn/700104/92499/preindex. html.

② 王春光. 行业协会商会“去行政化”势在必行. 党政视野，2016（4）：68.

③ 同上。

设置和办事风格都比较灵活多样。①

长期以来，我国对行业协会商会实行双重管理的原则以及“一地一会、一业一会”的原则，限制了民间行业协会商会的成长。2013年3月，国务院办公厅《关于实施〈国务院机构改革和职能转变方案〉任务分工的通知》规定，对行业协会商会类、科技类、公益慈善类、城乡社区服务类社会组织实行直接登记制度。至此，束缚行业协会商会的垄断性管理体制逐渐打破，行业协会商会进入一个政策较为宽松的发展时期。②

二、我国行业协会商会现状

改革开放以来，我国行业协会商会有了长足的发展，在数量持续增加的同时，内部治理结构不断完善，自律意识有所增强，服务功能不断提升，国际交流日益频繁。

（一）行业协会商会数量与覆盖面

改革开放以来，我国行业协会商会数量持续增长，从20世纪80年代末的不足1000家发展到2014年底的近7万家，每年以10%到15%的速度增长。行业协会商会的会员规模不断扩大。③截至2014年，仅全国性行业协会商会就拥有会员企业298.2万家，总资产168.8亿元，涵盖了不同所有制、不同经济规模、不同组织形式的企业。④

---

① 《中华全国工商业联合会章程》规定：中华全国工商业联合会是中国共产党领导的中国工商界组成的人民团体和行业协会商会组织。按照行政区划设置的各地工商联为地方民间总商会，全国和各地工商联总商会下可设置行业商会、同业公会、异地商会等二级组织，同级工商联为其业务主管单位。

② 郁建兴，周俊，沈永东. 后双重管理体制时代的行业协会商会发展. 浙江社会科学，2013（12）.

③ 如何推动行业协会商会健康有序发展？——民政部有关负责人就《行业协会商会与行政机关脱钩总体方案》答记者问，光明日报，2015年7月9日，参见：www. chinanpo. gov. cn/tgnews/index. html. 2018年8月21日访问。

④ 行业协会商会将与行政机关脱钩，中国青年报，2015年7月9日，人民网，http：//politics. people. com. cn/n/2015/0709/c70731-27275426.html，2018年8月21日访问。

在行业协会商会数量增长的同时，产业覆盖面也在不断扩大。伴随产业链的延伸和市场发育的成熟，行业协会商会逐步向细分行业和新兴行业拓展，行业协会商会的分工更加细密、辐射面更广。

（二）内部治理结构逐步完善

现有研究表明，不论是全国性还是地方性的行业协会商会，在内部治理方面都取得了显著的进步。

根据2013年全国行业协会商会评估结果，全国行业协会商会的内部治理评分高达87.9%。大多数全国性行业协会商会在章程的制定和执行、法定代表人的产生、财务管理方面都能够遵循相关法律法规和政策的要求。全国行业协会商会在发展规划、组织结构、人力资源、领导班子建设、财务资产和档案、证章管理等方面获得长足的进步。[①]

郁建兴对浙江、江苏和上海三个省市203家行业协会商会的实证研究发现，这些行业协会商会的内部治理都比较规范。所有的研究对象都能每年召开理事会，有一半以上的行业协会商会每年召开理事会2次以上。协会各项决策由理事会讨论作出的占53.2%；由会长办公会议讨论决定的占23.2%；由会员大会表决决定的占13.8%。没有一家行业协会商会的决策和活动计划完全由会长个人决定。[②]

（三）行业自律意识越来越强

为了避免企业在市场竞争中只顾本企业的眼前利益而无视行业的长远发展的情况，很多行业协会建立了行业自律机制，有的制定了行业自律公约，有的还依据有关标准建立了质量检测体系。行业协会商会利用行规行约和质量检测等有效手段，规范行业内的竞争秩序，杜绝假冒伪劣行为，成为质量监督部门和工商行政管理部门打假扶优的得力助手，有效维护了企业的正当

① 全国性行业协会商会评估专题数据分析，http：//www. doc88.com/p-7794495787727.html，2018年5月1日访问。

② 郁建兴，沈永东，周俊. 政府支持与行业协会在经济转型升级中的作用——基于浙江省、江苏省和上海市的研究. 上海行政学院学报，2013（2）.

利益和行业的良好声誉。近年来，这样的例子越来越多。

2013年，昆明市消费者协会针对重点消费领域企业、消费者投诉比较集中的企业实施消费维权企业约谈制度，变消费维权“事后调处”向“事前调控和防范”转变，推进消费维权关口前移，取得了较好成效。

2014年12月19日，中国机床工具工业协会拟定了《中国机床工具行业反不正当竞争公约》，表达了行业广大企业希望通过“公开、公平、公正”的机制，建立健康有序的市场环境的诉求。①

2015年2月4日上午，烟台旅游饭店协会召开 “争创餐饮服务食品安全示范企业”倡议会议。2013年9月11日，苏州酒类流通行业协会向全市酒类流通单位发出自律公约，承诺坚决抵制假冒伪劣产品，保证不制售假冒酒。协会还将建立酒类生产经营企业“诚信档案”，积极引导企业守法诚信经营，定期向社会公示违法企业。

2013年8月15日，首都互联网协会举办“网络名人社会责任论坛”，倡议共守“七条底线”：一是法律法规底线；二是社会主义制度底线；三是国家利益底线；四是公民合法权益底线；五是社会公共秩序底线；六是道德风尚底线；七是信息真实性底线。②

金融债券行业协会也加入到行业自律的大潮之中。2014年2月，中国证券业协会向各证券公司及其子公司发布《关于进一步规范证券公司资产管理业务有关事项的补充通知》，规范银证合作。2014年1月，四川省保险行业协会根据四川保监局《关于加强车险领域反欺诈工作的通知》文件要求，制定了《四川省保险行业协会财产保险反欺诈举报奖励暂行办法》。该办法对社会公众提供的涉嫌保险欺诈的案件线索，经公安机关侦查确认为骗赔案件后，根据其对案件侦破的贡献度，由受益保险公司给予奖励。2013年7月18日，中国银行间市场交易商协会正式对外发布《存续期信息披露表格体系》，这意味着我国债务融资工具市场后续自律管理制度建设掀开了新的篇章。

---

① 机床工具协会. 首批加入《中国机床工具行业反不正当竞争公约》企业名单. 中国机床商务网，http：//www. jc35.com/news/Detail/38236.html，2018年5月1日访问。

② 网络名人社会责任论坛. 鲁炜：应积极发挥正能量作用，http：//www. hkwb. net/zhuanti/content/2013-08/22/content_1912497.htm，2018年5月1日访问。

自治自律不仅要预防和惩处坏的行为，也要通过评优、评先等方式大力表彰和激励好的行为。江苏建筑行业协会通过开展优秀企业家、优秀企业经理、优秀建造师评选活动，有力强化精神激励措施，不断增强企业家的荣誉感和责任感，使更多的企业经营管理人才立志献身建筑业发展。据统计，2003年至2014年，共评选出优秀企业家、优秀企业经理1818人次，优秀建造师2509人次，推荐获评全国优秀企业家近200人次、全国优秀建造师817人次，获奖人次均居全国前列，一些先进个人还跻身“中国建筑业十大杰出职业经理人”或获得著名的“茅以升建造师奖”。[①]

（四）服务功能显著提升

行业协会商会在服务行业、服务社会中发挥着越来越重要的作用。

行业协会商会在服务行业方面的例子很多。比如，2012年，为了适应内部审计的最新发展，更好地发挥内部审计准则在规范内部审计行为、提升内部审计质量方面的作用，中国内部审计协会对2003年以来发布的内部审计准则进行了全面、系统的修订。2013年8月，中国内部审计协会发布了《中国内部审计准则》。又比如，2011年7月，重庆市工商局牵头成立了微型企业协会（简称微企协会）。到2013年，微企协会已经成为拥有42家区县微企协会和行业分会、220多家基层分会、10万户微企会员的大型社团组织。微企协会采取“订单式”专题培训，共培训2.78万人次，并帮助2503户微型企业获得了大中型企业的帮扶。[②]

行业协会商会服务社会的意愿和能力都在提高。2013年，四川雅安芦山地震发生后，四川省服装（服饰）行业协会捐款捐物合计700多万元。[③]2013年，广东省遭受中华人民共和国成立以来最严重的洪涝灾害，深圳市潮汕商会各级成员以及会员为受灾地区踊跃捐款捐物折合达300万元。2013年，中国医学装备协会和深圳医疗器械行业协会组织了16家国内一流医疗器械生产厂家来到西宁，为青海省部分医疗卫生机构捐赠了价值394万元的医疗设备，助

① 蔡杰. 发挥行业协会作用 促进企业家队伍建设. 人民日报，2014-11-17.
② 曾立. 重庆大中型企业两年帮扶2503户微企. 重庆日报，2013-10-17.
③ 张虹. 心系雅安 四川纺企火速驰援. 中国纺织报，2013-05-03.

推青海省医学装备事业发展。

这样的例子还有很多。比如，近年来我国每年慈善捐赠额已经超过1000亿元人民币，其中七成捐赠来自企业。

（五）国际交流越来越频繁

全国性行业协会商会国际交流合作功能日益凸显，在维护国内产业利益、支持企业参与国际竞争和帮助企业拓展国际市场等方面发挥了积极作用。截至2013年底，全国性行业协会商会共参加国际组织403个，其中担任理事单位、专门委员会领导职务和国际组织领导职务的有157家。2013年，全国性行业协会商会全年开展国际合作项目186个，参加或举办国际会议780次。[①]

总的来看，改革开放40年，虽然行业协会商会拥有了一定的生存空间，但是它们仍然受到很多限制，仍然对政府保持着高度的依附性。

第三节　行业协会商会发展的经验与存在的问题

我国行业协会商会已经取得了长足进步，但也面临着不少困难和问题。

一、行业协会商会发展的经验

在行业协会商会管理体制改革与发展过程中，在登记管理、内部建设、政府支持和监管等方面都积累了一定的经验。

① 王建军. 全国性行业协会商会在经济建设中作用显著. 中国社会组织，2014（8）.

（一）登记管理方面突破“一业一会”的限制

1989年颁布的《社会团体登记管理条例》第十六条规定：“在同一行政区域内不得重复成立相同或者相似的社会团体。”这项规则运用到行业协会商会领域就是所说的“一业一会”原则，由于其导致了行业组织的垄断性而广受诟病。[①]1998年颁布了新的《社会团体登记管理条例》，1989年的《社会团体登记管理条例》同时废止。新条例第十三条规定：“有下列情形之一的，登记管理机关不予批准筹备……（二）在同一行政区域内已有业务范围相同或者相似的社会团体，没有必要成立的；……”也就是说，按照新条例，设立行业协会商会仍然必须遵守“一业一会”原则。

进入21世纪以来，很多地方政府在改革创新中开始尝试突破“一业一会”的限制。比如，2005年8月1日天津市民政局颁布的《天津市行业协会管理办法》就没有提到“一业一会”原则。[②]2012年，广东省民政厅出台的《关于进一步培育和发展行业协会商会的实施意见》规定，行业协会引入竞争机制，突破“一业一会”限制，允许同行业申请成立登记同类型的行业协会，并在名称上予以明确区分。同时，放宽设立标准，打破行业协会现行设立标准的限制，允许按国民经济行业分类的小类标准设立行业协会；允许按产业链的各个环节、经营方式和服务类型设立行业协会。允许跨区域组建、合并组建和分拆组建行业协会商会，同时要接受严格的监管。[③]

在各地改革实践的助推之下，2013年《国务院机构改革与职能转变方案》提出“要引入竞争机制，探索一业多会”，正式终止了束缚行业协会商会发展的“一业一会”原则。这一政策得到全国各地积极响应。湖北省允许按行业小类或按生产经营环节组建行业协会，下放了社团分支机构登记管理权限，在珠宝、服装、钢铁、汽车、经贸等行业都出现了“一业多会”的格局。

---

① 江华. 民间商会的“一业多会”问题及其求解路径——基于温州行业协会的实证研究. 中国工业经济，2008（5）：25–35.

② 霍沛军. 允许适度竞争 一业一会限制有松动迹象. 中国工业报，2005年11月3日.

③ 李强. 广东行业协会改革 突破“一业一会”限制. 南方日报，2012年7月4日.

（二）强化行业协会商会的自治自律

社会团体具有自治权。行业协会商会的自治权是其基本权利。从与国家的权利关系看，行业协会商会行政化色彩浓厚，多数从政府部门内产生，自治权存在于各种关系之中，职能转变缺位、错位和定位模糊。

我国行业协会自身发展尚不成熟，行业协会商会内部诸如理事会虚设、章程设计不合理等治理问题在脱钩管理后越发明显。自2015年《行业协会商会与行政机关脱钩总体方案》施行以来各地政府高度重视，积极寻求创新行业协会管理体制和运行机制的有效方法。

2016年6月，上海市民政局发布《关于加强本市社会组织内部治理工作的若干意见》，从政府层面在组织内部章程设计、选举、议事、决策、监督等方面明确提出加强内部治理建设，完善民主管理机制。[①] 章程是社会组织的"宪法"，有些行业协会章程千篇一律，章程条款的不完备和不严谨等，实践中不具有操作性，形成许多章程失灵现象。在政府的指导下，章程的起草和完善应当遵循量体裁衣的设计准则，落实"谁主管、谁负责"的原则，实事求是，应当突出协会商会的个性。[②]

除此之外，对行业协会理事会治理也有利于今后行业组织的发展。有效的理事会离不开好的理事长（或会长），但由此也易出现理事长集权问题。[③] 在理事会建设方面，还存在定位不够准确、财务管理和监督不到位等现象。上海市行业理事协会通过政策文件的指导和自身运作中的探索，逐渐落实了会议制度，提高了理事参会的积极性，保存会议记录和规范各项审核签字程序。同时实行将评价与考核激励相结合的人事管理制度，极大增强理事的责任感和使命感，促进理事会工作的改进。

政府在"十二五"规划纲要中就明确提出"强化行业自律"。2013年民政部更将行业自律情况纳入考评体系，作为评判行业协会商会的标准之一。

---

① 《关于加强本市社会组织内部治理工作的若干意见》，上海社会组织网，http：//www. shstj. gov. cn/node1/zhuzhan/n5/n422/u8ai10827.html，2018年6月5日访问。

② 刘俊海. 行业协会商会脱钩后如何依法自治. 大社会，2015（6）：15–17.

③ 黎佳. 非营利组织的治理，北京：中国书籍出版社，2008.

自律是组织或行业内部制定的标准或规则对成员在法律、道德和伦理观念上的一种自我约束和自我监督。自律的内生动力是主动的，成熟的行业协会一般通过自我监督和管理，协调各成员间的利益关系，是面对公众、社会的一种更高标准的自我约束，起到规范行业行为，维护公平竞争和正当利益，实现行业可持续发展的作用。①

从目前我国行业协会商会的发展状况来看，深圳市在推进诚信自律建设方面成效显著，为全国各省市提供了丰富的经验。作为全国首批社会组织建设创新示范区，2013 年起，深圳市引导全市行业协会建立诚信体系和行业自律体系建设。通过建立诚信档案和奖惩机制，开展标准化工作，不断提升诚信服务能力。同时深圳市社会组织管理局推出自律规约、职业道德准则、行业发展秩序、诚信承诺四大举措推进诚信自律建设。在等级评估、购买服务、税收优惠等工作中，优先办理诚信自律良好的行业协会商会，并给予重点支持和简化程序的激励政策。相反，对于严重失信的组织，则将其纳入“黑名单”。采取一系列联合性惩戒措施，包括降低评估等级、取消税收减免资格、限制政府购买服务的协会承接主体能力等惩罚性措施。②通过建立“黑名单”制度，规范行业诚信自律发展秩序。行业协会商会自身不断努力与政府的引导规范和督促检查，二者双管齐下推动行业协会商会健康有序发展。

（三）增加政府资助和支持

20世纪90年代初，上海、深圳等地就开始尝试政府向社会组织购买服务。2013年9月，《国务院办公厅关于政府向社会力量购买服务的指导意见》颁布之后，政府购买服务开始在全国推行，行业服务也被很多地方政府纳入购买服务目录之中，越来越多评估等级高、社会信誉好的行业协会商会成为政府购买服务的承接主体。③

2015年9月6日，财政部发布的《关于做好行业协会商会承接政府购买服

① 卢磊，杨光. 行业协会在行业自律中的实践经验及其启示——以国际及港台社工行业协会为例. 社会福利（理论版），2015（6）：57-61.

② 李祥杰. 深圳市推进行业协会诚信自律建设成效显著. 中国社会组织，2017（12）：27.

③ 赵立波. 关于完善政府购买行业协会商会服务制度的构想. 人民政协报，2016年6月3日.

务工作有关问题的通知（试行）》专门对政府购买行业协会商会服务做了规定，“要注重发挥行业协会商会的专业化优势，优先向符合条件的行业协会商会购买行业规范、行业评价、行业统计、行业标准、职业评价、等级评定等行业管理与协调性服务，技术推广、行业规划、行业调查、行业发展与管理政策及重大事项决策咨询等技术性服务，以及一些专业性较强的社会管理服务。”同时还要求政府在制订各行业协会商会的脱钩方案时，明确行政机关与行业协会商会的职能，突出公共性和公益性原则，提出适合由行业协会商会承担的服务事项清单，并将适合由行业协会商会承接的公共服务事项纳入政府购买服务指导性目录。

（四）加强政府监管和执法

随着经济活动的日趋丰富化，部分行业协会商会开始出现逐利倾向，一些行业协会置行业与会员利益于不顾，热衷于各种培训、会展等服务创收活动，通过组织五花八门的评比、排名、竞赛等活动向会员企业收取赞助费和服务费，成为内部人谋取私利的工具。还有一些行业协会商会出现资金挪用、滥用等问题，将会给行业协会商会的发展造成重大损失。这些行为严重扰乱了正常的市场秩序，并且产生了很不好的社会影响。近年来，政府对此高度重视，出台了多项文件，采取了多种措施来解决这些问题。在第五章关于社会组织行政执法的讨论中已经涉及了这些问题。

政府加强了对社会组织开展评比表彰活动的监管。2012年，全国评比达标表彰工作协调小组（简称国评组）颁布了《社会组织评比达标表彰活动管理暂行规定》。民政部在《关于贯彻落实〈社会组织评比达标表彰活动管理暂行规定〉的通知》中明确规定，社会组织不得开展与法律相违背的评比表彰活动。2015年8月，国评组又颁布了《全国评比达标表彰保留项目目录》，规定只有在目录范围内的社会组织才有资格开展表彰活动，并且一定要严格按照既定内容、范围、周期开展活动，不得擅自改变项目名称和周期，不得擅自扩大项目范围或擅自增设子项目。在落实这些政策过程中，地方政府也制定了具体的实施办法。比如，2014年广东省《社会组织条例（征求意见稿）》明确社会组织不得在成员之外开展评比、达标、表彰活动。[①]同年，重庆市的政策规定，社会组织开展评比达标表彰活动项目必须统一纳入市委市政府审定立项，并报全国表彰协调小组备案，未经立项审批的社会组织，今后不得开展评比达标表彰活动。[②]

为了明确政府综合监管责任，落实各项监管制度，创新监管方式，规范脱钩后行业协会商会和直接登记的行业协会商会的行为，2016年12月，发改委、民政部、中央组织部等十部委联合发布了《行业协会商会综合监管办法（试行）》（以下简称《办法》），这是第一次在国家层面建立和完善针对行业协会商会的新型的综合监管制度。[③]该《办法》对资产财务监管、服务和业务监管、纳税和收费监管、信用体系建设和社会监督、党建和执纪监督、监督问责等方面做了系统的规定，旨在健全专业化、协同化、社会化的监督管理机制，完善政府综合监管体系。

总的来看，近年来我国政府对行业协会商会的改革与发展十分重视，在体制机制建设方面也推出了一系列政策，已经初步取得了一定的成效，但在综合监管体系建设方面还需要继续加强。

二、我国行业协会商会发展面临的问题

目前，我国行业协会商会正面临着不少问题，阻碍着行业协会商会的进一步发展和积极作用的充分发挥。

（一）行业协会商会立法问题

依法管理行业协会商会是依法治国的重要内容。健全的法律可以确保行业协会商会在“从摇篮到坟墓”整个生命周期中发生的主要法律关系都要有

① 辛均庆. 社会组织不得对外开展评比达标表彰活动. 南方日报，2014-08-13（A02）.

② 陈波. 我市各级社会组织未经审批不得开展评比达标表彰活动. 重庆日报，2014-10-30（002）.

③ 廖明. 大力推进和落实综合监管 促进行业协会商会健康有序发展. 中国社会组织，2017（4）：19-21.

法可依，有规可循。不仅行业协会商会应严格依法行为，而且政府更要依法对行业协会商会进行培育和监管，避免随意性的行政干预，其他主体也应依法对行业协会商会进行支持和监督。①

发达国家都拥有相对完善的行业协会商会法律制度。德国有《工商会法》，法国有《工商会法》和《结社法》，日本有《商工会议所法》，韩国有《大韩商工会议所法》。美国虽然没有专门对行业协会商会立法，但是其《非营利性法人法案》也能够为行业协会商会的发展提供法律保障。

以德国为例，德国是按照法团主义框架确立政社关系的代表性国家，较好地实现了国家对社会的整合以及保持社会自主性之间的平衡。德国的行业协会商会分为公法形式和私法形式两种类型。具有公法性质的是商会，企业主和企业必须依法参加。私法性质的协会是私人经济组织自愿联合形成的，其主要职能是在协会自治的框架内代表其经济利益。从法律上讲，德国是行业协会商会相关立法最完备的国家，除必须共同遵守的《基本法》和《民法典》外，公法协会的主要法律依据还有《德国工商会法》，私法协会最主要的法律依据是《社团法》。②

我国行业协会商会的主要法律依据是《社会团体登记管理条例》，这只是一部行政法规，其法律位阶太低、效力有限。因此，我国亟待制定专门的行业协会商会法。③行业协会商会法早已列入第十二届全国人大常委会立法规划，国家发展和改革委员会赞成制定行业协会商会法，并邀请多位专家就《行业协会商会法草案》进行论证举行论证会。④

（二）行业协会商会的政府培育和监管问题

在双重管理体制下形成的注重事前监管、忽视事中和事后监管的行业协会商会政府监管体制，难以适应行业协会商会与行政机关脱钩之后的监管

① 郁建兴，沈永东，周俊. 从双重管理到合规性监管——全面深化改革时代行业协会商会监管体制的重构. 浙江大学学报（人文社会科学版），2014（4）：107-116.

② 商务部产业损害调查局赴欧州考察团. 德国、瑞典、芬兰三国行业协会发展的经验值得借鉴. 商场现代化，2013（21）：152-153.

③ 浦文昌等著，中国商会法立法研究-中外资料汇编. 北京：中央编译出版社，2010.

④ 刘俊海. 行业协会商会脱钩后如何依法自治. 大社会，2015（6）：15-17.

需要。

行业协会商会作为自治组织，应该主要依靠自我发展能力。但在我国目前的情况下，行业协会商会的发展还是离不开政府的鼓励与扶持，更离不开政府的有效监管。在双重管理体制下，政府特别重视行业协会商会的登记管理，再对行业协会商会的成立资格与条件进行严格审查。但是，当行业协会商会成立之后，政府往往缺乏事中与事后培育和监管，从而导致一些行业协会商会的发展质量较低，一些行业协会商会难以发挥其应有的作用。①

在脱钩以后，对行业协会商会管理，要从以事前监管为主转向以事中培育和事后监管为主。②具体来说，要放松行业协会商会的准入门槛，有效监督行业协会商会的业务活动是否背离宗旨与使命，是否超出其应有的业务范围。一旦发现违法违规行为，就要进行警告处分，并帮助其尽快改正违规行为，否则要采取处罚措施，甚至取消行业协会商会的活动资格。要引导行业协会商会建立健全法人治理结构，制定合理的章程，督促行业协会商会依法合规运作，引导其实行民主决策和科学管理，防止出现内部人控制，预防和惩处腐败现象。同时，对于长期不开展活动、也没有存在必要的行业协会商会应予以依法终止或注销；对于解散、合并或分立的行业协会商会，要做好清算监督工作和重新登记工作，维护行业协会商会的法人财产安全。

通过这些具体工作，帮助行业协会商会逐渐成长为能够自主管理、自治自律的现代社会组织。然而，这个过程中，政府始终要处理好培育与干预、监管与控制之间的矛盾关系。

（三）行业协会商会的“行政化”弊端

由于历史原因，有些行业协会商会行政化倾向严重。③“三百六十行，行行有协会”，仅中国行业协会商会官网2015年公布的全国性行业协会商会就

① 郁建兴，沈永东，周俊. 从双重管理到合规性监管——全面深化改革时代行业协会商会监管体制的重构. 浙江大学学报（人文社会科学版），2014（4）：107-116.

② 郁建兴，周俊，沈永东，何宾. 后双重管理体制时代的行业协会商会发展. 浙江社会科学，2013（12）：53-61.

③ 民政部部长. 改变行业协会商会“行政化”倾向. 经济日报，2014年9月30日.

多达106个，多数行业协会商会都有现任或退休部级领导“挂名”任职，有的居然多达10余人。[①]政府背景的行业协会商会与行政机关在组织结构上具有一定的同构性，无论是在人员构成、经费来源、组织结构方面，还是在运作规范、活动方式等方面，行业协会商会都体现出强烈的行政色彩。[②]长期以来，政社不分、管办一体、责任不清等“行政化”弊端成为行业协会商会最为社会所诟病的问题。一些行业类协会商会“异化”为党政干部的“养老院”、增收的“钱袋子”、隐性腐败的“灰色圈”、不当利益的“输送带”、违规敛财的“收款机”。[③]

因此，“去行政化”成为行业协会商会改革要啃的最硬的“硬骨头”。[④]

第四节　行业协会商会的“脱钩”改革

行业协会商会与行政机关脱钩改革是国家治理体系和治理能力现代化的重要方面，它通过理顺政府、市场与社会三者之间的关系，有助于完善政府依法行政、行业组织依法自治的市场经济体制。随着国家与社会关系的进一步规范调整，加快行业协会商会与政府机构的脱钩显得更加迫切。

一、行业协会商会“脱钩”改革的历程

2003年10月党的十六届三中全会指出，“要按市场化原则规范和发展各类行业协会等自律性组织”。2007年，由八部委等联合起草、国务院办公厅发

① 刘武俊.高官离任阻断行业协会的“二政府”之路.中国青年报，2015年11月25日.

② 田凯.组织外形化——非协调约束下的组织运作.社会学研究，2004（4）.

③ 周琳，刘元旭.“官员影响力”无边界？巡视组点名“干部兼职”透视，2014年10月15日，中国社会组织公共服务平台，http：//www. chinanpo. gov. cn/1940/80859/index. html.

④ 孙发锋.去行政化：中国民间组织发展的必然要求.理论与改革，2010（4）.

布了《关于加快推进行业协会商会改革和发展的若干意见》，其中提出“坚持政会分开。理顺政府与行业协会之间的关系，明确界定行业协会职能，改进和规范管理方式”。

在此期间，一些行业协会商会发展比较成熟的地方已经进行了尝试性的探索，也为国家出台具体脱钩政策提供了宝贵经验。2002年，上海市出台《上海市促进行业协会发展规定》，率先开展行业协会商会与行政机关脱钩改革工作。该文件明确指出，政府有关部门的机构、人事和财务应当与行业协会分开，其工作机构不得与行业协会合署办公。2004年，深圳市推动行业协会民间化改革，切断行业协会与政府各职能部门的行政依附关系，使行业协会真正拥有独立的社团法人地位。[①]

温州市的行业协会商会脱钩改革成效最明显。2006年，温州市政府正式授权市工商联为工商领域社会团体业务主管单位。2007年，温州市发改委、民政局通过了《关于温州市行业协会与行政机关脱钩的实施意见》，要求做到人员分离、机构分设、财务分开、职能分开和编制分开，脱钩后的行业协会要在名称、会员组成、组织机构和负责人、管理制度等方面进行规范。在政策执行过程中，经行业协会自查、业务主管单位核实和登记管理机关审查，确定温州市应脱钩行业协会116家，其中有公务员兼职的84 家。2008年7月，这些行业协会与行政机关的脱钩工作全面完成，155人次兼职公务员退出行业协会。其中，44家与行政机关合署办公的行业协会实现了机构分设，1家与行政机关会计合账的行业协会实现了财务独立。[②]

2012年，党的十八大明确要求“加快形成政社分开、权责明确、依法自治的现代社会组织体制”，为我国行业协会商会的改革指明了方向。2015年7月8日，中共中央办公厅、国务院办公厅发布《行业协会商会与行政机关脱钩总体方案》，要求行业协会商会与行政机关在机构、职能、资产、人员、党建外事等方面做到彻底脱钩。脱钩的主体是各级行政机关与其主办、主管、

① 沈永东，宋晓清. 新一轮行业协会商会与行政机关脱钩改革的风险及其防范. 中共浙江省委党校学报，2016（2）：29–37.

② 何子英，郁建兴. 新一轮改革战略中的社会体制改革. 中共浙江省委党校学报，2014（1）：5–10.

联系、挂靠的行业协会商会。随后，国务院成立了行业协会商会与行政机关脱钩联合工作组。为了落实上述政策，民政部相继出台《关于做好全国性行业协会商会与行政机关脱钩试点工作的通知》和《全国性行业协会商会负责人任职管理办法（试行）》等文件。至此，行业协会商会与行政机关脱钩的新一轮改革在全国全面展开。

《全国性行业协会商会负责人任职管理办法》针对两类组织，一是各级行政机关或参公单位主办、主管、联系以及与其挂靠的行业协会商会；二是在民政部门登记注册为社团法人，且会员为从事相同性质经济活动的组织。该《办法》规定，全国性行业协会商会负责人不设行政级别，不得由现职和不担任现职但未办理离退休手续的公务员兼任。政府公务人员退休后，不得再到自己相关领域的社会组织任职，实行严格的任职回避原则。行业协会的主要领导原则上通过面向社会公开择优选聘。

全国性行业协会商会先后于2015年11月、2016年6月、2017年1月开展了三批脱钩试点。三批试点共有428家全国性行业协会商会报送脱钩实施方案，截至2018年4月，脱钩试点基本完成，已有388家完成脱钩，行业协会商会与行政机关已基本完成了机构、职能、资产财务、人员管理、党建、外事等事项的分离。其余40家未完成脱钩的全国性行业协会商会中，有9家因为相关政策缺失暂时无法脱钩，有31家因为工作不到位未完成脱钩。[①]

尽管出台了一系列要求行业协会商会与政府机构脱钩的政策措施，从中央到地方都在大力推进脱钩改革。但必须看到，由于我国行业协会商会尚未形成可持续发展的长效机制，行业协会商会与政府机构脱钩并取得独立性发展仍然缺乏制度性保障。[②]

二、"脱钩"政策实施过程中面临的问题及思路

从行业协会商会与行政机关脱钩的政策实施情况来看，真正实现机

---

① 全国性行业协会商会脱钩试点基本完成. 民政部门户网站，2018年4月13日，http：//www.mca. gov. cn/article/xw/mzyw/201804/20180400008503.shtml.

② 贾西津，张经. 行业协会商会与政府脱钩改革方略及挑战. 社会治理，2016（1）：99–105.

构、职能、资产、人员、党建外事五个方面彻底脱钩，还面临着不少困难和挑战。[①]

（一）从双重管理到综合监管的挑战

行业协会商会与行政机关之间实现机构分离意味着突破双重管理体制，在短时间内要实现从双重管理到综合监管的转变，这一转变将为行业协会商会的发展带来巨大机遇，同时也对政府监管带来了前所未有的挑战。

首先，现有法律和政策无法保障行业协会商会得到有效监督。这一方面体现在现有法律法规的缺失与不足，缺少特定的行业协会商会法律法规；另一方面则体现在现有相关法律法规多属程序性规定，对行业协会商会的业务活动、内部治理、运作制度等都未能作出具体规定。

其次，综合监管机制尚不健全。民政部门将面临更大的监管压力。一方面，行业协会商会直接登记制度和“一业多会”改革已经使民政部门登记审核工作量骤增，监管压力增大；另一方面，民政部门面临着帮助行业协会商会建立内部治理结构、规范管理制度，做好常规性巡查、依法查处与建立合法退出机制的监管新任务。除了民政部门履行登记管理职责之外，财政、税收、审计、公安等部门都要切实履行相应监管职责。这些部门需要建立有效沟通协作的监管机制，这是监管面临的又一个难题。另外，行业协会商会内部民主管理有待加强，会员监督力量不足。

由此可见，双重管理体制改革取得了突破，但还需探索脱钩之后行业协会商会监管的新思路。

（二）职能分离的问题

职能分离是行业协会商会与行政机关脱钩的重中之重，也是行业协会商会“去行政化”的核心内容。《行业协会商会与行政机关职能脱钩总体方案》要求“厘清行政机关与行业协会商会的职能，剥离行业协会商会现有的行政职能”，“加快转移适合由行业协会商会承担的职能”。可见，行业协会

① 傅昌波，简燕平. 行业协会商会与行政脱钩改革的难点与对策. 行政管理改革，2016（10）：36-40.

商会“去行政化”并不意味着削弱行业协会商会的职能。然而，到底如何界定行政机关与行业协会商会的职能边界，如何确定行业协会商会应该承接的职能却是一个长期未能很好解决的大难题。

在脱钩改革的实践中，一些地方政府从行业协会商会收回了行政职能，但却没有赋予行业协会商会应有的职能。政府向行业协会商会转移的职能主要以事务性工作为主，如职称评定中的材料整理、招投标的前置性条件审核等。行业协会仅仅扮演“助手”的角色，政府并没有将这些职能的决策权转移给行业协会。许多时候并非政府不愿意向社会放权、还权，而是难以界定两者的职能边界，不知道该转哪些职能。“职能分离”成了一场拉锯战，行业协会商会认为自身发展的最大障碍是政府不放权，没有施展空间，想做的、能做的政府都在做；而政府则认为协会商会能力不行，想给职能但不放心。

近年来，尤其是2013年国务院《关于政府向社会力量购买服务的指导意见》发布后，政府职能转移和向行业协会商会购买服务成为新热点。有地方出台了政府向社会组织转移职能暂行办法、职能转移目录。一些地方政府将行业统计、行业标准制定、人才培养等职能以购买服务的方式授权、委托给行业协会商会。但是，购买服务仍然没有回答职能分开的老问题，因为购买服务只是政府职能履行方式的转变，不涉及职能主体的变化。购买服务只是将服务的生产和提供环节委托给了行业协会，这些职能的责任主体还是政府。不但如此，购买服务还面临着“一业多会”的问题，在一些行业已有多家协会商会的情况下，在政府购买服务过程中如何保障公平竞争是一个新问题。

（三）资产财务分离的困难

脱钩过程中的资产财务分离涉及行业协会商会的财务管理、经费渠道以及资产管理方面的改变。

按照《行业协会商会与行政机关职能脱钩总体方案》的规定，在财务管理方面，“行业协会商会应执行民间非营利组织会计制度，单独建账、独立核算……实行独立财务管理。”在经费渠道方面，“自2018年起，取消全国性行业协会商会的财政直接拨款，在此之前，保留原有财政拨款经费渠道不变……过渡期内根据脱钩年份，财政直接拨款额度逐年递减。”在财产管理和办公场所方面，“各业务主管单位对其主管的行业协会商会财务资产状况进行全面摸底和清查登记，厘清财产归属……确保国有资产不流失。”“行业协会商会占用的行政办公用房，超出规定面积标准的部分限期清理腾退；符合规定面积标准的部分暂由行业协会商会使用，2017年底前……清理腾退，原则上应实现办公场所独立。”

规模较小的行业协会商会脱钩后如何“活下去”，行业协会商会资金困境如何化解？行业协会商会在执行民间非营利组织会计制度实现独立核算后，如何实现财务管理体制规范化？

资产财务关系是连接行业协会商会与行政机关的“脐带”，资产财务分离是行业协会商会独立自主的基本条件。但是，在脱钩过程中彻底厘清行业协会商会资产财务关系却面临重重困难，许多行业协会商会在归还国有资产、失去政府拨款之后将面临“无处可去”“活不下去”的困境。另外，行业协会商会财务管理独立之后，如何对其进行规范化管理也是一个新问题。

长期以来，政府背景的行业协会商会对行政机关存在高度的资源依赖性。行政属性较强的行业协会商会，直接依靠政府资金维持日常运转；与政府有着密切联系的行业协会商会，依靠政府部门排他性的职能转移，通过培训、资质认证、会费维持等方式生存；部分行业协会商会依靠与政府官员的关系，获取政府项目经费来维持生存。行政属性较强的行业协会商会通过这三种方式，通常能够较为稳定地获取资源。这也是很多行业协会商会颇为向往的方式。还有的行业协会商会行政属性较弱，无法依靠制度化的方式直接或间接获取政府资源，则凭借个人魅力和社会关系面向市场和社会进行资源筹集。在这种方式下，政府官员在行业协会商会的资源筹集中也发挥了不可替代的作用。正是这部分高度依赖体制获取资源而不是通过服务会员获得资源的行业协会商会，在与行政机关资产财务分离中遇到生存危机。

（四）人员分离的困难

行业协会商会与行政机关的人员分离主要涉及人事管理和党政领导干部任职两个方面。关于人事管理分离，《总体方案》规定“行业协会商会具有人事自主权，在人员管理上与原主办、主管、联系和挂靠单位脱钩”。针对党政领导干部担任行业协会商会领导职务的问题，《总体方案》明确规定：“现职和不担任现职但未办理退（离）休手续的党政领导干部及在职工作人员，不得在行业协会商会兼任职务。领导干部退（离）休后三年内一般不得到行业协会商会兼职……对已在行业协会商会中任职、兼职的公务员，按相关规定进行一次性清理。”

各地在执行这项政策的时候并没有太大困难，有的甚至超额完成任务。比如，湖北省直接规定行政机关不得推荐、安排在职和退（离）休公务员到行业协会商会任职兼职，退（离）休的党政领导干部不得在行业协会商会兼任职务，过了三年期限也不行。这种彻底清理行业协会商会中行政机关人员、阻断任职机会的做法，很大程度上切割了行业协会商会对行政机关的依附关系，有利于依法保障行业协会商会独立性。

但是，由于人员和人事彻底分离，行业协会商会后续发展面临十分现实的问题：党政领导干部离开行业协会商会之后，空缺的职位如何填补？如何与党政机关进行沟通？没有了编制拿什么吸引和留住人才？比如，某行业协会的会长以前都是由业务主管单位任命的领导干部，脱钩之后，在会长选举过程中，会员企业之间爆发了激烈矛盾，导致整个行业协会动荡不安。与此同时，离开了主管单位没有了归属感，好像没有了“娘家”，很多问题也不知道该找谁。另外人事管理分开之后，取消了行业协会商会的事业编制，失去了吸引人才的一个重要砝码。

实际上，这些现象都是长期依赖产生的后遗症，就像一个长期啃老的年轻人一旦离开父母有点茫然无措。行业协会商会的负责人本来就应由公认的行业领导者担当，而不该成为退休官员的俱乐部。行业协会商会通过竞争与磨合从内部产生出领导力，这正是其获得独立性和自主性的必经之路，没有捷径可走。至于吸引人才，行业组织本身就是民间机构，应该靠实力靠竞争力在人才市场获得人才资源。脱钩之后，行业协会商会短期内的困难不可避免，而且长期来看也必须要强身健体才能适应新的生存方式。

（五）党建外事分离问题

关于党建、外事等事项分离，《总体方案》明确提出：“行业协会商会的党建、外事、人力资源服务等事项与原主办、主管、联系和挂靠单位脱钩。”但是，在实际脱钩工作中，党组织和行业协会商会具体的权力配置问题还缺乏明确详细的规定，而且许多行业协会商会还存在其他党派人士和无党派人士，这种情况又该如何处理党建问题？在外事方面，脱钩之后行业协会商会在与国际上的交流比原来要困难了。

总的来看，脱钩是政社关系的根本性转变，这个过程中不可避免会经历一些阵痛。为了顺利实现这个转变，必须立法先行，从根本上解决行业协会的立法问题。在法治的基础上，改变过去隶属于依附性的政会关系以及扭曲的政商关系，建立新型政会关系和政商关系。在新型政会关系中，行业协会商会具有明确的法律地位，政府与行业协会商会之间有明确的职能边界，二者有常规的制度化的沟通渠道，共同为行业或地区持续健康发展创造良好环境。与此同时，政商关系不再是商人与官员之间的私人关系，也不是上下级关系，而是通过合法途径开展的公开透明的公共关系，交往的目的不是替个人或个别企业谋取特殊利益，而是为了增进行业或地区的公共利益。只要法律明确了行业协会商会的职能，政府厘清了与行业协会商会的关系，行业协会商会由企业自发自愿组建，那么，行业协会商会就能够根据市场经济规律全心全意为行业和会员服务，能够从会员中产生出协会商会领导者，能够学会民主决策和科学管理，实现自治和自律。只要政府坚定不移地推行改革，及时解决改革过程中遇到的问题，同时行业协会商会要尽快适应自主生存方式，建立内在领导力，最终一定能够实现政社分开的目标，政府和行业组织都会更加强健。发达国家的行业协会商会已经做到的事情，我国的行业协会商会一定能够做到。

第九章

社区社会组织

工业化和城市化改变了人类社会面貌，传统社会渐渐远去，现代社会挣扎着来临。滕尼斯（Tonnies）在《社区与社会》中说，传统社会转向现代社会的过程本质上就是从礼俗社会走向法理社会的过程。[①]他认为传统礼俗社会就是儒家伦理所描绘的君臣、父子、兄弟、夫妻、朋友关系构成的社会，礼俗社会是社会的青年时代，是情感的、自然的、整体性的社会；而法理社会是社会的成年时代，是理性的、契约的、工具性的社会。尽管现代社会充满风险，但由传统社会迈向现代社会的进程不可逆转。

社区也称为共同体，就是彼此间形成生命共同体，而在地理上又聚集在一起的人群。[②]滕尼斯认为社区（共同体）是由同质人口组成的关系紧密、守望相助、疾病相扶、富有人情味的社会群体。[③]麦基文（MacIver）将社区（共同体）概念加以扩展，用来指称人们共同生活的任何范围的区域：村庄、城镇、地区、国家，乃至更广大的区域。随着时代的发展，共同体和社区的含义逐渐扩大，使用更为广泛。学术界所有成员可以称为"学术共同体"，网络群体可以称为"网络社区"。习近平总书记将这个概念发展到极致，提出了"人类命运共同体"。

社区是社会系统的基本单元，在一定意义上，社会转型就是社区转

① Ferdinand Tonnies，Community and Association，Routledge & Kegan Paul，1974.
② 曾旭正. 台湾的社区营造. 台北：远足文化，2007：17-18.
③ Ferdinand Tonnies，Community and Association，Routledge & Kegan Paul，1974.

型。[1]现代社会是一个组织化的社会，社区转型首先是组织方式的转型。如果说现代企业是经济组织现代化的产物，那么社区社会组织就是社区组织现代化的伴生物。社区社会组织植根于社区、依托于社区、服务于社区，它们类型多样，以社区为活动场域，嵌入到社区治理体系之中，根据社区居民的需求开展活动。社会组织已成为社区治理的重要主体和社会治理的重要力量，同时也是国家治理体系的重要主体。

① 本章讨论的城乡社区仅限于《中华人民共和国城市居民委员会组织法》和《中华人民共和国村民委员会组织法》定义的城市居委会和农村村民委员会管辖的单元。

第一节　社区社会组织兴起的国际背景

由于历史文化和政治经济体制的差异，各国社区的形态结构和治理方式都有很大区别。不过，在工业化和城市化过程中，各国社区建设碰到的问题有很大程度的相似性，解决办法也有可资借鉴之处。在这个过程中，各国乡村社区普遍面临青壮年大量外流和农业生产方式转变的问题；城市社区则要面对移民、就业、住房、安全、环保和教育等各种问题。在解决这些问题的过程中，各国政府认识到政府不能独立解决这些问题，必须调动社区和社会的资源和能量，一起共同解决社会转型问题。在这种背景下，社区居民在政府的带领和协助下组织起来并开展各具特色的社区建设运动。

一、美国的社区非营利组织

美国地方政府的行政部门没有延伸到社区。美国地方政府的特征是，为满足不同利益团体的要求而产生了大量的地方组织，它们提供各种不同类型的服务，社区公民通过地方政府进行自我组织满足共同需求。这类公民自我组织在影响地方公共政策方面与正式政府机构一样重要。[①]这些公民自我组织就是美国社区的非营利组织。

非营利组织是美国社区自治的载体，主要功能是表达居民诉求和为居民提供服务。[②]社区非营利组织主要有两类，一类是表达型组织，另一类是服

① 埃莉诺·奥斯特罗姆著. 美国地方政府，井敏 等译. 北京：北京大学出版社，2004.
② 徐丹. 社会组织参与美国社区治理的经验及启示. 北京：中国经济出版社，2016.

务型组织。两类组织的功能划分并非绝对，表达型组织也提供服务，服务型组织也参与倡导。表达型组织代表社区居民与政府沟通，表达社区居民对各项公共政策的意见和建议，代表社区居民要求政府提供帮助。表达型组织往往也提供一些公共服务。比如，巴尔的摩有280多个社区（neighborhoods），一个或几个社区的居民成立一个市民协会（civic association），成为美国政府和立法机构与公民联系的基层纽带。这些市民协会通过本社区的议员与市、州、联邦各级立法机构联系，市政府专门设立了社区及选民服务市长办公室，其使命是确保市政府作为居民和社区的有效伙伴，改善居民的生活质量，加强邻里建设。办公室设有社区联络员（neighborhood liaisons），代表市长联系全市各个社区，并且定期参加市民协会的会议。①服务型社区非营利组织多种多样，会员制的组织服务于会员，公益性机构服务于公众，但服务范围往往并不局限于某一个社区。比如，社区图书馆、社区运动场、社区公园、社区的节庆活动等。一些大型非营利组织在社区设有分支机构，比如食物银行（food bank）、汤厨房（soup kitchen）等，这些服务机构极具包容性，面向所有人提供服务。

美国的社区非营利组织与时俱进、不断创新。20世纪60年代以来，在后工业化时代的产业转型过程中，美国出现了严重的城市社区衰败问题，非营利性社区发展公司在重振社区过程中发挥了关键性作用。自1965年约翰逊总统提出“伟大社会”和“向贫困宣战”的口号以来，美国各地在社区自治的传统基础上进行制度创新，建立了大量非营利性的社区发展公司（Community Development Corporations，CDCs），通过与政府和其他部门的广泛合作，有效缓解了社区衰败的问题。②比如，2003年由社区、政府、机构和慈善组织共同发起成立的东巴尔的摩公司（Eastern Baltimore Development Inc.，EBDI），就是专门为改造东巴尔的摩社区而成立的一个非营利机构，该公司与地方政府、基金会和其他非营利组织合作，花费十余年时间成功改造了这个与霍普

① 作者2016年1月在巴尔的摩市调研中获得的信息。

② 张远凤，张君琰，许刚. 非营利组织参与社区建设比较案例研究——以北京绿十字和匹兹堡BGC为例［J］. 中国非营利评论，2016，17（01）：165-181.

金斯大学医学院相邻的社区。[①]

需要指出的是，尽管美国号称社区自治，但实际上地方政府在社区治理中扮演十分重要的角色。一个地方政府衰弱的城市，非营利组织往往无能为力；一个地方政府得力的城市，非营利组织才能充分发挥作用。这种美国式社区治理模式最大的问题是社区建设很不均衡，不同社区的居民自我组织能力差异很大，导致社区治理差异很大，这也是他们难以解决部分缺乏自治能力的社区长期衰败问题的重要原因。

二、日本的造村运动

20世纪60年代，日本进入经济高速发展时期。伴随着工业化的进程，越来越多的年轻人从农村涌入城市，农村出现人口减少、农业从业人员老龄化等问题，部分地区出现土地撂荒现象，农村农业面临萎缩衰退的危机。[②]

20世纪70年代以来，为了振兴农村，日本陆续推动了五次全国性的“造村运动”（又译为“造町运动”）。前30年都是由政府主导，自1990年以来则由地方自治单位与居民自主推动。历次“造村运动”最终取得令世人瞩目的成就，延续发展了农村的命脉。[③]

日本“造村运动”取得成功的一个重要经验就是发挥农民的自主性，建立各种农业组织。这些农业组织扎根农村社区，激发了农民的自信心和创造力，实现了农村、农业和农民的现代化。这些农业组织大致可分为村民自治组织、农业协同组织和民间互助组织三类。[④]村民自治组织是指农村建设委员会，由村民代表组成，负责议决本区域内的重大事项、检查村务管理和决议执行情况等。民间互助团体是互助互惠型组织，数量十分庞大，一个600多人

① 张远凤. 给霍普金斯大学“造”个好邻居——一个非营利组织主导的社区再造［J］. 中国社会组织，2015（19）：49–50.

② 田晓虹. 日本社区建设管窥［J］. 学术月刊，1996（04）：112–113.

③ 林梓联. 我的农村最美好——日本活力农村惊艳谈. 2009 年第七届海峡两岸休闲农业发展学术研讨会论文集.

④ 董栓成，于吉亮. 中日新农村建设比较研究. 农村经济，2009（9）.

的村庄中各种社团多达30余个，平均约20人就有一个互助组织。[①]日本农村社区组织中最有特色的当数农业协同组织，简称“农协”。“农协”是集农业、农村、农户于一体的综合性社区组织，在政府倡导扶持下，由农民自愿结合而成，分为综合性农协和专业性农协两种类型，主要承担农村的经济功能。日本99%以上的农户都属于该类组织，“农协”是日、韩农业经营体制的骨干力量，在发展农村经济，提高农业、农村及农民的地位，推进农业现代化等方面，起着举足轻重的作用。[②]

三、韩国的新村运动

20世纪60年代末，韩国开始步入工业化和城市化的高峰期，农业发展严重落后，城乡居民收入差距扩大，农村人口大量流向城市，农村劳动力老龄化问题凸显。随着韩国出口导向型发展战略取得成功，政府财力增长，已有能力支援农业和农村。1970年，在朴正熙总统倡议下，韩国政府发起了“新村运动”。[③]

在新村运动中，韩国政府的角色经历了逐渐转化的过程，由起初政府主导的“下乡式运动”逐渐过渡到政府和民间共同主导，后来发展成民间主导，由社区组织负责组织、协调、宣传和评价，政府则退居支持、协助的位置。[④]政府根据村庄在新村运动中的表现，将35000个村分成自立、自助、基础三级，通过发挥村中长者和妇女的领导力，使农民主动参与到新村运动中来，培养了他们的自发、自助、协同的主体意识和创造性，从而使“新村运动”最终转变为“民间主导型”的群众运动，获得持续发展的生命力。[⑤]

成立于1961年的韩国农业协会联盟（以下简称农协）在组织农民方面扮

---

① 周维宏. 新农村建设的内涵和日本经验. 日本学刊，2007（1）.

② 黄立华. 日本新农村建设及其对我国的启示［J］. 长春大学学报，2007（01）：21-25.

③ 南刚志. 韩国“新村运动”对我国新农村建设的启示. 理论前沿，2008（10）.

④ 吴新叶. 政府主导与非政府组织参与的机制——韩国“新村运动”的经验与启示. 社会主义研究，2007（1）.

⑤ （韩）朴振焕，潘伟光. 韩国新村运动：20世纪70年代韩国农村现代化之路. 北京：中国农业出版社，2005.

演了关键角色。农协是韩国农业农村最大的经济组织，是一个全国性的多元复合结构的经济组织网络，基层农协是农民自愿入会的民间组织，中央农协是由基层农协入股的具有官方色彩的经济合作组织。[①]农协根据农民的年龄结构和种植的作物种类建立农业协作小组，并为这些小组提供各种服务。在韩国政府的大力支持下，农协网络在支持农业农村发展，促进城乡协调发展中发挥了重要作用。[②]

除了韩国和日本，台湾地区的"社区营造"也很有特色。所谓"社区营造"，就是建立人与人、人与地之间心理联系的过程。[③]台湾地区的社区政策始于20世纪60年代，但直到80年代后期才真正形成气候。20世纪80年代后期，台湾地区的威权统治开始松动，开始出现社区居民自发组织。这个时期的社区组织主要是带领居民反对上马污染项目。直到1994年，台湾当局提出"社区总体营造"计划之后，社区建设才全面展开。台湾当局开始意识到地方和社区参与的重要性，采取了上下协商的"社区协力政策"，界定了政府、地方和社区在社区营造各个环节中的关系。[④]一般的做法是，在相关部门提出了社区营造的观念或计划之后，社区自治组织（社区发展协会）结合社区实际提出具体实施方案申请协助，地方在此基础上提出结合本地实际情况的行政支援方案。像交响乐团一样，社区是指挥者，行政部门是乐手，"主力"是社区居民，"协力"是行政部门和专业机构。[⑤]

总的来看，不论是美国，还是韩国和日本，社区建设都必须将居民组织起来，充分发挥他们的主动性和创造力。尽管组织形式不尽相同，但都离不开政府的支持和市场的协助。社区社会组织并不是分散于社区之中的孤立组织，而是整体社会网络中的一个个节点，它们与政治网络、市场网络和社会网络紧密地连接在一起，从网络获取资源和力量，才能完成社区更新的历史性任务。

---

① 方德铸，吴春阁，李若原，等. 对韩国农协的考察报告［J］. 农业发展与金融，2004（3）：54–56.

② 周立刚. 韩国农协的作用［J］. 世界农业，2003（07）：32–34.

③ 曾旭正. 台湾的社区营造，台北：远足文化，2007：17–18.

④ 莫筱筱，明亮. 台湾社区营造的经验及启示. 城市发展研究，2016，23（1）：91–96.

⑤ 王桂亭. 台湾社区营造政策20年发展刍议［J］. 台湾研究集刊，2016（01）：95–102.

第二节 我国社区社会组织的兴起与发展

2017年民政部发布的《关于大力培育发展社区社会组织的意见》将我国社区社会组织定义为“由社区居民发起成立，在城乡社区开展为民服务、公益慈善、邻里互助、文体娱乐和农村生产技术服务等活动的社会组织”。改革开放以来，我国社区社会组织的兴起与经济体制改革密切相关。市场经济体制改革在改变着经济组织方式的同时，也改变着社会组织和社区管理体制。以改革开放为起点，我国社区社会组织的发展进程划分为改革开放初期和社区建设时期两个发展阶段。

一、改革开放初期的社会组织

改革开放之初，在由计划经济体制向市场经济体制转轨的早期，我国城乡社区管理都出现了一定程度的真空状态。

在城市，在国有和集体企业改革过程中，企业原有的社会功能被剥离，“企业办社会”的现象逐渐减少。同时，企业改制导致大批职工下岗分流离开了工作单位，原来的“单位人”一下子变成了“社会人”，原来由企业提供的福利转为由市场和社会来提供。住房曾经是国有企业最重要的一项福利，但是在住房分配货币化改革过程中，企业不再以实物方式为员工提供住房，而是以货币化工资的方式发放，由员工自己通过市场来解决住房问题。住房制度改革导致了住房商品化。商品房小区逐渐取代单位职工宿舍，成为人们新的居住和生活空间。这种新型小区完全不同于单位职工大院，也不同于老城区的居民区，这给计划经济时期建立的城市居民管理体制带来了挑战。

这一时期在城市社区中发挥主要作用的依然是街道办事处和居民委员会（简称居委会），还没有所谓社区社会组织的概念。社区内部组织除了居委会外，主要是群团组织的基层组织，算不上真正意义上的社会组织。另外也有少量由居民自发形成的休闲娱乐组织，此类组织一般比较松散，没有正式的组织管理体系。在街居体制尚未覆盖到的商品房小区，除了物业公司提供的商业服务以外，公共服务基本上处于缺位状态。在这样的背景下，1989年全国人大通过了《中华人民共和国城市居民委员会组织法》。在法律规范之下，居民委员会逐渐覆盖到所有城市社区，成为城市社区居民自我管理、自我教育、自我服务的基层群众性自治组织。

长期以来，我国在工业化和城市化的进程中过度抽取了农村资源，形成了城乡发展极不平衡的二元格局。因此，农村社区建设要比城市社区建设晚得多。自1958年起，我国农村实行政社合一的人民公社管理体制。1984年，人民公社制度被取消，乡镇重新被确立为农村基层行政单位。在人民公社制解体的过程中，家庭联产承包责任制取代了原来以生产队为单位的集体生产方式，以生产大队和小队为基本单位的农村基层组织体系也宣告瓦解。农村基本上又回到小农经济时代，出现公共事务无人负责的状态。1998年全国人大通过《中华人民共和国村民委员会组织法》，农村逐渐建立起村民委员会（简称村委会），村民委员会依法成为与城市社区居民委员会相对应的自我管理、自我教育、自我服务的基层群众性自治组织。

迄今，遍布城乡的居委会和村委会仍然是我国城乡社区治理的主要力量。截至2017年底，全国共有基层群众性自治组织66.1万个，其中，村委会55.4万个，村民小组439.7万个，村委会成员224.3万人；居委会10.6万个，居民小组137.1万个，居委会成员56.5万人。[①]它们名义上是居民自治组织，实际上是基层政府延伸到社区的“腿”。

---

① 民政部，2017年社会服务发展统计公报，参见民政部官网，http：//www. mca. gov. cn/article/sj/。

二、社区建设时期的社区社会组织

我国从中华人民共和国成立到1986年之前没有社区的概念。1983年民政部开始牵头探索社会福利制度改革的新途径，1984年提出“社会福利社会办”，1986年提出在城市开展社区服务工作。计划经济时期依托单位制的职工福利制度转变为以人口居住地为基础的社会福利制度。此后，“社区”概念才进入决策者的思维。

进入21世纪以来，随着市场经济制度的建立，工业化和城市化进入高速发展时期，城市社区和农村社区都发生了翻天覆地的变化。发达国家在工业化巅峰时期曾经遇到的那些问题，在我国以更大的规模、更快的速度爆发出来。一方面，几亿农民离开乡村涌入城市，城市急速扩张，不堪重负。人口激增导致城市人口过密、道路拥挤、城市环境污染严重，居民的生活条件急剧恶化；另一方面，农村遭遇严重的人口流失、土地撂荒问题，成千上万的村庄被拆迁，农村迅速衰败凋敝。

无论是城市还是农村，仅凭现有的组织体制和工作方式都无法完全承担社区治理的所有功能。[①]在这种背景下，各种城乡社区社会组织应运而生。农村社区的社会组织首先在生产领域出现，家庭联产承包责任制下的小农生产方式使农民在大规模工业化生产体系中处于极为不利的地位。为改变这种状况，农民创造性地采取了合作生产方式，由此催生了各种农民合作社和农村专业经济协会。城市是社会变革的集中之地，社区之间和居民之间的异质性程度更高。因此，城市社区的社会组织比较多元化，但城乡社区社会组织总体上发展缓慢，跟不上社区发展的需求。

世纪之交，国家认识到了城乡社区建设的紧迫性与重要性，将城乡社区建设提高到国家战略的高度，出台了一系列全面推进城乡社区建设的政策，提出要大力培育发展城乡社区社会组织。2000年11月9日，中共中央办公厅、

---

① 郁建兴，金蕾. 社区社会组织在社会管理中的协同作用. 经济社会体比较，2012（4）：157-168.

国务院办公厅向全国转发《民政部关于在全国推进城市社区建设的意见》，开启了全面推进城市社区建设的新阶段。同时，改革开放以来经济发展取得的巨大成就，为我国缩小城乡差距创造了条件。党的十六届五中全会提出了新农村建设的基本方针。2006年，国务院发布的《关于加强和改进社区工作的意见》中将农村社区建设和城市社区建设一起纳入了社区建设的范畴。此后，中央又推出了一系列有关新农村建设的政策，特别是2013年农村“精准扶贫”政策出台以后，国家在农村建设上投入了大量资源，农村社区社会组织也获得了前所未有的发展机遇。在“政府主导、农民主体、社会参与”原则指导下，越来越多的社会组织参与到新农村建设之中。①

近年来，政府在推进社区治理体制机制改革以及促进社区社会组织发展方面，又出台了一系列有力的政策措施。2013年《国务院机构改革和职能转变方案》中，将城乡社区社会组织纳入到重点培育、优先发展的四类社会组织之中，允许这四类组织进行直接登记，并且加大了政府支持力度。2016年，中共中央办公厅、国务院办公厅发布的《关于改革社会组织管理制度促进社会组织健康有序发展的意见》（以下简称《意见》）明确提出，通过“降低准入门槛”“积极扶持发展”和“增强服务功能” 等大力培育发展社区社会组织，发挥社区社会组织在创新基层社会治理中的积极作用，推动建立多元主体参与的社区治理格局。同年11月，民政部、中央组织部、中央综治办等十余个部门联合发布的《城乡社区服务体系建设规划（2016—2020年）》提出“十三五”期间我国社区社会组织的发展目标，“力争到2020年，城市社区平均拥有不少于10个社区社会组织，农村社区平均拥有不少于5个社区社会组织”。2017年6月，中共中央、国务院《关于加强和完善城乡社区治理的意见》明确指出要统筹社会力量参与社区治理，要“完善社区组织发现居民需求、统筹设计服务项目、支持社会组织承接、引导专业社会工作团队参与的工作体系”。2017年10月，党的十九大报告明确指出要“加强社区治理体系建设，推动社会治理中心向基层下移，发挥社会组织作用，实现政府

① 张远凤，张君琰，许刚. 非营利组织参与社区建设比较案例研究——以北京绿十字和匹兹堡BGC为例［J］. 中国非营利评论，2016，17（01）：165-181.

治理和社会调节、居民自治良性互动”。

在中央宏观政策的指导下，各级地方政府积极展开社区社会组织培育工作，纷纷出台了促进社区社会组织发挥作用的政策。比如，2004年湖北省武汉市出台了《关于加强社区民间组织培育与管理的意见》。还有很多省份将社区社会组织的培育与发展纳入政府工作任务中，比如，宁夏自治区人民政府办公厅在《关于2017年自治区政府工作报告和经济工作会议任务分工的通知》中明确指出要“培育发展社区社会组织”。

依据上述这些政策，社区社会组织被接纳、整合到现行社区治理体系之中，政府通过向社会组织转移职能、奖励、补贴或购买服务等方式来促进社区社会组织的培育与发展。

三、社区社会组织的现状

目前，我国政府并没有发布全国社区社会组织的相关统计数据。不过，理解我国社会组织的现状更重要的在于“质”而不在“量”。下面先简要介绍我国社区社会组织的概况，然后重点讨论社会组织在社区治理体系和公共服务体系中的定位与角色。

（一）社区社会组织的总体状况

从数量上来看，由于政策导向的作用，近年来地方政府普遍重视社区社会组织的培育和发展，数量和覆盖面都保持了较快增长速度。但总体上看，社区社会组织还处于发展的初级阶段，资源和能力都很有限。

1. 数量、规模和覆盖面

尽管缺乏全国性的总体数据，但还是可以从各个地方的一些零星数据看出社区社会组织发展数量的大致状况。比如，北京市注册和备案的社区社会组织从 2000年的约3000家增加到2018年的17885家，年增长率达到28%。[①]再

① 2000年数据来源：辛传海，马俊彪. 中国社区社会组织培育与发展研究——以美国社区非营利组织发展为借鉴. 学会，2015（1）：15-21+43.2018年数据来源：北京市民政局官网，http：//www. bjsstb. gov. cn/，2018年3月20日访问。

如，天津市南开区于2013年成立了南开区社会组织联合会，全区12个街道办事处成立了枢纽型社区社会组织联合会，172个社区成立了社会组织服务站，形成了区、街、居三级社会组织网络，实现了全区社区社会组织全覆盖。[①]从北京市的数据可以窥见其他一线城市社区社会组织的数量状况。中部地区发展也比较快。至2016年年末，湖北省黄石市全市登记和备案的社区社会组织达1200家，平均每个社区拥有社区社会组织10家以上，实现了全市社区社会组织全覆盖。[②]

尽管社会组织数量和覆盖面增长很快，但绝大多数是微小型组织。比如，武汉市社工机构专职员工达到100人的只有1家，大多数不到10人。广州市的社区社会组织中，专职人员在20人以下的占七成左右，达到或超过50 人的还不到一成。[③]

2. 社区社会组织的类型

常见的社区社会组织分类标准有法律形式、登记备案状态以及产生途径等。和所有其他社会组织一样，社区社会组织按照注册登记的法律形式可以分为社团、民非和基金会。

一般来说，社区的社团主要是社区中的居民群体组建的各种协会，比如老年协会、妇女儿童协会、残疾人协会、志愿者协会等。民非主要是各种服务机构，比如民办幼儿园、民办养老院、民办医院等。社区基金会则是近年出现的新生事物。 自1914年第一家社区基金会美国克里兰夫社区基金会成立至今，社区基金会的发展已有百年历史。2012年全球约有1750家社区基金会，其中700家在美国。[④⑤]社区基金会作为一种新兴的社会组织形式，处于社区社会组织生态系统的“上游”，并具有筹资和资助双重功能，通过广泛动

---

① 范利旺. 天津市南开区实现社区社会组织全覆盖，安徽社会组织信息网，http：//www. ahnpo. gov. cn/thread-15581-1.html，2018-03-20.

② 曹树伟，黄石. 社区社会组织成为社区治理的主力军. 中国社会组织，2014（14）：24.

③ 武汉市数据来自作者调研。广州市数据来源：丁霞，刘惠苑，张玉玲. 社区服务类社会组织发展研究——基于社区公共服务平台建设层面的探讨［J］. 黑河学刊，2015（07）：70-72.

④ 徐家良，刘春帅. 资源依赖理论视域下我国社区基金会运行模式研究——基于上海和深圳个案［J］. 浙江学刊，2016（1）.

⑤ 同上。

员社区和社会资源，支持社区公益慈善事业发展，促进社区治理创新。我国社区基金会的发展从2008年起步，主要集中在深圳和上海。深圳市在2017年之前成立的25家社区基金会的原始基金总额为5007万元，上海市30家社区基金会的原始基金总额为8044万元。[①]一项对社区基金会的研究发现，26家社区基金会中有23家是政府主导的。[②]

根据登记或备案状态，社区社会组织可以分为三类。第一类是在民政部门正式登记的社区社会组织；第二类是在街道或社区居委会（村委会）备案的社区社会组织，如老年协会、妇儿协会、残疾人协会、志愿者组织和各种农村专业经济协会等；第三类是在社区开展活动但尚未登记也未备案的组织，这类组织主要是由社区居民自愿成立比较松散的各类休闲娱乐组织。[③]

根据社会组织的来源不同，可以将社区社会组织分为内源型和外源型两种。内源型社区社会组织是由本社区居民创办的社会组织，很多城市社区都有社区居民自己创办的舞蹈队、合唱团、书画室等社会组织。外源型社会组织是为本社区提供服务的外来社会组织，如北京绿十字和中国乡建院通过政府购买服务的形式进入江夏区五里界街的农村社区，参与当地的美丽乡村建设。

3. 服务对象、服务领域和资源来源

社区社会组织在参与社区治理和提供公共服务等方面承担的功能越来越多，服务领域越来越广泛，但资源来源仍然十分有限。

社会组织在社区治理方面的功能包括参与社区决策和管理、化解社区内的各种矛盾、保障维护社区居民合法权益等方面。社区组织在公共服务方面的功能更为多样化。社区社会组织的服务对象主要是社区居民，具体可细分为家庭、妇女、儿童、青少年、老年人、残疾人、失业人员和特殊群体（如优抚对象、吸毒人员、有犯罪前科的人员）等，为每个群体服务都需要相关

① 胡小军，朱健刚. “三社联动”机制下社区基金会的功能与运行逻辑［J］. 华东理工大学学报（社会科学版），2018（1）.

② 徐宇珊. 我国社区基金会的功能定位与实现路径——基于美国社区基金会与地方联合劝募经验的启发与借鉴［J］. 中国行政管理，2017（7）.

③ 夏建中，张菊枝. 我国城市社区社会组织的主要类型与特点［J］. 城市观察，2012（2）：25–35.

领域的专业知识和技能。社区社会组织的服务内容包括医疗卫生、宣传、教育、就业、扶贫、环境保护、慈善救助、社区安全、文体活动、休闲娱乐等。一般来说，正式登记的社区社会组织主要以民办幼儿园、民办医院和民办养老院等社会服务机构为主，备案类的社区社会组织以体育健身类和文化艺术类为主。从整体上看，社会公益类和志愿服务类的社区社会组织较少。[①]

【微案例9-1】

天津市南开区王顶堤街社会组织发展促进会[②]

2013年，南开区在全市率先成立了首家街道级具有枢纽型特点的社区社会组织——南开区王顶堤街社会组织发展促进会。促进会孵化了80多家社区社会组织，这些组织为老年人提供配送餐、理发修脚、家政服务等居家养老服务项目；为0至3岁儿童进行心理训练，开展自闭症儿童的早期介入和干预；针对残疾人开展定人、定岗、定时入户服务，对重点残疾人进行委托签约服务，对人户分离的重残人士开展定时委托签约服务等。

社区社会组织的服务方式既有专业服务，也有志愿服务，还可以组织社区居民提供互助服务。专业服务最为典型的是社工服务，具体内容可以参见第二章有关社会组织人才制度部分。志愿服务比较典型的有社区居民组织的节庆活动和治安值守等，截至2017年底，全国共有社区志愿服务组织9.6 万个。[③]社区居民互助活动比较典型的是“时间银行养老”。[④]

社区组织开展服务必须具备基本的物质条件，其中最重要的是场所和资

---

① 王名. 社会组织与社会治理，北京：社会科学文献出版社，2014.

② 范利旺. 天津市南开区实现社区社会组织全覆盖，安徽社会组织信息网，http：//www. ahnpo. gov. cn/thread-15581-1.html，2018-03-20.

③ 民政部. 2017年社会服务发展统计公报，民政部官网，http：//www. mca. gov. cn/，2018年8月20日访问。

④ 这种养老模式的基本规则是：提供养老服务的志愿者，本人或其直系亲属进入老龄后，可以根据其之前储蓄的志愿服务时间，优先、优惠享受到养老服务。参见：吴应海. “养老服务时间银行”利人利己值得一试. 广州日报，2015年7月30日。

金。目前，社区社会组织办公和服务场所大多依靠外部帮助来解决，一部分社会组织由企业提供，一部分由街道或社区提供，一部分由孵化基地提供；少数社会组织自己解决场所问题，一般是通过租赁，极少社会组织拥有自有办公和服务场所。社会组织的资金来源渠道主要有自筹经费、政府资助、慈善捐赠以及其他收入（奖励和投资收入等）。总的来看，在慈善捐赠收入来源有限、商业活动不被法律许可的情况下，一部分社区社会组织主要依靠会费、服务收费和企业赞助自筹经费；另一部分社区社会组织主要依靠政府资助和购买服务合同获得收入。①

（二）社会组织在社区治理体系中的定位

我国城乡社区在经历了计划经济向市场经济转轨初期的管理失序阶段之后，国家很快就加强了基层政权建设，基层党组织和基层政府将新成立的居民和村民的自治组织纳入到基层政权体系之中，形成了新的城乡社区管理体系。在《中华人民共和国城市居民委员会组织法》和《中华人民共和国村民委员会组织法》出台之后，这套基层政权管理体系得到规范和巩固，居委会和村委会就正式成为“政府的腿”和“部门的针”。

社会组织作为新兴的社区治理主体，首先必须要被基层政权系统接纳，才能获得参与社区治理的合法性，必须“嵌入”到社区治理体系的运作系统之中，才能正常运转和发挥作用。上述各项政策文件只是为社会组织的“接纳”和“嵌入”提供了依据，但如何“接纳”和“嵌入”是需要基层政府和社区在落实政策的过程中创造性地解决的。

城市社区社会组织比农村社区发展程度高，下面就以城市社区为例说明社区治理体系对社会组织的“接纳”，以及社会组织在社区治理体系的“嵌入”是如何实现的。如图9-1所示，社区社会组织就是城市社区原来的治理体系。这个体系中居于领导地位的是党和政府在街道和社区的基层组织，群团组织是党组织的外围组织，尽管居民委员会是居民自治组织，但实际上已经

① 丁霞，刘惠苑，张玉玲. 社区服务类社会组织发展研究——基于社区公共服务平台建设层面的探讨［J］. 黑河学刊，2015（07）：70-72.

被高度整合进街道办事处的行政系统。这是一个商品房社区，所以有业主委员会和物业公司，前者是业主代表组成的代表业主利益的自治组织，物业公司是由业主委员会聘请的为业主提供物业管理服务的私人企业。一个社区可能包括一个或多个小区，相应就有一个或多个业主委员会和物业公司。社区社会组织被吸纳进入社区治理体系之中，承接政府和社区转移出来的部分职能，为原来“政社合一”的社区治理体系增添了一股新生力量。

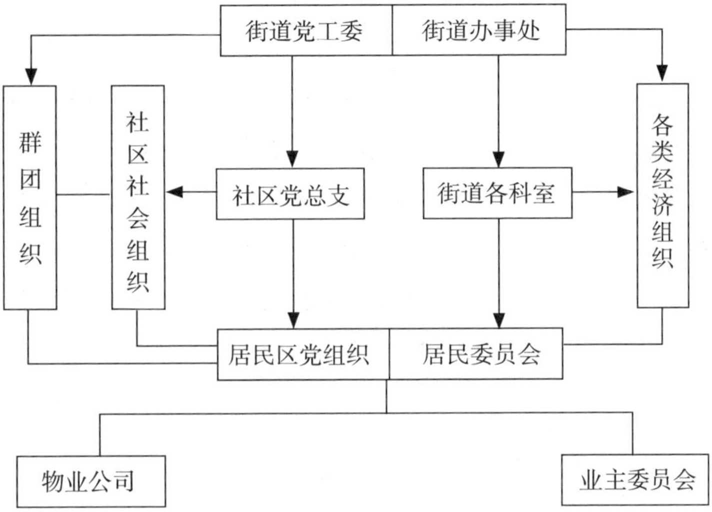

图 9-1　城市社区治理体系结构图

在这个体系中，社区社会组织的政治地位与各类经济组织相似。尽管二者属于不同的法人类别，但它们都属于非公有制性质的民间组织。第四章中谈到，专门针对“两新组织”的党建政策就把它们视为一体对待。所谓“两新组织”就是指“新经济组织”和“新社会组织”。“新经济组织”指非公有制企业，社区中的各类经济组织，如物业公司、餐馆、超市、商店等，大部分都属于“新经济组织”。社区社会组织，如非营利性的民办学校、民办医院、民办幼儿园和民办养老院等，都可以归属于“新社会组织”。尽管两者都是民间组织，但是在目的和功能上却有本质差异。经济组织是为了投资者的利益，属于市场经济主体；社区社会组织是为了公益或互益目的，属于公共利益的范畴，可以看作是公共服务主体。因此，社区社会组织在所有权性质上是民间的，但在目的和功能上与基层政府和社区居委会是一致的。社区社会组织的出现必然会对现有社区治理体系构成扰动，因此不仅要从战略上重新定义社区治理体系的功能和目标，也要重新考虑各个治理主体的定位和分工，并且要重新设计运作模式以及工作流程的每个环节。

基本上当前所有的社区治理模式创新都是在这个治理框架之下进行的。比如，近年来很热的“三社联动”也是如此。“三社联动”模式最早是上海市创造出来的。2004 年，上海市民政部门提出社区、社工、社会组织分工合作的思路，称之为“三社互动”[①]。这个创新得到很多地方的响应和模仿。2017 年6 月，中共中央国务院印发《关于加强和完善城乡社区治理的意见》将推广社区、社会组织、社会工作“三社联动”变成了国家政策。[②]

在一定程度上，社会组织介入社区治理体系，是对整个公共管理体系的全面挑战。这个过程影响深远，既涉及政治领域的改革，也涉及法律、经济、管理等多个方面的改革。社区社会组织的兴起，会增强中国社会的责任感与创造力，促进整个国家治理体系向着法治、民主、科学的方向继续大步迈进。

（三）社会组织在社区公共服务中的角色与功能

社区社会组织既有服务的功能，也有表达的功能。社区社会组织在参加民主协商、参与公共政策、表达公民诉求方面，与其他社会组织没有本质区别，本书其他章节已经多次论述过这个问题，此处不再赘述。下面仍以城市社区为例，讨论社会组织在社区公共服务中的角色。

社区公共服务体系涉及多方主体、多个环节，是一个相当复杂的系统，其中社区公共服务平台处于枢纽位置，扮演着链接、整合资源，组织提供服务的中介角色，如图9–2所示。社区居委会是社区公共服务平台的核心，上面通过街道办事处与各级党政部门和群团组织对接，中间联系企事业单位和社会组织，争取、动员、整合、利用多方资源，为社区居民提供社保、就业、

① 徐富海．“三社联动”如何“联”如何“动”？中国民政，2015（12）：16–28．

② 原珂．“三社协同”的社区治理与服务创新——以“项目”为纽带的协同实践［J］．理论探索，2017（5）：42–51．

教育、卫生、家庭、养老、残疾人以及社区矫正等各项服务。[①]

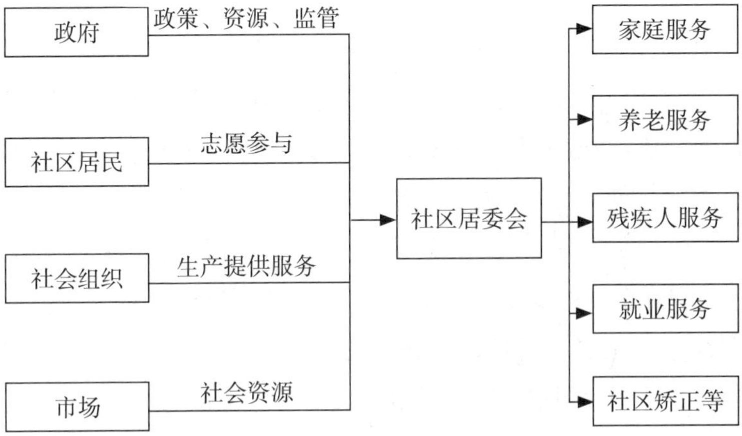

图 9-2　社区公共服务体系构架

社区社会组织在参与社区治理、促进社区居民交往，社会组织在推进政府职能转变、满足社区服务需求、发扬志愿精神、解决社会矛盾、建设和谐美丽社区等方面发挥着不可替代的作用。

第三节　社区社会组织培育与监管

一、社区社会组织的培育

近些年来，我国各级政府积极推进社区社会组织培育，给予大力支持。目前，社区社会组织培育采取的方式主要有孵化器、政府购买服务和社区公益创投等。

① 目前，在北京等城市已经在市、区、街、居成立了社区公共服务平台，并且进行了信息系统建设。

（一）孵化器培育

"孵化器"理念来源于企业。2007年，上海市浦东新区非营利组织发展中心（Non-Profit Incubator，简称NPI或恩派）把企业孵化器的概念引入公益领域，首创"社会公益组织孵化器"的概念。NPI将政府支持与企业公益创投的思路相融合，创新性地开拓社会组织培育新模式。孵化器模式有强大的创新性和适应性，加上其能一揽子解决社会组织培育的很多问题，因此很受政府欢迎，很快在全国很多城市尤其是东部城市得以推广和复制。

社会组织孵化器主要是为初创期或是中小社会组织提供服务场所、加强能力建设、协助注册登记和寻求资金支持等全方位的支持，一般是由专业团队管理。其基本的运作模式是"政府支持、专业团队管理、政府和公众监督、民间组织受益"。[①]社会组织孵化器会根据社会组织的特征和性质进行差异化孵化，总体而言主要有两种孵化方式："壳内孵化"和"壳外培育"。"壳内孵化"也就是社会组织直接进驻孵化基地孵化；"壳外培育"则针对有孵化需求但是服务场所和领域比较特殊，不适合直接进驻基地的社会组织，如社区社会组织主要在基层开展活动，所以就主要采取"壳外培育"的方式。

从当前看，此种模式主要包括民间主导模式和政府主导模式。民间主导模式：NPI就是典型的民间主导模式；2011年12月，广东省东莞市社会组织孵化基地正式成立，实行民间主导的运营模式，民间力量运作，社会组织孵化、指导和评估社会组织。政府主导模式：2009年10月，南京爱德社会组织培育中心成立，这是全国首家由政府和基金会联合筹办的培育中心；2010年3月，深圳市民间组织管理局启动"社会组织孵化实验基地"。

① 孙燕. 社会组织孵化器——实现公益事业可持续发展的助推器. 社团管理研究，2011（6）：48–51.

【案例9-2】

湖北省首家社会组织孵化基地——武昌区社会组织孵化基地[①]

成立于2014年7月的武昌区社会组织孵化基地是湖北省首家社会组织孵化基地，由湖北省妇联和武昌区政府合作共建。该基地的主要功能是培育孵化社会组织，为公益类社会组织提供包括场地设备、能力建设、小额补贴、注册协助、治理指导和咨询服务等最急需的资源和服务，帮助其逐步成长。基地孵化流程大致分为孵化申请、考察辅导、入壳评估、入驻孵化、成长出壳、跟踪辅导等几个阶段。围绕萌芽期、初创期、发展期、成熟期等不同类型的社会组织，发展出“萌芽期重辅助、初创期重能力、发展期重规划、成熟期重资源”的不同孵化培育模式。为了避免孵化基地仅仅成为“社会组织的办公区”，孵化基地特别重视与社区居民的服务需求和人才需求相对接。

（二）政府购买服务

政府购买公共服务是社会组织参与社区治理的项目制运作在实践操作层面的具体反映。社区居民多样化的需求导致非规模化的公共服务体系的产生，意味着社区工作不能运用强制性的行政方法，政府购买社区服务项目也就应运而生。以需求为导向，以项目为载体的服务供给模式使得社区社会组织参与公共服务成为可能，提供公共服务成为社区社会组织最为核心的功能。

政府购买社区社会组织的公共服务有两种模式，一种是政府直接整合社区社会组织来生产公共物品，资源配置与消耗过程直接在政府与社区社会组织之间发生，这一模式体现为单次分工的公共服务供给。另一种是在政府与一般性社区社会组织之间再建立一种专门性组织，这个组织对于微型的社区

① 徐丹. 社会组织培育机制与发展路径研究——基于武汉市武昌区社会组织孵化基地发展现状的分析. 长江论坛，2017（4）：48-53.

社会组织来说具有枢纽性质，相当于一个信息和整合平台，扶持、协调、监管和评估一般性社区社会组织。相对于当前社区的限定范围，体制外的整合性枢纽组织还难以自动出现，还需要政府根据实际需要自上而下推动。这就会出现在政府推动下的社区社会组织提供公共服务的二次分工：第一次分工体现为政府向枢纽性社区社会组织购买服务；第二次分工体现为枢纽性社区社会组织对一般性社区社会组织公共物品的生产过程的组织。无论是单次分工还是二次分工都存在公共物品供给与生产的分离。[①]

政府退出社区为社区社会组织发挥作用提供了空间，并一定程度上节约了人力、财力资源，但一个新问题随之出现，政府出于公共服务的供给效率考虑，必须强化枢纽性组织的法人地位、专业程度以及其自主性，另外又要保证其自愿承担政府的部分功能。基于此，政府有两个备选方案：一是积极建构一个专门性组织代理政府处理相关事务，此方案较多出现于经济与社会较为发达的城市社区；二是让居委会承担整合社区社会组织的责任。由于政府财力不足，居委会在社区的治理实践中却承担了政府委派的大量行政工作，当前居委会代替政府来推动社区社会组织建设具有普遍性，但这只是一种权宜做法，并不符合公共部门的改革要求。

社区社会组织参与的过程既是满足公共服务需求的过程也是社区社会组织自身完善、接受培育与监督的过程。在这里，政府不再只是管控者，更多的是资源的供给者和服务过程的监督者和评价者，社会组织由政府的“下级机构”转变为社会治理的独立单元。政府购买公共服务本质上是公共服务的契约化提供模式。[②]通过国家和地方政府的委托授权和外包机制，社区治理中“市场失灵”和“政府失灵”问题得到很好的解决，社区居民的服务需求和利益得到满足，社区治理得到有效推进。同时，国家和地方政府从繁杂的社区公共事务中脱身，政府职能得以转型。最重要的，通过政府购买公共服务这种运作方式，国家和地方政府采用一种过程嵌入监控机制，实现了对社区社会组织的有效控制，推动了社会治理体制的创新进程。

---

① 吴素雄，郑卫荣，杨华. 社区社会组织的培育主体选择：基于公共服务供给二次分工中居委会的局限性视角. 管理世界，2012（6）：173-174.

② 贾西津，苏明. 中国政府购买公共服务研究终期报告. 亚洲发展银行，2009.

【案例9-3】

宁波市海曙区政府向社区社会组织购买居家养老服务[1]

2004年3月，宁波市海曙区人民政府出台政策，试行为高龄、独居的困难老人购买居家养老服务。2004年9月，这一政策在全区65个社区中全面推行。在海曙区政府和社区的共同努力下，老人日托中心、独居老人联谊会、高血压保健交友俱乐部等社区社会组织不断涌现，服务越来越细分化、多样化。海曙区政府也不断开拓购买社会组织服务的范围，无论是区政府、还是街道、社区需要的服务与活动，只要社区社会组织能够提供，就优先向这些组织购买。

星光敬老协会是海曙区具有广泛的社会基础和组织能力的一个社会团体，是海曙区政府购买服务最早的承接主体之一。在政府购买服务的资助下，星光敬老协会在社区招募居家养老服务员，2006年成立了居家养老照护院。同时还招募养老服务义工，并于2007年成立了居家养老义工招募服务中心。星光敬老协会既为居家老人提供生活照料服务，也提供精神慰藉和医疗康复服务。

（三）社区公益创投

公益创投最早是由美国著名的慈善家约翰·洛克菲勒三世于1969年在美国税法改革听证会当中提出的，主要是为了解决社会当中存在的具有风险程度的资金项目。社区公益创投作为一种创新型的资本投入方法，是针对社区服务领域公益项目的公益资本投入，培育扶持充满活力的社区公益性社会组织。与其他的公益投入方式不同，除了资金支持，它还强调提供管理和技术支持。这种模式利用投资人员和被投资人员之间建立的长久合作管理实现社区社会组织能力提升和创造新型治理模式的目的。现阶段，我国大部分社区

① 郁建兴，李慧凤. 社区社会组织发展与社会管理创新——基于宁波市海曙区的研究. 中共浙江省委党校学报，2011（5）：40-46.

存在资金不足、组织建设不完善、专业能力不足、管理制度不健全等的问题，“公益创投”模式的实践在一定程度上解决了以上的问题，增强了社区社会组织的“造血”能力。除此之外，它还具有以下优势：促进社区社会组织更好地承接政府职能；扩大公益服务项目供给的深度和广度，为社区社会组织的培育和发展营造一个资源对接平台；在社区社会组织培育与发展中引入了第三方的评估机制，完善公益组织的监管体制。总而言之，公益创投实现了社区治理创新，提升了社会活力，加快了社区社会组织的发展。

【案例9–4】

湖北省首届社区社会组织公益创投活动①

2011年，为提高社区社会组织体系建设，湖北省民政厅开展了湖北省首届社区社会组织公益创投活动。项目确定的运作思路是“四个一”：利用一种社区设施、创设一类公益活动、培养一个稳定的社会团体、建立一种社区内部管理体系。此次活动资助五个方面的公益性项目：老年人服务、助残服务、青少年服务、救助帮困服务以及志愿服务。

首届公益创投主办单位是湖北省民政厅，承办单位是华中师范大学城市社区建设研究中心。各级城乡社区建设领导机构和民政部门负责监督管理社区公益服务项目创投资金的使用过程。县、市、区等民政部门负责对方案进行设计以及整体布局和项目建设的指导。此次公益创投活动入选公益项目100个，涵盖了湖北省17个地市，200多个社区，直接受益人口达12万人以上。

二、社区社会组织的监管

社区社会组织的良好发展离不开有效的监管。现阶段，我国社区社会组

① 王雪莉.公益创投：社区社会组织发展的新模式.武汉：华中师范大学，2016（13）.

织的监管方式主要有以下几种：党建引领社区社会组织发展方向、登记与备案分类管理、街道（乡镇）日常工作监督以及市场化契约管理。

（一）党建引领

《中共中央　国务院关于加强和完善城乡社区治理的意见》提出，要求城乡社区治理必须坚持党的领导，固本强基。社区社会组织是社区治理的重要主体之一，在参与社区治理的过程中，必须通过党建引领社区社会组织的发展方向。《民政部关于大力培育发展社区社会组织的意见》明确指出，推动街道（乡镇）党（工）委和城乡社区党组织加强对社区社会组织各项工作的领导，确保社区社会组织全面贯彻落实党的路线方针政策和决策部署，沿着正确方向发展。党组织的监管主要体现在以下几个方面：

首先，建立城乡社区党组织与社区社会组织定期联系制度，组织和协调社区社会组织参与城乡社区共驻共建活动。其次，鼓励社区党员担任社区社会组织负责人，把符合条件的社区社会组织骨干培养发展为党员，把社区社会组织中的优秀党员吸收到城乡社区党组织领导班子中。再次，社区社会组织要认真落实《中共中央办公厅印发〈关于加强社会组织党的建设工作的意见（试行）〉的通知》要求，在城乡社区党组织的指导下加强自身党的建设工作，推进党的组织和工作有效覆盖。最后，社区社会组织党组织应当结合自身特点开展党组织活动，在业务活动中宣传党的主张，贯彻党的决定，团结动员社区群众，严格落实“三会一课”等制度，做好党员的教育、管理和监督，引导党员发挥先锋模范作用。

（二）分类管理

我国对社区社会组织实施分类管理，分类管理是对社区社会组织进行监管的有效方式，是社区社会组织合法性的重要来源。分为三类：符合法定登记条件的社区社会组织，到所在地县级民政部门申请登记，其中符合直接登记条件的可以直接提出申请；对未达到登记条件的社区社会组织，按照不同规模、业务范围、成员构成和服务对象，由街道办事处（或乡镇政府）实施备案管理，加强分类指导和业务指导；对规模较小、组织较为松散的社区社会组织，由社区党组织领导，基层群众性自治组织对其活动进行指导和管理。登记或备案的分类管理是对社区社会组织的“入口”监管，保证了社区社会组织发展的规制合法性。

（三）日常管理

社区社会组织的日常监管是指街道或者乡镇对社区社会组织机构运行和日常活动的监督与管理，主要表现在以下几个方面：监督、指导社区社会组织业务活动遵纪守法，在规定范围内开展活动；协助登记管理机关和其他有关部门查处社区社会组织的违法、违纪行为；有些地方会定期组织社区社会组织学习有关法律、法规和有关政策，积极开展有益于社区居民的各项文体活动，指导它们为社区建设服务。除此之外，由街道办事处向社区派驻的社区工作站（社区综合服务管理站），作为为社区减负，承接政府社会管理，公共服务和购买事项的基层服务机构，它同样对社区社会组织活动开展进行监督与管理。

（四）契约管理

在我国，政府购买社会组织公共服务已经具有普遍性，它是一种政府与社会组织通过契约实现合作的模式。在此过程中，政府是公共服务的购买方，社会组织是公共服务的承接方，政府与社会组织会依法签订购买公共服务合同。政府购买社会组织服务后，政府角色由公共服务提供者向公共服务出资者和监督者转变，监管成为政府的重要职责。由于政府购买社会组织公共服务在我国发展比较晚，目前监管方面还存在比较多的问题，主要表现在政府内部监管职责划分不清、专业监管人员缺乏、监管方式单一落后等问题。

【案例9-5】

广东省韶关市新丰县练溪托养中心事件[1]

新丰县练溪托养中心（以下简称托养中心）成立于2010年，是一家民办非企业单位，主要负责接收和供养新丰县民政局和县福利院送来的寄养人员，新丰县民政局按每人每月660元人民币支付供养费用。几年来，托养中心在广州、深圳、东莞、惠州等地中标多个政府购买服务项目，负责接收和安置当地救助站送来的流浪乞讨人员。

2016年10月19日，15岁的自闭症少年雷文锋走失后，被辗转送到托养中心。2016年12月3日，雷文锋被确认死亡。记者在对雷文锋死亡事件的调查过程中，意外地在当地殡仪馆的记录中发现，2017年1月1日到2月18日，49天内由练溪托养中心送来的死者居然有20人，由此揭开该中心"49天内先后死亡20人"的惊天秘密。托养中心寄养人员的死因主要是住宿环境恶劣、营养不良和肺炎等疾病。自2015年开始，该中心盈利"一年一两百万以上"。地方政府对购买社会组织服务项目严重缺乏监管，不仅使之成为某些社会组织牟利的手段，甚至还造成服务对象死亡。这个事件对于政府购买社会组织服务是一个沉重打击。

三、社区社会组织发展的问题与对策

（一）社区社会组织发展中的问题

社区社会组织培育与监管过程中存在一些问题，主要表现在以下几个方面：发展不平衡、行政化倾向、居民参与程度低和能力建设不足等问题。

① 周科. 广东新丰练溪托养中心事件23人被查处. 北京日报，2017年3月28日.

1. 发展不平衡

从全国范围看，城乡之间、地区之间社区社会组织发展不平衡。2017年社会服务发展统计公报显示：截至2017年底，全国共有社区服务指导中心619个（其中农村16个），社区服务中心2.5万个（其中农村1.0万个），社区服务站14.3万个（其中农村7.5万个）。社区养老服务机构和设施3.5万个，互助型养老服务设施7.6万个。社区服务中心（站）覆盖率25.5%，其中城市社区服务中心（站）覆盖率78.6%，农村社区服务中心（站）覆盖率15.3%。[①]由此可看出，农村与城市的社区服务、社区养老等各方面有较大差距，城乡社区社会组织发展不平衡。

政府购买社会组织公共服务是较多社会组织获取资金的主要途径。[②]虽然北上广等经济发达地区的政府购买社会组织服务的做法已日渐普遍规范，但从全国范围看，很多地方还不习惯于从既有的公共服务政府供给模式转向政府向社会组织购买公共服务模式。

2. 行政化问题

我国政府是社区治理主体“同辈中的长者”，[③]政府在社区治理中是主导者和指挥者，支持性社会组织、其他组织以及个人处于从属地位。社区社会组织对政府的依赖程度很高，“社区治理体制陷入理念上去行政化，实践中却出现高度行政化的陷阱”。[④]

政府部门拥有对社会资源进行垄断性分配的权力。实践中，一些地方政府部门没有将社区社会组织视为平等的法律主体。为了达到获利或扩张权力的目的，一些政府部门采取“控制”而非“合作”的策略，将政府对社区社会组织的培育、指导视为政府职能，将政府购买社会组织服务理解为政府可以干涉社会组织的内部事务，从而使得社区社会组织运作过程不独立，对政

① 民政部. 2017年社会服务发展统计公报，民政部官网，http：//www. mca. gov. cn/，2018年8月20日访问.

② 马力，曹锦清. 社会组织参与社会治理：自治困境与优化路径——来自上海的城市社区治理经验. 哈尔滨工业大学学报（社会科学版），2017（2）：1–7.

③ 俞可平. 治理与善治. 北京：社会科学文献出版社，2000.

④ 纪莺莺. 从“双向嵌入”到“双向赋权”：以N市社区社会组织为例——兼论当代中国国家与社会关系的重构. 浙江学刊，2017（1）：49–56.

府的依赖程度很高。这在延缓政府自身职能转变的同时大大降低了社区社会组织的活力，也阻碍了别的主体对社区社会组织培育作用的有效发挥。

3. 居民参与程度低

社区居民有效参与社区治理是社区社会组织发现社区服务需求、实现治理绩效的前提。我国传统社区是以关系网络为基础形成的。中华人民共和国成立后，城市社区突破了血亲束缚，组建了“单位制”的社区。居民在这两种传统的典型社区中形成了非正式群体，成员相互之间有着割不断的联系，人们之间的归属感、认同感较强，对社区治理有着较高的参与性。

随着城市化、市场化不断发展，社会流动日益增强，人们不再囿于单一的领域和职业，传统的“血亲”社区和“单位制”社区被打破，商业型社区逐步建立。原来社会组织中的非正式群体圈子被冲击，人们由熟人社会进入了陌生人社会，呈现出原子化生存的状态，[①]人与人之间的关系变得冷漠、疏离，人们之间的价值观也变得多元化，群体认同感和社区归属感日趋弱化。尽管成熟的商业社区居民的社会交往和参与空间比传统型社区大，但非正式群体难以建立，人们越来越个体化地选择自己的社会网络和社会支持，这种网络和支持具有选择性和超地域性，所以社区居民之间团结和控制的纽带——“归属感、认同感”就弱化了。社区居民人际关系疏离，社会联系纽带松弛，导致社区居民邻里关系淡漠，社区维护责任意识不强，社区治理参与意识消极。

4. 能力建设问题

社区社会组织的发起和活动开展主要依赖于社区居民，他们的文化、社区工作素质和能力参差不齐，加入组织和开展活动的目的不明确。大多时候组织的发展没有明确的规划和目标，发展随意性很强。多数成员仅仅希望通过组织参加社区集体文化娱乐活动，使自己的社区生活更加丰富，而不会去考虑组织的发展方向和活动意义。发源于草根的社区社会组织缺乏规范的组织制度来规范成员的活动和发展，这使得组织的日常活动开展缺乏规划

① 何欣峰. 社区社会组织有效参与基层社会治理的途径分析. 中国行政管理，2014（12）：68–70.

性。这虽然一定范围内满足了组织成员和社区居民的某些需求，但难以促进社区和谐与社区精神文化建设，组织的管理和日常运行也缺乏专业的指导和管理。

（二）社区社会组织未来发展思路

社区社会组织发展中遇到的问题来自多个方面，想要解决这些问题不可能一蹴而就，解决途径和方法也要从政府、社会、社区社会组织自身等方面综合考量。

1. 政府层面

（1）完善社区社会组织相关法律法规和监管制度

从以下这三个方面加强监督管理。第一，从政策法规方面进一步完善有关社区社会组织的监督管理，将社区社会组织的各项活动纳入监管的范围内；第二，要让社区社会组织的活动更加公开透明，只有让社区社会组织在阳光下运行，消除灰色地带，才能让群众对社会组织更加信任和依赖，愿意加入其中；第三，要在社会组织中开展信息化建设，在信息平台上将社会组织的登记注册、评估考核、年度奖惩记录在案，增加与群众的互动交流，让社会群众监督社会组织的运行。

政府培育和发展社区社会组织的最终目标是为了使社区社会组织能够成为自我组织、自我管理、自主自律、自我服务的主体，逐步建立健全对社会组织的监管体系，将社区社会组织的整个行为置于统一、权威的监管体系内，才能使社区社会组织的发展更加制度化、规范化。同时，政府可逐步建立并完善社会组织评估机制，加强社会组织规范化建设、提高对社区社会组织的监管。各级政府需要因地制宜地制定相关法律法规和政策，切实保障社区社会组织的合法权益，积极培育和促进社区社会组织健康发展。[①]

（2）加大政府对社区社会组织的扶持力度

政府可为社区社会组织的发展提供很多的支持，除了直接提供资源外，

---

① 李德. 当前我国社区社会组织发展面临的主要困境及对策研究. 毛泽东邓小平理论研究，2015（6）：88-90.

政府更应将社区建设和社区社会组织的发展列入我国社会经济长期发展规划，把建设和培育社区社会组织作为新型社会治理模式的一大切入口重点扶持，通过制定针对社区社会组织培育发展的社会政策来引导各种社会资源向这一领域倾斜，尤其是要加强对农村和不发达地区社区社会组织的资源倾斜，加强在相关制度和政策上扫清社区社会组织的发展障碍。在组织申请成立方面，简化不必要的手续和复杂的审批程序，降低社区社会组织的准入门槛，允许多种类型的组织成立发展；在政策设计方面，加强对社区社会组织组织筹备、日常活动开展等方面的制度设计，探索出一条成熟的发展路径，引导化解发展期的社区社会组织按照这一路径顺利通过前期的困难阶段。在资金及资源支持层面，创新支持渠道和方式，大力发展“公益微创投”项目等形式的创新，为社区社会组织的发展提供必不可少的资源，并为此挖掘和发展优秀的社区社会组织类型和发展模式。针对社会组织培育发展中遇到的经费、场所、人才等困难，民政及财政部门要做到密切关注、积极联系、妥善处理好应当支持到位的各种资源合理配置，为社区社会组织的孵化和发展营造良好的外部环境，保障社会组织的可持续发展。

（3）扩大社区自主权

社区社会组织的发展应当保持相当的独立性和自主性，这样才能发挥出应有的独特作用。政府应改变以前大包大揽式的管理方式和思维，减少不必要的行政干预，厘清政府及相关部门与社区社会组织的关系，将社区管理的部分职能下放于组织和社区居民。在社区社会组织发展的孵化和培育阶段，政府应当把工作重点放在培育和扶持其规范化成长上。在经历了一段时期的组织成长之后的阶段，政府则更宜围绕社区社会组织的健康发展将工作重点放在对社区社会组织运转的监督和针对其发展需求的服务上。在社区社会组织的发展取得巨大进步的条件下也可考虑引导社区社会组织在行业领域内成立自己的行业协会，通过协会对会内的社区社会组织进行协调治理和监督。

（4）大力推动公益慈善类社区社会组织发展

社区建设和社会治理需要各种类型社区社会组织的共同发展，各类组织都应得到政府的大力扶持和鼓励。文化娱乐类社会组织可以满足社区居民的精神文化需求，提高公民精神领域的追求和品位，建立健康向上的生活方式；教育培训类社区社会组织可为院校之外的民众提供更多的学习途径，有助于提高民众的文化教育程度；生活服务类的社区社会组织为社区居民的日常生活提供更多便利和服务，可满足他们对于生活领域的服务需求。相比于这三类社区社会组织，公益类、维权类的社区社会组织的数量相对较少，开展服务的覆盖范围也很有限。公益慈善类社区社会组织对于社区居民自治和个人发展等方面具有重要的促进作用。政府在继续发展其他类型社区社会组织的同时也应当更加注重对公益慈善类组织的培育，这既可满足社会困难群体的多种需求，又可培育社区居民的公民意识和志愿者精神。

2. 社会层面

在社会层面，要大力营造社区社会组织发展的良好社会氛围，促进社会资本的良性积累。现代社会的发展带来初级社会群体的衰败，个人与个人、个人与组织、个人与社区关系弱化，社区居民社会资本大量流失，社会支持网络不够强大。首先，将社区居民诉求反馈给政府，将政府惠民政策和各项公共服务措施传递给社区居民，实现社会服务供需信号的衔接。其次，设法进入他们的社会领域，挖掘、整合社区居民各种正式与非正式社会资源，重构社会资本，摆脱原子化困境。

现如今人们关系疏离，公共精神和社区归属感缺失，导致居民参与意识不强。首先，要培养居民的集体意识和公共精神，激发他们参与社区治理的热情。其次，要培养居民的社区归属感，树立正确的社区意识，树立参与社区治理的责任意识，把个人利益与社区利益紧密联系起来，积极参与社区公共事务。再次，健全居民参与体系，鼓励协助居民成立业主委员会等自治组织，畅通居民意见表达渠道，拓宽居民参与社区治理的途径。最后，要注重挖掘居民个人潜能，增强他们参与社区治理的信心和能力。通过教育引导居民对自我、他人、社区关系形成新的认识，公共精神与社区归属感不断增强，参与意识不断提升，参与社区治理的能力和水平也会逐渐提高。

3. 社区社会组织层面

（1）加强社区社会组织的内部制度建设

规范合理的内部管理制度是社区社会组织正常运转、日常活动有效开展的重要监督和保障机制。组织内部管理制度完善和规范与否从根本上决定了一个社区社会组织是否能够实现高效、专业的发展。因此，社区社会组织要不断完善其自身的制度建设，并将其制度真正落实到组织的日常管理和发展中，这样才能保证组织实现有序、稳定的发展。第一，建立完整的组织机构章程。社区社会组织多起源于草根，相较于行政机构和企业单位组织是更为松散的组织，需要有明确的章程对其成立的组织活动目标、组织运行原则、开展活动的方式等问题进行阐述和说明。第二，制定严格的财务管理制度。社区社会组织的发展往往受限于资金，社区社会组织资金大多来自政府购买服务项目或有偿服务费用等，资金渠道较少，获取资金的难度较大。因此，社区社会组织对于现有资金的运用就更要有合理的规划和严格的使用审核管理制度来约束，这样才能做到物尽其用，避免不必要的浪费和资金外流现象。第三，制定程序化、灵活度高的决策机制体制。通过设立组织成员大会等固定或非固定的组织决策机制，汇集组织成员意见和思想，统一目标和行动方。要让组织成员通过会议等形式充分发表自己对组织发展及活动开展的看法，明确组织成员的活动主体意识和共同体意识，增强组织凝聚力。

（2）引进和培养社区服务人才，健全相关工作机制

组织的发展离不开高素质人才的引领和参与。现阶段，社区社会组织的成员大多来自社区内部，除参与督导的社区工作者之外大都没有社区建设服务的经验和知识，文化程度和个人能力也参差不齐，大多数社区社会组织缺乏具有专业素养的人才的加入。因此，社区社会组织应当充分挖掘社区精英居民，同时注重从外界引进优秀的专业人才，并通过对优秀社区社会组织的走访考察和开展培训等形式的学习不断提高成员的专业素质和能力。近年来，随着整个社会对社会治理和社会服务关注的提高，社会服务和社会工作等相关专业也实现了很大的发展，他们是社区社会组织发展不可或缺的助力之一，协同社区原有的工作服务人员会为社区社会组织的发展保驾护航。

（3）开展多样的服务活动，进一步提升服务品质

社区社会组织开展的日常活动不能仅仅根据政府、街道和主管部门的行政指示开展，要充分利用自身机制灵活、贴近群众的优势，充分考虑社区居民的基本生活需求和发展需要，因地制宜开展丰富多样的活动。同时，社区

社会组织活动的开展要充分利用社区资源，借助社区居委会和社区服务机构的专业力量，合理规划、大胆创新，最大限度地发挥自身的作用，通过开展不同种类的活动扩大自身影响，宣传社区社会组织、服务社区，同时成就组织成员本身。

总之，各国在工业化和城市化过程中的经验和教训都一致表明，社区是社会转型的主要抓手，社会组织是社区建设的重要载体，政府的引导和支持在社区建设中起着关键作用。

第十章
养老类社会组织

我国面临日益严峻的人口老龄化问题。民政部发布的《2016年社会服务发展统计公报》数据显示，截至2016年底，我国60岁及以上老年人口23086万人，占总人口的16.7%，其中65岁及以上人口15003万人，占总人口的10.8%。[①]《中国城市发展报告（2015）》预测，到2030年，中国老年人口将达到3.71亿人，占总人口的25.3%；到2050年，中国老年人口将达到4.83亿人，占总人口的34.1%。[②]数量如此庞大的老年群体对养老服务的需求十分巨大，然而，我国的养老服务供给却严重不足。目前，养老服务仍然主要由家庭提供，尽管社区和机构也分担了一部分服务，但是远远不能满足养老服务快速增长的需求。社会组织是提供养老服务的一个非常有潜力的力量。作为区别于市场和政府的"第三部门"，社会组织有助于克服养老服务供给中的市场失灵和政府失灵问题。培育和发展养老类社会组织，是积极应对我国人口老龄化的一个重要途径。

① 中华人民共和国民政部. 2016年社会服务发展统计公报. 中华人民共和国民政部官网，http://www. mca. gov. cn/article/sj/tjgb/201708/20170815005382.shtml，2017-11-20.

② 瞿崑. 报告预计2050年中国老年人口将达到4.83亿人. 新浪新闻网，http://news. sina. com. cn/c/2016-07-15/doc-ifxuaiwa6995050.shtml，2018-02-28.

第一节　养老类社会组织概述

养老类社会组织是指那些致力于为老年人提供服务，推动养老事业和养老产业发展，提升老年人福利的非政府、非营利性的组织。养老类社会组织的类型和功能都十分多样化。

一、养老类社会组织的类型

按照不同的分类标准，可以将养老类社会组织划分为不同的类型。按照现行管理条例，我国养老类社会组织可以划分为社会团体、民办非企业单位、基金会三种形式；按照受益对象进行分类，可以分为互益性养老服务组织和公益性养老服务组织；按照服务内容的不同，可以分为综合性养老类社会组织和专业性养老类社会组织。

（一）按照组织形式分类

按照我国现行法律，我国社会组织可以分为社会团体、民办非企业单位和基金会三类。养老类社会组织也可以分为这三种组织形式。

养老类社会团体是指由公民自愿组成，为实现会员共同意愿，为了养老服务的发展，按照其章程开展活动的非营利性社会组织。社会团体包括行业性社会团体、学术性社会团体、专业性社会团体和联合性社会团体四类。养老类社会团体也可以划分为这四种类型。

养老类民办非企业单位是指企事业单位、社会团体和其他社会力量以及公民个人利用非国有资产举办的，从事非营利性养老服务活动的社会组织。[①]常见的养老类民办非企业单位有民办养老机构、养老院和敬老院等。

养老类基金会是指利用自然人、法人或者其他组织捐赠的财产，以从事公益性养老事业为目的而成立的非营利性法人。根据基金会募集资金的方式不同，基金会可以分为公募基金会和非公募基金会。公募基金会即面向公众募捐的基金会，非公募基金会则是指不得面向公众进行募捐的基金会。

（二）按照受益对象分类

按照受益对象的范围对养老类社会组织进行分类，可以把社会组织分为互益性组织和公益性组织。[②]互益性组织的服务与受益对象主要是组织内相对固定的成员，而公益性组织面向社会提供广泛的公共服务，受益对象是社会的不特定的多数人群。

1. 互益性养老服务组织

互益性养老服务组织的服务对象主要是组织内部成员，其资源基础也仅限于会员，如行业协会、职业协会、爱好者协会等。例如，武汉市养老机构协会就是一个养老机构的互益性组织，由武汉市从事老龄事业的企事业单位、社会组织、服务团体及相关专家、学者自愿结成的地方性、行业性、非营利性社会组织，为会员单位提供交流的平台，相互学习养老服务经验，规范养老服务行为，促进养老产业健康发展。[③]

2. 公益性养老服务组织

公益性养老服务组织是为了使社会上不特定的多数老年人群受益的社会组织。例如，中国社会福利与养老服务协会就是以老年群体为服务对象，为老年人提供服务的公益性社会组织。该协会以改善民生、推进社会福利事业和养老服务业发展为宗旨，配合相关部门做好政策推进、宣传教育、国际合

---

① 随着《中华人民共和国慈善法》的实施，民办非企业单位的概念将逐渐被社会服务机构概念所取代。

② 王名，刘培峰. 民间组织通论，北京：时事出版社，2004，17-18.

③ 武汉市养老服务机构协会官方网站，http：//www. whyljgxh. org/about/?217.html，2018-06-29.

作交流和行业建设，积极引导社会力量，参与社会福利和养老服务，推动社会福利社会化，维护社会公平，促进社会和谐进步。[①]

（三）按照服务内容分类

按照为老年人提供的服务内容不同，可将养老类社会组织分为综合性养老类社会组织和专业性养老类社会组织。

1. 综合性养老类社会组织

综合性养老类社会组织具备养老、医疗、助老、康复、娱乐等两种或两种以上的养老服务功能。由于综合性养老类社会组织提供的服务项目比较全面，一般组织规模也比较大，各类专业人员需求较多且有较高的素质要求。在综合性养老类社会组织中，老年人能够得到比较全面的照顾。养老服务中心、社区养老院、老年社区等综合性养老类社会组织，不仅能为老年人提供基本的照护服务，还能提供娱乐、医疗、康复训练等全方位的养老服务。

2. 专业性养老类社会组织

专业性养老类社会组织为养老行业或老年人提供专业的单方面服务，比如养老照顾、医疗养护、人才培养、兴趣开发等，包括老年照顾类社会组织、医疗养护类社会组织、社会工作人才培养机构、养老服务培训中心、老年兴趣社团、文艺社团等。专业性养老类社会组织，能够根据老年人的不同状况和不同需要提供专业化和精细化的服务。比如，老年人康复训练中心以恢复健康、增强体质为主要服务内容，为老年人制订专业的体能康复训练方案，使康复训练更加适合老年人的身体状况。

二、养老类社会组织的功能

养老类社会组织作为区别于市场和政府的“第三部门”，能有效弥补政府失灵与市场失灵；其根植于民间，拥有较多的社会资源，可以链接和整合多方养老资源；能以人才市场的需求为导向，培养专业化的养老服务人才；

① 中国社会福利与养老服务协会，http：//www. caswss. org. cn/gyxh. php，2017-12-18.

能发挥专业优势，提供个性化、专业化的养老服务；通过参与公共政策和行业自律，促进养老服务业发展。

（一）克服政府失灵与市场失灵

社会组织通过非营利机制提供服务，能够克服养老服务供给中的“政府失灵”和“市场失灵”，关注到政府与市场所不及之处，完成政府和市场想做却做不好的事情，满足老年人多样化的服务需求。

政府失灵是指政府活动或干预措施缺乏效率，或者政府作出了降低经济效率的决策或不能实施改善经济效率的决策。[①]我国政府一直十分重视养老事业，政府在养老服务中发挥着不可或缺的作用。但是，在老龄化形势越发严峻的背景下，政府要想准确地把握所有的养老服务需求并据此调度相关资源，需要耗费巨大的人力、物力和财力，且会因为管理难度大而出现各种各样的问题，降低养老资源配置的效率，增加管理和运营的成本。社会组织生于民间又服务于民间，比政府部门更具灵活性和适应性，[②]能在充分了解老年人需求的基础上为其提供所需的产品或服务，既满足需求，又降低政府的管理成本，有效弥补政府在养老领域的不足。

市场失灵是指市场机制不能使资源配置达到最优化的状态，特别是不能按最优化原则提供公共物品和公共服务。[③]对于企业这类以营利为目的的市场主体而言，一般不愿意提供公共物品或公共服务，也不愿意提供低利润或无利润的养老服务。而社会组织具有非营利性，能有效弥补市场失灵，为老年人提供适宜的公共物品或公共服务。[④]

（二）有效整合多方养老资源

在养老服务的过程中，免不了要通过链接各种资源来满足老年人的需

① 俞宪忠. 市场失灵与政府失灵. 学术论坛，2004（6）：94-98.

② 李迎生. 当代中国社会政策. 上海：复旦大学出版社，2012，386.

③ 俞宪忠. 市场失灵与政府失灵. 学术论坛，2004（6）：94-98.

④ 闫新明，童星. 市场失灵和政府失灵的两种表现及民间组织应对的研究. 中国行政管理，2010（11）：90-93.

求，社会组织的志愿性、公益性属性使其具有很高的公信力和认同度，具有链接社会资源的广阔空间。[①]养老类社会组织根植于民间，社会资源较多，能够充分运用专业优势，获得政府的政策支持、养老领域的专家学者资源、社区资源、市场资源以及其他相关组织的资金与帮助，通过链接和整合多方资源，实现资源共享、合作共赢，提升养老资源的配置效率。

以养老类基金会为例，它能把社会上分散的资金和资源集中起来，有效地投入到养老事业中，为我国养老事业的发展作出积极的贡献。例如，中国老龄事业发展基金会就是一家为全国老年人服务的民间慈善组织，该基金会多方筹集善款，先后建立了“爱心护理基金”“贫困老人援助基金”“老年健康基金”“国际发展基金”等42个专项基金，为我国老龄事业发展提供了有力的资金支持。[②]

（三）培养专业化养老服务人才

非营利性养老培训组织能够发挥自身的专业优势，根据养老市场的人才需求，设计相应的培训课程，由专业的培训师进行专业化的培训，并组织职业技能测试和职业资格认定，培养护理员、社会工作、心理咨询师等专业化的养老服务人才。与企业类培训机构以获取利润为目标不同，非营利性养老培训组织不以利润为目的，更加注重人才培养的社会效益。

此外，非营利性养老培训组织可以与养老服务机构合作，进行“订单式”的人才培养，为养老服务机构输送专业化的养老服务人才；还可以与高校相关院系合作，建立实习实训基地，使得高校人才培养理论与实践相结合，培育契合养老服务发展需求的未来从业者。

（四）提供个性化专业化的养老服务

提供个性化的养老服务是指社会组织能针对老年人的个性化需求，提供差异化的养老服务。基于经济水平和社会地位的差异，老年人群内部的养老

---

① 范和生，李红梅.论民间组织的主要功能.合肥工业大学学报，2009（23）：127–132.

② 中国老龄事业发展基金会，http：//www. cadf. org. cn/html/about/，2018–02–25.

需求呈现出多层次、多元化的异质性特征，[①]社会组织贴近社区和老年群体，能够敏锐地识别老年人的养老服务需求，并及时调整供给来满足其需求。社会组织参与养老服务供给，使老年人不再被动地接受服务，而是主动地选择服务，从而满足其个性化、差异化的养老服务需求。

提供专业化的养老服务是指社会组织中专业的工作人员运用科学的方法、专业的技能、有效的方式为老年人提供养老服务。养老类社会组织中的护理人员接受过专业的养老知识与技能培训，能为老年人提供专业化的照护服务；社会工作者拥有专业的助人工作技巧和工作方法，并能链接适当的资源，为老年服务对象提供专业的社会工作服务；养老服务管理人员拥有专业的管理技巧和经验，使养老类社会组织高效运营，提升养老服务的质量和效率。

（五）通过参与公共政策和行业自律促进养老服务业发展

养老政策制定和实施的主体虽然是政府，但是社会组织在其中也起到很重要的作用。主要体现在三个方面：第一，学术性社团可以发挥专业研究的优势，社团中的专家学者向政府建言献策，推动相关政策的出台以及相关政策的完善；第二，行业协会可以组织养老服务会员单位分享和总结实践经验，产、学、研协同，从业者、专家、学者等共同研讨，为养老服务法律法规的完善提供意见和建议；第三，作为养老服务的供给主体之一，养老类社会组织直接落实有关政策，是政策的践行者，同时也是政策效果的检验者。

行业自律是社会组织的一个重要功能，应该在建立行业标准和自我监督等方面发挥应有作用。养老类社会组织在长期的研究和实践过程中积累了丰富的行业知识、管理经验、服务经验和运营经验，应该积极参与制定养老行业标准和规范，使养老服务和管理更加科学。同时，还可以参与评估和监管。学术性社团、养老协会等社会组织是养老服务第三方评估的核心主体，具有专业性、客观性、中立性等优势，能对养老服务进行科学有效的评估，并及时发现服务过程中的问题，对其进行监管，督促其改进，从而确保养老服务的质量。

---

① 李伟东.北京社会发展报告（2014—2015），北京：社会科学文献出版社，2015，135.

第二节　发达国家和地区养老类社会组织发展状况

老龄化是发达国家面临的共同问题。发达国家的老龄化问题比我国来得早，但它们是先富后老，在应对老龄化方面较为从容。在养老服务领域，发达国家都十分重视发挥非营利组织的作用，建立了较完善的法律制度，鼓励和支持非营利组织提供养老服务。德国、英国和日本是养老服务领域非营利组织比较成熟的国家，其成功的经验可供我们学习。香港在养老服务方面也有独到之处，值得内地借鉴。

一、德国养老类社会组织发展状况

德国是世界上社会保险立法最早的国家，建立起了以社会保险为基础的福利制度。20世纪80年代，德国劳动力市场结构发生了很大的变化，在此之前，女性就业往往局限于护理服务行业，第三产业的兴起为女性提供了更多、更好的就业机会，一些从事护理的女性纷纷转向其他岗位，导致护理人员减少。与此同时，德国社会趋于老龄化，对养老服务的需求不断增加，导致养老服务供需矛盾日益突出。[①]

基于此种现实，20世纪90年代，德国采取了一系列养老服务制度改革措施。通过推行长期护理保险制度、细化服务标准、提高从业人员待遇以及加

① 潘宇舟，吕孝礼，王雄军. 德国非营利组织参与提供公共服务的经验和启示. 中国经济新闻网，http：//www. cet. com. cn/plpd/zfff/1531793.shtml，2018-07-06.

强监督等措施，应对养老服务供需矛盾。[①]

首先是推行长期护理保险制度，鼓励家庭和老人参与解决养老资金不足的问题。[②]尽量让老年人在自己的住所养老，鼓励其家庭成员来照顾老年人，同时提供尽可能多的医疗救护力量。长期护理保险不仅为养老机构提供经费，也为家庭成员因照顾老人而导致的收入减少提供补助。德国非营利养老机构的运行费用有近三分之二来自政府，远高于世界平均水平。[③]2012年6月德国议会通过长期护理保险新定位法案，提供长期护理商业保险的公司不仅得到政府资助，同时还提高了保费，个人支付的长期护理保险费率由原来税前收入的2.05%涨到2.3%。[④]

其次，细化养老服务标准。2001年，德国《养老机构法》对养老机构从业人员、养老院房间和床位标准做了具体规定，通过标准化建设促进养老服务规范化。[⑤]法律对养老服务从业者的从业资格、准入标准、考核与发证以及能力培训等均有严格的规定。[⑥]

再次，提高养老从业人员待遇。为了调动养老从业人员的工作积极性，2010年，德国政府出台了养老从业人员最低工资标准，这一规定覆盖了80万从业人员中的四分之三。[⑦]

最后，加强养老服务监督。德国鼓励利益相关人员监督养老服务质量。2000年前后，德国召开了一系列圆桌会议来探讨养老工作，确定通过新的法律法规加强外部机构对养老机构的监督，也赋予养老院所入住的老人参与监督的权利，从而提高服务质量。[⑧]

---

①⑦ 郑尚元. 德国社会保险法制之形成与发展——历史沉思与现实启示. 社会科学战线，2012（7）：190–196.

②⑥⑧ 刘晓梅，李蹊. 德国长期照护保险供给体系对我国的启示. 学习与探索，2017（12）：43–47.

③ 张网成，黄浩明. 德国非营利组织：现状、特点与发展趋势. 德国研究，2012（2）：4–15.

④ 潘宇舟. 德国非营利组织参与提供公共服务的经验. 党政视野，2015（5）：37.

⑤ 吕孝礼. 德国非营利组织参与提供公共服务对我国的启示——以社会政策领域为例. 中国行政管理，2016（10）：140–144.

二、英国养老类社会组织发展状况

英国是世界上最早实行社会保障制度的国家之一。第二次世界大战结束后，英国实行普惠型高福利社会政策，建立了“从摇篮到坟墓”的社会福利制度。在英国高福利的社会制度中，对老年人提供照顾是一项重要内容，政府在提供养老服务中承担主体责任。对老年人实行社区照顾的模式，英国政府承担着对社区照顾机构培育与监管的职能。[①]

20世纪70年代，由于经济滞胀，政府财政困难，随着英国保守党的上台，新保守主义思潮抬头。人们反思福利国家的社会福利政策，反对社会福利完全由政府提供，强调社会、家庭和个人共同承担责任，提倡营利性的市场组织和非营利性的社会组织参与提供社会福利产品和服务。[②]

从20世纪90年代开始，英国对老年人采取社区照顾的模式。英国政府颁布的《社区照顾白皮书》，将社区照顾界定为“提供适当程度的干预和支持，使老人能获得最大的自主性，且掌握自己的生活，为给老人提供服务的老人家庭成员提供暂托、喘息照顾[③]和日间照顾，通过团体之家和临时收容场所，增加照顾范围，直至提供居家护理照料”。[④]英国的社区照顾在财政出资上完全体现了以政府为主的特点，很多服务设施都是由政府资助的。[⑤]

社区照顾包含“社区内照顾”和“由社区照顾”两种方式。[⑥]“社区内照顾”一般是由政府、公益机构等正式组织提供，通过相关机构培训的专业或者半专业服务人员，在社区内的养老服务机构为有养老需要的人员提供照顾。如利用社区中的服务设施，对孤寡老人以及生活不能自理的老年人进行

---

① 杨思斌.英国社会保障法的历史演变及其对中国的启示.中州学刊，2008（3）：79–81.

② 祁峰.英国的社区照顾及启示.西北人口，2010（6）：20–23.

③ 喘息照顾是指政府花钱为失能老人家庭提供“喘息服务”，或是请专业人员去家中照料，或是把老人接到养老机构照看，既让家属喘口气，也让老人康复得更好。

④ 祁峰.英国的社区照顾及启示.西北人口，2010（6）：20–23.

⑤ 杨蓓蕾.英国的社区照顾：一种新型的养老模式.探索与争鸣，2000（12）：42–44.

⑥ 郭建新.英国的社区照顾的特点及启示.中国管理信息化，2016（13）：214.

开放式的院舍照顾，老年人可以随时走出院舍，进入社区。[①]“由社区照顾”是指通过血缘关系或者道德维系的无政府直接干预的非规范性养老照料，大致包括三种：一是家庭成员，主要是子女对父母的照料；二是亲属即兄弟姐妹及远亲等对老人的照顾；三是非亲属包括朋友、邻居、慈善机构、非营利组织对老年人的照料。“社区内照顾”从补救性的角度为老人提供照料服务，“由社区照顾”则从预防性、发展性的角度为老年人提供照料服务，两类照顾模式能够满足老年人从低龄到高龄直到生命最后阶段的不同层面的不同需要。[②]英国的社区照顾为老年人和社会极需援助的人提供适当的照顾和支援，使其能够在自己熟悉的家里或社区中过独立和正常的生活。

关于社区照顾的培育与监管，英国政府发挥以下职能：制定社会福利相关政策与法规，确定社会福利的基本原则；制定具体措施，指导政策执行；提供财政支持，将部分养老服务责任转交给社会和家庭；监督、检查非营利组织和私营机构的服务水平和质量；对社会福利与服务体系进行宏观管理，以保证社会福利事业健康有序运行等。[③]

三、日本养老类社会组织发展状况

日本是全球老龄化问题最严重的国家之一。已经建立起较为完善可行的养老体系，养老方式已经从传统家庭养老模式转变为社会化养老模式。[④]2016年，日本内阁府发布的《2015年日本老龄社会白皮书》指出，日本总人口1.27亿，65岁以上人口约3392万，老龄化率26.7%。按世界卫生组织的评定标准，老龄化率在21%以上为“超老龄社会”。按照这个标准，日本已经进入超老龄社会。[⑤]与此同时，日本总人口还在持续减少，老龄化呈现继续发展的趋

① 杨蓓蕾. 英国的社区照顾：一种新型的养老模式. 探索与争鸣，2000（12）：42–44.

② 杨蓓蕾. 英国的社区照顾：一种新型的养老模式. 探索与争鸣，2000（12）：42–44.

③ 祁峰. 英国的社区照顾及启示. 西北人口，2010（6）：20–23.

④ 王运祥，周洁. 日本老龄化社会问题的解读与启示［J］. 广东外语外贸大学学报，2012，23（05）：85–88.

⑤ 文嘉. 如何应对老龄化社会：长寿之国日本的烦恼与对策. 澎湃新闻网，http：//www.thepaper.cn/newsDetail_forward_1538788，2018–06–24.

势。[①]随着日本人平均寿命的增长和医疗水平的发展，需要护理的老人数量也在不断增加。

在传统日本社会，对老年人的照护除了家庭成员之外，还可以借助邻里之间的互帮互助。然而，随着家庭结构的变化以及传统地缘社会的解体，邻里关系日渐疏远。因此，依靠家庭、邻里互助以及公办养老机构的养老方式已经不能满足日益增长的养老服务需求，需要社会力量介入养老服务供给。

与欧美非营利组织最为发达的国家相比，日本的非营利组织起步是比较晚的。但是，20世纪90年代后期以来发展很快，直追欧美发达国家。非营利组织已经成为日本养老服务供给的重要主体。目前，日本政府正在积极构建全社会支持的居家养老服务体系，即以家庭为核心、以社区为依托、以非营利组织的专业化服务为依靠的养老服务体系。[②]为促进非营利组织发展以及社会化养老服务体系建设，日本政府采取了一系列措施。

1998年12月，日本众议院通过了《特定非营利活动促进法》（即NPO法），规定只要市民活动团体所提交的法人认证材料符合法律规定的要件，主管部门就必须予以法律认证。用更加宽松的“认证制”替代原有的“许可制”，使得非营利组织可以以较低门槛登记为非营利法人。这一立法标志着非营利组织由“官治”转变为“自治”。[③]

日本建立了全国统一的社会福利人才考核制度，社会福利人员通过全国统一的资格考试后，颁发合格证书，获得从业资格，方可从事福利工作。同时，日本政府注重提高介护人员的待遇，改善劳动环境，提供培训和职业成长机会。[④]

同时，日本建立了非营利组织的税收优惠认定机制和税收减免机制。认定机制是指为了促进社会组织法人获得捐助，支持特定非营利活动，对于从事特定非营利活动的社会组织法人的税收优惠资格进行认定的机制。该认定

① 杨子晴. 日本人口连续7年减少 少子化及老龄化趋势愈发严峻. 新浪新闻，https：//news. sina. com. cn/w/2018-04-13/doc-ifzcyxmu0171624.shtml，2018-04-13.

② 胡澎. 日本非营利组织参与社会治理的路径与实践. 日本学刊，2015（3）：140-158.

③ 胡澎. 非营利组织在日本社会发展中的作用. 南开日本研究，2013（1）：42-80.

④ 胡澎. 日本非营利组织参与社会治理的路径与实践. 日本学刊，2015（3）：140-158.

资格的有效期为5年，获得认定资格的法人可以在有效期结束前的3至6个月内提出续期申请。针对某些不满足认定标准的非营利组织，可以申请临时认定，从而获得一定程度的税收减免。①

税收减免机制是对捐赠人和非营利组织的税收减免。企业或个人向非营利组织提供的捐赠均享受减税待遇，向特定非营利组织捐赠遗产也可以享受全额免税待遇，目的是鼓励社会力量支持非营利组织的发展，减轻非营利组织对政府的依赖。日本政府支持企业捐赠，企业向公益法人或特定非营利组织活动法人捐赠，可以将所捐款项全额税前扣除，企业向特定公益促进法人捐赠，可以享受税收优惠。②

日本政府鼓励非营利组织经营创收，允许非营利组织从事少量的贸易、销售等经营活动。对于有效期限为5年的认定NPO法人可享受"视为捐赠制度"，根据这一制度的相关规定，营利事业的部分收入（最高限度为50%）可被视为捐赠金并享受免税优惠。③这一措施可以鼓励NPO法人通过营利收入支持和发展"无盈利"的公益事业。

除了支持性措施之外，日本政府也十分重视对非营利组织的监管，以确保养老服务的质量，监管主体主要是政府和民众。

日本政府在非营利组织监管中发挥主导作用，政府有关管理部门主要负责对非营利组织的认证、认定、税收减免等，例如法人登记、资格审核、信息公开、税收优惠名额的确认等。日本NPO法规定，如果主管部门有充分证据怀疑其管辖的NPO法人违反了法律法规以及其章程规定等，有权要求该NPO法人提交业务活动状况或财产状况报告，或派遣官员进入该组织实施强制检查。若检查发现了问题，还可向其下达整顿整改命令。④

同时，日本政府也将相应的监督权力赋予普通民众，重视民众对非营利组织的监管。为了提高市民参与特定非营利活动的主动性，构建社会组织数据库的工作被纳入内阁总理大臣和有关主管部门的义务中。⑤通过网络数据库

① 张豪，张向前.日本非营利组织监管机制创新及启示.国外社会科学，2016（2）：28-34.
② 王光荣.日本非营利组织管理制度改革及其启示.东北亚学刊，2014（2）：35-39.
③④ 俞祖成.日本NPO法人制度的最新改革及启示.国家行政学院学报，2013（6）：116-120.
⑤ 俞祖成.日本NPO法人的监督体制及其启示.中国社会组织，2013（11）：17-19.

的建立，民众可以轻松获取所需要的社会组织的信息，推动了日本公益事业的公开化和透明化。在非营利组织登记认证流程中，有关主管部门必须将申请成立的社会组织的基本信息及相关文档资料进行公告和公示，其间民众可以自由地进行提问和发表看法，也能够通过网络数据库获取社会组织的公开信息。[①]在取得法人资质之后，还必须按照规定向民众公开事业报告书等信息，以供市民随时查阅。[②]每年内阁府都会对民众和非营利组织进行调研、沟通和交流，发布非营利组织发展状况以及民众对非营利组织态度的调研报告，并将调研成果向社会发布。

这些举措为日本非营利组织的发展创造了良好的条件，激发了民间力量参与养老服务的意愿，并保证了养老服务质量。目前，非营利组织作为重要的供给主体已经渗透到日本公共服务的方方面面，在日本养老护理体制中担负着重要的职责。例如为独居老人、残障人士开展送餐、购物陪伴、康复训练、陪聊等服务；在社区开办托老所，根据老年人的身体状况和服务需求，提供巡访护理、短托服务；为老年人提供老年学校、知识讲座、学习培训、书法绘画、图书阅览等服务。

除了上述国家之外，其他国家和地区在养老领域也有很多好的经验。比如，中国香港特区在资金、人才和评估等方面建立了较为完善的制度，鼓励和支持社会组织从事养老服务。资金方面，香港地区建立了多元化的筹资渠道，主要包括政府资助、慈善捐赠和服务收费。其中，社会组织活动资金80%来自政府，20%来自社会组织自筹或者社会捐赠。[③]人才方面，香港地区高度重视养老服务专业人才的选拔和培养，社会福利署对于老年服务机构的各类专业人员的管理都有明确的规定，包括专业人员比例、专业职责范围、专业标准、专业服务质量控制等。[④]在评估方面，中国香港社会福利署自2000年起，开始推行“安老服务统一评估机制”，由被认可的专业评估员组成评

① 张豪，张向前. 日本非营利组织监管机制创新及启示. 国外社会科学，2016（2）：28-34.

② 同上。

③ 刘晓梅，孙苗苗. 多元化视域下社会组织在养老服务体系中的角色浅析. 社会保障研究，2016（6）：26-31.

④ 郭林. 香港养老服务的发展经验及其启示. 探索，2013（1）：151-152.

估委员会，采用一套国际认可的评估工具，就申请人的自我照顾能力、身体机能、记忆及沟通能力、行为情绪等方面的受损程度、健康状况、环境危机和应付日常生活的能力等作全面的评估，从而识别申请人的长期护理需要，并编配合适的长期护理服务。[①]

四、发达国家和地区经验借鉴

德国、英国、日本都是根据自己国家的实际情况建立养老服务体系，共同之处是都很重视非营利组织的作用。尽管它们的具体做法各有千秋，但都建立了较为完善的法律制度，从资金、人才、运作等方面为非营利组织提供支持，并且采取了有效的措施确保非营利组织合法运作，不断提升服务水平和服务质量。

政府对从事养老服务的非营利组织提供了多种支持。在资金方面，政府除了采取补贴和购买服务等方式直接提供资助之外，还通过税收优惠等政策措施帮助非营利组织扩大收入来源。这些措施包括：实行税收优惠政策，鼓励慈善捐赠，允许非营利组织收取一定的服务费等。虽然社会组织具有公益性，但是鼓励养老服务行业的正常竞争，服务对象需要为所接受的服务支付一定的费用。另外，在严格的规制下，允许非营利组织开展一定的商业活动，为非营利组织开辟收入来源，同时也减轻政府负担。在人才方面，政府大力支持非营利组织实现服务队伍专业化与职业化。实行从业资格制度，帮助开展职业培训，为从业人员提供职业发展机会。在运作方面，政府制定或者支持行业组织制定了需求评估、服务场所、服务设施、服务过程和服务方式等方面的标准，促进服务质量持续改进。

此外，政府十分重视非营利组织的监管，注重发挥社会监督的功能。发达国家和地区形成了较为完善的政府监督、公众监督、行业监督与自我监督相结合的监督体制，确保非营利组织合法运行，保证服务质量，推动其良性发展。

---

① 王海英，梁波. 老龄化与养老服务：香港的经验与启示. 中国人力资源开发，2014（16）：85-90+97.

第三节　我国养老类社会组织发展状况

养老类社会组织在解决我国养老问题上发挥着重要作用，受到政府的高度重视。2013年8月16日，李克强总理在国务院常务会议上提出，发挥市场活力，推动社会力量成为发展养老服务业的“主角”。[①]

一、我国养老类社会组织发展的相关政策

我国政府高度重视社会组织在养老服务中的作用，出台了一系列政策予以支持，为养老类社会组织的发展创造了良好的政策环境。特别是近五年来，我国政府出台了一系列与养老类社会组织相关的政策文件，见表10-1。这些政策内容涵盖发挥社会力量在养老服务中的主体作用（国发〔2013〕35号），支持社区居家养老服务网点引入社会组织（民发〔2015〕33号），简化养老类社会组织登记管理环节（国办发〔2016〕91号），调动社会力量参与养老服务业发展的积极性（民发〔2017〕25号），采取政府购买服务等措施加大对基层老年社会组织的支持力度（国发〔2017〕13号），协调有关部门加大对社区社会组织发展的资金支持（民发〔2017〕191号）等。这些政策为培育和发展养老类社会组织创造了良好的环境条件。

① 王安宁. 国务院：加快发展养老服务业 推动社会力量介入. 中国新闻网，http：//www.chinanews. com/gn/2013/08-16/5173338.shtml，2018-06-24.

表10-1　近几年我国养老服务政策摘要

发布时间	文件名称	政策要点
2013年9月	《国务院关于加快发展养老服务业的若干意见》（国发〔2013〕35号）	激发社会活力，充分发挥社会力量的主体作用。鼓励个人举办家庭化、小型化的养老机构，社会力量举办规模化、连锁化的养老机构
2015年2月	《关于鼓励民间资本参与养老服务业发展的实施意见》（民发〔2015〕33号）	支持社区居家养老服务网点引入社会组织，兴办或运营形式多样的养老服务项目，鼓励专业居家养老机构对社区养老服务组织进行业务指导和人员培训
2016年12月	《国务院办公厅关于全面放开养老服务市场 提升养老服务质量的若干意见》（国办发〔2016〕91号）	精简行政审批环节，申请设立养老类社会组织，符合直接登记条件的可以直接向民政部门依法申请登记，不再经由业务主管单位审查同意
2017年1月	《关于加快推进养老服务业放管服改革的通知》（民发〔2017〕25号）	进一步调动社会力量参与养老服务业发展的积极性，降低创业准入的制度性成本，营造公平规范的发展环境，培育和打造一批品牌化、连锁化、规模化的养老服务企业和社会组织
2017年2月	《“十三五”国家老龄事业发展和养老体系建设规划》（国发〔2017〕13号）	对民间资本和社会力量申请兴办养老机构进一步放宽准入条件，加强开办支持和服务指导。采取政府购买服务等措施加大对公益性、互助性、服务性、专业性基层老年社会组织的支持力度
2017年12月	《民政部关于大力培育发展社区社会组织的意见》（民发〔2017〕191号）	协调有关部门加大对社区社会组织发展的资金支持，鼓励引导社会资金支持社区社会组织发展

近两年来，促进养老服务业发展的最重要的政策就是“放管服”改革。2017年2月，国务院印发《“十三五”国家老龄事业发展和养老体系建设规划》，提出“贯彻全面放开养老服务市场、提升养老服务质量的有关政策要求，加快推进养老服务业‘放管服’改革”。[①]所谓“放管服”，就是简政放权、放管结合、优化服务的简称。“放”是指政府下放行政权，减少没有法

① 《“十三五”国家老龄事业发展和养老体系建设规划》，国发〔2017〕13号。

律依据和法律授权的行政权，厘清多个部门重复管理的行政权。[①]对社会组织而言，就是简化了社会组织的审批手续，逐步放宽对社会组织的行政化管理。“管”是指政府部门要创新和加强监管职能，利用新技术加强监管体制创新。[②]具体到养老服务领域，就是借助于互联网、大数据、物联网等新技术，创新监督管理方式，确保养老类社会组织规范化发展。“服”是指转变政府职能，从行政干预向服务转变，减少对市场主体过多的行政审批等行为，降低市场主体运行的行政成本，提升市场主体的活力和创新能力。[③]这就是说，政府不仅要做减法，减少行政干预，还要做加法，改善和增加对社会组织的服务，帮助它们不断提高管理和服务水平。

具体来说，上述政策主要从资金支持、从业人员激励、健全监督管理体制等方面加强对养老类社会组织的培育和监管。

（一）资金支持政策

养老类社会组织的发展离不开国家的资金支持。2013年以来，国务院、民政部等发布多个政策文件对此做了规定，也得到了地方政府的积极响应。这一系列政策措施加大了养老类社会组织的资金保障力度。

2013年9月6日，国务院发布《关于加快发展养老服务业的若干意见》，提出要通过完善扶持政策，吸引更多民间资本，培育和扶持养老服务机构和企业发展，同时各级政府要加大投入，安排财政性资金支持养老服务体系建设。[④]

2017年2月28日国务院发布的《“十三五”国家老龄事业发展和养老体系建设规划》提出：支持社会力量兴办养老机构；对民间资本和社会力量申请兴办养老机构进一步放宽准入条件，落实好对民办养老机构的投融资、税费、土地、人才等扶持政策；鼓励采取特许经营、政府购买服务、政府和社会资本合作等方式支持社会力量举办养老机构。[⑤]

---

①②③ 李健，荣幸.“放管服”改革背景下社会组织发展的政策工具选择——基于2004至2016年省级政策文本的量化分析.国家行政学院学报，2017（4）：73–78.

④《国务院关于加快发展养老服务业的若干意见》，国发〔2013〕35号。

⑤《“十三五”国家老龄事业发展和养老体系建设规划》，国发〔2017〕13号。

2017年12月27日，民政部发布《关于大力培育发展社区社会组织的意见》，提出到2020年，社区社会组织培育发展初见成效，实现城市社区平均拥有不少于10个社区社会组织，农村社区平均拥有不少于5个社区社会组织。同时，提出加大扶持力度，协调有关部门加大对社区社会组织发展的资金支持，鼓励引导社会资金支持社区社会组织发展，推动建立多元化、制度化的资金保障机制；推动基层政府将城乡社区服务纳入政府购买服务指导目录，逐步扩大购买范围和规模，支持社区社会组织承接相关服务项目；中央财政支持社会组织参与社会服务项目将加大对社区服务类社会组织的支持力度。①

为了实施和落实上述政策，地方政府出台了具体措施。2017年8月21日，武汉市人民政府发布《关于提升养老服务供给水平 加快发展养老服务业的实施意见》，提出完善养老机构的财政补贴制度。其中，社区老年人服务中心一次性建设补贴由10万元提高到了15万元，运营补贴也由6万元提高至10万元。

（二）人才政策

我国政府高度重视对养老服务从业人员的激励，通过对从业人员进行职业培训，提高从业人员职业地位，建立合理的薪酬体制等措施提升养老服务人员的专业技能，建设养老服务人才队伍。

2015年2月3日，民政部、发展改革委、教育部、财政部等十部委发布的《关于鼓励民间资本参与养老服务业发展的实施意见》中明确提出支持社区居家养老服务网点引入社会组织，兴办或运营形式多样的养老服务项目，鼓励专业居家养老机构对社区养老服务组织进行业务指导和人员培训。②人员培训有助于提升社会组织中工作人员的专业素质，提高养老服务质量。

2016年12月26日，北京市民政局发布《关于加强养老服务人才队伍建设的意见》，提出要进一步提升养老服务人才的社会地位，依法保障劳动权益，加强劳动保护和职业保护，落实带薪休假、轮休制度，优化工作环境

① 《民政部关于大力培育发展社区社会组织的意见》，民发〔2017〕191号。
② 《关于鼓励民间资本参与养老服务业发展的实施意见》，民发〔2015〕33号。

等。[①]这些举措有助于吸引和留住更多优秀人才从事养老服务事业。

2017年8月21日，武汉市人民政府发布《关于提升养老服务供给水平 加快发展养老服务业的实施意见》。该意见提出逐步健全养老服务行业的相对合理的薪酬体制和动态调整机制，探索实行养老护理员指导价。通过合理的薪酬体系增强养老服务行业和工作岗位的吸引力，解决养老服务行业护理员短缺的难题。

（三）监督管理政策

养老类社会组织的健康发展离不开健全的监管体系。加强监管有利于规范养老服务行为，确保养老服务质量，推动养老类社会组织健康发展。2017年中国社会科学院发布《社会组织蓝皮书：中国社会组织报告（2016—2017）》。报告称养老是一个全社会需要共同面对的重大问题，引入社会力量参与养老服务，可以有效弥补国家、市场和家庭在养老服务供给方面的不足，满足养老服务发展需求，推动中国养老服务业的健康发展。同时该报告建议政府进一步加强与社会组织良性互动，推进养老服务合作，构建完善的综合监管体系。[②]

2017年8月21日，武汉市人民政府发布《关于提升养老服务供给水平 加快发展养老服务业的实施意见》。该意见提出加强行业监管，各级人民政府和单位要完善居家养老服务组织、社区养老场所、养老机构的准入、退出与监管机制，强化事中、事后监管，加大对违法违规事项的执法查处力度，完善失信惩戒机制。[③]该文件还提出，要建立健全评估机制，采取政府购买服务的方式，引入第三方评估组织，对居家养老和入住机构养老的老年人身体状况，以及养老机构设施、服务、管理、信誉等情况进行综合评估，建立科学合理、运转高效的长效评估机制，实现养老服务评估科学化、常态化

① 《关于加强养老服务人才队伍建设的意见》，京民福发〔2016〕527号。

② 常红，可黎明. 社会组织蓝皮书：社会组织将成中国养老服务的主体力量. 人民网，http://world.people.com.cn/n1/2017/0226/c57506-29108208.html，2018-07-01.

③ 《市人民政府关于提升养老服务供给水平 加快发展养老服务业的实施意见》，武政规〔2017〕34号。

和专业化。[①]

二、我国养老类社会组织的基本情况

在这些政策引导和支持下，政府实施的购买服务、孵化基地、公益创投等培育措施，养老类社会组织都是主要扶持对象。养老类社会组织是近年来增长最快的一类社会组织。目前并没有关于养老类社会组织分类统计的权威数据，只有一些零散的信息，大致可以勾勒出这类机构的总体轮廓。据民政部门提供的数据，截至2017年9月，我国养老机构总数超过14.46万家，相比于2012年底的4.43万家增长超过2倍。[②]然而，数据并没有说明这其中有多少非营利性的民办养老机构。民政部发布的《2017年社会服务发展统计公报》提供的数据显示，截至2017年底，全国共有社区养老机构和设施4.3万个，社区互助型养老设施8.3万个。[③]这些养老机构主要采取民办非企业单位的组织形式。在基金会中心网搜索，截至2018年8月31日，服务领域包括“老年人”的基金会有423家，但是没有养老社团数量方面的统计信息。

（一）养老类社会团体

行业性养老类社会团体，是由养老领域或相近领域的法人组织或个人组成，通过沟通养老行业与政府及相关部门的关系，协调养老行业的利益，规范养老市场行为，为养老行业提供服务，反映会员需求，保护和增进全体成员合法权益的非营利性社会组织。[④]例如，湖北省养老机构协会，是由湖北省养老机构共同组建的，主要向会员提供养老服务政策、养老服务改革、养老机构、社区居家养老等方面的信息，并为理论和实践工作者提供交流的

① 《市人民政府关于提升养老服务供给水平加快发展养老服务业的实施意见》，武政规〔2017〕34号。

② 施文. 我国养老机构总数超过14.46万家，5年增长超2倍［J］. 老同志之友，2018（6）.

③ 民政部. 2017年社会服务发展统计公报. 民政部官网，http：//www. mca. gov. cn/，2018-08-20.

④ 该定义在参考如下文献的基础上形成：徐家良. 社会团体导论. 北京：中国社会出版社，2011：10.

平台。[①]

学术性养老类社会团体，是由专家、学者和科研工作者自愿加入，为促进养老领域的教学或研究，普及养老科学知识，培养养老服务人才，推动老年学、老年护理、养老服务等养老学科发展而开展活动的非营利性社会组织。例如，中国社会保障学会是由我国从事社会保障、社会救助、社会保险、社会福利、社会服务、优抚安置、慈善公益、职业福利及与之相关的商业保险的专家、学者及有关单位自愿结成的全国性学术性社团。[②]尽管中国社会保障学会不是一个专门关注养老领域的学术性社团，但其服务对象和活动领域涵盖养老服务行业。

专业性养老类社会团体，是指从事养老服务的法人组织和专业人士围绕养老服务专业知识和专业技能开展专业活动，提高养老服务从业人员的专业水平，服务于养老服务事业的非营利性社会组织。专业性养老服务社会团体侧重以专业实践为导向，与养老服务职业结合比较紧密，主要是为养老人才培养或人才队伍建设提供服务。例如，深圳市社会工作者协会，是深圳市民政局直接主管的专业性社会团体。深圳市社会工作者协会不直接面向社会提供社工服务，主要职责是社会工作者培训，社会化社工知识普及培训，社会工作者注册登记和年度复核，维护社工权益，承办主管部门委托的其他相关事项等。[③]

联合性养老类社会团体，是由养老领域或其他相关领域的法人组织或个人，为了在养老服务领域进行横向交流而自愿组成的非营利性社会团体。联合性社会团体的成员构成以及开展的活动内容较为广泛，联合会、商会、促进会、俱乐部、校友会、联谊会等都是联合性社会团体。例如，广西康复养老联合会，是由一些从事老龄产业的养老服务、医疗康复、科研教学、护理培训、文化旅游、经营管理等企事业单位、社会团体和相关行业的专家自愿组成的非营利性社会组织。其业务范围较广，包括研究老龄产业“行规行

---

① 湖北省养老服务信息网，http://www.hb-pension.com/index.php/Index.html，2017-11-20.

② 中国社会保障学会，http://www.caoss.org.cn/xhjs.asp?id=2，2017-12-09.

③ 深圳市社会工作者协会，http://www.szswa.org/index/association/list.jsp?typeid=29，2018-08-13.

约”并服务指导，建立行业自律机制；调研老龄产业发展规划，向政府部门提出有关产业政策、经济立法等建议；受政府委托，参与老龄产业重大投资、开发项目的前期论证，协调对项目建设和运营的管理等。[①]

（二）养老类民办非企业单位

直接提供养老服务的机构主要采取民办非企业单位的组织形式，这也是养老类社会组织中数量最多的一类，是养老类社会组织的主体部分。目前，政府采取公办民营、民办公助、公建民营等多种方式吸纳社会组织参与养老服务，并通过鼓励民间资本以合资、独资、参股、联营、租赁等方式，兴办老年公寓、康复护理院、养老院和临终关怀医院等。[②]这些机构提供的养老服务越来越细分化，政府的资助和扶持力度越来越大，对养老机构的规范和监管也越来越精细。

养老服务越来越细分，各个机构针对老年人的不同阶段的需求，从居家养老服务，到医疗服务，再到临终关怀，初步形成了完整的老年服务体系。每一类服务又继续细分为具体的服务项目，比如居家养老服务包括餐饮服务、家政服务等。医疗服务的范围更为广泛，近年来医养结合成为流行的模式。[③]临终关怀服务经过几十年的努力，也逐渐获得社会的认可与接受。不过，临终关怀医院的邻避现象仍然比较突出。[④]

每一种服务都有政府的支持和社会组织的创新。比如，社区为老年人提供餐饮服务，看似一个很简单的问题，实际上多年来都没有得到很好的解决。2013年，武汉市的企业家曾少峰创办“道能幸福食堂”，将公益食堂与农产品销售等营利性产业相结合，终于创造性地解决了这个问题。再比如，临终关怀的理念宣传了很久，但直到1987年中国老龄事业发展基金会创办北

① 广西康复养老联合会，http：//www. gxkfyllhh. com/single. asp?id=1，2018-03-13.

② 刘晓梅，孙苗苗. 多元化视域下社会组织在养老服务体系中的角色浅析. 社会保障研究，2016（6）：26-31.

③ 唐敏，张春焰，吴海波. 医养结合型养老服务模式比较研究［J］. 卫生经济研究，2018（02）：60-63.

④ 杨磊，陈璐，刘海宁. 空间正义视角下的邻避冲突与邻避设施供给要件探析——以武汉某临终关怀医院抗争事件为例［J］. 华中科技大学学报（社会科学版），2018（1）：125-133.

京松堂关怀医院，国内才有了第一家“临终关怀医院”。松堂关怀医院在服务过程中还提出了自己的“社会子宫”理论。世界各国医学专家以前将人的临终期定为六个月，松堂关怀医院经过十几年对1万多位临终病人的观察，发现临终期平均为288天，与新生命在母亲子宫里十月怀胎的时间一样。老年临终病人不能再回到妈妈的子宫，需要有松堂关怀医院这样的“社会子宫”，帮助他们完成其生命的最后成长，保持人性的尊严。[①]

【微案例10-1】

江城幸福食堂[②]

2013年3月，企业家曾少峰创办的道能义工服务中心在武汉市硚口区开办了“道能幸福食堂”，这是武汉市最早的社区老年人公益食堂。这个食堂价廉物美，老年人在这里每天三餐只需花费15元，缓解了老人就餐难问题。道能幸福食堂取得成功之后，引起了社会和政府的关注，很快普及成为“江城幸福食堂”。

幸福食堂由企业和社会组织建设运营，政府通过购买服务，为老人提供“团购”餐饮服务，形成了社区、企业、社会组织、志愿者积极参与的公益敬老模式。2017年，硚口区将幸福食堂列为全区社会事业“一号工程”，建立了20家幸福食堂，采取政府投入固定资产，社会组织运营的模式。按照这个模式，武汉市已经建立了100家幸福食堂，500家配餐中心。这些食堂不仅解决了社区中的老年人吃饭的问题，而且极大地带动了农产品的销售。幸福食堂的亏损可以由农产品销售收入来弥补。

政府对养老服务的资助力度越来越大。很多地方政府对居家养老和机构养老都有资助。比如，硚口区政府对社区老年人公益食堂直接提供场地和设施，通过购买服务资助了部分运作费用。江苏省对非营利性养老院提供床位

① 北京松堂关怀医院官网，http：//www. stghyy. com/yyjs. html，2018-08-30.

② 黄磊. 江城幸福食堂谋求由好变大. 湖北日报，2018-04-23.

补贴，苏北地区的补贴平均标准为每个床位500～1000元，苏中地区为每个床位2000元，苏南地区为每个床位4000元。[①]

政府颁布了一系列针对养老机构的规范和标准，以保障服务质量。民政部制定了《养老机构设立许可办法》《养老机构管理办法》等规章，同时发布了《养老机构基本规范》《养老机构安全管理》《养老机构服务质量基本规范》等国家标准。2017年在对养老机构进行拉网式的检查、整改之后，出台了养老院基本规范，称作“门槛式”规范，只有达到这个规范才能称作为养老院。下一步要出台分级养老院标准，为人民群众提供更好的服务。财政部、民政部、人力资源和社会保障部2017年联合出台意见，鼓励运用政府和社会资本合作（PPP）模式推进养老服务业供给侧结构性改革，形成多层次、多渠道、多样化的养老服务市场。

与此同时，政府加强了对非营利性养老机构的监管。民政部2015年颁布的《关于鼓励民间资本参与养老服务业发展的实施意见》（民发〔2015〕33号）规定：“民办非营利性养老机构停办后，应当依法进行清算，其剩余资产由民政部门负责统筹，以捐赠形式纳入当地政府养老发展专项基金。原始捐资有增值的，经养老决策机构同意并经审计符合规定的，可对捐资人（举办者）给予一次性奖励。”

（三）养老类基金会

在养老领域，中国养老基金会、中国老龄事业发展基金会等，对推动我国养老事业的发展起到积极作用。其中，中国养老基金会是具有独立法人地位的国际私募基金会，以用爱心、善心帮助老龄人口安度晚年为宗旨，通过汇集社会资金构成专项养老养生项目基金，推行国际化养老服务连锁营运和优质管理模式。[②]

不过，除了这些在民政部门登记注册的社会组织之外，也有一些很有影响力的与养老有关的社会组织并没有登记，其中包括一些大学内设的研究机

① 黄健元，谭珊珊. 江苏省民办养老机构发展现状、困境及出路. 西北人口，2011（6）：55–58.

② 中国养老基金会，http：//www. c–ef. org/content. asp?newsid=120，2017–11–21.

构，比如中国公益研究院。

【微案例10-2】

中国公益研究院养老研究中心[①]

北京师范大学中国公益研究院是中国第一所公益研究院，由北京师范大学与上海李连杰壹基金于2010年6月合作成立，由老牛基金会、深圳壹基金、河仁基金会等基金会和企业共同支持运营。中国公益研究院是北京师范大学的二级机构，但工作人员主要采取招聘制，不占用事业编制。中国公益研究院作为倡导新型慈善知识体系的专业型智库，在“慈善推动社会进步”的愿景下，在公益研究与应用、公益教育与培训、公益交流与倡导、公益咨询与服务四个领域开展工作。

中国公益研究院有三个研究中心，即慈善法律研究中心、儿童福利研究中心和养老研究中心。养老研究中心提供的服务包括每周养老资讯、养老月度分析、养老年度发展报告、养老服务项目咨询、养老服务交流等。

不过，总体来说，与发达国家相比，我国养老类社会组织仍不成熟，需要创造良好的条件对其培育，同时，要进行有效的监管，促进其健康发展。

第四节　养老类社会组织培育和监管的问题与对策

养老类社会组织的成立与发展是当前我国老龄化社会发展的需要，在养

① 北京师范大学中国公益研究院，http：//www. bnu1.org/aboutus/profile/，2017-12-21.

老服务领域具有独特的优势，在我国养老服务体系中的作用越来越大。与此同时，当前我国养老类社会组织在培育和监管方面也存在一些问题，阻碍了其功能的有效发挥。为此，需要采取相应的措施加以应对，推动养老类社会组织更好更快的发展。

一、培育和监管存在的问题

（一）培育问题

养老类社会组织的培育在社会信任、资金筹集、专业人才方面存在着一些问题，具体内容如下。

1. 缺乏信任

信任是合作的基础，是政府、公民及其他主体与社会组织合作中所体现出来的一种准则及合作组织的一种结构和文化特征。[①]只有政府和公民对社会组织信任，才有可能形成密切的合作关系。政府、公民对养老类社会组织存在一定的偏见和不信任，具体表现如下。

其一，政府部门对养老类社会组织不信任。一些政府部门在和社会组织合作过程中，没有将社会组织视为平等的合作伙伴，干预过多甚至直接介入养老类社会组织的管理和运作，使养老类社会组织缺乏自主性。

其二，公民对养老类社会组织不信任。我国养老类社会组织还不成熟，良莠不齐，公民对其信任度不高，在同等条件下，更倾向于选择政府提供的养老服务与产品。此外，养老类社会组织在提供产品和服务过程中，由于和消费者之间的信息不对称，消费者对产品和服务的质量和价值持有怀疑态度，最终导致较高的交易成本和较长的运转周期，使养老类社会组织的发展陷入困境。[②]

① 石国亮. 国外政府与非营利组织合作的新形式——基于英国、加拿大、澳大利亚三国实践创新的分析与展望. 四川师范大学学报（社会科学版），2012（3）：19-29.

② 金世育. 非营利组织服务动机的公共性：困境与对策. 求实，2011（2）：223-225.

2. 经费不足

根据《世界银行发展报告（1992）》和国际劳工组织《社会保险成本（1993）》的资料显示，国外非营利组织的资金来源中除政府支持外，服务收费是国外非营利组织筹资的重要渠道。[①]相比之下，我国非营利组织的收入来源过多地依赖政府提供的财政拨款和补贴，[②]自我“造血”的能力不强。同时，由于养老类社会组织还处于不成熟的发展阶段，民间资本较少进入这一领域，大多数社会组织很少获得社会援助。[③]

3. 人才短缺

养老类社会组织需要大量的工作人员，主要包括全职和兼职两类：一类是拿取薪资的管理人员和普通员工；另一类是兼职人员及志愿者，协助全职的员工来开展相应的服务。[④]当前，我国养老类社会组织中人才短缺，在全职人员方面表现尤为明显。

其一，工作人员专业素质有待提升。养老类社会组织中的工作人员，不仅要掌握专业化的知识和技能，而且要具备现代化的管理和运营经验，同时要有较强的服务意识。然而，我国一些养老类社会组织中工作人员的专业技能水平较低，专业素质不高，不利于养老从业人员的专业化和职业化。

其二，人才流失严重。我国养老类社会组织的薪酬水平普遍较低，职业发展空间较小，另外，从事养老服务工作辛苦且社会地位不高，很难留住优秀人才，也不利于吸引优秀毕业生从事该职业。

（二）监管问题

我国养老领域的监管问题不容乐观。民政部2017年通过对全国41700多个养老院进行了拉网式排查，处理隐患近19.7万处，依法取缔、关停、撤并养老

---

① 张彪. 非营利组织可持续发展的财务策略. 财经理论实践，2003（1）：81–83.

② 刘春湘. 论我国非营利组织存在的问题及治理对策. 保险职业学院学报，2006（6）：35–37.

③ 刘晓梅，孙苗苗. 多元化视域下社会组织在养老服务体系中的角色浅析. 社会保障研究，2016（6）：26–31.

④ 吕孝礼. 德国非营利组织参与提供公共服务对我国的启示——以社会政策领域为例. 中国行政管理，2016（10）：140–144.

院2122家，[①]其中包括不少非营利性民办养老机构。

关于养老类社会组织的监管，我国在监管主体、监管过程、监管手段等方面存在一些问题，不利于养老类社会组织的发展。

1. 监管主体

我国养老类社会组织的监管主体主要是政府相关部门，容易忽视媒体、公众及组织自身的监管作用。[②]对养老类社会组织的监管过分地依赖政府这一主体，不利于监管的系统全面和客观中立。同时，政府作为单一的监管主体容易出现对养老类社会组织干预过多的问题，不利于发挥社会组织的自主性。

2. 监管过程

从当前各地对养老类社会组织监管的实践来看，对社会组织监管的标准过于笼统，存在着流于形式、缺乏针对性和可操作性的问题。[③]对养老类社会组织的监管重点是登记评估和年检。登记评估是在养老类社会组织成立的初期进行的鉴定性工作，只是日常监管的补充性措施。年检作为一种事后的管理，存在只重视结果而不重视过程导致监管的片面化，它不能代替事前和事中的监管。因此，在监管过程中，要确定统一的行业监管标准，同时重视事前、事中、事后监管与日常监管相结合，使监管行之有效。

3. 监管手段

我国对养老类社会组织的监管没有适应大数据时代的发展需要，信息化程度较低，导致政府、媒体、服务对象和民众等无法方便快捷地获知养老类社会组织的相关信息，无法进行准确有效的评估。此外，我国政府相关部门对养老类社会组织的监管手段单一，主要依靠行政手段，法律手段和经济手段较少运用，忽视制度规范。[④]

---

① 车丽. 民政部：我国养老机构数超14.46万家 5年增长超2倍. 央广网，http：//china. cnr. cn/ygxw/20180223/t20180223_524141480.shtml，2018-08-30.

② 刘春湘. NPO政府监管的困惑与调整. 求索，2008（4）：60-61.

③ 高媛. 非营利组织参与社会救助：德国模式的立法借鉴. 中共福建省委党校学报，2016（8）：88-95.

④ 张豪，张向前. 日本非营利组织监管机制创新及启示. 国外社会科学，2016（2）：28-34.

二、培育和监管的对策建议

为了促进养老类社会组织的健康发展，通过推动互信机制建设，改革登记管理体制，拓展多方筹资渠道，健全人才管理制度，完善监督管理体系，开展“互联网+养老服务”等举措，对养老类社会组织进行培育和监管。

（一）推动互信机制建设

培育养老类社会组织，首先要加强信任文化建设，构建互信机制。其次，要搭建养老类社会组织与政府和市场合作的平台，多元主体资源共享，优势互补，协同供给养老服务。

（二）改革登记管理体制

加快养老类社会组织登记管理体制改革，简化登记手续，降低准入门槛，消除社会组织参与养老服务供给的体制机制障碍。为了突破双重管理体制对社会组织的制约，广东深圳对社会组织管理体制进行了改革，探索出较成功的经验，给社会组织的培育发展提供了广阔的空间。[①]广东深圳对社会组织进行直接登记管理的模式值得推广，通过直接登记以及“宽进严管”，培育更多的养老类社会组织，使养老服务覆盖更多的老年人，满足日益增长的多层次养老服务需求。

（三）拓展多方筹资渠道

创新政府支持形式，促进政府与社会资本合作，建立多方筹资体系，提高养老类社会组织资金来源的多样化和稳定性。

其一，创新政府支持形式。政府主要通过资金资助和各项优惠政策对养老类社会组织的发展进行支持。除此之外，可以采取税费减免、财政贴息、政府购买服务、免费提供办公场所和设施等手段培育养老类社会组织，还可

① 张建伟等. 社会组织实行直接登记制度后的综合监管机制研究. 中国社会组织公共服务平台，http：//www. chinanpo. gov. cn/700104/92496/index. html，2018-08-30.

以通过创造良好的竞争和激励环境，优化养老资源市场配置，最大限度地挖掘社会组织的养老服务供给能力。

其二，促进政府与社会资本合作。推动养老类社会组织从过度依赖政府财政支持到政府财政支持和社会资本共同参与的筹资模式转变。营造公平竞争的市场环境，鼓励各类市场主体参与养老服务PPP项目，充分调动社会资本特别是民间资本的积极性，逐步使社会力量成为养老服务领域的主体。①

（四）健全人才管理制度

首先，加强人才培养。养老类社会组织可以与政府、高校、培训机构等联合培养养老服务人才，通过在职培训提升从业人员的专业技能，对培训内容、培训课程、培训师资、培训进度、培训方法等进行合理规划，提升培训效果。除了培训，还要对员工进行职业生涯规划，打通职业晋升通道，拓展其职业发展空间。

其次，注重对员工价值观的引导。与其他营利性组织比，养老类社会组织不以营利为目的，员工应具有较强的公益价值观和社会使命感。需要通过价值观的培训和组织文化的熏陶，使员工树立公益理念，增强服务意识，以饱满的工作热情投身于养老服务事业。

最后，提高员工的薪酬待遇。各地政府要加大对养老类社会组织的资金投入力度，确保其工作人员的薪酬不低于当地平均收入水平。同时，养老类社会组织要加强自身能力建设，提升管理水平和项目运营能力，从而提升组织收入，以薪酬待遇留人，并吸引更多优秀的毕业生在养老类社会组织中就业。

（五）完善监督管理体系

第一，健全社会组织内部治理结构。养老类社会组织的内部要制定完

---

① 《关于运用政府和社会资本合作模式支持养老服务业发展的实施意见》，财金〔2017〕86号。

善的规章制度，建立和完善理事会、监事会制度，在组织内部形成“决策机构、执行机构、监督机构”三位一体的相互约束相互制衡机制。[①]

第二，重视监管的信息化建设。应用互联网、物联网、大数据等现代化信息手段，对养老类社会组织的业务活动进行监督，通过网络平台及时公开和反馈相关信息，保障公众的监督权和知情权。我国民政部已建立中国社会组织网，通过该信息平台发布我国社会组织的发展状况，让更多的民众了解和监督社会组织的运行情况。

第三，探索建立第三方评估制度。构建以老年人满意度为核心的服务评估体系，通过第三方对养老类社会组织的服务质量进行科学的评估。根据评估的结果，对于绩效优秀的养老类社会组织，要给予相应的激励；[②]对于质量较低的养老类社会组织，要进行严格的整顿和规范，营造良性竞争的市场环境。

（六）开展“互联网+养老服务”

进入21世纪以来，以互联网为代表的信息技术正在改变人类的生产和生活方式。政府和社会组织要充分利用信息网络技术来提供服务、加强监管。

其一，建立养老服务信息平台，实现养老服务智能化。养老服务信息平台对接养老服务需求方和供给方，老年人通过养老服务信息平台或App选购自己所需的养老服务，如家政服务、生活照料、医疗保健、紧急救援、精神慰藉等，后台工作人员通过信息平台有效调配相关资源，实现养老服务供需精准对接，而且大大节约人力、物力成本，提升养老服务的质量和效率。

其二，打造养老服务合作网络。借助于互联网，养老类社会组织能将老年人和家属、社会工作者、社区工作人员、志愿者，以及政府工作人员、养老服务提供商等链接起来，形成以老年人为核心，多角度、多领域、全方位的互助合作网络。此外，互联网能将各种养老类社会组织链接起来，共享养老服务设施、技术、人才等资源，使各类社会组织共建共享养老资源，实现养老资源的有效配置。

---

① 刘春湘.论我国非营利组织存在的问题及治理对策.保险职业学院学报，2006（6）：35-37.

② 刘晓梅，孙苗苗.多元化视域下社会组织在养老服务体系中的角色浅析.社会保障研究，2016（6）：26-31.

其三，对服务过程进行网络监管。政府部门、社会组织、老年人家属等可以通过网站、App、公众号等了解养老类社会组织的运行状况和服务开展情况，及时发现和解决服务过程中存在的问题。从实际情况看，地方政府都很重视在服务和监管中运用信息网络技术。比如，青岛市为提高养老服务质量，通过“互联网+”手段搭建高效的青岛市综合为老服务平台——青岛智慧养老平台，为市民提供一站式养老服务。[①]市民通过智慧青岛App，可以查询老年公寓、照料中心、护理中心等养老机构的服务项目、覆盖区域以及费用等信息，机构费用明码标价、公开透明，使民众更容易获得所需要的养老服务信息，也便于民众对养老服务进行监督。

总的来说，我国在应对老龄化浪潮，发展养老服务事业方面已经作出了很大的努力，也取得了显著的进步。但是，这些努力和成效与社会对养老服务的需求相比还有不小的差距。现有的服务设施和服务能力分布很不均衡，城乡之间和地区之间还存在较大的差异。养老类社会组织主要分布在城市，而且主要是在一、二线城市和沿海发达地区。农村养老问题比城市更为严峻，中西部地区的养老问题比发达地区更为严重。由于篇幅所限，本章没有深入讨论这些问题。同时，还应该看到我国老龄化的高峰期正在到来，面临的养老服务需求量更大。因此，政府和民间都要更加努力，才能化解这个史无前例的巨大挑战。

① 《智慧青岛新增智慧养老功能 照料陪护覆盖全市》，青岛新闻网，http：//www. qingdaonews. com/ content/2017-12/08/content_20060959.htm，2018-06-25.

第十一章

环保类社会组织

环境是指直接或间接影响人类生存发展的各种自然因素的总和。人类生活的自然环境包括水、大气、土壤、地质和生物等要素。世界各国都面临着经济发展与环境保护之间的矛盾。20世纪60年代以来，环保运动首先从西方国家开始兴起。今天，绿色环保已经成为人们的基本共识。

在我国，保护环境已然是刻不容缓的事情。改革开放以来，我国经济持续快速发展，已经成为世界第二大经济体。然而，这一经济成就的取得是以对自然环境的巨大破坏为代价的。目前，经济活动对自然环境的影响已经到了不可持续的地步。党的十八大以来，习近平总书记提出“绿水青山就是金山银山”。十九大报告强调“要加快生态文明体制改革，建设美丽中国……构建政府为主导、企业为主体、社会组织和公众共同参与的环境治理体系”。其中，环保类社会组织（以下简称环保组织）被视为环境治理体系的重要主体。

第一节　我国环保组织的兴起与发展

环保组织，也被称为环保民间组织、 环保非政府组织、环保志愿者组织等，是以保护环境为宗旨，不以营利为目的的、非政府性的公益组织。[①]中华环保联合会将我国环保组织分为政府发起成立的环保组织、民间自发组建的环保组织、学生环保社团和国际环保组织驻华机构等类型。[②]

环保组织具备一般社会组织的共同特征，如非营利性、非政府性、公益性、志愿性等，同时还具有很强的专业性和参与的广泛性。[③]一方面，环境问题的产生及其治理涉及多个专业领域，不仅需要环境科学和环境法等领域的专业人才，也需要环保相关的管理、营销、教育等方面的专业人才；另一方面，环保与每个人和每个单位的生产生活密切相关，既受到生产方式、生活习惯的影响，还受到宗教信仰、民族风俗等因素的影响，需要全社会所有成员的共同参与。

一、我国环保组织兴起的背景

改革开放以来，我国环保组织的兴起既受到世界范围环保运动和环保组织的影响，也是国内日益严峻的环境形势催生的产物。

---

① 国家环保总局. 中国环保民间组织现状调查报告. 学会，2007（3）：23–27.
② 中华环保联合会. 中国环保民间组织发展状况报告. 环境保护，2006（10）：60–69.
③ 关音. 我国环保NGO的发展与生态环境保护. 环境教育，2012（4）：59–61.

（一）国际背景

工业革命以来，人类活动对环境的破坏日益加剧。但直到20世纪60年代，工业对于环境的影响才真正得到人们的广泛重视。

1962年美国作家莱切尔·卡逊出版《寂静的春天》一书，描述了因过度使用化学药品和肥料而导致环境污染和生态破坏，引发了美国人持续至今的环保运动。20世纪70年代到80年代中期，环境保护运动取得了积极的进展。一些著名的国际环保组织陆续成立，如“地球之友”“绿色和平”等都是1971年成立的。1972 年，联合国人类环境会议第一次把维护人类生存环境问题作为最重要的国际政治问题之一，提上了联合国议事日程，并号召人类采取共同行动保护地球。根据会议的建议，联合国将每年的6月5日定为“世界环境日”。就在这一年，联合国成立了环境规划署（UNEP）来负责处理环境方面的日常事务，这标志着环境保护进入了政府间协作的新时期。

到80年代后期，各种环境保护运动风起云涌，环境保护已然成为全球关注的热点问题。这一时期，环保理念被进一步普遍化和系统化为可持续发展理论。可持续发展理论从更高更远的视角来看待环境与发展的问题，强调各社会经济因素与生态环境之间的联系与协调，寻求人口、经济、社会、资源、环境各要素之间相互协调的发展。可持续发展理论要求经济增长和社会发展必须控制在自然资源和环境能够持久承受的范围之内，既满足当代人的需求同时又不损害后代人的利益，既要达到发展经济的目的，又要保护人类赖以生存的大气、淡水、海洋、土地和森林等自然资源和环境，使子孙后代能够安居乐业、永续发展。

可持续发展的理念得到国际社会的普遍响应。联合国通过了一大批国际环境规范，如《海洋法公约》《蒙特利尔关于臭氧层空洞化备忘录》《气候变化框架公约》等。各国和地区制定的《环境保护法》等各种环境立法更是不计其数。环保组织被允许以观察员身份参与《联合国气候变化框架公约》的大部分正式和非正式谈判。还可以在会议期间通过文字材料和与各国谈判代表面对面交流来影响谈判过程。不仅如此，环保组织在推动各国环境立法方面也扮演了积极角色。比如，英国的《气候变化法案》就是由“地球之友”和世界自然基金会等十几家环保组织起草和推动的。[①]

2000年9月，在联合国千年首脑会议上，来自190多个国家的领导人共同提出了八项目标，称之为“联合国千年发展目标”。“确保环境的可持续能力”就是这八大目标之一。联合国对这套目标实施情况的评估在2015年已经告一段落，但是这些目标已经深入人心，直到今天仍然在各种场合时时被人们提及，因为这些目标依然是摆在人类面前的长期挑战。

在环保运动和环保立法的影响下，各行各业越来越重视绿色生产和绿色营销，消费者越来越青睐安全、健康、无害的绿色产品和服务。环保科技和环保产业越来越发达。

持续半个多世纪的环保运动至今方兴未艾，保护环境是全人类的共同任务，保护环境不仅是政府的责任，更需要全社会的共同关注和积极参与。从全球环境保护的实践来看，从世界自然基金会、大自然保护协会、绿色和平、地球之友等大名鼎鼎的国际环保组织，到遍布各个社区的环保志愿者组织，民间环保组织在环保运动和环保服务方面都发挥了不可替代的作用。

（二）国内背景

由于发展程度不一，各个国家对非营利组织环境责任的认识程度也不同。发达国家已经完成了工业化，经济结构转向以服务业为主，环保意识总体比较强，法律要求更高，环境保护和环境污染治理水平都相对较高。发展中国家正处在工业化过程中，发展经济的压力较大，环境保护意识较弱，生产生活方式对环境的破坏比较严重而环境治理能力又较弱。中国作为最大的发展中国家，又处于工业化的高峰时期，对生态环境的破坏已经达到无以复加的程度。环保组织怀有强烈的使命感和责任感，来推动中国环保事业的进步，实现可持续发展。

作为全球经济发展中的后发国家，中国的工业化进程被高度压缩，在短短几十年时间里完成了发达国家用一两百年时间完成的发展任务，导致水体

---

① 蓝煜昕，荣芳，于绘锦. 全球气候变化应对与NGO参与：国际经验借鉴. 中国非营利评论，2010（1）.

污染、大气污染、土壤污染、资源枯竭、森林减少、水土流失、沙漠化、物种灭绝等各种环境问题集中爆发、交互叠加，环境衰退正在逼近环境容量的极限。[①]不仅如此，环境问题已经演变为社会冲突的重要原因。近年来爆发的群体性事件中，很多都是由于环境污染引发的。由此可见，过去几十年采取的发展模式已经不可持续。

保护和改善生态环境首先是政府的职责，第一要务是改变经济发展方式和政府政绩考核模式。改革开放以来，经济增长是地方政府的首要目标。在以经济增长为主要内容的任期考核指标压力下，地方政府官员为了在“晋升锦标赛”中胜出，几乎不惜一切代价追求GDP和财政税收的增长，保护环境被放到次要的地位。这种政绩观是导致环境问题的重要推手。这种发展理念直到最近几年才开始发生转变。2012年，党的十八大报告首次提出“美丽中国”概念，提出“要把生态文明建设放在突出地位……努力建设美丽中国，实现中华民族永续发展”。在新的发展理念指导下，党和政府提高了对环保问题的重视程度。

然而，世界各国的发展经验表明，环境治理仅靠政府是不够的，社会参与尤其是环保组织的参与是解决环境问题的重要力量。在我国当前情境下，社会参与显得尤为重要。不妨以环境问题中矛盾冲突最为激烈的环境群体性事件为例来加以说明。自1996年以来，环境污染问题引发的群体性事件年均增幅达29%。2005—2012年，环保部直接处置的环境事件共927起，其中重特大事件就有72起。[②]这些事件基本上都是靠政府来解决的，但是效果并不尽如人意。比如，引起各国人民关注的松花江污染事故、大连海岸油污染事故、福建汀江污染事件、广西龙江镉污染事件等，至今均未被追究环境公共利益的损失赔偿责任。[③]

事实上，有相当多的环境群体性事件本身都是由于政府处理公共利益不当而引起的。在这些环境事件中，政府存在着利益冲突和角色冲突。一方

① 洪大用. 关于中国环境问题和生态文明建设的新思考［J］. 探索与争鸣，2013（10）：4-10.

② ③王姝. 近年来我国环境群体性事件高发 年均递增29%. 新京报，2012-10-27.http：//www.china. com. cn/news/2012-10/27/content_26920089_3.htm.

面，政府是环境群体性事件的主体之一，在一些案例中甚至对环境破坏负有责任；另一方面政府又是环境群体性事件的裁判者和决策者。相互矛盾的双重身份使政府有时会为了追求经济增长而忽视公民的环境利益，从而使环境群体性事件愈演愈烈。即使政府不是群体性事件的主体，在处置过程中也可能会因信息和立场等原因而受到局限。①因此，公众参与对于环境治理具有重要意义。

党和政府已经认识到公众参与在社会治理和环境治理领域的重要性。2013年，党的十八届三中全会强调“改进社会治理方式。坚持系统治理，加强党委领导，发挥政府主导作用，鼓励和支持社会各方面参与”。2017年，党的十九大再次强调“加强社会治理制度建设，完善党委领导、政府负责、社会协同、公众参与、法治保障的社会治理体制”。近年来颁布的一系列政策也为环保组织的发展提供了有利条件。比如，2017年3月24日，环保部与民政部联合发布的《关于加强对环保社会组织引导发展和规范管理的指导意见》中明确提出：“环保社会组织是我国生态文明建设和绿色发展的重要力量……到2020年，在全国范围内建立健全环保社会组织有序参与环保事务的管理体制。”

二、环保组织的发展现状

和其他领域的社会组织一样，我国的环保组织也来自两条路径，一部分是政府主导成立的，另一部分是民间自发成立的。这些环保组织的发起者来自各行各业，既有政府机构，有官员、学者、记者、艺术家、企业家，也有工人、农民和学生。

改革开放之初，最早成立的一批社团中就有环保组织，中国环境科学学会是其中之一。1978年由中国科学技术协会批准成立的中国环境科学学会是国内成立最早、规模最大、专门从事环境保护事业的全国性、学术性科技社

① 王姝. 近年来我国环境群体性事件高发 年均递增29%. 新京报，2012-10-27.http：//www.china. com. cn/news/2012-10/27/content_26920089_3.htm.

团。[①]民间自发成立环保组织要晚一些。梁从诚先生1994年发起成立的“自然之友”是我国最早的民间自发成立的环保组织，被业界称为民间环保组织的“黄埔军校”。40年来，我国环保组织已经取得了相当程度的发展。但是，到目前为止仍然是发展较为滞后的一类社会组织。

根据民政部发布的《2017年社会服务发展统计公报》提供的数据，至2017年年底，我国共有社会组织76.2万个。生态环境类社会组织不到7000个，占社会组织总数的比例不到1%。其中，社团6000个，民非501个，基金会没有确切的统计数据。[②]从我国社会组织的行业领域分布来看，环保组织是除了法律、宗教和国际组织之外数量最少的一类社会组织。

【微案例 11–1】

湖北长江生态保护基金会[③]

阿拉善生态协会是我国环保领域最有影响力的民间组织之一，很多民间环保组织都与它有千丝万缕的联系。2016年3月21日，长江生态保护基金会由阿拉善SEE生态协会湖北项目中心的38位企业家共同发起成立，是湖北省首家民间发起的地方性环保非公募基金会。长江生态保护基金会的使命是：携手拯救江豚，共建生命长江。

长江生态保护基金会的资金主要来源于湖北民营企业家会员所交的会费，小部分来自捐赠和政府购买服务。例如，2018年，农业部资助基金会80万元，用于“江豚保护”项目。基金会对这一项目进行公开的竞争性招标，有17家环保组织前来申请，12家中标。这个过程中，民营企业家（作为资助者）也参与进来，不断地把自己的企业变成一个绿色企业、变成一个可持续发展的企业。

① 中国环境科学学会官网，http://www.chinacses.org/aboutIntroduce.jhtml，2018–08–26.

② 民政部. 2017年社会服务发展统计公报. 民政部官网，http://www.mca.gov.cn/article//sj/tjgb/201808/20180800010446.shtml，2018–08–26.

③ 2018年6月28日湖北长江生态保护基金会调研访谈信息。

不过，这个数据没有包括很多开展环保活动但没有在民政部门登记的环保组织。除了民政部门正式登记的环保组织之外，未登记的环保组织主要有以下五种情况。

第一种是挂靠在机关和学校内部的环保组织，主要是学生环保社团，包括学校内部的环保社团以及学校之间的环保社团联合组织等，这些环保社团一般在学校团委和学生会领导下在单位内部开展活动。比如，武汉市近百所高校共有150余家环保社团。

第二种情况是挂靠已经注册登记的社会组织，作为其分支机构，虽然没有独立的法人地位，但可以独立开展活动。比如，“自然之友”在成立后很长一段时间是作为中国文化书院的分支机构开展活动的，当时使用的名称是“中国文化书院绿色文化分院”。

第三种情况是在工商部门登记注册为企业法人，但是开展非营利性环保活动，一些民间环保组织在注册困难时会选择这种方式。

第四种情况是在我国境内开展环保活动的国际环保组织。除了国际知名的世界自然基金会、绿色和平等组织之外，还有不少新成立的国际环保组织活跃在我国环保领域。中美民间清洁能源合作组织“聚思”（JUCCCE）是由一位在美国加州长大的华裔——前宏碁集团总裁刘英武之女刘佩琪——创办的，志在把世界上所有最好的专家都请来解决中国环保问题。[①]2000年，两位日本青年大龙隆司与好友斋藤晴彦在日本创办“绿化网络”（Green Net），致力于恢复内蒙古科尔沁地区沙漠化的草原。他们是追随“日本治沙之父”远山正瑛的脚步而来的。他们相信“因为这里曾经是草原，所以一定能够恢复为草原”。十余年间，“绿化网络”组织来自日本和中国的志愿者在科尔沁的15个旗一共种树350多万棵，为科尔沁重现了25000多亩绿地。[②]

第五种情况是由于其他各种原因没有登记注册的环保组织，比如一些环保志愿者组织。[③]

① 吕明合，刘佩琪. 商业环保的跨国力量. 南方周末，2010-01-13.

② 宗仪. 大龙隆司：我们的目标不是种树. 大连日报，2010-04-18.

③ 李娜. 生态文明建设视角下环保社会组织发展研究. 北京：北京工业大学，2016，17-18.

据中华环保联合会2006年发布的调查数据显示，当时的各种环保组织中，在民政部门登记注册的约占39%；挂靠学校、机关和事业单位的环保组织约占37%；工商登记的环保组织约占4%；挂靠已登记社会组织的约占3%；国际环保组织约占2.5%。其余环保组织因其他原因未在民政部门登记。[①]

此外，由于网络的迅速发展，新的环保组织也尝试采取一种新的组织形式，即网络环保组织。比如关注中国荒漠化问题的“瀚海沙”就是一例，这个组织并没有在民政部门注册登记，也没有挂靠某个法人机构，通过在网络社交媒体发布信息、发邮件等方式在全国招募志愿者来开展活动。这类组织一般比较松散，组织机构不太正式，管理不够规范，开展活动也不稳定。

由于环保组织主要采取社团形式，其资金来源以会费为主，其次是捐赠和政府资助。也有一些公益性环保组织的收入来源主要依靠捐赠。比如“自然之友”的资金来源主要靠捐赠，其中基金会的项目拨款占67.34%；其次是个人捐赠和企业捐赠，分别占11.34%和8.04%；政府购买服务仅占2.06%。[②]此外，也有一些环保资金来源是以奖项的形式提供。比如，福特公司从2000年开始设立“福特汽车环保奖”，为在环保事业中作出贡献的社会组织、个人、企业和机构等提供资助与奖励。[③]

环保组织在处理各种关系方面一般比较谨慎。首先是与政府的关系。一方面，绝大部分环保民间组织遵循“帮忙不添乱、参与不干预、监督不替代、办事不违法”的原则处理与政府的关系。选择与政府合作的环保民间组织有64.6%，选择既非合作亦非对抗的有32.1%，认为存在一些矛盾的只有3.3%。另一方面，政府也给予环保组织越来越多的支持和引导。比如，湖北省环保部门采取培训交流、定期座谈、购买服务、表彰奖励等方式，帮助环保社会组织健康发展，激发了社会组织参与环保事业的热情。[④]在与企业的关系方面，大多数环保组织愿意和环境形象较好的企业开展合作。在和污染企

① 中华环保联合会. 中国环保民间组织发展状况报告. 环境保护，2006（10）：60–69.

② 自然之友2016年年度报告。

③ 李娜. 生态文明建设视角下环保社会组织发展研究. 北京：北京工业大学，2016，17–18.

④ 2018年6月18日湖北省环保厅调研访谈信息。

业进行交涉时，环保组织最常用的方式是向政府部门反映；其次是与企业协商、谈判；很少采取诉讼、集会、抗议等方式。[①]在与媒体和公众的关系方面，借助媒体扩大影响力进而得到社会公众的支持已成为我国环保组织的共识。有79.4%的环保组织被媒体正面报道宣传过；90%以上的环保组织经常组织公众参与环保活动；63.4%的环保组织与学校有合作关系；41.7%的与研究机构有合作。[②]

第二节　我国环保组织的贡献

环保组织在发展过程中逐渐拓宽活动领域。起初，环保组织以开展一些环保公益活动为主，比如植树造林、清理垃圾等。之后开始关注公众环保教育，这个领域现在已经成为环保组织的一个主要活动领域。近年来，环保组织开始向生态政治、生态经济等领域迈进。在党和政府高度重视和引导下，环保社会组织在促进公众参与环保事业、参与环境政策制定与实施、开展环境维权与法律援助、推动绿色经济发展、监督企业环境行为、开展国际环保交流与合作等方面作出了积极贡献。

一、倡导公众参与环保事业

提升公众环保意识，促进公众参与环保事业是环保组织长期开展的主要工作，采取的主要手段有宣传教育、组织开展志愿活动等。

环保宣传教育的内容十分丰富，包括关注气候变暖、节能减排、保护动

① 中华环保联合会. 中国环保民间组织发展状况报告. 中国环境报，2006-04-28（3）.
② 中华环保联合会. 中国环保民间组织发展状况报告. 环境保护，2006（10）：60-69.

物、爱护森林、保护湿地、垃圾分类和绿色消费等。“自然之友”是环境宣传教育方面的先行者。2000年，自然之友启动了我国第一辆环境教育流动教学车——“羚羊车”。2014年9月起，自然之友联合达尔问环境研究所，以发动公众广泛参与、科学探讨环境问题为主线，开展“蓝天实验室”与“清河调研”等环境研究和教育项目。

近年来，环保组织更加注重环境教育的本地化。在环保部门和教育部门的大力支持下，环保组织结合各个地方当地自然生态环境特点，开发专门的项目和课程，针对本地人尤其是学生开展环保宣传教育。比如，在长江流域开展保护湿地的教育，在沿海地区开展保护海洋环境的教育等。

除了环保教育之外，也积极组织志愿者和公众开展各种环保项目和环保活动。近年来，很多基金会都发起了环保与慈善相结合的项目，比如，中国妇女发展基金会发起的“母亲水窖”项目，中国绿化基金会的“幸福家园”生态扶贫项目等。环保志愿活动越来越普遍，比如，环保组织每年在“世界地球日”开展的各种环保公益活动，世界基金会倡导的“地球一小时”活动。还有很多环保组织发起的具有地方特点的环保活动，比如，武汉市民间环保组织“绿色江城”发起的“爱我百湖”活动。

二、推动绿色发展

近年来，我国环保组织积极响应国家的环境政策，推广节能减排的产品，宣传教育，推广太阳能等绿色能源、积极研究节能政策。环保组织积极与企业开展合作，在推动绿色生产生活方面做了很多工作。

企业是经济增长的主要贡献者，企业生产经营的绿色化在绿色发展中处于最为重要的地位。环保组织在倡导和督促企业履行绿色发展义务方面做了大量工作。比如，“公众与环境研究中心” 自2006年6月成立以来，与北京“绿家园志愿者”、甘肃“绿驼铃”、河南“淮河卫士”和安徽“绿满江淮”等环保组织携手，收集、整理和分析政府和企业公开的环境信息，搭建环境信息数据库和污染地图，为政府、企业和公众的决策提供环境信息，促进大批企业实现环保转型。[①]

农村是绿色发展的另一个更加广阔的天地。环保组织在开展乡村建设和扶贫工作中，倡导和践行环保理念，取得了很好的效果。比如，阿拉善生态协会在内蒙古阿拉善从事荒漠化地区生态保护工作，建立了北方荒漠化地区生态保护试验区，并且推动会员企业率先步入环境友好企业行列。[②]再比如，陕西妈妈环保志愿者协会积极响应政府西部大开发战略，陆续在陕西省18个县发展了8000多名农村“妈妈环保志愿者”。近年来，一些乡村建设领域的社会组织非常重视环境保护，将新农村建设与绿色农业、生态家园紧密结合在一起。比如，北京绿十字是乡村建设领域一个很有影响力的社会组织，在10多年的乡村建设事业中，非常注重农村精神文明、物质文明、生态文明三重文明的同步建设。它们的理念是“把农村建设得更像农村”，运用参与式发展方式，提高农民的参与意识和能力，把环保理念和科学方法融入到农民的衣食住行当中。[③]

三、开展环境法律与政策倡导

由于政府与民众之间的信息沟通不畅，公众对特定问题的诉求往往过于分散和模糊，收集和处理这些信息需要很高的成本，导致政府很难与公民个体就某个政策议题进行有效的沟通。环保组织正好可以扮演中间人的角色，将公民的意见集中转达给政府部门，帮助公众参与环境保护相关的公共政策过程。例如，2001年，20个民间环保组织与奥申委和北京市环保局共同编制了《绿色奥运行动计划》。2004年，国家环保总局就圆明园湖底防渗工程举行听证会，“自然之友”“地球村”等积极参与并提出对策建议。2013年，自然之友通过递交申请书、信函、会谈等方式，先后推动京津冀及全国大气污染源信息全面公开，参与《中华人民共和国大气污染防治法》立法过程。

① 公众与环境研究中心官网，http：//www. ipe. org. cn/，2018年8月27日访问。

② 梁从诫. 中国的环境危局与突围. 北京：社会科学文献出版社，2006，329-335；苏西. 阿拉善. SEE生态协会荒漠里的慈善实验. 北京：绿色中国杂志社，2009年第21期.

③ 孙君. 农道——没有捷径可走的新农村之路. 北京：中国轻工业出版社，2011.

2014年，自然之友为推动新《中华人民共和国环保法》的实施，与中国政法大学环境资源法研究和服务中心联合倡导创立环境公益诉讼倡导与法律支持网络，在基金资助、人才培养、资讯共享等方面持续为环境公益诉讼制度提供支持。

很多环保组织在从事环保服务的过程中都深刻认识到了政策倡导的重要性，认识到环保组织做再多的项目，影响也是有限的，只有把项目上升为政策，推动政府去做，才能够在更大的层面上发挥更大的作用。环保组织在政策倡导中主要采取了三种方式：一是做提案。依靠政协、人大代表的影响力，给两会做提案。这是直接的方式；二是做示范。环保组织通过做项目，找到解决某个环保问题的办法，把效果展示出来，再去说服政府把这个办法纳入政策之中，加以复制推广；三是做宣传，就是通过舆论来影响政策。比如，长江生态保护基金会发现，只有使江豚从二类濒危动物上升为一类濒危动物，才能更好地保护江豚这个长江珍稀物种，它们通过两会代表、委员在全国人大、政协反复提出“保护江豚”议案，并倡议出台长江保护法，期望在长江实施全面禁渔。[①]

四、维护环境公共权益

在维护环境公共权益方面，环保组织逐步由环境事件的旁观者，转变为环境诉讼的协调者、建议者，进而以原告的身份提起环境公益诉讼。这一过程大致分为三个阶段。[②]第一阶段为依靠媒体动员，干预水电开发。代表性事件是2003年自然之友、绿家园等发起的“怒江保卫战”，阻止怒江水电开发。第二阶段环保组织介入环境诉讼，帮助受害者搜集证据，制定诉讼对策，助力维权。代表性事件是，2005年中国政法大学污染损害者法律帮助中心帮助福建屏南县村民，对屏南县榕屏化工有限公司提起环境污染侵权诉讼，最终判决化工厂停止侵害，修复环境并赔偿68万元。由此开始，通过间

① 2018年6月28日湖北长江生态保护基金会调研访谈信息。

② 栗楠. 环保组织发展困境与对策研究——以环境民事公益诉讼为视角. 河南大学学报（哲学社会科学版），2017，57（2）：60-66.

接的诉讼活动解决环境纠纷成为环保组织的又一重要活动方式。第三阶段以原告身份提起环境公益诉讼。[①]

环境公益诉讼是环保组织依法参与环境治理、维护环境公众权益的高级形式。2012年《中华人民共和国民事诉讼法》第五十五条赋予了有关组织提起环境公益诉讼的主体资格，2015年1月1日起实施的新修订的《中华人民共和国环境保护法》第五十八条对有权提起诉讼的组织需满足的资格条件进行细化，环保组织获得了提起环境公益诉讼的主体资格。这是我国政府近年来为充分发挥环保组织的作用而进一步完善法律制度的一个里程碑。

2015年当年环保组织和检察机关作为原告共提起44件环境公益诉讼，其中37起由环保组织提起，其余7起则由检察机关提起。这些案件涉及的领域包括水污染、水和大气复合污染、生态破坏、土壤污染和海洋污染等。[②]比较而言，1995年至2014年20年间，全国各地法院一共才审理了72个环境公益诉讼案件。[③]因此，2015年被视为我国环境公益诉讼元年。

自然之友倡导成立了环境公益诉讼倡导与法律支持网络，支持更多的社会组织成为环境公益诉讼的原告。目前该网络已有30多家环保组织、百余名律师以不同形式参与环境公益诉讼。[④]

五、承接政府购买环保公共服务

2013年国务院发布《政府向社会力量购买服务的指导意见》之后，为了落实此项政策，2017年环保部与民政部联合发布的《关于加强对环保社会组织引导发展和规范管理的指导意见》对政府向社会组织购买环保服务做了规

① 张萍. 环保组织在环境事件中的介入模式及角色定位——近十年来的典型案例分析. 思想战线，2014（4）.

② 杜希萌. 2015环境公益诉讼个案数量较新环保法实施前大幅提升. 央广网，2016年3月18日。

③ 郄建荣. 去年全国提起44件环境公益诉讼 环保组织称立案标准不统一. 法制日报，2016-12-19.

④ 最高人民法院. 中华环保联合会诉谭耀洪、方运双环境污染民事公益诉讼案，2017-06-23.最高人民法院官网，https：//www. chinacourt. org/article/detail/2017/06/id/2901599.shtml，2018-08-26.

定，并且提出："环保部门、民政部门要加强与同级财政部门的沟通协调，配合财政部门制定和完善政府购买服务指导性目录，将应当由政府举办并适宜由环保社会组织承担的环境服务事项纳入指导性目录……有条件的地方可申请财政资金支持环保社会组织开展社会公益活动。"至此，地方政府向社会组织购买环保服务工作有了中央政策依据。

近年来，政府向社会组织购买环保服务已经有所进展。尽管缺乏全面统计数据，从一些例子可以窥见一斑。福特汽车环保奖连续多年评选优秀的环保项目以及环保组织，2017年组委会收到了121家环保组织的奖项申请，其中32家环保组织的资金首要来源是政府。2014年中国环保公益发展研究报告调查了104家环保组织，总体上来看，这些环保组织约12%项目资金来源于政府。[①]

地方政府都是结合本地环保服务需求设计购买服务项目。比如，2017年7月，台州市黄岩区环境综治办与当地的环保志愿者协会签订了购买服务合同，向后者购买河道巡护服务以及志愿者的业务培训服务。购买服务很快就见到了成效。综治办的工作人员说："以前我们四五个人负责巡护整个区的河道，只能挑重点的查，一次督查发现问题在10个以内。而志愿者协会发动近900人对黄岩各个地方进行督查，开展巡护的头一天就发现了100多个问题。"[②]又比如，2016年，农业部通过购买服务的方式资助阿拉善湖北项目中心80万元用于"江豚保护"项目。这个项目提供的服务非常有创造性。长期以来，在长江保护与渔民生计之间存在着很大的矛盾。长江沿线有14万多渔民，打鱼破坏生态，上岸没有生计。随着长江里的鱼越来越少，渔民的困境日益突出。湖北项目中心利用农业部购买服务的经费把这些长江渔民变成了江豚巡护员。这一项目既保护了长江江豚，又实现了精准扶贫，得到了农业部的高度认可。[③]

---

① 刘佳. 环保组织：从"找麻烦"到供服务 政府订单来了. 南方周末，2018-05-13，http：//www. infzm. com/content/130500，2018-08-26.

② 同上。

③ 2018年6月28日湖北长江生态保护基金会调研访谈信息。另外参见刘霞. 拯救江豚 留住长江的微笑. 中国周刊，2017-10-19.

六、参与全球环境治理

近年来，中国环保组织开始尝试通过与国际环保组织交流合作，积极参与全球环境治理。不过，与资深国际环保组织相比，中国环保组织在这个领域的影响力还十分有限，难以真正融入到国际和国家应对气候变化的行动中去。[①]我国环保领域在其他议题上的国际参与度和影响力大致与此相当。

总体上来看，尽管我国环保组织在环保各个相关领域都已经取得了一定的成绩，但是我国环保组织与当前面临的环境治理任务相比，与发达国家的环保组织相比，无论是数量、规模还是能力等方面都还存在很大的差距。当然，换一个角度来看，这也是我国环保组织未来发展的机遇。

第三节　我国环保组织发展中的问题与对策

尽管我国环保社会组织的发展环境已经有了很大改善，社会组织自身建设也有了明显进步，但是目前环保组织仍然面临着法规制度建设滞后、管理体制不健全、培育引导力度不够和自身建设不足等问题，制约着环保组织充分发挥作用。具体来说，在环保组织登记管理、环境公益诉讼、政府购买服务等方面有待政府进一步深化改革，加大支持力度。社会组织也要更加注重自身能力建设，同时争取更多的社会支持。

① 蓝煜昕，荣芳，于绘锦．全球气候变化应对与NGO参与：国际经验借鉴．中国非营利评论，2010（1）．

一、登记管理问题

长期以来，我国环保组织面临着注册登记门槛较高的问题。我国对环保组织实行双重管理体制，即民政部门负责环保组织的登记管理，环保部门或其他业务主管单位负责环保组织的业务管理。在现实中，环保组织对环境保护的追求与企业对经济效益的追求之间很容易发生冲突，而一些企业由于是地方的纳税大户甚至是当地的支柱企业而受到地方政府的保护。由于担心发生这种冲突，很多单位为了避免风险而不愿意成为环保组织的业务主管单位。因此，很多环保组织由于找不到业务主管单位而无法注册登记。[①]

2017年3月，环保部、民政部联合发布的《关于加强对环保社会组织引导发展和规范管理的指导意见》（以下简称《指导意见》）提出，“稳妥推进符合条件的环保社会组织直接登记”。并且规定，“民政部门审查直接登记申请时，根据需要征求环保部门、其他有关部门的意见或组织专家进行评估，环保部门、其他有关部门要对环保类社会组织成立的必要性、负责人的任职等认真研究并提出意见。”这实际上意味着，环保组织目前还不能如同行业协会商会、自然科学技术类组织、慈善组织和社区社会组织那样实行直接登记。这也意味着，政府对于环保组织的角色和作用仍然存在顾虑，还是担心环保组织可能片面、过度追求环境保护，而与企业或其他群体发生矛盾冲突，乃至采取过激行为，影响经济发展和社会稳定。因此，《指导意见》还要求：“民政部门要依法监督环保社会组织负责人、资金、章程履行等情况，严厉查处环保社会组织违法违规行为。鼓励支持新闻媒体、社会公众对环保社会组织进行监督。”这种一贯的谨慎态度对于维护社会和谐可能是有必要的，但是不利于环保组织的发展以及遏制环境继续恶化的形势。

---

① 王社坤. 民间环保组织在环境公益诉讼中的角色及作用. 中国环境法治，2013（2）：157-192.

二、环境公益诉讼制度存在的问题

新环境保护法实施以来，提起环境公益诉讼的环保组织数量、成功立案的环境公益诉讼数量都小于预期。[①]这种现象背后既有环保组织方面的原因，也有制度本身还有待完善的问题。

2015年，全国大概有700余个社会组织符合法律规定环境公益诉讼的主体资格。然而，这一年全国仅有9家社会组织成为环境公益诉讼的原告。[②]绝大多数环保组织除了缺乏法律专业人才、能力不足以担任公益诉讼主体之外，还存在资格、资源和意愿不足的问题。首先是资格问题。一些地方法院根据原告的组织章程是否有“环境保护”这个内容，判断其是否符合环境保护法及司法解释规定的公益诉讼主体资格，使一些案件因“主体不适格”而不予立案。[③]其次是资源不足。环境公益诉讼的费用太高也阻碍了一些环保组织成为公益诉讼的主体。2011年，“自然之友”起诉云南曲靖陆良化工有限公司的案件获得胜诉，但支付的生态环境损害鉴定费用就高达900万元。2017年，自然之友和中国绿发会起诉常隆三家企业环境污染案最终败诉，两家环保组织分担案件受理费达189.18万元。[④]对于大多数环保组织来说，如此高昂的诉讼费用以及败诉风险都超出了承受范围。最后是意愿不足。环境公益诉讼案件胜诉了赔偿金也不归原告，胜诉了还要面临执行难，这些因素都削弱了环保组织提起环境公益诉讼的意愿。

环境公益诉讼还有一个困难在于，环保组织只能代表“社会公共利益”提起诉讼，不能代表国家利益和私人权益。因为，按照法律国家利益由政府代表，私人权益由各相关方代表。不过，目前法律对“社会公共利益”的界定还不够明确，环保组织对此也存在困惑。2015年1月，自然之友、福建省

---

① 栗楠. 环保组织发展困境与对策研究——以环境民事公益诉讼为视角. 河南大学学报（哲学社会科学版），2017，57（2）：60-66.

② 杜希萌. 2015年环境公益诉讼个案数量较新环保法实施前大幅提升. 央广网，2016-03-18.

③ 王子越. 环保组织提起环境民事公益诉讼的困境与完善——以泰州“天价”环境公益诉讼案为视角. 法制博览，2017（7）.

④ 李超. “常州毒地”一审：自然之友等环保社会组织败诉. 中国青年报，2017-01-27.

绿家园就谢知锦等四人破坏林地事件提起民事公益诉讼，2015年3月中华环保联合会就德州振华公司污染大气提起环境公益诉讼。但是，这两个案件都没有得到法院支持，理由是恢复被破坏林地植被是林业和国土部门的职责，大气污染防治是环境主管部门的职责，不属于环保组织提起诉讼的范围。[①]这说明目前在环境公益诉讼中，关于环保组织的定位与功能，在法律层面尚未明晰。[②]

新环保法对提起环境公益诉讼的社会组织条件做了规定，但对“污染环境、破坏生态，损害社会公共利益的行为”是指民事行为还是行政行为，没有作出明确解释。最高法的《解释》将其限定为环境民事公益诉讼。最高检的《试点决定》和《试点方案》将提起环境行政公益诉讼的主体限定为人民检察院，将环保组织排除在外；而《中华人民共和国行政诉讼法》并未明确环保组织可以提起环境行政公益诉讼。因此，环保组织在环境公益诉讼中提出的所有诉讼请求都不能超出民事行为的范围，无权提起环境行政公益诉讼。

此外，环境公益诉讼涉及众多法律规范，相关法律规范之间的衔接不畅也会影响环保公益诉讼案件的受理。例如，2015年，大连环保志愿者协会就中油燃料油股份有限公司等七被告海洋污染提起诉讼，法院拒绝立案，主要原因在于《中华人民共和国海洋环境保护法》并未对环保组织可以提起环境公益诉讼作出规定，而是规定由行使海洋环境监管权的部门处理对海洋生态造成破坏的行为。可见，具体到某个案件的时候，可能涉及相关法律与新环保法在环境公益诉讼方面的规定相脱节、相矛盾的情况。[③]

针对上述问题，环境公益诉讼制度应该在如下几个方面进一步完善。第一，完善环境公益诉讼相关立法，进一步明确环保组织的角色和定位，明确环保组织提起环境民事公益诉讼的范围，对环保组织提起环境行政诉讼的资

① 十起环境侵权典型案例. 人民法院报，2015-12-30.

② 胡静. 环保组织提起的公益诉讼之功能定位——兼评我国环境公益诉讼的司法解释. 法学评论，2016（4）：168-176.

③ 筱阳. 环境公益诉讼迎实质发展 破冰困局仍待解. 中国环保在线，http：//www. hbzhan. com/news/detail/106237.html.

格条件进行规范。第二，建立环保组织参与环境公益诉讼的激励保障机制，设立环境公益诉讼专项基金，帮助环保组织解决环保公益诉讼的费用难题，支持环保组织参与环境公益诉讼。第三，建立生态修复和损害赔偿费用使用及监督机制，确保被告承担的生态修复和损害赔偿费得到有效使用和监管。第四，探索在环境公益诉讼中建立第三方监督机制，确保法院对公益诉讼案件的判决得到执行和落实。[①]

三、政府购买环保公共服务的问题

尽管很多地方政府在购买环保公共服务方面已经有了初步的探索和尝试，但是这项制度还不够完善，在实施过程中还存在不少阻碍因素。

首先，政府购买环保公共服务的领域狭窄、数量不足。虽然我国有些地方政府已经开始购买公共服务，但是购买动力不足，购买力度不大。2016 年 8 月18 日，江苏省政府发布了政府购买公共服务目录，购买内容主要包括六大类83个项目，其中只有基本公共服务中的市政公共设施管理服务、园林绿化管理服务和技术性服务中的海洋服务提到了环保公共服务，而且仅仅局限于城市污水处理和海洋污染治理等方面。政府对购买环保组织服务政策进展缓慢，环保部2014 年草拟的《关于做好政府购买环境公共服务的指导意见》至今也没有出台。

其次，政府购买环保公共服务的操作不够规范。《中华人民共和国政府采购法》规定，我国政府在选择公共服务参与供给主体时，应采用公开招标、竞争性谈判、采购等形式。但是，由于政府针对购买服务还在探索学习阶段，具备资质和能力的环保组织也很有限，加之大部分项目金额都很小，目前政府购买公共服务更多地采用委托、承包等方式选择承接主体。这样一来，政府便倾向于向熟悉的环保组织购买环保服务，存在“人情标”和“形式标”等问题。[②]

---

① 崔丽. 新《环境保护法》背景下环境公益诉讼激励机制研究. 生态经济，2015，31（5）：131-135.

② 陈岩. 环保组织能力建设的机遇、困境和路径探析. 行政科学论坛，2016（2）：40-44.

最后，环保组织发育滞后导致服务能力不足。目前，政府向环保组织购买服务实际上具有双重意义，一方面是提供环保公共服务，另一方面是培育扶持环保组织。这两个目标并不完全一致，可能会导致一些风险：环保组织能力不足，导致服务的规范性和专业性较弱，难以保证购买服务的质量，影响购买服务项目绩效，甚至损害服务对象的权益；还可能会导致环保组织对政府的过度依赖，使得环保组织对政府的依赖程度提高，在行政性依赖的基础上再添加经济性依赖，增加环保组织自主发展的难度。

针对上述问题，近年来学界进行了初步研究，政府出台了一些政策，但还需要进一步落实。第一，扩大购买服务内容范围。目前有望成为购买内容的主要是环境监测和环境评价服务。第一个是环境监测服务。2014年10月24日，国务院常务会议要求“推进政府向社会购买环境监测服务”。为了落实国务院的精神，2015年2月环保部颁布《关于推进环境监测服务社会化的指导意见》提出“稳妥推进政府向社会购买环境监测服务工作”。此后，环保部组织开展了试点工作，培育和引导社会组织参与环境监测服务工作。第二个是环境评价服务。有学者建议在环境评价制度改革中，将行业性组织、环保组织和社会公众纳入环评参与主体。行业性组织主要负责政府职能转移的资质管理、信用评价、进行行业自律等工作。第二，环保组织对环评违法行为进行调查监督，对重大环评项目发表意见，对环评违法机构提起环境公益诉讼，并带动社会公众对相关环评项目发表意见和进行监督。[①]此外，2014年，国务院办公厅印发《关于改善农村人居环境的指导意见》，要求推动政府通过委托、承包、采购等方式向社会购买村庄规划建设、垃圾收运处理、污水处理、河道管护等公共服务。环保组织也可以带动公众参与监督、评价这些服务。

此外，政府在与环保组织合作中也可以采取公益创投等创新方式。公益创投已经在多个社会服务领域发挥作用，可以尝试将公益创投引入环保领域，促进环保组织与环保事业的发展。

① 姜维国. 环境影响评价中公众参与方案设计研究［J］. 环境科学与管理，2014，（2）.

四、环保组织能力建设与社会支持方面的问题

环保组织自身能力不足，尤其是草根民间环保组织。草根民间环保组织由有环保意识的公众组成，他们中间大多数人都不具有环保方面的专业知识和技能。同时，组织的资金筹措能力、管理能力都有所欠缺，从而影响了组织的发展。

环保组织少部分是专业组织，大部分是志愿者组织，专业组织中也大量使用志愿者。很多环保专业组织存在着内部治理机制不健全、缺乏民主决策机制、财务管理不透明、人才管理制度不完善等问题。一些环保组织没有成立董事会，即便成立了也是形同虚设。一些环保组织没有制定规范的组织章程和规章制度，即使制定了也没有严格执行。许多环保组织没有民主决策和科学管理机制，组织的发展规划、活动开展等由利益相关方决定或组织负责人决定；很多环保组织财务不透明，既不向内部公开，更不向社会公开。只有少数环保组织通过网站向社会公开财务状况。很多环保组织迫切需要提升营销和筹资能力。

所有这些问题中，人才问题是最关键的问题。环保组织普遍缺乏熟悉各种环保技术和相关法律政策的专业人才，根据中华环保联合会的调查数据显示，近30%的环保组织没有专职人员。[①]志愿者是环保组织的宝贵人力资源，但是大多数环保组织志愿者管理不规范，对志愿者的支持和保护力度不够，志愿者参与度不高。从事环保工作是有一定风险的，有的志愿者在工作中被环境污染主体殴打，最近竟然爆出了环保组织负责人对志愿者实施性骚扰的事件，可见环保组织的志愿者管理有多么糟糕。

目前，尽管环保理念已经深入人心，但是对环保组织的认同度并不高，这是环保组织获得的社会支持仍然十分有限的重要原因。首先，政府对环保组织的认同度不高。政府担心环保组织会动员公众参与从而走向政府无法控制的方向，担心我国环保组织会像西方环保非政府组织那样与政府进行对

① 中华环保联合会.中国环保民间组织发展状况报告.环境保护，2006（10）：60-69.

抗，此外还担心环保组织会影响地方经济发展。其次，公众对环保组织的认知度很低，认同度也不高。公众长期受计划经济影响，习惯了政府包揽一切固然是一个重要原因，但是环保组织的自身素质也是一个重要原因。另外，企业对环保组织的认同度也不高，往往把环保组织视为“拦路虎”，尚未习惯于把环保组织视为一个正常的利益相关方，接受环保组织的监督。

环保组织必须在政府支持下，努力改进内部治理，提升组织管理水平，争取得到社会的认同，为自身发展和环保事业的发展营造良好环境。另外，环保组织作为“环保卫士”，本身也要依法依规运行，在接受政府监管的同时，还要主动接受媒体和社会的监督。

第十二章

社会组织发展趋势与挑战

近年来，随着政治、经济、社会以及技术领域的变革步伐加快，社会组织的发展环境也发生了很大变化。我国已经是世界第二大经济体，正处于工业化和城市化的高峰期，城乡发展和地区不平衡，人口流动性大，人口老龄化形势严峻，家庭结构与功能发生了巨大变化，性别平等意识不断提高，这些变化都要求提升公共服务转型升级来作出回应。随着我国“一带一路”倡议的实施和企业“走出去”步伐的加快，中国正在成为全球化的引领者，社会组织作为国家“软实力”的一个载体应该跟上这个步伐。与此同时，互联网和人工智能等高新技术的发展一日千里，正在对社会经济发展乃至整个人类社会的秩序带来全新的挑战。所有这些变化对社会组织的未来发展而言，既是前所未有的机遇，同时也带来难以预测的挑战。

一、公共服务的民营化趋势与挑战

20世纪70年代末，西方国家政府在福利制度改革过程中，在民营化思潮的影响下，政府通过拨款、补贴和购买服务等方式将非营利组织“招安”，纳入公共服务供给体系之中，对政府与非营利组织都带来了深远影响。

以美国为例，20世纪60年代以来，非营利组织成为美国社会服务政策和供给体系的核心组成部分。[①]2007年，非营利组织占到社会服务机构总数的55%，雇用人数的65%和收入的75%，非营利部门的收入将近四成来自政府资助。[②]更多地依靠非营利组织来提供服务，并不意味着政府角色的弱化，恰恰相反，这意味着政府更多地卷入到非营利组织和社会事务之中，对非营利组织的影响越来越大。不论政府资金占多大比例，整个非营利组织都必须要达到政府的要求。通过这种方式，传统上独立于政府的社会服务机构（如家庭与儿童服务机构）如今都纳入了政府规制的范畴。[③]总之，公共服务的民营化极大地改变了政府和非营利组织的面貌以及二者之间的关系。[④]

在我国，社会组织在教育、医疗、养老、文化等公共服务领域已经占有了一席之地，随着人民群众对公共服务需求的提高，社会组织必将在公共服务体系中扮演越来越重要的角色，与事业单位形成分庭抗礼的局面。然而，政府长期形成的管理事业单位的制度和手段并不适用于管理社会组织。作为体制内的机构，事业单位是政府利用国有资产举办的，政府可以依靠行政手段来直接控制事业单位的编制、人事、财务和其他事项。事业单位本身实行党委领导下的行政首长负责制，可以与政府行政系统无缝对接。然而，社会组织是各类社会主体利用民间资源举办的，产权性质不同于事业单位，社会组织采取理事会决策制，不受政府行政系统的直接控制。因此，政府必须采

① Gibelman，W.，Demone，H. W.（eds.）（1998），*The privatization of Human Services-Case Study in the Purchase of Services*，New York：Springer Publishing Company.

② Salamon，*America's Nonprofit Sector*（2nd *Edition*），Foundation Center，2012.

③ ［美］萨拉蒙. 公共服务中的伙伴，田凯译，北京：商务印书馆，2008年版。

④ 张远凤，莱斯特·萨拉蒙，梅根·韩多克. 政府资助对美国非营利组织的影响——以MFN，BCC和DCCK为例. 中国非营利评论，2015（1）.

用新的理念、设计新的政策、采取新的手段来管理社会组织，这对政府和社会组织双方而言都是巨大挑战。

二、公益商业化趋势与挑战

公益商业化就是既做公益又赚钱。一些著名的企业家和公益人士都是公益商业化的倡导者。比如，马云就说："慈善必须以商业的计划执行，以商业的形式执行。"徐永光主张，"公益向右，商业向左，公益与商业双轮驱动。"[①]

公益商业化并不是什么新现象，它是公益与市场之间长期冲突与妥协的过程。公益慈善本身就与市场经济有着天然的联系，公益慈善的"滴水经济"向市场经济的汪洋大海汲取资源是十分自然的事情。进入21世纪以来，这个过程由于突破性的社会创新而加速了。越来越多的非营利组织为了增加收入开始涉足商业领域，一些公益组织干脆采取社会企业模式。同时，资本市场也对非营利部门产生越来越大的影响。

公益商业化由浅及深可以分为四个层次：第一个层次是商业化创收，即非营利组织采取商业手段获得运营收入，用于弥补日常运作开支。服务收费、善因营销等都属于这个层次。第二个层次是企业化管理，即非营利组织按照商业原则进行组织管理，实现管理的专业化与职业化，在服务市场和人才市场与商业企业进行竞争。第三个层次是资本运作，即非营利组织借鉴公司模式利用资本市场，绕过非营利性约束，通过金融创新甚至使用股权投资工具，利用资本市场获得资金，实现财务可持续性。[②]第四个层次是社会企业，这是公益商业化的终极形态，即公益慈善机构将公益使命嫁接到商业模式中，蝶变成为社会企业。在这个层次，非营利组织变得更像商业企业而不是传统的非营利组织。

公益商业化的程度的不断加深对非营利组织制度提出了挑战。社会创新

---

① 徐永光. 公益向右 商业向左，北京：中信出版社，2017.

② ［美］莱斯特·萨拉蒙. 撬动公益——慈善与社会影响力投资新前沿导论. 叶托，张远凤译，北京：中国社会科学文献出版社，2017，55–60.

总是在制度的交叉区域和边缘地带产生，公益商业化是慈善向企业和市场跨界的产物。但是这并不意味着市场将会取代慈善，也不意味着企业制度要替代非营利组织制度。萨拉蒙警告说：不可夸大公益商业化的力量和作用。公益商业化不能替代政府，也不可能向传统慈善说再见，而是要“优势互补、携手合作”。政府和传统慈善机构对于公益商业化不仅是重要的，而且是“倍加重要”的。①

总的来看，公益商业化是公益和市场两个部门价值趋同的结果，是商业企业和市场制度自我改良之道，也是公益慈善和非营利部门大发展的新机遇。这既是两大部门的自我改造，也需要两大部门的携手合作，更需要政府在制度设计上的支持与跟进。比如，当前政策要求教育、医疗和养老机构要严格区分非营利性和非营利，一些企业在捐赠股权的时候，也面临着私有产权转换为非营利性产权的问题。无论是非营利组织转制为商业企业，还是商业企业转制为非营利组织，政府都应该有制度设计，要加强监管，防止商业化对公共利益的侵蚀。

三、网络化发展趋势与挑战

我国的互联网行业高速发展，日益成为推动社会组织和公益慈善发展的积极力量。互联网公益正在颠覆传统的公益模式，传统的公益模式以公益机构为中心，公益机构充当资源提供者和受益人之间的服务中介，公益服务具有相对封闭的运作体系。在互联网时代，公益运作以网络平台为中心，公益机构不再是唯一中心，民间机构借助互联网的力量快速发展，政府对公益的主导作用日渐受到挑战；捐助人与受益人直接对接，公益机构的资源中介功能弱化但服务和信用中介作用强化，公益机构与利益相关方之间的组织边界日益模糊，公益活动与商业活动的界限日益模糊。

中国公益慈善媒体十分发达，不仅以公益慈善命名的专业媒体（比如公

---

① ［美］莱斯特·萨拉蒙. 撬动公益——慈善与社会影响力投资新前沿导论. 叶托，张远凤译，北京：中国社会科学文献出版社，2017，80–93.

益慈善周刊、慈善中国、公益慈善学园等）越来越多，而且几乎所有的纸媒都有公益栏目，网络媒体都有公益频道，电视台也有公益栏目。这些媒体对公益慈善行业的发展起到很好的宣传、推广和监督作用。

网络公益最有力的武器就是商业化运作，网络化与商业化的结合产生出公益创新的无限可能性。网络营销和网络筹款是创新最活跃的领域，各种新名词层出不穷，如P2P捐赠、微公益、乐捐平台、公益众筹、e公益平台、网络配捐等。各种项目和活动也令人目不暇接。比如，公益项目跟互联网的消费和支付结合、绑定，刷一次银行卡或使用一次支付服务就会有一分钱或者一毛钱捐给公益事业。腾讯“9·9公益日”配捐活动则向公众发起挑战，每年9月9日公众在腾讯公益平台向某个社会组织捐赠一笔钱，腾讯向这个社会组织配以等额的捐款。

然而，在互联网公益喧闹欢腾的背后，也出现了很多新问题，一些公益活动因为牟利或欺诈受到公众质疑。[1]很多公益项目“其兴也勃，其亡也忽”，严重影响到社会组织和公益事业的公信力。这些情况给政府提出了严峻挑战。政府要在鼓励网络公益创新的同时，加强规制和监管，防范风险，保障社会组织和公益事业可持续发展。

四、国际化发展趋势与挑战

一个国家的国际影响力的建立离不开社会部门的参与。因此，非营利部门是各个国家走向世界的重要推动力量。教会及其举办的慈善事业在西方国家殖民地扩张时期扮演了重要角色，后来发展为世俗机构与宗教机构共同参与的人道主义国际援助，在实施对外援助的过程中，传播价值观，建立影响力。[2]可以说，一个国家走向世界的进程，必然伴随着非营利部门国际化的过程。

目前，发达国家非营利部门的国际化主要通过三个渠道：国际宗教网

① 杨睿宇，马箫．网络公益众筹的现状及风险防范研究．学习与实践，2017（2）：81-88.

② 李小云．中国组织“走出去”给世界带来什么？光明网，http：//www. gmw. cn/xueshu/2017-09/22/content_26279310.htm，2017-09-22.

络，联合国咨商地位，以及与受援国建立双边关系。以美国和日本为例。在美国，注册的国际非政府组织有2万多家，其中1000多家具有联合国咨商地位，它们广泛分布在基础设施、农业、粮食、卫生、教育、环境、人口和生育健康等领域。[①]日本与联合国建立伙伴关系，动员国际志愿者上万人，以促进受援国发展为宗旨，主要关注民生服务、社区建设与人文发展等领域。[②]

与发达国家相比，我国社会组织的国际化才刚刚开始起步。党的十八大以来，随着“一带一路”倡议的提出以及国际社会对中国社会组织角色转变的期待，中国社会组织国际化的步伐明显加快，出现了一些新的动态。[③]

作为联合国常任理事国，中国在联合国事务当中发挥着越来越重要的作用。自20世纪90年代以来，中国非政府组织开始积极参与联合国事务。截至2017年4月，中国共有53个非政府组织获得了联合国经济社会理事会的咨商地位，主要集中在环保、扶贫、教育、公共卫生等领域。[④]2013年10月，中国社会组织代表团首次亮相国际人权对话舞台，参加联合国人权理事会第二轮对华国别审查。据不完全统计，截至2015年，全国性社会团体在204个国际组织中担任领导职务，在41个国际组织中担任专门委员会领导职务，在112个国际组织中担任理事。[⑤]

除了联合国这个渠道，越来越多的中国社会组织通过与受援国双边关系“走出去”。2005年以来，中国扶贫基金会、青少年发展基金会、全球环境研究所、世界未来基金会、爱德基金会、壹基金、华民慈善基金会、中国华侨公益基金会等为代表的中国基金会陆续在海外开展项目，涵盖医疗、健康、教育、救灾、环境保护等多个领域。截至2014年8月31日，中国以各种形式“走出去”的基金会有37家，占全部4005家基金会的0.92%。据不完全统

① Schmitz H. P. etc.，*Accountability of Transnational NGOs Aspirations vs. Practice*，*Nonprofit & Voluntary Sector Quarterly*，2012，41（6），p1175–1194.

② 贸促会秘书长黄浩明2017年11月8日在南京大学爱德河仁公益慈善论坛的演讲。

③ 杨义凤，邓国胜. 中国慈善组织国际化的策略. 人民网，http：//theory. people. com. cn/n1/2016/0901/c40531-28682215.html，2018-05-20.

④ 联合国网站，http：//esango. un. org/paperless/Web，2018-04-12.

⑤ 廖鸿. 社会组织情况，改革举措和今后思路. 中南财经政法大学“社会治理50人论坛”上的讲话，2015-06.

计，2015年4月尼泊尔地震之后，仅在腾讯公益乐捐平台开展募捐活动的基金会就有9家，派出人员进入尼泊尔参与救灾的公益慈善组织有12家。[①]中联部建立了中国民间组织国际交流机制，正在形成一批联合体组织，包括中国国际民间组织合作促进会（民促会）、贸促会、中国科协、中国慈善联合会、中国工业经济联合会和中华文化促进会等，它们正在牵头引导中国社会组织国际化。2000年以后出生的年轻人也加入到公益国际化的潮流之中。比如，流行音乐组合TFBoys的成员王源不满18岁就成立了自己的基金会，并出席2018年联合国经社理事会青年论坛。[②]近年来，已经有一些基金会开始创立国际化的慈善品牌项目。比如，中国扶贫基金会的“母婴平安”项目，中国青少年发展基金会的“希望工程走进非洲”项目，中国和平发展基金会的中缅、中蒙“友好光明行”项目等，这些品牌在当地已经有了一定的知名度，但是与“拯救儿童”“绿色和平”等世界知名公益品牌相比还有一定距离。[③]

【微案例12-1】

中国社会组织开展国际交流的桥梁

在我国行业协会商会的国际交流交往中，中国国际民间组织合作促进会（以下简称民促会）等机构起到了桥梁作用。民促会是一个全国性、非营利性和联合性社团。1992年7月22日，民促会由原外经贸部（现商务部）正式批准成立，1993年在民政部登记注册。目前，民促会共有国内会员113家。2007年获得联合国经社理事会非政府组织特别咨商地位，2011年获得联合国气候变化谈判大会咨商地位；2010年被民政部评选为全国先进社会组织。民促会自成立以来，与182个国外民间组织和国际多双边机构建立了项目合作关系。现有国内外合作机构60家，项目资金年支出规模在7000万元人民币。

① 杨团. 慈善蓝皮书：中国慈善发展报告（2015），北京：社会科学文献出版社，2015.
② 刘裘蒂. 访TFBoys王源：零零后的世界观与公益观. 金融时报，2018-02-02.
③ 陆波. 善行天下，北京：中国社会出版社，2016；谢舒. 中国基金会“走出去”还在摸着石头过河. 中国慈善家，2016-11-14.

目前，我国社会组织国际化正迎来前所未有的机遇期，开展国际人文交流、提升国际传播能力、参与全球治理体系成为中国社会组织的重要使命。然而，中国社会组织在国际化方面整体上还不是很活跃。我国社会组织总数在2016年底已经达到66.2万家，但业务范围包括国际事务的只有516家，还不到千分之一。中国“走出去”的社会组织在地域分布上是零散的，没有形成体系，更谈不上发挥协同作用。除了社会组织国际化人才短缺和运营经验不足之外，政策和体制不完善是制约中国社会组织国际化的重要因素。到目前为止，中国还没有涉及社会组织参与国际事务、设立分支机构方面的法规，这让社会组织“走出去”处于无法可依的尴尬境地。由于法律没有明确规定，政府也没有设置社会组织“走出去”的归口管理部门或协调机构，银行、海关、外汇管理部门等相关部门难以提供强有力的支持，基本上是愿意“走出去”没人拦着，但怎么“走出去”也没人帮你，由此导致绝大多数社会组织不敢“走出去”。我国政府需要重新制定对外援助政策，完善对外援助方式，建立政府、企业、民间三位一体援助体制，帮助更多社会组织“走出去”。

总的来看，社会组织面临的公共化、商业化、网络化和国际化趋势是联袂而行的，它们将从根本上改变社会组织的面貌，改变社会组织与政府和市场的关系，改变社会组织的活动空间，改变人们对社会组织的认知，影响社会组织在未来社会中的角色与定位，影响社会组织的发展方向。